天皇と接吻

アメリカ占領下の日本映画検閲

平野共余子

草思社文庫

＊本文中の映画題名はすべて日本の劇場公開題名に統一し、二重鉤括弧（『　』）でくくった。
＊未製作、未公開あるいは公開作品名が不詳の映画は二重山括弧（《　》）でくくった。

天皇と接吻　アメリカ占領下の日本映画検閲◉目次

はじめに

戦後一貫して日米関係は重要なものであったが、近年、政治経済の面でその重要度はますます高まり、それとともに文化の領域における交流も増えてきた。西洋文化の流入は日本の開国とともにはじまったが、米国の文化が日本人の生活に徐々に浸透しはじめたのは二十世紀の初頭からである。とくに戦後、ジャズからブルー・ジーンズにいたるまで、米国に源を発する流行、現象、事物は、日本の若者に積極的に取り入れられたばかりか、憧れの的にもなり、現在でも若い世代を対象にした雑誌には、ニューヨークのディスコからカリフォルニアのファッションにいたるまで、詳細な情報が列挙されている。

そして映画に目を向ければ、やはりアメリカ映画は日本において二十世紀初頭以来、太平洋戦争期に敵国文化として上映禁止になった時期を除いては、つねに人気を誇ってきた。それは映画を通して米国の文化や生活や思想に日本の観客が魅惑されたということだけではなく、ハリウッド映画の華やかなスターたち、豪華なセット、壮大なスケールのストーリーなどの娯楽性や人間性あふれるテーマの訴えるところが大きかったからだろう。

この日米関係において、相互に影響を受けながら、国家間の政策や両国民の個人間の態度を形成したという意味で最も重要な時期が、米国を中心とする連合軍が日本を占領した戦後の一時代であろう。第二次世界大戦が終結した一九四五年八月から対日講和条約が発効した一九五二年四月のあいだ、日本人にとって米国はもはや憎むべき敵国ではなくなり、絶対権力をもった支配者となった。米国にとっても日本は撃滅すべき敵ではなくなり、軍国主義にこりかたまった日本国民を民主主義の信奉者に変えるという任務を米国は負ったのである。その民主主義とは、米国の民主主義を規範にしたものであり、普通選挙（女子の参政権）を通じての代議制政治、基本的人権の尊重、思想・集会の自由、男女同権等の概念を含む政治・社会制度であり、思想哲学であった。そして現在の日本の経済的成功、そして国としての復興の要因の多くが、この占領政策の成功に負っている。

本書は、一九八七年にニューヨーク大学に提出した筆者の博士論文（英文）をもとに、一九九二年に米国政府の一機関であるスミソニアン研究所出版から出版された、*Mr.Smith Goes To Tokyo : Japanese Cinema Under the American Occupation 1945-1952* の日本語版である。邦題の『天皇と接吻』は、占領軍の検閲の対象となった事項の代表的存在としての〝天皇〟と〝接吻〟をとりあげたものである。天皇の描き方について占領軍は禁止の対象としたことが多い。一方、接吻は自由と民主主義の象徴としておおいに奨励された。政治とエロチシズムは占領政策に影響を受けた分野であった。

本書では、日本人も米国人もともに愛好する映画の領域において、この二つの国民が占領期という特異な時期にいかに出合ったかを検証しようとするものである。その原点にもどることで現在の太平洋をおおう緊張の緩和にも寄与できれば、というのが筆者のささやかな願いでもある。

米国による日本占領の歴史的背景

連合国から提示されたポツダム宣言を大日本帝国が受諾することで、第二次世界大戦は一九四五年八月十五日に終結した。日本にとっての敗戦は、朝鮮、台湾、中国、フィリピン等の日本の植民地下あるいは軍事占領下にあったアジア諸国にとっての解放を意味することになった。日本人にとっての戦争の終結は、それまでの軍国主義の終焉を意味するとともに、連合国による占領のはじまりともなった。その占領は、対日講和条約が発効する一九五二年四月二十九日の前日までつづいた。日本人は二千年におよぶ自国の歴史はじまって以来、人種的にも文化的にも異なる民族による支配を体験したのである。(1)

占領は正式には、ワシントンに設置された極東委員会（米国を議長国としてソビエト連邦、イギリス、フランス、中国、カナダ、オーストラリア、インド、オランダ、フィリピン、ニュージーランドからなる）の定める基本方針に従い、東京に設置された対日理事会（米国を議長国として、ソ連、中国、そして英連邦を代表するオーストラリアからなる）を諮問機関として、ダグラス・マッカーサー元帥を長とする連合国最高司令官総司令部（General Headquarters＝GHQ／Supreme Commander for the Alied Powers＝SCAP、以下総司令部と略す）によっておこなわれた。

しかし総司令部はほとんど米国人で組織され、占領政策は実質的には米国の主導権のもとに施行された。したがって実態に即していえば、「米国による占領」と呼んでもいいだろう。映画の領域においても、占領軍の政策はほぼすべて米国人の手によってなされたため、本書では、日本の映画に対する米国の占領期の政策についての考察に焦点を絞ることにする。

占領軍の主な目的は、日本政府の機関や日本社会の傾向、日本人の思想から太平洋戦争をおこす源となったと考えられる軍国主義的、封建主義的なものを排除することにあった。占領軍のもう一つの目的は、日本を米国が考えるところの「民主主義」の理想に合わせて再建し、この敗戦国を戦後の新しい世界秩序に相応の役割を担って参加させるべく準備することにあった。したがって、米国の占領は、日本の政治、経済、社会に大きな変革をもたらし、日本の文化には今日にいたるまでその影響が見いだせる。

占領軍は日本国民に、普通選挙の実施、集会や表現の自由、農地改革、労働組合の奨励といった、民主主義にもとづく基本的政策をもたらした。これらの新政策は、一八八九年に施行された大日本帝国憲法に代わる日本国憲法に明記されている。マッカーサー元帥のスタッフによって一九四六年二月に草案が書かれ、一九四七年五月三日に発効したこの新憲法は、今日にいたるまで保守派から「マッカーサー憲法」あるいは「米国に押しつけられた憲法」とレッテルを貼られ、改憲論争の的になっている。

新憲法の最も特異な点は、戦争放棄を唱えた第九条で、そのために左翼からは「平和憲法」と称えられることになった。マッカーサーは当初、日本の攻撃的軍事力を根こそぎにして将来いかなる戦闘にも加わることのない、いわば「東洋のスイス」にしようと考えていたらしい。ところが、国際情勢の変化にともない、この戦争放棄の条項は、それを自ら草案した米国自身にも堅持できなくなった。東西冷戦の拡大とともに、占領軍は当初の進歩的な改革を共産主義や左翼の温床になるものとして、後悔の念をもって見るようになり、占領政策の軌道修正を余儀なくされたのである。

そのため、日本占領は初期の理想主義的な再建の時期と、後期の東西冷戦体制に組みこまれた時期とに分けて考える必要があるだろう。その「逆コース」と呼ばれる政治的方向の転換期については諸説あるが、一九四七年二月一日に予定されていたゼネラル・ストライキを日本の経済の安定が危ぶまれるとしてマッカーサーが禁止したときというのが定説になっている。そして、一九五〇年六月二十五日に朝鮮戦争が勃発してから二カ月後、米国政府の示唆により警察予備隊が設置され、一九五四年にそれは「自衛隊」に改組された。切迫する国際情勢下、米国は極東における忠実な同盟国の役割を日本に求め、その目的のために大急ぎで日本経済の回復をはかった。この新政策は、戦争中日本の軍事的・経済的侵略の犠牲になったアジア近隣諸国の反発を招いたが、究極的には米国自身も一九八〇年代に入って圧倒的な日本の経済進出（米国にとっては「侵略」）を前に、自らの政策を嘆く結果になる。

占領初期には、総司令部は日本に革命をもたらすことをその使命としていた。そのスタッフの多くが年若い、「ニュー・ディール」政策の信奉者で、本国政府の強力な指導のもと、社会経済の変革をはかることをめざしていた。彼らは、日本という他国を舞台としていたため、選挙民の意向を気にする必要も未熟な計画がもたらす混乱を恐れる心配もなく、思う存分野心的な実験に取り組むことができた。

本書の原題『スミス氏、東京へ行く』は、フランク・キャプラ監督の一九三九年の映画『スミス都へ行く』（日本公開題名。原題は *Mr.Smith Goes To Washington*「スミス氏、ワシントンへ行く」）をもじったものである。米国式の民主主義を謳歌したキャプラのこの名作は、情熱と理想に燃えてはいるが、ナイーブな若い青年ジェファーソン・スミスが首都ワシントンの議会に乗りこんで、思い切った改革をおこなうという物語である。このスミスのように、多くの米国人が善意に満ちてはいるが、いささかナイーブな理想主義に燃え、改革をめざして占領国日本へ赴いたのである。

しかし東西冷戦が進行し、反共主義が米国の政治的言説を支配しはじめるとともに、日本の総司令部内でも保守派が実権を握るようになった。共産主義を恐れる保守派にとって、占領初期の政策はあまりに自由主義的なものであり、労働運動の奨励等の政策は左翼勢力を助長させるものとして、その後、方向転換がはかられることになった。

占領軍の映画政策

米国は占領政策を策定するにあたり、軍国主義にこりかたまった日本政府の指導者たちと、民主主義の精神を受け入れることのできる日本国民とを区別して考えた。前世紀、アメリカ大陸を西へ西へと進んだ米国人のフロンティア精神は、さらに西進して太平洋を越え、軍国主義者に惑わされた日本の大衆を、持ち前の楽天主義で変えようとしたのである。日本人はそもそも昔から権威に弱いから、米国の素晴らしい民主主義を日本人がいったん理解しさえすれば、容易に宗旨替えするであろうと踏んだのである。

そして日本人の思想を変えるために総司令部は、ラジオ、演劇、活字メディアと並んで映画をプロパガンダの道具として活用することを考えた。第二次世界大戦中に米国政府は、「正義と民主主義のための戦争」に国民を動員する目的で、フランク・キャプラ、ジョン・フォード[2]、エルンスト・ルビッチといったハリウッドの一級監督たちに一連のプロパガンダ・ドキュメンタリー映画をつくらせた。戦争協力の精神を植えつけるために映画が効果のあることは、米国政府の調査によって明らかになっていた。たとえば、『我々はなぜ戦うか』（“*Why We Fight*”）と題された映画シリーズのうちの四本の作品に関する一九四二年の調査では、それらの映画が、オリエンテーションを目的とした講演活動よりもずっと効果のあったことが報告されている[3]。

同時に米国政府は、学者や映画監督のグループの参加を得て、日本で戦前戦中に製作された一群の劇映画のプロパガンダとしての効力について研究をおこなった。その結果、一般に「プロパガンダ」という言葉から連想されるような未熟なものとは正反対の、それらの映画の優れたリアリズムが日本の観客を戦争目的に動員するのに結果としては効果をあげたという結論が下されたのである[4]。

それゆえ総司令部は、映画を日本の民主化のために用いることを考えた。日本映画が芸術的にも技術的にも質の高いものであることを知っていた占領軍は、検閲を通じて日本人が見ることを許される映画を選定し、映画のもつ力を積極的に利用しようとしたのである。

総司令部はまず日本の民主化の先がけとして、戦時中に政治的自由を抑制していた法規と、その維持に努めた特別高等警察（特高《とっこう》）を廃止した。戦争体制に国全体を取りこむために効力を発揮していた戦時中の映画産業に対する全体主義的・国家主義的法規の数々も廃棄した。そして戦時中の制度や政策を無効にする一方で、総司令部は占領開始とほぼ同時にさまざまな指令や禁止令を出しはじめた。

早くも一九四五年九月二十二日に総司令部の民間情報教育局（CIE）は各映画製作会社から代表を呼び集め、日本映画界がポツダム宣言の精神にのっとり積極的に日本の再建に協力するように要請した。そして日本の完全な非武装化および非軍事化（軍国主義の排除）、個人の自由と基本的人権の確立（自由主義の促進）、世界の平和と安全のための貢献（平和主義の定着）という三つの占領目的が提示された。これらの目的を遂行するためには映画製作上、どのような題材や方向が望ましいのかも示された（映画製作方針十項目の指示）。

そして十月には、CIEは映画の企画と脚本を事前に検閲する旨を通達した。そのため映画製作会社は企画書と脚本を英訳してCIEに提出し、完成した作品はCIEの検閲ののち、米太平洋陸軍総司令部の対敵諜報部のもとにあった民間検閲支隊（CCD）の検閲を受けることになった。この二重の検閲制度は、一九四九年六月に映画倫理規程管理委員会（映倫）が設立されるまでつづいた。その後もCIEによる事後検閲はおこなわれ、一九五二年四月に占領が終わるまでつづけられた。CIEの上層部は軍人で占められていたが、実務の多くは教育的指導を目的として民間人の手によってなされていた。その意味でCIEの検閲は、民間検閲といえる。一方CCDは多くの軍属で占められ、主に軍事的情報の収集と諜報活動に携わっていたため、一般的には軍事検閲であった。

ひきつづき十一月十六日には、CIEは日本映画界が製作してはならない題材を列挙したリストを発表した（非民主主義的映画排除の指令に関する覚書）。これを受けて十九日には、一九三一年から一九四五年にかけて製作された映画のなかから二百三十六本が「超国家主義的」「軍国主義的」「封建主義的」思想という理由で上映禁止焼却処分を受けた。こうした指令、禁止令、奨励項目の提示を通じて、総司令部は日本映画の政治的・思想的方向を細部にいたるまで統制し、作り変えようとした。

これらのこまごまとした規制がときとして恣意的におこなわれるのは不可避であり、それは日本の映画人を悩ませた。さらに、国際情勢の変化とともに、米国人の検閲官はしだいに反共主義の傾向を強め、彼らの政治信条に適した方向に日本の映画を再組織しようとした。この占領軍の方向転換は、一九四六年から一九四八年のあいだに三回にわたっておこった東宝争議に代表される、映画界の労働運動との衝突となってあらわれ、とくに東宝の第三次ストライキは、占領軍の援助を得た日本の警察の手によって鎮圧された。さらに朝鮮戦争の勃発は占領軍の反共・反労働運動の方向性をいっそう強めることになった。

占領に関する研究の概観

日米両国において近年、連合軍による占領期に関する研究が歴史、政治、経済、思想の領域で盛んになってきた[5]。これは、両国においてかつて機密文書扱いになっていた公文書類がしだいに解禁されてきたこともおおいに関係している。

一九七〇年代から八〇年代にかけて、占領史研究の領域で二つの重要な論議が出てきた。

その最初のものは、文芸評論家江藤淳が一九七八年ごろから主張している論議で、米国による占領期の検閲がいかに日本文学をはじめとする文化の表現を抑圧したかを強調するものである。江藤は、占領軍の検閲資料を使って、こうした検閲が日本古来の伝統や日本人の国家意識を破壊したと主張した[6]。

江藤の主張は、米国が日本国民の意思を無視してさまざまな政策を日本人に押しつけ、そのため占領期は日本の国家主義にとって悲劇的な時期であると主張する保守派から歓迎されている。その一方で、日本人自身が終戦とともに日本の民主化を望んだという事実を江藤は無視していると、日米の学者から批判されてきた。そのような批判をする者にとって江藤は、戦前戦中の日本政府による検閲がいかに日本人にとって抑圧的なものであったかを軽視するあまり、占領軍の検閲の抑圧の度合いを過剰にとらえていると映るのである。筆者は後者の意見に同調する。というのは、占領軍は検閲を通して日本の文学、映画、メディアにおける表現に規制を加えたのは事実であるものの、同時に封建主義、軍国主義にしばられていた日本人を解放したということも事実だからである。

第二の重要な論議は、一九八〇年に米国の歴史学者ピーター・フロストによって提唱されたもので、占領期の途中でおきた政治的方向の変化、いわゆる一般にいわれているような「逆コース」はなかったとするものである。フロストは、米国は占領中一貫して日本を保護しようとしたが、それは究極的には共産主義の脅威から米国の国益を守るためであり、もし占領中に政策の変化があったとしたら、それは日本国民自身がそのように変化したいと願った結果であると強調する(7)。

フロストが強調した「占領期を通じての一貫性」よりも、むしろ占領政策の策定と施行の背後に存在したさまざまなかたちでの闘争や駆け引きをめぐる多様な要素こそが、筆者が着目した占領期の特色である。日本映画を改革するのにかかわった占領軍の検閲官は、おのおの多様な背景をもち、異なった目的や方向性をもっていた。そして、検閲は人間の手によっておこなわれたものであるゆえ、同じ機関で働きながらも、人間の行動が一枚岩的には統制されえないという事実が映画政策の施行においても反映されているのである。占領期の映画政策の方向を決定したのは、米国人の検閲官、日本政府、そしてその支配下にあった日本の映画人という三者が織りなした複雑な力関係の働きの結果であった。その意味で本書は、ある特定の時代の特定な機関についての歴史を検証するものであると同時に、個々の人間の歴史を記録するものでもある。

日本占領期の映画政策はそもそも、占領が目的として唱えていたもの（「民主主義」）と、占領軍がその目的達成のために選択した方法（民主主義の概念とは相容れない「検閲」という手段）との矛盾から生じる不条理に翻弄されつづけた。この矛盾は主に、米国人の検閲官のあいだに存在した反共主義に根ざすものである。フロストの唱える思想的「一貫性」どころか、現実に「逆コース」は映画の領域において、いままで定説となっていた時期よりもはるかに早くおこっている。一九四七年二月のマッカーサーによるゼネスト禁止以前に、大きな変化が映画界ではおこったのである。

この変化は、ＣＩＥの映画・演劇課映画班の初代班長であったデビッド・コンデの一九四六年七月の辞任に象徴される。第二次世界大戦中、戦時情報局の心理作戦部に所属していたコンデは、戦後、日本映画の改革に張り切って臨んだ。そのコンデの辞任は、一九四六年に亀井文夫監督が資本主義や天皇制の批判をこめて作ったドキュメンタリー映画『日本の悲劇』をＣＣＤが問題ありとの判断を下したことによっている、と多くの者が信じている。また、コンデが共産党員であったかどうかは、米国でも日本でも論議の分かれるところである[8]。

コンデの辞任に先行して、一九四六年五月末、リベラルな民主化政策を進めたことで知られるCIE局長カーミット(ケン)・ダイク准将が帰国して、戦前に所属していたナショナル・ブロードキャスティング・カンパニー(NBC)に復職した。そのあとを保守的なD・R・ニュージェント中佐が引き継ぎ、彼は占領終結までその地位にあった。ジャーナリストのマーク・ゲインは、ダイクは過激な左翼ではないばかりか、リベラルな思想の持ち主でなかったにもかかわらず、労働運動の奨励を含む日本の民主化を積極的に推進したと思われて「アカ」のレッテルを貼られ、その職から追われたのではないかと推測している[9]。

いままでに、何人かの日本の映画人が占領期の思い出を記しているが、日本でも米国でも占領期の政策が日本映画に及ぼした影響を本格的かつ体系的に研究したものは現れていない。しかしこの時期の日本映画史は格別に興味深い。フランスで活動する米国人の映画学者ノエル・バーチが日本映画の黄金期は一九三〇年代であると主張するまで、日本映画の黄金時代は一九五〇年代であると、一般に英語圏の日本研究の分野では言われていたのである[10]。

その二つの時代に挟まれた占領期こそが日本映画の黄金時代と提唱するつもりはな

いが、この時代は、一世紀にわたる日本映画の歴史のなかで唯一、外国の影響を直接に受けた希有な時代であった(11)。日本映画はとくにハリウッドをはじめとする外国の思想やスタイルの影響を受けてきたとはいえ、占領期においては、日本の映画人が米国の思想や制度を取り入れることを強いられたという点で特異である。

十九世紀半ばに日本が西洋世界に門戸を開いて以来、日本人の価値観や文化に影響を与えてきた外国の思想は、日本人が近代化の意味を考えるさいの不可欠な要素であった。そして米国による占領は、日本にさらなる新思想をもたらし、日本の社会、政治、文化に多大な変化をもたらした。マルクス主義者たちは、占領期の日本が体験した変化は、米国の占領がその変化の速度を早めたかもしれないが、占領がなくてもいずれはおこっていたであろうと主張する。それはその種の変化は究極的に共産主義に向かう人類の歴史の必然と考えるからである(12)（共産主義がつぎつぎに崩壊するのを目の当たりにした現在、彼らがどう考えるのかはわからないが）。

日本の左翼系映画人もまた、戦前と戦後の日本における進歩的運動の継続性を強調し、米国の影響をそれほど大きいものとは考えていない。たとえば、戦前にプロレタリア運動に参加した脚本家の依田義賢、あるいは脚本家・監督の新藤兼人などは、日本の労働運動や民主化を求める運動は戦争中の抑圧的政策によって一時的に中断されただけであり、確かに占領はその再開を助けはしたものの、戦後の日本の映画人は、戦前のそうした運動をつづけたにすぎないと主張するのである。[13]

本書の目的と構成

本書の目的の一つは、占領期に製作された日本映画に見いだされる文化・社会的価値観が戦前戦後でどう変化したのか、あるいは変化しなかったのかを検証することである。

筆者の仮説の一つは、日本映画はそれを取り囲む政治的状況（映画製作のコンテキストを決定する要因）の変化によって、確かに表面的には変化したものの、本質的な価値観（映画のテキストに表現されるもの）は大きく変わらなかった、というものである。米国の歴史学者ジョン・ダワーは、占領期の日本映画の主なテーマの一つは、日本国民のあいだから戦争中の邪悪な軍国主義を排除して純化することであり、反対に戦中の日本映画は、国民を純化して西洋の影響である退廃主義と個人主義を排除することに心血を注いだと論じた。[14]

筆者はさらに、戦中の映画も占領期の映画も、意外にも、ある意味で非政治的なものであったと論じたい。戦中の映画は往々にして日本国民がなぜ、何に向かって戦っているのか、はっきりとした理由や敵の姿を描いていない場合が多い。同様に、多くの人びとが「民主化映画」の輝ける代表的作品と賞賛する、一九四六年に黒澤明が監督した『わが青春に悔なし』を含む占領期の映画の重要な作品でも、実際に「民主主義」とは何であるかの描写は曖昧である。

それにもかかわらず、戦争目的に日本国民を動員しようとした戦争中の映画も、また日本国民を非軍事化・民主化しようとした占領中の映画も、日本の観客に対してある意味では効果的であった。それは、国民の多くがそれほど熱狂的ではなかったかもしれないが、日本政府の戦争政策を敗戦まで支持しつづけ、また、占領軍のもたらした日本の軍国主義排除・民主化政策を大半の日本人がかなり積極的に受け入れたことでもわかる。その反面、映画で説かれていた軍国主義、あるいは民主主義に、当事者である映画製作者、そして観客がどれだけ感化されていたかは、本書で述べるように、複雑なものがある。

本書の第一部では、日本映画界の戦中から占領期への移行を論じ、占領軍の映画検閲の組織的構造を明らかにする。第二部では、占領軍によって、反民主的その他の理由で禁止された題材やテーマについてとりあげる。第三部では、亀井文夫監督の『日本の悲劇』を通じて、占領軍が天皇に対する描写をどのように検閲したかを例証することによって、占領政策の変化を検証する。第四部では、占領軍の検閲で奨励された題材、テーマについてとりあげる。第五部では、民主化映画の代表として黒澤明監督の『わが青春に悔なし』のケース・スタディをおこなう。第六部では、占領中の日本映画界の大事件の筆頭にあげることができる東宝争議について述べる。第七部では、東西冷戦が占領軍の映画政策に及ぼした影響を論じる。英語版とくらべて、この日本語版では、日本語の資料がすでに存在する部分は概略し、いままでに論じられていない米国側の、とくに占領軍関係の資料をどう読むかという部分を重視した。

できるだけ多く占領期の日本映画を見ることが、筆者の最初の願いであったが、この時期に約千本の映画が製作されたという量に圧倒されたばかりか、数多くのプリントがすでに存在しないことが大きな障害となった。戦中戦後の日本映画、アメリカ映画は、ニューヨークの近代美術館、ジャパン・ソサエティ、ニューヨーク市内の商業劇場、ワシントンの国立公文書館、東京国立近代美術館フィルムセンター（以下、国立フィルムセンターと略す）、東京の名画座等の商業劇場で見ることができた。

また、筆者が企画の途中からかかわった一九八七年のジャパン・ソサエティでの「戦中・占領期日本映画シリーズ」（*Japan at War*）（全二十七本のうち七本はワシントンの議会図書館のコレクションから借り受けたもの）の公開はひじょうに有益であった。さらにここ数年、一九三〇年代から一九五〇年代にかけての名画が日本でビデオ化されて売り出されるようになり、その恩恵にもおおいにあずかった。

映画作品のほかに、ＣＩＥとＣＣＤに提出されたのち、検閲官の手が入った映画脚本や企画書、総司令部の指令、書簡、検閲官による会議録、通信書類がワシントンの国立公文書館に保存されている。これが筆者の研究にとってはひじょうに重要な原典となった。そうした総司令部の映画関係の検閲書類はいまでは、マイクロフィルム化されて、東京の国立国会図書館でも見ることができる。その種の公文書や検閲記録の一部、とくに諜報活動に関するものは、バージニア州ノーフォーク市にあるマッカーサー記念館にも保存されている。また、占領中の日本の映画雑誌や読み物、季刊誌類は、地方の高校の映画クラブのガリ版刷りの印刷物にいたるまで、検閲官の手の入った記録として、メリーランド大学マッケルディン図書館のゴードン・W・プランゲ・コレクション（以下、プランゲ・コレクションと略す）にカタログ化されて保存されており、この資料を読むことも、筆者の重要な課題になった。

占領期に活躍していた日本の映画監督、脚本家、製作者、撮影監督、映画各社の総司令部との連絡係、批評家等にも、一九八三年から一九八九年にかけてインタビューをさせていただいた。四十年前のことを詳細に覚えていないことがあっても無理はないが、その多くの方々がひじょうに協力的であったのはありがたかった。米国側の元検閲官を捜し出してインタビューする試みは、米国の地理的な広さもあって、実現しないことが多かった。インタビューさせていただいたあとに亡くなった方も少なくなく、その方々が語りたかったことを記録できたことは幸いであった。占領期の映画や政策に関する書物、雑誌、新聞などの二次資料に関しては、東京の川喜多記念映画文化財団、松竹大谷図書館、東京大学社会情報研究所（前・新聞研究所）の資料を参照させていただいた。

本書はいままで書かれることのなかった日本映画史の一時代を埋めることを目的としたほか、日本語の原典に当たることをなおざりにしてきた英語による日本映画の研究という分野に一石を投じることが、この書の英語版を出したときの筆者の願いでもあった。そのため、日本語訳を出すお話を数々いただきながら、日本語版を出す意義を筆者のなかで強く感じることのできない時期がつづいた。しかし占領関係者がしだいに亡くなっていく世代になり、占領期の日本映画に関する日米の関係者の発言を記録として、また米国側の占領期の映画政策に関する資料を日本語でも残しておくことが大切であると感じるようになって、日本語版を出すことにした。本書が、現在の世界でさまざまな意味で最も重要な、日本と米国という二つの国の現在と将来の問題を考えるにあたり何らかの意味で貢献できればうれしい。

【註――はじめに】

(1) 一九四六年に推定で四十六万五千名の米国兵が日本に駐留していた。一九四八年にはその数は十二万五千名に減った。朝鮮戦争の勃発により、一九五〇年代初頭には、その数は二十一万から二十六万名に増加した。(Sheila K. Johnson, *American Attitude Towards Japan 1941-1975* 〔American Enterprise Institute for Public Research, 1975〕, p.62.)

(2) ジョン・フォードは戦時中海軍大佐として野戦撮影隊を率いて戦闘をカメラに収めつづけたが、彼自身がドキュメンタリー映画として監修したのは一九四二年の *The Battle of Midway*(『ミッドウェイ海戦』アカデミー短編ドキュメンタリー賞受賞。一九九六年一月三日より東京の三百人劇場にて《ジョン・フォードの世界》の連続上映の一環として日本初公開がなされた)のみで、また、彼自身〝プロパガンダ〟という言葉を何よりも嫌っていた。

(3) Joseph T. Klapper, *The Effects of Mass Communication* (Free Press, 1960), pp.85-87(J・T・クラッパー、NHK放送学研究室訳『マス・コミュニケーションの効果』日本放送出版協会、一九六八年)に、Carl Hovland, Arthur Lumsdaine & Fred Sheffield, *Experiments on Mass Communication* (Princeton University Press, 1949) が引用されている。また、一九八三年にワシントン大学に提出された博士論文、Charles Burgess Ewing, *An Analysis of Frank Capra's War Rhetoric in "Why We Fight" Films* にもこの記述がある。ところが、一九九四年二月にイタリアのトレントで開催された「映画と歴史」のワークショップに参加した筆者は、同席した米国人で英国のテレビ・ドキュメンタリーを製作しているジェローム・キールの発表に愕然とした。*The Staffer Report* を書いた彼の亡き友人 Nathan Maccoby によれば、『我々はなぜ戦うか』（"*Why We Fight*"）が人気があったのは、一日の訓練に肉体を使い果たした兵士たちが、夜に講堂で上映がはじまってあたりが暗くなるとともに居眠りができることだったという。なお、米国政府の戦争政策とハリウッドの関係については、Clayton R. Koppes & Gregory D.Black, *Hollywood Goes To War : How Politics, Profits, and Propaganda Shaped World War II Movies* (University of California Press, 1990) に詳しい。

（4）　ワシントン国立公文書館、OSS Research and Analysis Branch Report No.1307, *Japanese Films : A Psychological Warfare.*

（5）　この題材に関する優れた包括的研究は、Warren I.Cohen ed., *New Frontiers in America-East Asian Relations* (Columbia University Press, 1983) に収められた Carol Gluck の論文、"Entangling Illusions : Japanese and American Views of the Occupation" を参照されたい。

（6）　江藤淳『もうひとつの戦後史』（講談社、一九八七年）、同『閉された言語空間』（文藝春秋、一九八九年）、同氏の英語論文 "The American Occupation and Postwar Japanese Literature : The Impact of Censorship upon a Japanese Mind"（「比較文学研究」三八号、一九八〇年九月）、またレイ・ムーア編『天皇がバイブルを読んだ日』（講談社、一九八二年）に収められた同氏の論文「言論統制――占領下における検閲」等。

（7）　ピーター・フロストの一九八〇年八月のアマースト大学での日本占領に関する会議での発表論文で、この会議で発表された論文の一部は、前掲の『天皇がバイブルを読んだ日』に収められている。

（8）　コンデは一九〇六年七月十八日生まれ。米国憲法で保障された国民の知る権利を根拠に、米合衆国政府が保管するコンデに関するＦＢＩをはじめとする諜報機関の書類公開を求める筆者の要求は、最初の要請書を筆者が一九八八年に提出してからじつに五年後の一九九三年三月に回答が送られてきた。その間、ＦＢＩからは、コンデがすでに死亡していることを証明するようにといってきたため、筆者は彼が一九八二年に亡くなったと知人から聞いた旨返答すると、今度は遺族がいないことを証明するようにいってきたため、遺族がいるということを筆者は聞いたことがないと答えるほかはなかった。このため、ＦＢＩからの回答がくることは半ばあきらめていた。

コンデに関するＦＢＩの書類（ファイル番号１０１－６６６０）は総頁三百十七頁から成るというが、筆者に公開されたのはそのうちの七十四頁で、しかもそのほとんどの部分が、情報提供者を保護するためという理由で黒く塗りつぶされていて、結局コンデが共産党員だったのかは明らかではない。しかし、その書類から、コンデが共産党に関係した危険分子と米国政府に見られて、一九四四年から一九七二年まで監視されていたことが判明した。

さらに一九九四年十一月、ＦＢＩから筆者の要請書がまわって、米陸軍諜報局から、コンデに関する二十一頁の書類が送られてきたが、その多くの部分が情報提供者を保護し、国家の機密を守るためという理由で黒塗りにされていたとともに、オリジナルの書類が判読しがたい状態で、そのコピーを解読するのが困難な箇所も少なくない。この陸軍の一九六五年付の書類によれば、コンデは一九三七年米国共産党に入党し、一九四八年に共産党の党員資格を得て党活動に携わり、党に献金もしていた。コンデの占領中の東京での共謀者はアーサー・ベアストック（ＣＩＥの職員で、本書の第一部と第五部に登場する）とビル・コステロ（本書で後述する『戦争と平和』や『日本の悲劇』にかかわったＣＣＤの検閲官ジョン・Ｊ・コステロの間違いかもしれない）とされている。

なお、一九九四年六月にコンデの娘がカリフォルニア州に健在なことを、コンデにかかわるテレビ番組のためのリサーチをしたニューヨークのマイケル・ニコソンによって知らされた。ニコソンの話では、コンデは妻と離婚したのち、娘との交流もあまりなく、娘も父親の話をしたがらなかったという。

(9) Mark Gayne, *Japan Diary* (Charles E. Tuttle, 1981), pp.234-240.（マーク・ゲイン、井本威夫訳『ニッポン日記』上・下、筑摩書房、一九六一年）; 竹前栄治『ＧＨＱ』（岩波新書、一九八三年）、一一六頁。

(10) Noel Burch, *To the Distant Observer : Form and Meaning in Japanese Cinema* (University of California Press, 1979) ; Joseph L.Anderson & Donald Richie, *Japanese Films : Art and Industry* (Princeton University Press, 1982).

(11) 日本映画の米軍占領期の体験を他の国の映画の占領期の体験と比較してみるのは興味深い試みであろう。英語文献では、ドイツ占領中のフランス映画についての研究である、Evelyn Ehrlich, *Cinema of Paradox* (Columbia University Press, 1985) や、米軍占領下のドイツでの映画政策を論じた、テキサス大学ダラス校に提出された博士論文、H. Mark Woodward, “The Formulation and Implementation of U.S.Featre Film Policy in Occupied Germany, 1945-1948” 等がある。日本語では、佐藤忠男が日本軍占領下の韓国、台湾、満州、フィリピン等の映画についての研究を進めているが、その代表的なものは、『キネマと砲聲　日中映画前史』（リブロポート、一九八五年）であろう。満州に日本が作った映画製作所に関しては、山口猛『幻のキネマ満映』（平凡社、一九八九年）等がある。なお、佐藤は、岩波書店より大著『日本映画史』（全四巻）を刊行し、そのうちの第二巻（一九九五年四月刊）が戦中および占領期をカバーしている。

(12) 代表的な例としては、袖井林二郎『占領した者された者』（サイマル出版、一九八六年）、五五―五六頁に引用されている大内力の主張がある。
(13) 依田義賢への筆者によるインタビュー（一九八四年六月三日、京都）。新藤兼人への筆者によるインタビュー（一九八四年六月二十五日、東京）。
(14) John Dower, "Japanese Cinema Goes To War", Japan Society Newsletter, July 1987, p.9.

第一部

戦争から占領へ

日本映画に対する検閲は、第二次世界大戦後の占領軍によってはじまったわけではなかった。十九世紀末に誕生し、まもなく日本に到来した映画は、社会の安寧秩序や風俗を乱すもとになることを恐れた日本の警察の手によって、二十世紀初頭にすでに検閲・取り締まりを受けている。

日本が軍国主義・国家主義的傾向を強めるにつれ、映画もその国家体制のプロパガンダ政策に組み込まれ、政府による検閲の度合いを深めていく。第一部では、日本映画界における検閲制度の前史を概観したあと、戦中の検閲について、占領政策の検閲との比較を念頭におきながら考察する。戦前・戦中の検閲で主に問題にされたのは、反皇室と共産主義および左翼等の危険思想であり、戦争のために滅私奉公をして国家に尽くす国民の姿や思想を映画で描くことが求められた。そうした検閲制度のもとにあった映画界は、日本の敗戦を機に、今度は占領軍の検閲を受けることになる。

占領軍のメディア政策の一環として、映画に対する検閲制度は確立された。ここではその成立過程をたどり、民主化のための奨励事項と、軍国主義排除のための禁止事項という二つの方向性を持った占領軍の映画に対する検閲政策の基本思想と、政策実施のための組織機構とを明らかにする。

第一章　戦争期の日本映画

日本における戦前戦中の映画検閲

西洋からもたらされた「動く絵」（キネトスコープ作品）が日本で最初に上映されたのは一八九六年（明治二十九）であるが、その十二年後に最初の映画検閲（取り締まり）がおこなわれている。一九〇八年（明治四十一）に日本で公開されたフランスの作品『フランス革命ルイ十六世の末路　王家の騒動』（一九〇五年、M・パテー社）で、人民が王宮を襲う場面が治安有害とされ、警視庁から上映禁止処分を受けた。配給業者の横田商会はただちに題名を『北米綺譚・巌窟王』と変え、米国の裕福な山賊の夫婦が、最後には警察と協力した人びとに襲われるという設定にして上映をつづけた。これは、映画の解説をする弁士が読みあげる台詞を変えることによって、いとも簡単におこなわれた(1)。

一九一一年（明治四十四）には、フランスの悪漢探偵映画『ジゴマ』が日本で公開されるとともに、大変な人気となり、翌年にはそれを真似た日本の映画監督が、『新ジゴマ』『女ジゴマ』等を作りはじめた。子供たちがそれらの映画のなかで描かれている悪漢の真似をするという理由で、一九一四年に、「ジゴマ」と名のつく映画はフランスのオリジナルの『ジゴマ』の続編であろうと日本の模倣作品であろうと、すべて上映禁止処分になった。[2]

この時代の映画に対する検閲の関心事は、権威に対する人民の反抗（〈王宮を人民が襲う〉のが〈皇室を人民が襲う〉というアナロジーとして見られたのであろう）と、犯罪の青少年に及ぼす影響とであった。

一九一七年（大正六）に警視庁は「活動写真興行取締規則」を公布して、事前検閲というかたちで取り締まりをおこなうようになった。つづいて一九二五年（大正十四）に日本で最初の全国統一の映画検閲に関する内務省令「活動写真フィルム検閲規則」が公布された。それ以前は映画の検閲（取り締まり）は営業許可制度を通じて各府県ごとにおこなわれていた。「活動写真フィルム検閲規則」では、公共の利益のために十五歳未満の青少年に見せることを禁止する作品の設定、公序良俗のために男性客と女性客の座席の区分、上映のあいだに休憩時間を設けることなどを定めた。この規則はまた、著作権や興行権の保護も目的としていた。検閲に関しては、映画製作者は完成した作品とともに説明台本を提出して政府の許可を求めるように定め、政府は映画の問題箇所をカットしたり、作品全体を上映禁止処分にする権限をもった[3]。

一九三九年には、一九三七年の日中戦争にはじまる軍国主義的、国家主義的な体制を強めていく政治状況を反映して、より包括的な「映画法」が成立した（内務、文部、厚生の三省令として発令）。この映画法は、ナチス・ドイツがプロパガンダに活用している映画の威力を目の当たりにした日本政府が、ドイツの映画法をモデルに制定したものである。映画法の第一条では、この法律の目的は〈国民文化ノ発展ニ資スル為映画の質的向上を促し映画事業の健全な発達をめざすこと、としている。この映画法の第十三・十四条において規定された検閲について、同法施行規則（第二十七条）のなかで、削除あるいは上映禁止の基準をつぎのように定めている。

(1) 皇室ノ尊厳ヲ冒瀆シ又ハ帝国ノ威信ヲ損スル虞《おそれ》アルモノ。
(2) 朝憲紊乱ノ思想ヲ鼓舞スル虞アルモノ。
(3) 政治上、軍事上、外交上、経済上其ノ他公益上支障ノ虞アルモノ。
(4) 国策遂行ノ基礎タル事項ニ関スル啓発宣伝上支障ノ虞アルモノ。
(5) 善良ナル風俗ヲ紊《みだ》リ国民道義ヲ頽廃セシムル虞アルモノ。
(6) 国語ノ醇正ヲ著シク害スル虞アルモノ。
(7) 製作技術著シク拙劣ナルモノ。

(8)其ノ他国民文化ノ進展ヲ阻害スル虞アルモノ。

映画法はまた、国民の教育に有益な映画の製作を奨励し、そういった映画の上映を義務づけた。そして国民の精神と知性の向上に貢献する記録映画として「文化映画」、国民に国内外の状況を知らせるための記録映画として「時事映画」を制定した。各劇場は、劇映画の上映ごとにこの二種の映画をそれぞれ一本以上併映することを義務づけられた。(4)

映画法は、製作者、監督、配給業者、劇場主の登録・営業許可制を義務づけたので、政府は彼らの登録を認めなかったり更新を拒否することで、政府の方針に協力しなかったり反対したりする者を映画界から追放することができた。

中国での戦争が悪化するとともに、検閲もまた厳しさを増し、一九四〇年に内務省は、映画検閲の強化に関する規則を定めた。それによると、喜んで戦場に赴く者を描くような主題をもつもの、工業や食糧生産、農村の生活を描く作品が望ましいとされ、反対に禁じられたのは、度を超した喜劇、日常生活の断片を描くもの、個人の幸福を描く作品、富裕階級を描く作品、女性がキャバレー等で喫煙、飲酒しているシーン、外国語の使用、性的放埒であった。そして脚本は事前検閲を受け、内務省検閲課が完璧に〈よし〉と認めるまで、書き直しが命じられた。(5)

一九二五年の「活動写真フィルム検閲規則」のもとでは、あからさまな性的描写や危険思想が主な取り締まりの対象であった。全裸体はもちろんのこと、男女の接吻や手をつないでいる場面も許されなかった⑹。

外国映画でも接吻の場面になると、男女の顔が近づくと同時に離れてしまい、唇が交わされる瞬間はカットされた。検閲の要請に合わせ、外国映画の配給業者は、問題になった箇所をカットし、そこにフェイドを挿入したり、巧みにその場面の日本語字幕を工夫して、検閲の手が入ったことで流れが途切れることのないように努力した⑺。

公序良俗を守るという趣旨のもと、男性の場合は問題視されなかった婚外交渉も、女性の場合は削除を求められた。これは、妻だけに適用された戦前の姦通罪の影響と思われるが、前記のような数々の規制のため、しばしば映画の筋が混乱してわからなくなってしまうこともあった⑻。

危険思想について政府が最も恐れたのは、皇室に対するさまざまなかたちの否定的な表現であった。皇室の象徴である菊に関しての検閲がそのよい例である。映画監督の稲垣浩は、百姓が菊の花の横にぼんやり立っている場面が検閲で問題になった、と記している⑼。

時代劇の着物の柄や背景の屏風の絵柄に菊に似たかたちの模様を使用することまでが、厳しい審査の対象になった。検閲官は審査に当たって真っ先に、菊に似た花の花弁の数を数えた。どの花も皇室の紋の十六弁と同じであってはならなかったのである[10]。

外国映画でも、王室批判につながる恐れのある場面はカットされた。一九三五年に日本で公開されたルネ・クレールのフランス映画『最後の億万長者』（一九三四年）では、接吻の場面や〈不道徳〉と判断された場面のみならず、王室を揶揄していると思われる場面もカットされたのである[11]。

共産主義的思想も検閲の対象になった。たとえば、共産主義思想の本のクローズアップは許されなかった[12]。左翼思想を表現する「傾向映画」は、柴田勝によれば、検閲で問題になりそうなものを事前に避けようとする製作者の苦心によって生き延びた[13]。傾向映画とは、一九二〇年代の経済的・社会的危機に源を発し、特定の社会的傾向、とりわけ左翼的傾向に追随しようとした作品群である。政府のプロレタリア運動弾圧により、この種の映画は一九三〇年代初頭には姿を消したというのが定説になっている[14]。しかしその後の作品にも傾向映画的思想が残っているものがあった。たとえば、溝口健二監督の『浪華悲歌』（一九三六年）の脚本を書いた依田義賢は、明らかに傾向映画という意識をもって書いた、と語っている。この作品は公開前の検閲で問題ありとされて上映許可が下りなかった。しかし、監督と製作者が呼び出されたあと、結局カットなしで内務省は上映を認めた[15]。

一九三九年の映画法によって、禁止条項の解釈の範囲が実質上広まり、それを利用して、戦時体制に入った政府は映画界への支配を強固にすることができた。政府は国民に禁欲的な生活を強制し、何の疑念ももたず戦争への協力に挺身することを要求した。

山本嘉次郎監督の『馬』（一九四一年）の飲酒の場面は、昼間の飲酒を禁じる法規に違反しているとの理由で削除された[16]。戦地に赴く兵士の家族の悲しみや不満を描くことも許されなかった。しかし実際に、国民が喜んで父や兄弟や息子を送り出したわけもなく、映画作家のなかには、出征兵士を送る家族の現実の感情を表現する手立てを模索した者もいた。そのなかで最も有名なのは、木下恵介監督の『陸軍』（一九四四年）である。映画の最後に、前線に赴く息子が街中を行進していくのを夢中で追う母親の描写がある。軍部は、この場面の母親の感情を、観客が悲壮なものと受け止めるがゆえに、反戦・厭戦思想につながり危険であるという判断を下し、木下監督を危険視しはじめた。それゆえ、木下監督を反戦思想を貫いた英雄として称える者がいる一方、この場面を別の見方で解釈する者もいる。

たとえば木下よりも二、三世代若い映画監督篠田正浩は、この場面は息子を戦場に送り出す母親の犠牲的精神の恍惚感に満ちた瞬間とも解釈できると、その曖昧さを指摘する[17]。もしこの場面を反戦・厭戦の感情の表現ととった軍部の解釈がより厳密なものであったら、この場面は検閲で削除を命じられていたかもしれない。篠田監督と同世代の映画評論家佐藤忠男は、当時の観客は母親の悲壮な思いを人間の自然な感情と受け止めていたが、そういう個人的な感情を国家の大事のために抑えることが必要であると国民誰しもがまた感じていた、と論じる[18]。

映画作家の真に意図することが曖昧に受け取られうる場面のなかで、『陸軍』のように検閲を潜り抜けて生き残った場面もあれば、映画作家の戦争協力拒否の精神があからさまで検閲官の目こぼしを受けなかった例もある。マキノ正博（当時、のち雅弘、雅裕とも）は一九四三年にミュージカル映画『ハナ子さん』を作った際、反戦的感情を盛りこもうとした例について述べている。映画の最後の場面で、新婚の若夫婦の夫に召集令状がくる。妻（轟夕起子）は夫を喜んで送り出す立場にある。二人はお面をつけるが、妻のお面が小刻みに揺れるところで、お面の内側で彼女の頬に涙が流れていることを観客は悟ることになる。夫が妻のところにきて、泣くな、と言う。お面を取った彼女の頬には涙がキラリと光り、彼女は微笑む。「海ゆかば」が流れるなか、二人はススキの原を歩いて行くが、軍国の犠牲精神の象徴であった桜の花にくらべて、いかにも庶民的なススキをもってきたのも、マキノ監督の意図するところであった。この叙情的な場面は検閲官を怒らせ、削除を命じられた[19]。

しかし、この場面が検閲で削除されたことに関して、この映画の広報を担当した斎藤忠夫は別の理由をあげている。斎藤は、夫婦がお面をつけて隠れん坊をする場面が夫が出征をするどいうときに不真面目であるという理由で検閲官を怒らせたが、削除を命じた検閲官は、その場面に反戦思想が隠れていることにまったく気がつかなかった、と語っている。[20] 映画評論家の京極廉太郎によれば、検閲官を怒らせたのは、妻が悲しみを克服しようとして、お面をつけて狂ったように踊るところだという。[21]

このような軍国の妻を多く演じた山田五十鈴は、つぎのように語っている。

私の役は、いよいよ結婚できるというときに恋人に召集がくるというのでしたが、あのころは、応召のかなしみをあらわしてはいけない、かなしさを堪えて明るく「どうぞりっぱにいっていらっしゃい」といって見送るという気持ちをあらわさなければいけないのだという制約があって、演《や》っていながら嘘だ嘘だと思っているのですから、ほんとうに人間らしい、人の胸をうつような作品なんかできっこはなかったのです。いわば、魂の入っていないもぬけの殻のような人間を表現させられていたわけなのです。けれども観客のほうは、主人公が応召していく人をあかるく見送るというところではなくて、かなしみを抑えているというところにいちばん感動していたようで、あかるく見送るということでは、やはりみなが納得できなかったらしいのです。[22]

こうした例をみると、映画作家も観客も、人間の自然な感情に反する表現には不満を感じていたように思える。映画製作会社は政府の命令をそのまま遂行しようとし、映画作家は不満を感じながらも会社の意向をそのまま遂行しようとしていたようだ。

検閲ではまた、〈英米的〉という理由で、種々の場面が削除を命じられたが、検閲官以外は誰もどの部分が英米的であるのかわからないということがしばしばおこった。黒澤明は、戦中に書いた脚本《サンプギタの花》の誕生祝いの場面と、一九四三年の監督第一回作品『姿三四郎』のなかの恋愛場面の二つが、英米的とされたことを自叙伝で記している。前者は映画化されなかった[23]。マキノもまた、『ハナ子さん』のなかで、若い女優が狆《ちん》を抱いて出てきたり、主役の若夫婦が肩を振りながら一緒に歩く場面が検閲官に英米的ときめつけられたのは理解に苦しむ、と記している[24]。マキノは多分、戦中の検閲官は西洋音楽が嫌いだったのだろうと推測しているが、その基準はかならずしもきちんと適用されたわけではなく、むしろ恣意的に使われた。たとえば黒澤は、一九四四年の監督作品『一番美しく』のなかで使用されたジョン・フィリップ・スーザの軍隊行進曲がなぜ検閲で英米的とされなかったのかわからない、と述べている[25]。多くの場合、検閲官は自分の権力を誇示したくて、削除する正当な理由が見つからないときには何にでもこの便利な理由をこじつけたようである[26]。

一九四二年一月の大日本映画製作（のちの大映）の発足とともに社長に迎えられた、

作家で脚本も書いた菊池寛は、戦中の検閲官の偏狭さに不満を述べている。たとえば現代劇で、ギャング、左翼、酒飲みが映画の終わりには改心して、国家の大事である戦争への国民の義務にめざめるという設定ですら映画に登場させることを禁じられていては、善悪の対立を描く興味深い劇的設定を創作するのが不可能であるとしている。菊池によれば、それはあとで問題になったときに、上役に叱責され詰腹を切らされることを恐れた検閲官のせいであるという(27)。

こうした雰囲気のなか、検閲官はあたかも日本の資源の欠乏を被い隠すように、〈精神性の重要さ〉を強調し、〈真剣さ〉や〈誠実さ〉が足りないという抽象的な言葉で映画をけなしたが(28)、映画を作る側にとってはもっと実践的かつ具体的な理由を必要とした。太平洋戦争は、日本の〈精神性〉と米国の〈物質主義〉あるいは〈科学性〉との戦いであるというスローガンは日本でよく宣伝されたことであった。精神的な純粋さが日本人には必要とされ、天皇と国家への絶対服従と自己犠牲を要求する熱烈な愛国主義とに結びつけられた(29)。近代科学の産物である映画を扱う映画人にとっては、米国の科学技術の力を知っていただけに、そのような日本の優位性を信じることははばかられたのかもしれない。

技術的に進んだ米国に勝つために、日本人は突撃隊に加わり、一人が十人の敵を殺さなければならない、と日本の戦争映画は説いた。日本の精神性の重要さを見るものに植えつけるために、戦争映画に、東京の皇居の方角に向かって、あるいは、個人の家、軍の司令部、潜水艦などのなかに設けられた神棚に向かって頭を下げる登場人物をしばしば登場させた。そういった儀礼的習慣は戦時中の日常生活でも強要されていたことであった。

日本映画に関する占領政策の準備

そのころ、すなわち一九四三年には、太平洋の対岸で、米国政府はすでにこの戦争で日本に勝つことを想定して、占領の準備をはじめていた。準備にかかわった主な政府機関は、陸軍省、海軍省、戦時情報局、国務・陸・海軍三省調整委員会、戦略事務局（ＯＳＳ）等であった。日本と米国の、敵に対する態度は著しく異なっていた。戦争がはじまるとともに、米国政府は陸海軍の優秀な軍人のなかから選抜した者に日本語教育を集中的に施し、日本の社会や文化の研究をはじめた。一九四四年、陸軍省の企画でフランク・キャプラ監修、ヨリス・イヴェンス他の脚本によるプロパガンダ映画『汝の敵日本を知れ』（『汝の味方を知れ、汝の敵を知れ』シリーズの一作品）の題名に象徴されるように、米国は敵を知ろうとしたのである。その努力の結果が、戦後の米国における日本研究の草分けとなったドナルド・キーン、ウィリアム・テオドール・ドベリ、ハーバート・パッシン等の学者を生みだすことになったのである。(30)

一方、日本では〈鬼畜米英〉が戦時中のスローガンとなった。学校での英語教育は廃止され、西洋の習慣は避けられるようになった。ドイツ、イタリアを除く西洋諸国で育った者は、スパイではないかと疑いの目で見られた。英語追放の結果、野球の「ストライク」「ファウル」といった用語も収まりの悪い日本語に置き換えられた。日本で最も人気があり、利益もあがっていた外国映画である米国映画は、一九三五年以降日本政府の統制下におかれ、政府は米国映画の輸入規制と検閲をはじめた。一九三八年、年間劇映画輸入の上限を百本と定め、その金額と支払いに関する修正規程が日米交渉で決定されたものの、日本政府はその取り決めに従わなかった(31)。一九四一年十二月八日の真珠湾攻撃後、米国映画は上映禁止となり、プリントは没収され、枢軸国と中立国の映画の上映のみが許可された。

米国においても、ドイツやイタリアに対するのとはくらべものにならないほどの反日感情が存在し、西海岸に住む日系人は強制収容所に移された。しかし、米国政府は敵国の文化の研究を戦略上重要なものと考えて、排斥することはしなかった。そのうえ、英語や英文学が学校で教えられ、米国の映画を通じて米国の文化に親しみを感じていた日本人とは異なり、米国では日本語や日本文化が学校で教えられたり、日本映画が上映されていたわけではなかったので、米国の国民は、すみやかに日本のことを学ばなければならなかった。

日本が戦争に勝つために取った戦略は、日本社会のなかから敵の文化を排斥し、国民を純化することであり、一方米国の方法は、敵を徹底的に理解しようとすることであった。この事実からも、日米両国の文化の違いが明らかである。日本政府も、太平洋戦線で敵側から没収した米国映画を心理作戦に使うことを考えた。たとえば、米国兵士の戦意をそぎ、ホームシックを誘うために、『風と共に去りぬ』（一九三九年製作、日本での一般公開は一九五二年）のサウンド・トラックをラジオで流すことが考えられたことがあった。[32] しかし、米国政府の戦略政策の活動と比較すると、日本政府が米国人の文化や心理的パターンを理解する手立てとして、米国映画を利用した系統的な研究は存在しなかったようである。

米陸軍省は、日本に関する情報を収集し、日本文化を理解するために日本映画の徹底的な研究に着手した。[33] その研究においては、映画の題材のみならず、テーマ、映像技術、劇的効果にも関心を払っている。戦略事務局調査分析課の『日本映画　ある心理作戦』と題する報告書は、〈最近の二十本の日本映画について、テーマ、心理的内容、技術的質、プロパガンダとしての効果〉を分析したものである。

この報告書は、戦時中の日本の劇映画の最も重要なテーマが〈自己犠牲〉であることを指摘している。この報告書では、日本映画の登場人物の男女は、家族の絆とか恋愛とかいう個人の幸福の追求と、国家が要請する義務との板挟みになって悩む。映画の終わりにはどの登場人物も、滅私奉公の精神こそが重要であることを認識するのであるが、その結論にいたるまでの過程が、感情的に盛りあげられ、劇的葛藤の中心になると指摘されている[34]。

日本の戦争映画は一般に、恐ろしい敵のイメージを視覚で表すことを避け、米国の戦争映画のように、民主主義や自由や文明のために戦うのであるという理由づけをしようとしなかった[35]。その一方、米国の戦争映画は、細心の注意を払って、味方が人間性に溢れた英雄であることと対比して、冷血で卑怯で非人間的な敵の姿を作りだすのに苦心した。そうして、見るものの敵愾心を煽り、敵打倒の精神を鼓舞しようとしたのである[36]。

しかしながら、戦略事務局の報告書は、芸術的にも技術的にも優れた日本映画は、その劇的なリアリズムゆえに〈国家に管理されたプロパガンダの道具としての〉効果がひじょうに高いとの結論にいたっている。当時ハリウッドで働いていたフランク・キャプラ、アレクサンダー・コルダ、サミュエル・スペヴァク等の監督[37]が、一九四三年に調査対象とされた日本映画を見て、それらの日本映画が優れて効果的であり、米国でそれと同じレベルの作品が作れるかどうかは疑問である、と全員が述べている。また、米軍のためにプロパガンダ映画を製作し、戦後、占領軍による民主主義教化に最適な映画の数々を監督したと思われていたキャプラ[38]でさえ、調査対象となった映画のなかから、佐藤武が一九三八年に監督した『チョコレートと兵隊』という映画を評して、つぎのように述べた。「このような映画にわれわれは勝てない。こんな映画はわが国では十年に一本作られるか作られないかであろう。大体、役者がいない」[39]

キャプラが役者がいないといったのは、その作品に見られる〈抑制された控えめな演技〉をする俳優（藤原釜足）が米国にはいないという意味であろう。そして現在、米国議会図書館に保存されているこの映画のサウンド・トラックには、当時、戦略事務局が米軍兵士を対象とした日本文化についての授業の教材として使ったと思われる英語のナレーションが入っている。それは、各場面で何がおきているのか、台詞の翻訳の抜粋だけではなく、紙芝居、葬式といった日本の習慣の説明も折々に入れている。『チョコレートと兵隊』は、中国戦線に赴いた父が、チョコレートの包み紙に付いている懸賞の点数を集めている内地の息子のために、慰問袋に入っていたチョコレートの包み紙を集めるという、新聞記事の話にもとづいた作品である。この何気ない心温まる話は、観客が登場人物に心情を通い合わせるように、巧みな職人芸的技術で作られている。この映画の製作を提案した藤本真澄は、一九三八年公開当時、立教大学の教師ブラッドフォード・スミスがこの作品を見て感激し、その後彼が占領軍のCIEの職員として日本に来たとき、『チョコレートと兵隊』をヒューマニズム映画の代表的作品として言及し、反民主主義映画禁止リストにこの映画は含まれなかったことを記している。[40]

多くの日本の観客は、新婚の花嫁が喜んで夫を戦地に送りだす映画を見て、そんなことは信じられないと感じたはずであるが、それと同時に国民には、国家主義的教育とメディアを通じて実施されたプロパガンダとの効果によって、危機にある国のために身を粉にして働き、自己犠牲を払わなければならないという心の準備があった。それに、社会全般の抑圧的な雰囲気のなかで、そんな映画は嘘だと口にすることはできなかったであろう。英国の歴史学者ゴードン・ダニエルズが指摘しているように、日本の最良の映画監督と俳優がプロパガンダに協力することにより、戦争映画は観客に効果を与え、本当のことを描いているという確信を抱かせたのである。[41]

それゆえ米国は、映画を通じて日本の民主化をはかることの可能性が大きいと確信するようになった。戦時中に日本政府が活用したのと同様のプロパガンダの力を借りて、占領政策に則った日本人の再教育がはかられたのである。日本を変えるためにはまず、戦中の軍国主義思想を排除し、民主主義思想を普及させなければならないという決定が、日本占領計画において採択された。そのためには、報道、出版、娯楽媒体のすべてを占領軍の検閲のもとにおかなければならなかった。

日本人の再教育をマス・メディアを通じておこなうという考えは、教育機関の改革と組み合わされ、占領計画の初期の段階で、この二つの分野の関係がしっかりと確立されたのである。[42] こうして、映画・演劇課はＣＩＥのなかに組みこまれた。軍事的勝利が達成されたあとには、米国は占領期を通じて日本との思想戦争を戦いつづけたのである。[43]

敗戦時の日本映画

敗戦時の日本映画界は、かつての規模の半分ほどの活動しかおこなわれていなかった。敗戦の時点で、プリントの欠乏から、政府の許可のもとに操業していた劇場数は八百四十五館で、二百六十館が操業停止、百六十六館が映画館から他の劇場に衣更えし、五百十三館が焼失していた。[44] 製作のほうでは、戦時中の政府の統制政策で、多数の小さな会社が吸収合併され、劇映画の製作は東宝、松竹、大映の三社、記録映画・ニュース映画の製作は日本映画社（日映）、朝日映画社、理研科学映画、横浜映画（電通映画）の四社のみであった。一九四二年二月に配給を一元的におこなう社団法人映画配給社が設立され、一九四五年六月には、映画公社として組織替えされた。

一九四五年夏、数多くの戦争映画の監督として名高い山本嘉次郎は、太平洋に臨む千葉県館山市で《アメリカようそろ》の撮影をおこなっていた。この映画は、近くおこると思われた米軍の日本本土侵攻に備え、日本人一人ひとりが特攻精神で戦うことを鼓舞する目的で企画された。《アメリカようそろ》は、高峰秀子、入江たか子等の女優が十五人も出演するという点で際立っていた。というのも、そのころまでには疎開してしまった女優が多かっただけに、この映画が当時いかに重要視されていたかがうかがえる。[45]

敗戦の三日前の八月十二日、山本監督は東京の東宝撮影所長森岩雄から届けられた極秘の書簡を受け取った。それは、間近に迫っていると思われる〈非常時〉に際し、監督は即座に撮影を中止し、女優を東京に帰し、スタッフが混乱のなかで軽はずみな行動を取ったり自決したりしないように注意を払い、スタッフの安全を第一として、機材が損失したり破壊されても心配しないように、という内容であった。その行間に、山本はすぐに敗戦が近いことを悟った。八月十五日、天皇の玉音放送による終戦宣言のあと、山本はすぐに撮影を中止し、その夜に女優を東京に帰した。混乱した鉄道事情にもかかわらず、スタッフ全員が翌日東京の撮影所にもどることができた。[46]この映画に出ていたスター女優の一人であった高峰秀子によると、館山は爆撃がひどくて撮影がしばしば中止された。そして、山本の記述とくい違うのだが、八月十五日は館山に泊まり、自決覚悟の飛行士を乗せた零戦が海に沈むのを目撃したという。[47]

京都の松竹下加茂撮影所の所長をつとめていたマキノ正博も、玉音放送の前に日本の敗戦を悟った監督の一人であった。八月八日にソビエト連邦が対日戦に参戦したとき、マキノは明治時代に満州で戦死した日本兵五人を描く《カラチン抄》を撮っていた。映画はほぼ完成していたが、日本とソ連が同盟国という前提で企画されたものであったので、内閣情報局が突然撮影停止を命じてきた。マキノはその直後、佐々木康監督のオールスター・キャストの『撃滅の歌』の製作に携わることになった。その製作がはじまろうとしたとき、撮影所は突然その企画の中止を命じた。ここにおよんで、マキノは日本の敗戦が間近いことを知ったのである。[48]

東京の東宝砧《きぬた》撮影所では、黒澤明監督が『虎の尾を踏む男達』を撮影中であった。黒澤は、戦闘場面のある時代劇を企画したものの、戦時中で馬の調達ができないため、それをあきらめざるをえなかった。『虎の尾を踏む男達』はその代替として企画され、セット撮影一つ、ロケーション撮影一カ所という簡単なもので、しかもそのロケは撮影所の裏門の外につづく御料林（皇室の所有林）を使えばよいというものであった。[49]この映画には一人の女優も出演していないのが目を引いた。

八月十五日、東宝撮影所の職員全員が玉音放送を聞くために召集された。黒澤は日本の敗戦を予感していた。玉音放送が終わると、森岩雄所長は、われわれは映画を作りつづけるしかないので、混乱に陥ることなく日々製作をつづけよう、と述べた。[50]黒澤は九月までこの映画を撮りつづけた。撮影所は、能の『安宅』と歌舞伎の『勧進帳』を下敷にした、弁慶の義経に対する忠義を主題にしたこの作品が、戦後の権力者にとって問題になることはないと判断したため、撮影中止を命じなかったのである。

これらのエピソードから、敗戦時の日本映画界の様子がかなり把握できる。映画界は政府の指令に従い、最後の一兵どころか女子供にいたるまで、日本人がいるかぎり敵と最後まで戦うことを映画のなかで唱えていた。大映撮影所では、明るく健全な娯楽映画、日本の倫理にもとづく国民映画、戦意高揚のための啓蒙的プロパガンダ映画の製作会議を八月十四日まで毎日開いて討論を重ねていた(51)。反面、映画界のなかのけっして少なからぬ者が日本の敗戦を事前に知っていたか、予感していた。従業員が自決しないように撮影所が気を遣っているまさにそのかたわらで、国民に自決を促す作品を撮っていたというのも皮肉である。

日本国民が戦況を正確に知りえていたら、誰もが日本の敗戦は間近いことを悟ったであろう。マキノ雅弘の例が示すように、映画人のなかには、日毎に変わる戦時政策に惑わされずに、実際の戦況を推察できる立場にいる者もいた。山本嘉次郎はのちに、映画人は最新のニュースや情報を素早く入手できるという立場にあったため、海外に長く住んだ者、宣教師、作家、ジャーナリストと並んで、当局に目をつけられていた、と述べている。山本によると、八月七日の朝、米国の短波放送を聞いた者がいて、前日、広島に原子爆弾が投下されたことを映画人仲間に告げた。当時、原子爆弾についての情報はその破壊力が国民の戦意に影響を与えかねないことを危惧する政府によって極秘にされ、政府は〈新型爆弾が使用された〉としか発表していなかったのである。

山本はまた、八月九日に軍司令部に行った者が、将校が配給物資を山分けしてヤケ酒を飲んでいる姿を目撃し、映画人仲間に敗戦が近いことを告げた、と述べている。しかし、こうした映画人でさえ、敗戦後、映画界がどうなるのかを予測できる者はいなかった、と山本はつづけている。[52]

日本の映画人は日本の降伏をさまざまな思いで迎えた。多くの者は、長くつづいた戦争に疲労困憊していたので、戦争が終わってよかったと安堵した。日本軍による真珠湾攻撃よりずっと以前、一九三一年の満州事変で日本はすでに中国と戦争状態にあった。日本政府は検閲を通じて思想や表現の自由を抑圧し、映画界は政府の戦争政策に協力を強いられるようになった。内務省と内閣情報局による検閲に怒りを感じた映画人は少なくなかった。[53]戦争協力で塗りつぶされた映画界のそういった抑圧的体制から、映画人は突如解放されたのである。

映画人の第二の反応は、突如としておこった大きな変化に対する狼狽であった。歴史はじまって以来負けたことがないと教えられていた大日本帝国が負けて、なんと敵国に占領されるという事態になったのである。敗戦後の政治、経済、思想の転換をうながすために、自分たちも何らかのかたちで動員されるのは避けられない事実であることを、理性では理解できても、感情的に受け入れることはむずかしかった。

映画人の第三の反応は、日本が占領されることに対する不安と恐れであった。映画人のほとんどが積極的にせよ消極的にせよ、戦争に協力していた。政局の変化で、いままでとまったく異なった思想を映画に盛りこまなければならなくなることはわかっていたものの、どこまでどのように変化するのかを正確に予測できる者はいなかった。日本人の多くが連合軍の報復を恐れていたように、映画界でも多くの者が、戦犯に指定されるのではないかと不安になりはじめた。戦時中、日本政府は米国に負けた際には、日本人はすべて奴隷にされるか絶滅の運命にさらされると国民に信じこませていた。[54] 連合軍が日本に進駐すれば、日本男子は全員去勢され、女子は暴行を受けるという噂も流れていた。中国、フィリピンをはじめとするアジアの占領地区で日本軍がおこなった残虐行為が記憶に新しい者のなかには、連合軍の手によって占領された日本は同様の運命に遭うと予測する者もいた。映画界では、戦時中に政府から弾圧を受けたマルクス主義者の岩崎昶《あきら》でさえ、中国での日本軍の残虐行為を思うにつけ、日本はこれから敵の手による占領でいかなる運命をたどるのであろうかと、索漠たる思いであったという[55]。

占領軍総司令部から指令が出るまで、映画人はできるかぎり仕事をつづけることにした。明らかに軍国主義的な作品は自発的に製作が中止された。しかし、日本の映画人が自主規制をした以外の映画も、のちに占領軍は〈超国家主義的〉〈封建的〉として上映禁止にすることになる。その一つが、黒澤明の『虎の尾を踏む男達』であった。

黒澤は、この作品が占領軍の上映禁止リストに含まれたのは、それ以前に口論したことのある内務省の検閲官が、占領軍に提出する戦時中に製作された日本映画のリストに、故意にこの作品を入れなかったため、未報告の非合法作品とされたからだとしている。黒澤は、米国人の検閲官が三年後にこの作品を見てすっかり気に入り、上映禁止を解いたとも述べている[56]。

しかし、この黒澤の作品は、主君に尽くす家臣の功を称えるという時代劇の内容が反民主的との理由で占領軍から上映禁止にされた、と一般には信じられている。しかも、実際に『虎の尾を踏む男達』が封切られたのは、占領の終結する直前の一九五二年四月二十四日である[57]。占領軍の書類によれば、一九五一年四月十九日に東宝と大映の二社が、上映禁止映画リストにある黒澤監督の『虎の尾を踏む男達』『姿三四郎』を含む七作品を再検閲するように要請を出している。東宝はとくに『虎の尾を踏む男達』をとりあげて、大映作品の『乞食大将』（松田定次監督）と並んで、この作品はリストのなかで一度も公開されたことのない作品であると強調した[58]。この二つの作品には、翌年二月に上映許可が下りた[59]。

日本の映画人のほとんどは、戦時中、戦意高揚映画を意識的に製作していたおもむきがある。黒澤自身は『虎の尾を踏む男達』を戦争協力の映画としては作っていなかったかもしれないが、占領軍はその封建的主題をとりあげて、問題ありとした。黒澤のそれ以前の作品である『姿三四郎』（一九四三年）『一番美しく』（一九四四年）、そして『続姿三四郎』（一九四五年）は、精神の優越を鼓舞するというテーマからして、より容易に戦争協力に結びつけられなくもない。『姿三四郎』は、柔道の真の道を追求する若者を描き、内閣情報局の肝煎りではじまった国民映画製作委嘱で賞を受けた。この黒澤の処女作は、技術的にずば抜けて優れてはいたが、戦意高揚を目的とした「国民映画」の主旨にかなうテーマでもあった。『一番美しく』は、飛行機用のレンズ製造工場で働く若い女性の一群を描いたもので、製造ノルマを果たそうとするヒロインの努力が物語の山となる。『続姿三四郎』には、崇高なヒーローの敵として、邪悪な西洋人が登場する。

もちろん戦時中に作られた映画のなかには、それらよりもはるかにあからさまな戦意高揚のプロパガンダ作品も多い。そうした映画を懐疑的に見た者もいたかもしれないが、当時それらの映画に影響を受けたという人びと、とくにそういう戦争映画に夢中になった若者が多かったということをよく聞く。戦争への疑問や反戦の思想は抑圧されるか、多くの人びとの熱狂的な好戦の風潮に抑えこまれるかしてしまった。左翼系の映画製作者岩崎昶や監督亀井文夫のように投獄された映画人はごくわずかであり、大多数が政府の厳しい統制のもとで映画を作りつづけることを選んだ。

当時の映画人が自作のなかで謳歌している特攻精神を、作っている本人たちがどれ

『虎の尾を踏む男達』（1945© TOHO CO., LTD　黒澤明監督）の大河内傳次郎（左）。この映画は占領軍によって上映禁止となり、実際に封切られたのは1952年4月である。

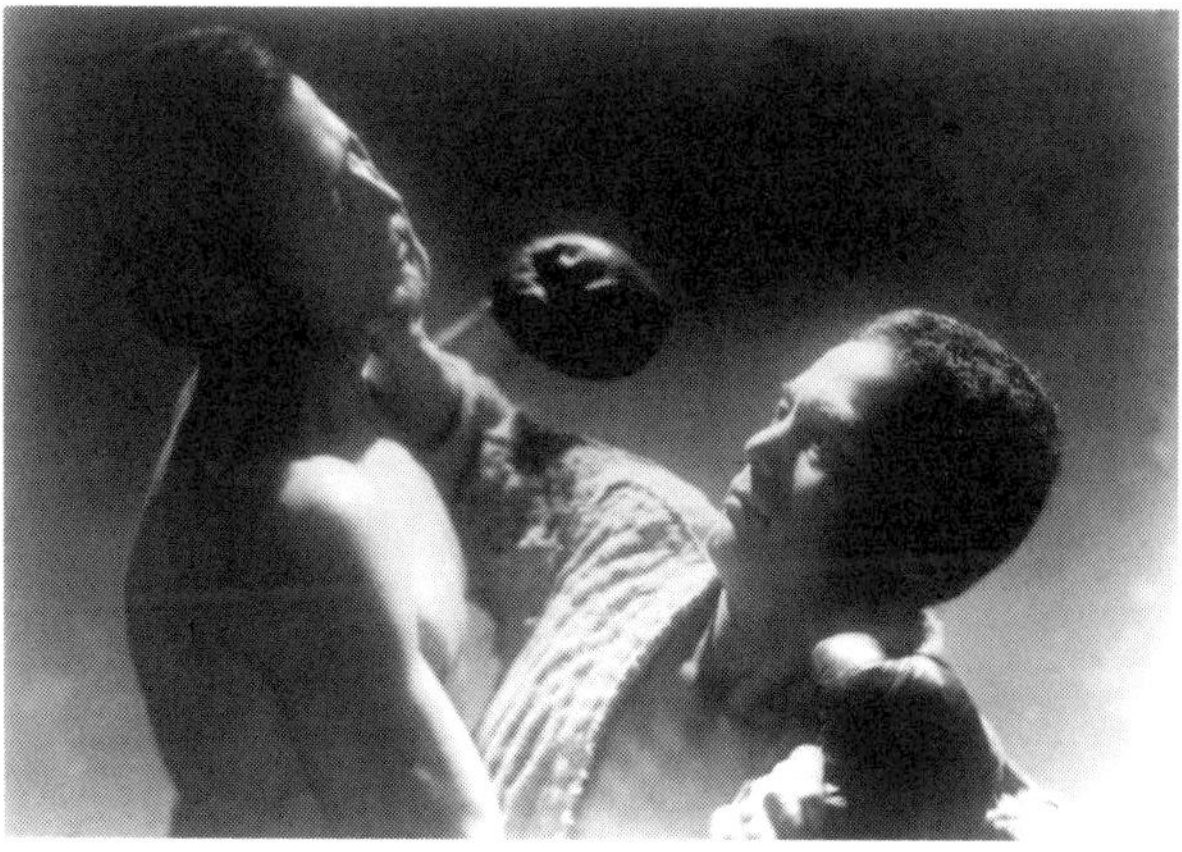

『続姿三四郎』（1945© TOHO CO., LTD　黒澤明監督）。崇高なヒーローを演じる藤田進（右）が邪悪な西洋人と闘っている場面。

ほど真剣に信じていたのかはわからない。聖戦の意義を称え、銃後の生産の努力や、国の防衛の重要さを説く映画を作りながら、観客はこんなことを信じないでほしいと願い、あるいは誰もこんなことを信じるはずがないとの期待をにじませて体裁を整えるために作っていたのかもしれない。特攻精神がいかにばかばかしいものであるかを知っていたかもしれないが、とにかく日本の映画人はそれを美化する映画を作りつづけた。

そのような好戦的映画は日本の映画人の手により自主的に中止されたわけではなく、日本の軍国主義政府が倒され、連合軍の統制がはじまることが明らかになって、政局の変化に合わせるために製作を中止したのである。撮影所は自らの従業員の生命については真剣に心配したが、観客の生命はどうでもよかったのである。

【註――第一章】　戦争期の日本映画

（1）　吉田智恵男『もう一つの映画史　活弁の時代』（時事通信社、一九七八年）、五一－五二頁。大島渚『体験的戦後映像論』（朝日新聞社、一九七五年）、二三頁でも、田島太郎『検閲室の闇に呟く』（大日本活動写真協会、一九三八年）を引用している。映画初期の全国的検閲制度については、牧野守「我が国における映画検閲の制度改善の状況」（「映像学」二一－三〔三三〕号、一九八六年一月、四三－五五頁）がある。

（2）　山本喜久男『日本映画における外国映画の影響』（早稲田大学出版部、一九八三年）、三二一－三二三頁。他の資料は異なる年代をあげている。『世界映画事件・人物事典』（キネマ旬報社、一九七〇年、一五一頁）の畑暉男によれば一九一二年であり、*Historical Journal of Film, Radio and Television*, vol.2, no.2, 1982 に収められた、Gordon Daniels, "Japanese Domestic Radio and Cinema Propaganda, 1939-1945" によれば一九一一年である。

（3）　畑暉男『世界映画事件・人物事典』一五二頁。『映画の事典』（合同出版、一九七八年）にある「戦前の映画法」四六二－四六四頁。Richard Mitchell, *Censorship in Imperial Japan* (Princeton University Press, 1983), p.348.

（4）　『映画の事典』四六四－四六七頁。

（5）　Anderson and Richie, *The Japanese Films*, p.129 ; Tadao Sato, *Currents in Japanese Cinema*, translated by Gregory Barrett (Kodansha International, 1981), p.61.

（6）　岩本憲児、佐伯知紀・共編『聞書き・キネマの青春』（リブロポート、一九八八年）に収録された柴田勝インタビュー、四一－四二頁。

(7) 映画輸入会社の東和に勤務していた青山敏美への筆者によるインタビュー（一九八四年七月二十三日、東京）。上野一郎「名人青山敏美さん」（『東和映画の歩み一九二八〜一九五五』東和映画株式会社、一九五五年、二四四－二四五頁）に青山氏の苦心が述べられている。

(8) 「一九三〇年代ヨーロッパ映画特集(1)」の「映画検閲余話」（「フィルムセンター」一八号、一九七三年、四二頁）。青山敏美「映画検閲の想い出」（「映画史研究」二一号、一九八六年、一－一二頁）。

(9) 稲垣浩の『ひげとちょんまげ』（毎日新聞社、一九六六年）にあると、前掲の柴田勝インタビュー（四二頁）に引用されている。

(10) 宮川一夫への筆者によるインタビュー（一九八四年六月三日、京都）。青山敏美「映画検閲の想い出」七頁。黒澤明『蝦蟇の油』（岩波書店、一九八四年）、二五〇頁。なお、この著書は英訳された。Audie Bock, *Something Like on Autobiography* (Alfred A. Knopf, 1982).

(11) 青山敏美「映画検閲の想い出」一〇頁。

(12) 柴田勝インタビュー（『聞書き・キネマの青春』四二頁）。

(13) 柴田勝インタビュー（『聞書き・キネマの青春』四二頁）。溝口健二監督の一九二九年の作品『都会交響楽』は完成後の検閲で二千フィートがカットされたが（『日本映画監督全集』キネマ旬報社、一九七六年、三八九頁）、柴田によれば、鈴木重吉監督の一九三〇年の『何が彼女をそうさせたか』は検閲によるカットなしで公開された（柴田勝インタビュー『聞書き・キネマの青春』四二頁）。

(14) Anderson and Richie, *Japanese Films*, p.64.

(15) 依田義賢『溝口健二の人と芸術』(田畑書店、一九七〇年)、五五－五六頁。
(16) 『馬』の第二班のチーフ助監督であった黒澤明による。黒澤明『蝦蟇の油』二三五－二三八頁。
(17) 篠田正浩への筆者によるインタビュー(一九八四年六月二十三日、東京)。
(18) 佐藤忠男『木下恵介の映画』(芳賀書店、一九八四年)、一二四頁。
(19) 岩本憲児、佐伯知紀『聞書き・キネマの青春』(二二九－二三〇頁)に収録されたマキノ雅裕インタビュー。
(20) 斎藤忠夫『東宝行進曲　私の宣伝部五十年』(平凡社、一九八七年)、八九－九二頁。
(21) 京極廉太郎「トルコ・マーチ」(「映画娯楽街」一九四八年三月一日、二頁)。
(22) 山田五十鈴『映画とともに』(三一書房、一九五三年)、九七－九八頁。
(23) 黒澤明『蝦蟇の油』二五一－二五二、二七九頁。
(24) マキノ雅裕インタビュー(『聞書き・キネマの青春』二二八－二三〇頁)。しかしマキノは自叙伝『映画渡世地の巻』(平凡社、一九七七年)、一〇七－一一〇頁で、十一時間検閲官と討議した結果、この作品はカットなしで公開されたとしている。現在発売中の当映画のビデオ版には、問題とされた場面は含まれていない。
(25) 黒澤明『蝦蟇の油』二八四－二八五頁。
(26) 山本嘉次郎「カツドオヤ微憤録　アメリカによる映画検閲滑稽譚」(「文藝春秋」一九五二年六月臨時増刊号、一八九頁)によると、映画監督になりたくてもなれなかった検閲官が嫉妬心でいろいろ意地悪をしたとしている。
(27) 菊池寛、鶴見祐輔「映画放談」(「映画評論」一九四四年十・十一月号、一一頁)。
(28) 熊埜御堂定「現下の日本映画界に与ふ」(「映画評論」一九四四年一・二月号、三頁)。

(29) 沢村勉「シナリオ随想　映画表現に関する反省」（『映画評論』一九四四年十二月号、八－一一頁）。沢村「大東亜映画をめぐる想念」（『映画評論』一九四五年一月・二月号、三－五頁）。なお、戦中の日本映画の製作とその検閲については、ピーター・ハーイの詳細な研究書『帝国の銀幕』（名古屋大学出版会、一九九五年）を参照のこと。

(30) 米海軍の日本語学校の同窓生たちの戦時中と占領期の体験を綴った書簡集、Otis Cary ed., *From a Ruined Empire : Letters――Japan, China, Korea, 1945-1946* (Kodansha International, 1975). 米陸軍の日本語学校での体験と占領期の仕事については、Herbert Passin, *Encounter with Japan* (Kodansha International, 1982)（ハーバート・パッシン、加瀬英明訳『米陸軍日本語学校――日本との出会い』ＴＢＳブリタニカ、一九八一年）がある。また、米陸軍日本語学校の同窓会の記録を撮ったアルヴィン・エドコフのテレビ・ドキュメンタリー『この電車は日比谷に行きますか』（*"Reunion : A Streetcar to Hibiya"*）は、一九九四年に完成し、日本で放映された。

(31) コロンビア大学法学部図書館、*SCAP Non-Military Activities in Japan and Korea*, Summation no.1., September / October 1945, p.174.

(32) Masayo Duns, *Tokyo Rose*, translated by Peter Duus (Kodansha International, 1979), pp.170-172.（ドウス昌代『東京ローズ』サイマル出版会、一九七七年）

(33) その成果の有名な例は、Ruth Benedict, *The Chrysanthemum and the Sword : Patterns of Japanese Culture* (Meridian, 1946)（ルース・ベネディクト、長谷川松治訳『菊と刀』社会思想社、一九七二年）である。

(34) OSS, *Japanese Films : A Psycological Warfare.*

(35) この概念は、以下の資料にも見られる。『日本映画を読む』（ダゲレオ出版、一九八四年）に収録された、大島渚「映画にとって戦争とは何か」二八－三八頁；Sato, *Currents in Japanese Cinema*, pp.100-106；Anderson and Richie, *Japanese Film*, pp.132-135.

(36) この最良の例は戦略事務局のために製作されたキャプラの "*Why We Fight*"（『我々はなぜ戦うか』）シリーズであろう。これについてはワシントン大学に提出された一九八三年の博士論文、Charles Burgess Ewing, *An Analysis of Frank Capra's War Rhetoric in "Why We Fight" Films* に詳しい。また日米両国の戦争中のメディアの違いを分析した John Dower, *War Without Mercy : Race & Power in the Pacific War* (Pantheon, 1986)（ジョン・ダワー、斎藤元一訳『人種偏見』TBSブリタニカ、一九八七年）がある。

(37) コルダは一九四〇年から一九四三年にかけてハリウッドをベースにしていた。スペヴァクは戦略事務局のために一九四二年に、*The World at War* を作っている。

(38) キャプラは占領期の日本で民主主義のお手本として最も真似をされた監督といわれている。たとえば、オーディ・ボックの未発表の成瀬巳喜男についての草稿によれば、一九四六年三月に公開された成瀬の戦後第一作の『浦島太郎の後裔』はキャプラ的な社会風刺の作品で、ジーン・アーサーに似た女性ジャーナリストも登場しているという。キャプラの一九三八年の『我が家の楽園』は日本では一九三九年に公開、一九三九年の『スミス都へ行く』は日本では一九四一年に公開され、戦後もリバイバルされている。

(39) OSS, *Japanese Films : A Psycological Warfare*, p.15.

(40) 藤本真澄「一プロデューサーの自叙伝」（尾崎秀樹編『プロデューサー人生　藤本真澄映画に賭ける』東宝出版事業室、一九八一年、一六五－一六六頁）。

(41)　Daniels, "Japanese Domestic Radio and Cinema Propaganda," p.129. 大島渚「映画にとって戦争とは何か」(三四-三八頁)でも、田坂具隆監督の一九三八年の『五人の斥候兵』が当時の観客に及ぼした影響について述べているほか、佐藤忠男も、山本監督の一九四二年の『ハワイ・マレー沖海戦』が、少年であった自分に与えた影響について述べている(Sato, *Currents in Japanese Cinema*, p.109)。

(42)　一九八〇年十月十六日から十八日までバージニア州ノーフォークのマッカーサー記念館で開催された日本占領期の教育と社会改革に関する学会の会議録、*The Occupation of Japan : Education and Social Reform* に収録された、Marlene J.Mayo, "Psychological Disarmament : American Wartime Planning for Japan and Re-Education of Defeated Japan, 1943-45" p.24.

(43)　日米戦争が一九四五年に終わったわけではなく、占領期を通じて別なかたちでつづいたというのは、前記 Mayo 教授をはじめとする占領史研究者の多くの意見である。

(44)　田中純一郎「日本映画戦後史」(「キネマ旬報」一九六四年十月上旬号、四八頁)。

(45)　「宝石」(一九八二年)に連載された草壁久四郎「実録戦後日本映画史　人と事件と」の第一回「戦後ゼロ年」一九一頁。「東京タイムス」に連載された南部僑一郎「現場戦後史　ゴシップで綴るカツドウ屋の歩み」第一回、一九七二年三月十二日、一五頁。

(46)　山本嘉次郎「カツドオヤ微憤録」一八八頁。草壁久四郎「戦後ゼロ年」一九一頁。

(47)　高峰秀子『わたしの渡世日記　上巻』(朝日新聞社、文庫版、一九八〇年)、二七三-二八二頁。

(48)　マキノ雅裕は『映画渡世　地の巻』一六八-一六九頁で『英米撃滅の唄』としているが、佐々木康監督の『撃滅の歌』は一九四五年三月に公開されているので、『英米撃滅の唄』というタイトルおよびその製作時期や製作が中止されたという点は、マキノの記憶ちがいと思われる。
(49)　黒澤明『蝦蟇の油』二九八－二九九頁。なお、仁科周芳の本名で当映画に義経役で出演した岩井半四郎によれば、敗戦の日までは館山で《アメリカようそろ》を山本・渡辺邦男共同監督で撮っていたが、敗戦で中止になり東京へ帰り、五日後から『虎の尾を踏む男達』がクランク・インしたという（「キネマ旬報」一九九四年七月上旬号、白井佳夫「映画を使って何ができる？」一六八－一六九頁）。
(50)　草壁久四郎「戦後ゼロ年」一九一頁。
(51)　牛原虚彦『虚彦映画譜50年』（鏡浦書房、一九六八年）、二三六頁。
(52)　山本嘉次郎「カツドオヤ微憤録」一九一頁。
(53)　黒澤明『蝦蟇の油』、マキノ雅裕『映画渡世』、山本嘉次郎「カツドオヤ微憤録」を参照のこと。ほかにも青山敏美インタビュー、植草圭之助『わが青春の黒沢明』（文藝春秋、一九八五年）等の例がある。
(54)　William E.Daugherty, in collaboration with Morris Janowitz, *The Psychological Warfare Casebook* (Johns Hopkins University Press, 1958), p.505.
(55)　岩崎昶『占領されたスクリーン』（新日本出版社、一九七五年）、二一二頁。
(56)　黒澤明『蝦蟇の油』三〇〇－三〇四頁。
(57)　*Kurosawa : A Restropective* (Japan Society, 1981), p.34.
(58)　国立国会図書館現代政治史資料室（以下、国立国会図書館）ＣＩＥ書類にある、一九五一年四月十九日付の総司令部から東宝と大映へのメモランダム。
(59)　同上、一九五二年二月二十九日付の総司令部から文部省社会教育局長へのメモランダム。

第二章　占領のはじまり

占領軍のメディア政策の二重構造

一九四五年八月二十八日、占領軍の先遣隊が日本に上陸した日、マッカーサー元帥は情報頒布部を創設し、ボナー・フェラーズ准将をその責任者に任命した。フェラーズは、一九四四年に戦時情報局に心理作戦部が創設されたときから、その長の職にあった。新設された情報頒布部は心理作戦部を引き継ぎ、フェラーズの直属だったJ・ウッダール・グリーン大佐がフェラーズのすぐ下の地位を占めた。戦争中の米国政府は、メディアを通じて日本人を再教育するという目的をこの部署に担わせた。九月初旬、フェラーズはグリーンに、戦時情報局の中部太平洋地域の責任者であったブラッドフォード・スミスや、フェラーズのもとで宣伝用チラシを専門に作っていたハロルド・ヘンダーソン中佐をはじめとする、戦時情報局と心理作戦部の主要スタッフをそのまま確保するよう命じた。(1)

九月二十二日に情報頒布部が民間情報教育局（CIE）となり、カーミット・ダイク准将がその責任者になった。ダイクは戦時中、NBC（ナショナル・ブロードキャスティング・カンパニー）の広報調査部門の重役を務め、戦時情報局の広報課を経て、南西太平洋方面連合軍のマッカーサー総司令部情報教育部門の責任者をしていた。[2] CIEの役割は、あらゆる公共の情報にかかわるメディアを通じて、民主的思想を教化することにより、宗教、思想、言論、メディア、集会の自由を保障し、広めることにあった。そのため、日本の敗戦の事実、日本の戦争責任、日本の現在と将来にわたる困難な状況の責任が軍国主義者にあることと、連合軍による軍事占領の目的とを、日本国民のあらゆる層に理解させる任務を負った。またCIEは、総司令部に対して、政策や計画の立案・変更の基本になるような、占領や改革に対する日本国民の反応を知らせる責任も負った。[3] こうしてメディアを通じた日本国民の再教育という政策が実施に移されたのである。

総司令部はメディア統制において、プロパガンダと検閲という二つの方法を取った。プロパガンダはCIEにその役割が与えられ、日本のメディアを通じて、ある種の思想や目的を奨励したり禁止したりすることで、米国の価値観を占領下の日本国民に教化することが、その主な目標であった。検閲は総司令部の検閲部門にその役割が与えられ、占領目的に適していない、あるいは占領にとって危険なものを、日本で報道されないようにすることが目標であった。

マッカーサーは一九四五年五月に、日本における民間検閲の全責任を与えられていた。(4)そして八月三十日に日本に上陸すると、その日に横浜に総司令部を設け、九月一日、内閣情報局を通じて日本の新聞社に対して、米軍兵士がひきおこした犯罪を報道禁止にするよう指令を出した。しかしその二日後、情報局は、事実に即したもので大袈裟な報道でなければ、米兵による事件も報道することは許されるという見解をとった。(5)その結果、九月八日の「毎日新聞」神奈川版には、占領開始後約一週間で米兵による犯罪は九百三十一件（暴行九件、傷害三件、武器の窃盗四百八十七件、金品の窃盗四百十一件、押し入り強盗五件、その他十六件）という記事が掲載された。(6)

高桑幸吉によれば、このような初期の報道禁止政策は、総司令部の要請によるものということである。(7)その政策を変更したのは、たとえ新聞で米兵の犯罪が報道されなくても、どうせ人びとの口から口へと広まるのだから、そのような報道を取り締まるのはかえって不自然であると、総司令部が考えたからであろう。

日本の降伏は九月二日、ミズーリ号の艦上での調印をもって正式におこなわれ、九月十七日マッカーサーは米太平洋陸軍総司令部を東京に移した。占領の最初の二週間、総司令部は米国政府の指令に従い、日本のメディアを統制することはほとんどなかった。その一方で、米太平洋陸軍幕僚部の対敵諜報部（ＣＩＳ）の責任者であったエリオット・ソープ准将と、その部下で日本占領における民間検閲計画の主な立案者であったドナルド・フーヴァーのもとに別の検閲組織が作られた。九月三日、マッカーサーの指示により、ソープのもとで発足した民間検閲支隊（ＣＣＤ）である。この組織は、日本のメディアだけでなく、民間の手紙や電信電話の検閲もおこなった(8)。

ＣＩＥとＣＣＤが検閲をはじめた正式な日付は不明である。九月十日、ＣＣＤ内にプレス・映画・放送部門が設置され、ＣＣＤは、十月二日に発足した連合国最高司令官総司令部の民間諜報局（ＣＩＳ）のもとにおかれた(9)。それ以降総司令部は、横浜から九月十七日東京に移された米太平洋陸軍総司令部（ＧＨＱ／ＵＳＡＦＰＡＣ）と、日本の占領行政をおこなう連合国最高司令官総司令部（ＧＨＱ／ＳＣＡＰ）との、二重の機能を果たすことになった。マッカーサーはこの両方の組織の長であったし、ダイクやソープのように両組織を兼任する者もいた(10)。民間諜報局は一九四六年五月ソープの辞任を機に、チャールズ・Ａ・ウィロビー大佐を長とする参謀第二部（Ｇ－２）に新設された民間諜報課に吸収された(11)（その後、一九四八年初めに民間諜報課は民間課報局に昇格する）。

九月十二日、総司令部の最初のメディア政策が、日本の内閣情報局を通じて発表された。それは、事実に即さない報道、公共の秩序を乱すもの、日本が世界の平和を愛する国々の一員として、敗戦から新生するのに害を及ぼすようなもの、連合軍の動静についての虚偽の報道、連合軍についての虚偽あるいは根本的批判や噂を禁じるというもので、違反した場合は掲載禁止処分にするというものであった[12]。

この発表が、九月二十二日に発効した日本におけるプレス・コードの原型となり、それ以降は日本政府の内閣情報局を通さずに、直接総司令部の広報局からそのような指令が発表されるようになった。プレス・コードはさらに、編集者の意見を盛りこむことやプロパガンダを禁じており、日本のメディア政策の基本的枠組みとなった。公共の秩序を乱す報道や連合軍に対する批判を禁じることで、このプレス・コードにより実質的には、占領軍に都合の悪い報道はすべて総司令部によって抑制することが可能になった。

映画政策

一九四五年八月十五日の敗戦から一週間、日本中の劇場が閉鎖された。八月二十二日の劇場再開にあたり、映画公社は、排外的愛国主義を描いた作品や、戦闘場面を含む作品、すべての文化映画と時事映画の上映を禁じ、戦争中に閉鎖された劇場の再開を指令し、上映時間についての制限を撤廃した[13]。映画公社が、わずか一週間前まで日本の映画界に押しつけていた、戦争を主題にした映画の上映を自発的に禁止したことは興味深い。敗戦を機に映画人が予期した政策の転換は、早くも一週間で訪れた。

日本の映画界が総司令部からの指令を直接受ける前、九月十八日に内務省と内閣情報局が、地方自治体に「興行など指導方針に関する件」を通達した。これは基本的には、映画公社の通達に沿って、戦争中の非常時統制をさらに緩和するもので、野外上映を許可し、劇場再建を指導し、劇映画上映時間百分以内の規制を廃止した。[14]戦災で疲弊し、思想統制でがんじがらめになっていた映画界が、平和の訪れとともに回復、発展することを日本国民は期待をこめて見守った。

九月二十日、総司令部の情報頒布部の通達が全映画会社に届いた。二日後に総司令部の会合に出席するようにという指令であった。九月二十二日、情報頒布部から衣更えしたばかりの民間情報教育局（CIE）の、グリーン中佐、マイケル・ミッチェル少佐、ブラッドフォード・スミス、デビッド・コンデが、通訳のジョージ・イシカワを介して、約四十名の映画会社の重役、製作者、監督、政府の役人を前に話をした。米国側は、日本映画界がポツダム宣言の主旨を受け入れ、日本の再建に協力することを望むと述べた。日本は国家主義的軍国主義を放棄して、個人の自由や人権を尊重することにより、ふたたび世界平和の脅威にならないようにしなければならなかった。[15]この方向を達成するために、つぎのような映画の製作が奨励された。

(1) 生活の各分野で平和国家の建設に協力する日本人を描くもの。

(2)日本軍人の市民生活への復員を描くもの。
(3)連合軍の手中にあった日本人捕虜が復帰し、好意をもって社会に迎えられる姿を描くもの。
(4)工業、農業、その他国民生活の各分野における日本の戦後諸問題の解決に率先して当たる日本人の創意を描くもの。
(5)労働組合の平和的かつ建設的組織を助長するもの。
(6)従来の官僚政治から脱して、人民のあいだに政治的意識および責任感を高揚させるもの。
(7)政治問題に対する自由討論を奨励するもの。
(8)個人の人権尊重を育成するもの。
(9)あらゆる人種および階級間における寛容尊厳を増進せしむるもの。
(10)日本の歴史上、自由および議会政治のために尽力した人物を劇化すること。(16)

それとともに、日本映画・演劇の問題がつぎのように指摘された。

封建的な忠誠心および復讐の教義に立脚している歌舞伎的演劇は現代の世界においては通用せず、叛逆、殺人および欺瞞が大衆の前で公然と正当化され、私的復讐が法律を無視して許容されているかぎり、日本人は現代の世界における国際関係を支配している行為の根本を理解し得ないであろう。西欧世界にも重大な犯罪はある。しかし少なくとも道徳の基準は善悪の判断の上におかれ、決して藩閥や血族への忠誠というものによろうとはしなかった。国際社会に地位を占めようとするには、日本人をしてあらゆる娯楽および報道機関を通じてつぎの各項を熟知せしめなくてはならない。すなわち民主的代議制の基本的政治理念、個人の尊重および自己の欲しないような取り扱いを他国民に対してなさないこと等々。自治の精神などが国民のあいだに徹底されなければならない。日本人の国家、家庭、労働組合における協力および自治こそ、今後長年月にわたる日本の再建期における日本人の生活の一端となるべき基本的概念であり、劇映画はこれらの観念を大衆に体得させるにふさわしい手がかりを提供するものでなければならない。

日本の映画は過去現在未来において軍国主義を鼓吹または承認するようないかなるものも表現してはならない。時事映画はとくに今日の現実を表現するに重大な役割をもっている。ポツダム宣言の履行に寄与するあらゆる事実をニュース映画として記録しなくてはならない（たとえば戦争犯罪人を攻撃する政府首脳の演説、戦争の実相を語る帰還軍人、再建日本の諸問題を討議する労働、商工業、農業等各種団体の会合等々）。(17)

CIEが日本映画界に出した最初の指令は、このように詳細にわたる指導要項によって占領の目的を明らかにし、教育の道具としての役割を映画に担わせるものであった。米国と連合国は、思想的には民主主義の価値と慣習を守るために戦争を戦った。その戦争に勝ったいま、米国は日本の再建に当たり、規範とすべき民主主義の価値と慣習を敗戦国日本に強制したのである。米国は、日本国民は軍国主義政府のもとで基本的人権を無視されていたが、民主主義によって教化すれば「あらゆる人種および階級間における寛容尊厳」を達成するまでに導けると考えた。遅れた日本人を文明化して、文明世界の一員とするという困難な任務を米国は負ったのである。そして映画が、この日本人の精神を改造するために使われることになった。

歌舞伎のテーマであり伝統的価値観である忠義や復讐に対して、米国の検閲官は強い反感をもち、そうしたものが軍国主義や全体主義と結びついていたとして、映画から追放しなければならないと考えた。その反面、労働運動や基本的人権の尊重が、日本の民主的再建に必要な要素であるとされた。戦前の日本政府による労働運動の抑圧が、現在の日本の深刻な問題の一因になっていると占領軍は考えたのである。

十月十六日、「映画企業に対する日本政府の統制の撤廃に関する覚書」が発令され、一九三九年に公布された映画法（正式な廃止は十二月二日）と戦時中の規制に縛られていた日本の映画界を解放した。十二月には、映画公社が機能を停止し（十一月三十日解散)、各映画会社が独自に製作・配給に携われるようになった。十月中旬までに総司令部は、言論の自由を保障する数々の指令を発布した。九月二十四日には、報道機関を政府から独立させる指令、九月二十七日には言論の自由をさらに推進する指令が、十月四日には政治的・民事的・宗教的自由の抑圧を撤廃する指令（人権指令）が出された。

占領軍はそれと並行して、占領期を通じて、映画の主題や内容を規制する検閲を、制度として運営した。十月一日に日本の内閣情報局が機能を停止（正式な廃止は十二月三十一日）したあと、十月九日から占領軍による新聞の事前検閲がはじまった。[18] CIEが映画の検閲をはじめたのは十月初旬である。[19]

それはまず、映画の企画書と脚本の事前検閲というかたちではじまった。当初、それらは日本語で提出され、CIEの日系二世の検閲官クリフォード・トシオ・コンノが英語に翻訳していたが、すぐに各社自らが企画書と脚本を英訳して提出するようにと指令された。[20] 各社は総司令部との折衝に当たる連絡係をおいた。映画が完成すると、まずCIEの民間検閲がおこなわれ、そのあとCCDの軍事検閲にまわされた。日本で上映される外国映画や一般劇映画のほか、16ミリ映画、記録映画、教育映画もすべて、CIEとCCDの検閲を受けた。この二重の映画検閲は、正式には一九四六年一月二十八日に発布された「映画検閲に関する覚書」によって開始され、一九四九年六月に映画倫理規程管理委員会（映倫）が設立されるまでつづいた。その後は民間諜報課を一九四九年七月に継承した対敵諜報課の指令により（ＣＣＤは同年十一月に廃止）、ＣＩＥの事後検閲のみが、一九五二年四月二十八日までつづいた。[21]

軍事検閲官の検閲が終わると、各映画にはＣＣＤの認証番号が与えられ、この番号なしでは〈日本における、公共の娯楽を目的とした場所での公開・非公開を問わず、観衆のための上映〉は許可されなかった。[22] その番号が与えられるまでは、映画製作にかかわった者だけが見ることを許され、撮影所での試写に立ち会った関係者以外の者が見た場合には、憲兵の逮捕の対象になった。[23]

禁止映画

一九四五年十一月十六日、総司令部から発令された「非民主主義的映画排除の指令に関する覚書」により、一九三一年の満州事変以降に製作された二百三十六本の劇映画と、多くの文化映画、時事映画が上映禁止処分を受けた。そのリストには、完成して検閲を待つばかりの作品も含まれていた。この指令のなかで、過去の日本映画は〈国家主義的、軍国主義および封建的思想の宣伝に利用されてきた。すなわち封建的規律、生命の軽視、「武士道精神」の創造、大和民族の無比性と優秀性、「亜細亜に於ける日本の特殊使命」〉の宣伝の道具になったと非難されている。[24] このリストは、戦時情報局の心理作戦部のドン・ブラウン、アーサー・ベアストック、デビッド・コンデらによって準備された。彼らは、連合軍の捕虜になった日本兵の尋問を通じて情報を仕入れた。捕虜のなかには映画界で働いていた者もいて、日本映画界に関する重要な情報源となったのである。[25] 映画公社に勤めていた渡辺融は、一九四五年九月初旬、数人の米兵が、日本政府の戦時政策に協力した映画の所在を求めて映画公社を訪ねてきたとき、すでに心理作戦部の作成した英語のリストをもっていたと証言している。[26] 連合軍の心理作戦部は占領軍の映画政策の準備のためにこの情報を使っていたのである。

ブラウンは「ジャパン・アドヴァタイザー」という雑誌の記者として戦前日本に住んでいて、国務省の国際情報文化活動局に籍をおいたまま、占領当初から総司令部で働いていた。一九四六年六月、CIE内部に情報課が設立されると、その長になった。[27] 戦時情報局でベアストックはブラウンのもとに、コンデはベアストックのもとにいた。ベアストックとコンデがニュー・ディール政策の信奉者であることはよく知られていた。ベアストックは、労働・農業・女性問題でも活発に活動していた。[28] CIEの映画・演劇課の映画班長であったコンデは、映画政策に直接携わった。カナダで生まれた彼は、カリフォルニアで米国市民権を取った。コンデがCIEにいたのは一年足らずであったが、多くの映画人に熱心な改革者という印象を与えた。彼は急激な改革に情熱を燃やしていたため、日本の関係者の多くが彼のことを共産主義者かそのシンパと考えていた[29]。

一九四五年十月、ＣＩＥは映画公社に、一九三一年以降に作られたすべての劇映画のリストを提出するように指令した。映画公社は四百五十五本の映画の題名と粗筋を英語で記したリストを作った。その後ＣＩＥは、このなかから戦争宣伝に協力した作品を選ぶよう映画公社に通達し、映画公社は急いで、内務省と内閣情報局にあった映画の題名と情報から二百二十七本を選択した[30]。コンデは、自分はこの映画公社のリストを承認したのみで、本数を増やしてはいないと主張しているが、十一月十六日の指令では二百二十七本から二百三十六本に増えている（しかし、いくつかの資料では、最終的にリストに収められた映画数を二百二十七本としている）[31]。この過剰とも思えるリストを非難する者もいるが、コンデは、おそらく大急ぎでリストを作成した日本側が総司令部にあとで文句を言われないように疑わしい作品はすべてリストに入れてしまった〈自己検閲〉の結果である、としている[32]。

禁止リストに挙がった作品のネガとプリントのすべてが、県ごとの綿密な探索の結果没収された[33]。この際、多くのネガやプリントが、戦災ですでに失われていることがわかった。また東宝と大映は敗戦を機に、これらの映画は今後上映にふさわしくないとして、自発的にこのリストにある数本の映画を焼却処分にしていたことが判明した[34]。

東宝は『あの旗を撃て』（一九四四年、阿部豊監督）『大いなる翼・三菱重工業篇』（一九四四年、関川秀雄監督）『後に続くを信ず』（一九四五年、渡辺邦男監督）の三本を、大映は『英国崩るるの日』（一九四二年、田中重雄監督）『シンガポール総攻撃』（一九四三年、島耕二監督）『肉弾挺身隊』（一九四四年、田中重雄監督）の三本を処分していた[35]。

しかし、戦争映画を占領軍の目から隠した例が少なくとも一件ある。斎藤忠夫によると、日本の敗戦後すぐに、森岩雄東宝撮影所長が七、八人の職員を選んで、『ハワイ・マレー沖海戦』（一九四二年、山本嘉次郎監督）をはじめとする計八本の作品を隠させた。撮影所は占領軍がこれらの作品を没収することを予測して、戦中に軍事関係の作品の製作をしていた東宝の第二撮影所の敷地内に穴を掘り、その八本の作品のネガとプリントを一本ずつ埋めたとしている。これらの映画は占領期を通じて占領軍に怪しまれることなく隠し通された[36]。

禁止リストにあがった映画のネガとプリントが内務省に集められたあと、各映画のネガ一本とプリント四本がまず総司令部に送られ、その後ワシントンの議会図書館に移された。くわえて、ネガとプリント各一本がＣＣＤに六カ月間保存され、分析の対象になった[37]。それ以外のネガとプリントはすべて米第八軍の手により、一九四六年四月二十三日、五月二日、五月四日に東京多摩川べりの旧読売飛行場で焼却された[38]。

禁止映画に関する覚書についてのプレス・リリースでコンデは、このリストにある作品のなかには、文化的あるいは文学的価値のあるものもあり、そのような作品を処分するのは総司令部の意図ではないものの、それらは日本政府の宣伝のために使われることで極端に歪曲されているので、現在こうした映画を上映すれば必然的に反民主主義を鼓舞することになる。それゆえ、それらの作品は上映禁止にするだけでなく、余分なプリントは悪用されないように処分されるべきである、と主張している。(39)

集めた映画を焼却するという米軍検閲官のやり方は、占領軍の権威主義を日本国民に印象づけた。禁止映画を野放しにしておけば悪用されるかもしれないという恐れのほかに、自然発火する恐れのある数多くの可燃性フィルムを収納するという物理的問題もあったので、余分な映画を焼却してしまうことが最良の手段とされたのであろう。しかしひじょうに抑圧的であった戦時中の日本政府でさえ、映画を焼却することはしなかった。

ジョゼフ・アンダーソンとドナルド・リチーは、多くの戦時中の映画が地方で、とくに巡回上映者の手によって占領中にも上映されつづけたが、それは規則違反をしようという反抗の精神にもとづいたものではなく、たんに地方の上映者は総司令部の通達があることを知らずに、またほかに上映する作品もなかったためというのが理由であった、と述べている。(40)一九五〇年十二月になって、文部省はCIEに、全国にこの種の作品の多くが出まわっているが、その規模があまりに大きいため、常時監視をするのは不可能であり、この件に関しては全国の教育機関の責任者に覚書をまわす用意をしている旨を報告している(41)。

占領が終結する前、日本の映画界は禁止映画リストにある作品のいくつかを公開させようとした。東宝と大映は一九五一年四月に総司令部の民間・軍事の両検閲部に書簡を送り、リストにある七作品の再審査を要請している。両社はそれらの作品が娯楽を目的としてのみ製作され、よく知られた日本の民衆説話にもとづくもので、〈『ロビン・フッド』や『三銃士』のような西洋の愛とロマンスの活劇とくらべても、何ら軍国主義的でも超国家主義的でもない〉と主張している(42)。一九五一年十一月には、日本映画製作者連盟（映連）が三十七作品（東宝八本、大映十一本、松竹七本、日活十一本）の再審査を総司令部に要請している(43)。占領終結の二カ月前、一九五二年二月に総司令部はそのリストから八作品の公開を許可した(44)。

禁止リストの二百三十六本の映画は、総司令部の要請で所蔵していた文部省から各映画会社に、占領終結後四カ月たった一九五二年八月返還された。さらに一九六七年十二月、米国政府が戦争中、占領中に没収した日本映画四百八十三本が、ワシントンの議会図書館から東京の国立フィルムセンターに返還された(45)。

禁止された題材

戦時中の映画の上映禁止に加えて、占領軍は占領初期に日本映画界が題材としてとりあげることを禁ずるものを定義した。一九四五年十一月十九日、ＣＩＥは日本映画に関する十三項目の禁止令を出した。それによれば、つぎのものが禁止の対象になった。

(1) 軍国主義を鼓吹するもの。
(2) 仇討に関するもの。
(3) 国家主義的なもの。
(4) 愛国主義的ないし排外的なもの。
(5) 歴史の事実を歪曲するもの。
(6) 人種的または宗教的差別を是認したもの。
(7) 封建的忠誠心または生命の軽視を好ましきこと、または名誉あることとしたもの。
(8) 直接間接を問わず自殺を是認したもの。
(9) 婦人に対する圧制または婦人の堕落を取り扱ったり、これを是認したもの。
(10) 残忍非道暴力を謳歌したもの。
(11) 民主主義に反するもの。

⑿　児童搾取を是認したもの。
⒀　ポツダム宣言または連合軍総司令部の指令に反するもの。(46)

この十一月十九日の禁止指令は、九月二十二日の奨励指令（映画製作方針十項目）と同様に詳細をきわめるものであった。占領軍の検閲官は、日本の映画界は、戦時中の過度に抑圧的な政府の規制の結果、絶望的な状況に陥っているので、綿密に指導し監視しなければならないと考えたのであろう。マッカーサーはのちに、日本人の平均の大人は（米国人の）十二歳程度の成熟度であるという発言をした。(47)占領軍の映画政策にも、それと同様の父権主義が感じられる。占領軍のなかには、誠心誠意日本人の再教育に貢献しようとした者も少なくなかったであろうが、この種の優越感に満ちた親切心は、占領軍のなかではめずらしくなかったであろう。

禁止条項のなかで日本人にとって最も重要なものは、占領軍の指令に反するとされるものであった。この条項を広く解釈することで、総司令部はどのようなものも禁止することができたのである。〈占領に伴う矛盾〉のすべてはこの点に帰結した。連合軍は日本に民主主義をもたらしたが、その民主主義を広め啓蒙するために米国人は、その新しい〈民主主義〉という思想に反するかもしれない思想を抑圧しなければならなかった。そのためには、検閲という制度が必要であった。検閲制度は独裁政治や全体主義国家のみならず、民主主義の国々でも見られるが、普通選挙制や宗教の自由の保障等にくらべると、検閲はおよそ民主主義の規範となるべき制度とは言えない。いくら検閲官個人が良心的であったとしても、これから本書で検証するように、検閲には恣意的解釈、外部からの政治的な力の影響、個人的偏見等が入りこむことは不可避である。映画で表現されることを許可するかしないかの判断は事実、米国政府の意向や、国際情勢の変化を反映した占領政策の転換に密接に影響されたのである。

その一方、日本人に占領軍による検閲の事実を隠す努力が占領期を通じてなされた。ジェイ・ルービンは、長期にわたる権威主義的体制に慣れた日本では、戦時中の軍国主義政府は検閲の存在をあえて隠そうとはしなかったと論じている。それに反して占領軍の検閲官は検閲の事実を極力隠そうとした。またそうする必要もあったが、それは彼らが民主主義を促進しているという大義名分を掲げていたためである。(48)こうした状況のなかでは、日本政府の戦中の検閲官とくらべて占領軍の検閲官がいかに〈民主的〉態度で、かつ親切で能率もよいかを誉めそやした雑誌の編集後記自体が、その〈親切な〉検閲官自身の手によって掲載禁止にされるという事態もおこったのである。(49)

戦時中の日本政府の検閲官はフィルムに鋏を入れたあと、その結果いかに映画が一貫性を欠き唐突になろうとも意に介さず、映画製作者の抗議も無視した。その反面、占領軍の検閲官は鋏を入れたことを観客に悟られないように、物語の流れに一貫性をもたせ、切り取った箇所を繕うことを重視するように製作者に要請した。

こうして日本の映画人は、ようやく長くつづいた戦争体制に伴う抑圧的体制から解放されたのもつかの間、すぐに別の種類の抑圧体制のもとに入ったことを悟ったのである。

【註——第二章】占領のはじまり

(1) Mayo, "Psychological Disarmament", pp.83-84.
(2) Mayo, "Psychological Disarmament", p.85；竹前栄治『ＧＨＱ』一一六頁。
(3) Mayo, "Psychological Disarmament", p.123；米国国立公文書館にある国務省書類一覧五三号『一九五〇年七月一日現在解禁された公式諜報調査書』（一九五〇年七月）、九頁。
(4) Mayo, "Psychological Disarmament", pp.56-57.
(5) 高桑幸吉『マッカーサーの新聞検閲　掲載禁止削除になった新聞記事』（読売新聞社、一九八四年）、三八頁。
(6) 竹前栄治『ＧＨＱ』四一頁。
(7) 高桑幸吉『マッカーサーの新聞検閲』三八頁。
(8) Mayo, "Psychological Disarmament", pp.88-89.
(9) Mayo, "Psychological Disarmament", p.90；『ＧＨＱ文書による占領期放送史年表』（ＮＨＫ放送文化調査研究所、一九八七年）、一六頁。
(10) 竹前栄治『ＧＨＱ』八八-八九頁。
(11) Mayo, "Psychological Disarmament", p.89；高橋幸吉『マッカーサーの新聞検閲』三九-四〇頁。
(12) Mayo, "Psychological Disarmament", p.89；高橋幸吉『マッカーサーの新聞検閲』三九-四〇頁。松浦総三「検閲制度と総合雑誌の復活」（家永三郎編『昭和の戦後史　占領と再生』汐文社、一九七六年、二六九−二七〇頁)。

(13) 清水晶「20・9・22から23・8・19まで　占領下の映画界の記録」(「フィルムセンター」七号、「占領下の日本映画」一九七三年、九頁)。

(14)『映画演劇事典』(時事通信社、一九四七年)、四五頁。

(15) 清水晶「20・9・22から23・8・19まで」九頁。牛原虚彦『虚彦映画譜50年』二三八頁。『東宝映画三十年史』(東宝出版、一九六三年)、城戸四郎『日本映画傳　映画製作者の記録』(文藝春秋新社、一九五六年)、二〇九−二一一頁。森岩雄「九・二二の手記」(「映画評論」一九四五年九月号、四−六頁)。

(16) *SCAP Non-Military Activities in Japan and Korea,* Summation no.1, p.160.

(17) 清水晶「20・9・22から23・8・19まで」九−一〇頁。『東宝映画三十年史』一七〇−一七四頁。

(18) 高桑幸吉『マッカーサーの新聞検閲』五三頁。

(19) 池田義信「占領政策の二、三」(「映画時報」一九五三年十一月号、二二頁)。

(20) 匿名対談「占領下の映画行政の内幕」(「映画時報」一九五三年十一月号、一七頁)。

(21) 竹前栄治『ＧＨＱ』一〇四−一〇五頁。しかしJay Rubinは*Journal of Japanese Studies* 11(1)(Winter 1985)の"From Wholesomeness to Decadence：The Censorship of Literature under the Allied Occupation", p.85で、奥泉栄三郎編『占領検閲雑誌目録・改題』を引用し、ＣＣＤが完全に検閲活動をやめたのは一九四九年十月としている。

(22) 国立国会図書館ＣＩＥ書類、一九四六年一月二十八日付の総司令部ＣＩＥの映画検閲に関するメモランダム。

(23)　山本嘉次郎「カツドオヤ微憤録」一九〇頁。
(24)　国立国会図書館CIE書類、一九四五年十一月十六日付の反民主主義映画の排除に関するメモランダム。
(25)　足立和「プロデューサー群雄伝・7」(『キネマ旬報』一九八八年八月上旬号)。匿名対談「占領下の映画行政の内幕」一六頁。
(26)　「映画界急転回のGHQ政策」(『読売新聞』一九八二年九月二十日)。
(27)　Mayo, "Psychological Disarmament", pp.82-83.
(28)　匿名対談「占領下の映画行政の内幕」一六頁。コンデに関しては、松浦総三「検閲制度と総合雑誌の復活」二七六頁、草壁久四郎「実録戦後日本映画史　人と事件と」第一回「戦後ゼロ年」一九四頁、竹前栄治『GHQ』一二四―一二五頁。筆者による一九八五年一月九日の電話インタビューで、ベアストックは自分自身のことを〈リベラル〉とし、コンデのことを〈ラディカル〉と形容した。
(29)　たとえば、城戸四郎『日本映画傳　映画製作者の記録』二一〇―二一一、二一三頁。岸松雄『人物日本映画史』(ダビッド社、一九七〇年)、二九〇頁。新藤兼人への筆者による前掲インタビュー。「宮島義勇回想録　撮影監督五十年・27」(山口猛構成)(『キネマ旬報』一九八六年四月下旬号、一〇九―一一〇頁)。
(30)　池田義信「占領政策の二、三」二二頁。
(31)　たとえば、池田義信「占領政策の二、三」二二頁。清水晶は「20・9・22から23・8・19まで」一〇頁で、無数のニュース映画や文化映画がそのリストに加えられたとしているが、読売新聞「映画界急転回のGHQ政策」では十五本のニュース映画とアニメーション映画が加えられたとしている。
(32) デビッド・コンデ「日本映画の占領史」(『世界』一九六五年八月号、二五二頁)。
(33) 国立国会図書館ＣＩＥ書類、「反民主主義映画の排除」と題する一九四五年十一月二十六日および十二月十五日付の日本政府の占領軍折衝課から総司令部へのメモランダム。
(34) 同上、同名の一九四五年十二月二十七日付メモランダム。
(35) 同上、一九四六年五月八日の内務省の「焼却された禁止映画に関する報告書」によれば、のちにこの最後の二本の作品のプリントが数本発見された。『あの旗を撃て』は一九九五年夏、国際交流基金が上映、ビデオ化されたもので、東宝がオリジナルのプリントを持っていたものと思われる。
(36) 斎藤忠夫『東宝行進曲　私の宣伝部五十年』一一八－一二〇頁。
(37) 国立国会図書館ＣＩＥ書類、一九四六年一月十九日付のＣＩＥ映画・演劇課からダイク将軍への「没収した日本の劇映画の破棄に関するメモランダム」。一九四六年二月十四日のＣＩＥから第八軍司令官への「禁止された日本映画の処置に関するメモランダム」。一九四六年一月二十八日および二月十七日付のＣＩＥから日本政府への「禁止された日本映画についての措置に関するメモランダム」。一九四六年五月七日付のＣＣＤのプレス・映画・放送部門課長からＣＩＥへの「禁止映画の処置に関するメモランダム」。
(38) 同上、二月十四日付メモランダム。
(39) 同書類、一九四五年十一月十九日付の総司令部ＣＩＥのプレス・リリース。
(40) Anderson and Richie, *Japanese Films*, p.161.
(41) 国立国会図書館ＣＩＥ書類、一九五〇年十二月一日付のＣＩＥ映画課の「禁止された反民主主義映画に関する報告」。

(42) 同書類、一九五一年四月十九日付の東宝と大映から総司令部への「日本映画上映の申請に関するメモランダム」。

(43) 同書類、一九五一年十一月十三日付の日本映画製作者連盟から総司令部ＣＩＥへの書簡。

(44) 同書類、一九五二年二月二十九日付のＣＩＥから文部省社会教育局長へのメモランダム。

(45) 読売新聞「映画界急転回のＧＨＱ政策」。

(46) 註（39）の一九四五年十一月十九日付のプレス・リリース。

(47) 多賀敏行「『日本人十二歳』説の真意」（「文藝春秋」一九九三年九月号、三六九－三七五頁）によれば、マッカーサーの問題発言は、日本がドイツと異なり長く封建制にあったため、〈欧米の社会の発達度合い〉から見れば子供のようなものであるが、それゆえ教育が可能だという〈日本をいわば慈父の立場から弁護せんとする発言〉で、日本を軽蔑したものではないのではないかとしている。

(48) Rubin, "From Wholesomeness to Decadence : The Censorship of Literature under the Allied Occupation", p.97.

(49) メリーランド大学マッケルディン図書館プランゲ・コレクション、「財政」一九四六年五月号、編集後記、六四頁。

第二部

禁止された題材

占領軍の検閲は、ＣＩＥの民間検閲とＣＣＤの軍事検閲との二重検閲であったため、かなり時間がかかる複雑な仕組みになっていた。ＣＩＥの検閲は、製作されるすべての日本映画の粗筋、脚本、完成された作品の各段階でかかわった。ＣＩＥは正式には、製作を禁止したり奨励したりする強制力をもたなかったが、日本の映画人はＣＩＥが〈占領目的に合わない〉という理由で変更するように言ってきた〈示唆〉を〈命令〉と受けとった。

民間検閲と軍事検閲という二重検閲に起因する意見の相違や、二者のあいだの競争心は不可避であったが、ある映画が上映を許可されるかどうかの最終的判断は、軍事検閲に任された。軍事検閲では、規定の条項に違反する箇所があるかどうかを調べるのみならず、日本の情報も収集した。その後に、上映許可、削除を指示された部分を取り除くことで上映許可、全面的上映禁止の三つの処置のいずれかが取られた。

許可を得た作品は、劇場公開に際して認証番号をつけなければならなかった。もし削除する箇所があれば、検閲官はその部分を切り離して没収し、残りの部分を製作者にバラバラのフィルムのまま返却した。製作者がその部分を再編集したのち、検閲官はふたたび審査した。

上映禁止になった映画はネガ、プリントともにCCDの軍事検閲部門にすべて没収された。上映禁止作品や削除部分はCCDや占領軍の他の部署にまわされ、日本の地理、歴史、戦略、言語、文化等の知識を仕入れるために調査されたあと、ネガ一本、プリント二本を除き（それらは最終的にワシントンの議会図書館に送られた）廃棄処分にされた。廃棄処分にされたプリントは化学処理されてリサイクルされ、占領軍の監視のもとで、日本の映画会社にまわされたようである。(1) それほど、当時のフィルムは貴重品であったのである。

映画が上映許可されたのち、軍事検閲官は全国の劇場をまわり、抜き打ち捜査をして指令違反がないかを調べた。検閲は映画作品自体にとどまらず、雑誌、定期刊行物類の作品解説、批評、理論的論文、広告にまで及んだ。

ＣＩＥの最も重要な目標は、映画を通じて日本人に米国式の民主主義を教化することであった。日本人のあいだに、戦時中の軍国主義政府の宣伝が深く根を張っていたことを知っていた米国側は、日本人の民主化が容易ではないことはわかっていた。民間検閲官の役割は、占領政策を日本人のあいだに広めるという、教育的見地から各作品を評価するばかりでなく、[2]軍国主義や封建主義が作品のなかに入りこんでくることを取り除くことにもあった。

一方、ＣＣＤの軍事検閲官の役割で最も重要なものは、占領に敵対すると思われる危険思想の取り締まりであった。第二部では、占領軍の検閲官が危険視した〈反民主的な〉概念とは何であったのかを、問題になった題材、思想、映像的技術をもとに考察する。そして日本の映画人が、それに対してどのように反応をしたかを見ていく。オリジナルが英語であるもの（日本語の原本のない英訳された企画書や脚本、あるいは検閲官のメモ等）は筆者が日本語に訳した。本書のもとになった英語版では、日本の映画会社によって英訳された企画書や脚本のたぐいをそのままのかたちで載せたが、それを見ると、日本人と米国人のあいだのコミュニケーションに際してのフラストレーションや誤解のかなりの部分は、それらの不完全な英語訳から来ているのではないかと思わせられた。

第三章　軍国主義と占領軍批判

軍国主義、戦時中の活動、戦争犯罪

日本の軍国主義を批判的に描くように、日本映画はつねに要請された。検閲官はこのことにかなり神経質になっていた。たとえば、小津安二郎監督の『晩春』（一九四九年）で、主人公の娘の健康状態が、戦時中海軍に徴用されたために悪くなっているという台詞を取りあげ、〈海軍〉という言葉をはずさせた一方で、〈戦争中にやらされた仕事のため〉ともっと表現を強めるように直させている[3]。

検閲官は、軍人が登場すると観客の同情を呼ぶと信じたのか、軍人が登場人物になることをなるべく避けようとした。敗戦直後（一九四六年）の『許された一夜』（佐々木啓祐監督）で、机の上におかれた額に入った写真の男性が軍服を着用しているのを取りあげて、検閲官は修正するように指導している[4]。一九四九年になっても、『望みなきに非ず』（佐伯清監督）で、登場人物の元軍人を軍属以外の職業に変えるようにと検閲官は指示している。[5] 検閲官はまた、登場人物の一人が、軍人の勲章を闇市で売るという設定を問題にして、勲章は軍国主義と帝国主義の象徴なので、焼き捨てられるべきであると述べた。映画の製作者は、勲章を闇市で売るという行為のほうが、軍にとっては侮辱であると説明しなければならなかった。[6]

軍歌も禁止された。たとえば、あるニュース映画で、軍港として知られた呉港の場面のサウンドトラックにあった、海軍ゆかりの「海ゆかば」の歌が禁じられた。[7] 一九五〇年五月、《日本軍破れたり》の脚本が検閲の結果、この作品には日本人を再教育する要素がないという理由で却下されて、東映はこの作品の撮影をあきらめた。検閲官がとくに問題としたのは、つぎの点であった。〈陸軍大臣は、全国民一丸となって進み、一億一心となることをくり返し述べ、女子供は竹槍で敵と戦うことを強調している。外務省や海軍は善であったという事実を含ませることでバランスを取ってはいるものの、この種の熱狂を描くのは、戦争に夢中ではなかった者にとって不必要である〉。[8]

この作品の製作にかかわった製作者岩崎昶、脚本家八木保太郎、監督山本薩夫はいずれも左翼系の人びとであり、むしろこの作品は、左翼的立場からの日本軍国主義批判として企画された節がある。そのような製作者の意図にもかかわらず、戦争協力に国民を駆り立てる日本軍部を描いているために、この企画は製作を許可されなかったのである。

日本の戦争犯罪人も同情をもって描いてはならず、ストーリーに関係がなければ登場させることは許されなかった。[9]映画人たちは、〈日本国民が盲目的に侵略戦争に導かれ[10]〉、〈戦争責任は過去の日本の軍部の指導者たちにあること〉を強調するように[11]、検閲で指導された。一九四六年五月三日にはじまり、一九四八年十一月十二日までつづいた極東国際軍事裁判（東京裁判）の証言の場面を、すべてのニュース映画で取りあげるようにと検閲官は命じた。[12]またその判決が言い渡されるときのニュース映画を、CIEは六カ月かけて注意深く準備した。CIEは、この企画をとくに重要と考え、日映、新世界、理研の三つのニュース映画製作会社と、東宝、松竹、大映の三つの配給会社に協力を要請した。[13]

一九四八年五月、そのときにはまだこの企画にかかわっている唯一の製作会社であった日映が、第一稿を提出した。第二稿はニュース映画製作会社三社合同で、一九四八年十月二十三日にCIEに提出され、検閲官のハリー・スロットによって許可されたが、スロットは〈支配階級、すなわち東条とその軍閥〉を強調して描くべきであるとのメモを残している。東条英機は東京裁判で最も注目された被告人であったが、そのほかにも日本軍の南京虐殺やフィリピンでの残虐行為の責任を問われている軍人もいた。第二稿では、日本人はつねに真珠湾攻撃を思い出さなければならないとして、脚本が改変されて、つぎの文章が書き加えられている。〈いまや真珠湾攻撃が抜き打ち攻撃であったことは疑いがない。この攻撃をきっかけとして、全アジアを支配しようとする日本軍部の野心が血なまぐさく発露しはじめた。この侵略戦争を遂行するため、東条英機や他の被告人たちは、まず日本人自身への、偽りに満ちた攻撃を遂行したのである〉[14]

一九四八年十一月十二日、主要被告人に対する判決が下され、十一月十六日に第三稿の脚本が提出・審査されている。映画のラッシュもその日に検閲のための上映がされた。いくつかの場面が問題にされて削除された。削除されたのは、占領あるいは戦後の困難な生活について言及したり、判決について批判的意見を表明した部分であった。当時勢いを増しつつあった労働運動を強調するのは許されない一方、ソビエトを刺激しないように、シベリア抑留中の捕虜に言及するのを避けるべく検閲官は努力を払った[15]。また、このニュース映画が大阪の劇場で上映されたとき、超国家主義者の観客が、軍国主義に同調する反応を見せたことが、軍事検閲官の抜き打ち捜査で明らかになった。劇場のなかに散らばって座っていた十人から十五人の者が、真珠湾攻撃や中国戦線での日の丸のフラッシュ・バックの場面、および判決後法廷でお辞儀をする東条の場面で歓声をあげたのである。この報告は民間諜報課に届けられたが、CCDは、これらの場面は明らかに（軍国主義に対して）否定的に描かれているので、削除の必要はないという判断を下した[16]。

東京裁判の判決が出たあと、占領軍は日本人がそれに意を挟むことを避けようとした。一九五〇年、無実の日本人が誤った証言で戦争犯罪人にされることがあるという題材を扱った《絞死刑》という企画は、〈建設的な目的を有していない〉という理由で検閲官によって却下された。この企画は、戦犯とされた日本人被告が、米国人の弁護士によって無実を証明されるというもので、直接的な占領軍の批判には結びつかなかったかもしれない。しかも合法的手段で一人の人間の無実を証明するということは、占領軍が鼓舞していた民主主義の精神に最適の題材とも言える。ところが、この企画は問題にされて、結局その後製作されなかったようである[17]。

以上の例は、比較的明らかに軍国主義と結びつく題材であったが、間接的に軍国主義の遺産と思われるものも検閲で禁止された。戦争中、地域社会の宣伝および相互監視組織として「隣組」が作られ、命令が「回覧板」で各戸にまわされた。一九四一年製作の『エノケンの金太売出す』（青柳信雄監督）を、一九四八年に東宝が再公開しようとしたとき、検閲官は〈この制度は一九四〇年内務省によって思想統制の一環としてはじめられたものである〉という理由で、回覧板の場面を削除するように要請した。隣組の唄も〈このような歌唱は、侵略的軍国主義精神の縮図である〉という理由で削除された[18]。

『晩春』(1949年、松竹、小津安二郎監督)。左から原節子、宇佐美淳、笠智衆。軍国主義批判を鮮明にするよう、台詞の一部を訂正させられた。

『戦争と平和』(1947© TOHO CO., LTD　亀井文夫・山本薩夫共同監督)の池部良(左)と岸旗江。米国および占領軍に批判的と思われるいくつかの場面が削除を命じられている。

日本の国体の象徴であった富士山を登場させるのも、タブーとされた。戦争中、日本政府はこの山の神聖で神秘的なイメージを宣伝したとはいえ、占領軍が富士山を国家主義、軍国主義と結びつけるのは行きすぎの観もあった。マキノ正博監督は、一九四六年『粋な風来坊』に富士山の場面があるということで、CIEの二世の検閲官と論議したことを記している。この映画は、富士山麓の開墾を舞台にしていて、富士山を場面に入れないようにするのはむずかしかった。マキノは、富士山は軍国主義の象徴ではなく、人民の象徴であると論じたが、検閲官は同意しなかった。マキノは尋ねた。「それなら、なぜ原爆を富士山に落とさなかったのか。広島や長崎に落とすことはないだろう」。そのあとマキノは総司令部に呼ばれたので、覚悟して行くと、検閲官はご馳走してくれて、確かにマキノの言っていることは正しいが、それでも富士山を撮らないでくれと頼んだのである。(19) 占領中、日本の銀幕に富士山が登場するのは松竹の会社のマークとしてのみであった。

占領軍批判

占領に関して、検閲官は占領軍の批判を許さなかったばかりでなく、日本が軍事占領されていて、外国人が日本のメディアを検閲しているという事実もまた隠そうとした。米国本国では、連邦政府においても州政府においても検閲をした歴史があるにもかかわらず、日本では自由を守る戦士のイメージを保とうとした。この点に関する占領軍の気遣いの細かさは、それと知らずうっかり占領軍の検閲官を刺激することになった日本の映画人を驚かせた。

太平洋戦争中の空襲による被害は、視覚的にも台詞によっても表現することは許可されなかった。東宝の総司令部との折衝係であった能登節雄は、〈焼け出されたね〉という台詞が脚本から削除されたことを語っている。[20]〈日本自身の戦争責任〉に言及することなく戦災について語ることも問題になった。[21]『四人目の淑女』（一九四八年、渋谷実監督）のなかの空襲の場面は、〈戦争責任について何らかのかたちで触れられないかぎりは〉全面的に削除するように指示された。[22]前述の『晩春』で、登場人物が京都の静けさを称揚する場面で、〈東京にはこんなところありませんよ。焼跡ばかりで〉という台詞が問題になり、〈（東京は）どこもほこりっぽくていけない〉と直されている。また、ト書きに街の情景として〈戦災を受けた閑かな邸町〉という説明の部分も、台詞ではないにもかかわらず、削除の要請を示す線が検閲官によって引かれている。[23]戦後の社会的・経済的混乱についても、それは日本の軍国主義の結果であることを説明するように検閲官は要請した。食糧配給制度、込み合う電車というような状況も、〈忍耐と努力〉によって軽減されることを宣伝するようにと、映画人は要請された。[24]

亀井文夫と山本薩夫の共同監督による一九四七年の『戦争と平和』では、日本兵が乗っていた輸送船が爆撃されて、その日本兵が海に浮かんでいる場面がある。その背後に赤十字のマークの付いた箱が漂っているのが見えるため、その場面は削除された。[25]一九八四年に筆者がこの件について質問したところ、亀井監督は、この場面は連合軍が赤十字を襲ったということを言うつもりはなく、むしろ主人公が医療班を志願したということで彼のヒューマニズム的な動機を示したかったのである、と説明した。[26]この映画の他の場面も、占領軍あるいは米国に批判的であるという理由で、軍事検閲官によって削除を命じられている。たとえば、バーの一場面で、壁にジョーン・クロフォード、ジーン・ハーロー、裸の外国人女性のポスターが貼ってあるところ、あるいは子供が裸の外国人女性の写真を売っている場面である。[27]バーで淫らにキスをしている人物が登場する場面では、〈公衆の面前で愛情表現をするのは、米国の影響によるものであり〉、さらに〈キスは米国人によって（日本に）紹介されたのであり、ロシア人によるものではない〉ということを示唆するとの理由で削除を命じられている。また、観客からは顔の見えない男性が、（日本人の）売春婦と身ぶり手ぶりで値段の交渉をしている場面は、その男性が〈連合軍に属する人間であることを思わせる〉という理由で、やはり削除されている。

映画のなかで、戦災のために精神に障害が出て、妻と戦死したはずの元の夫との仲を疑う二番目の夫に、金を払って夫が勤める工場のスト破りをさせる資本家が出てくるが、リムジンの後部席に座るその人物はマッカーサーへの当てこすりであると判断した検閲官もいた。この検閲官は、スト破りのゴロツキたちが、日本の伝統的な武器（刀のことだろうか）をもたずして〈西洋式〉の武器をもち、下駄をはかずして西洋式の靴を履いているのは、意図的な〈西洋批判である〉とみなしている。そして、このスト破りたちが、ストをしている労働者たちに殴りかかる場面は、〈明らかに米国の〝ギャング〟のパントマイム的動きを見せ〉、それゆえ〈やんわりと米国を批判することをもくろんでいる〉としている。この場面に関しては目につくものはほとんどすべてを問題にして、ひそかに米国批判をもくろんだものとこの検閲官は判断している。スト破りに夫をけしかけるゴロツキの財布が円紙幣ではちきれんばかりなのは、〈日本円をたくさんもっている米国人への当てこすりであり〉、その男が身ぶり手ぶりで金を払っているのは〈明らかにある隠された意味を、この場面で伝えようとしている。すなわち、一言の日本語も話されていないことである〉としている。そして、精神に異常をきたした夫が「天皇陛下、万歳」と叫ぶ場面も削除されたが、それはその男の行動が天皇崇拝とみなされて問題になったのではなく、〈精神に異常をきたした元日本兵のみが天皇を尊敬している〉という示唆が、〈（占領軍があえて残すことに決めた）天皇制を軽視する試み〉であり、それが占領軍批判につながるという解釈にたどりついているのである。[28]

こうした疑念に満ちた雰囲気のなかでは、映画の題名からして検閲官の不信感を買い、問題にされた。ある検閲官は、『戦争と平和』は〈ドストエフスキーの有名な小説から取ったらしい〉としている。(29) これはトルストイの間違いで、検閲官の教養の程度を考えると、思わず吹き出してしまうが、検閲官がロシアに関係あるものなら何でも過剰に反応していた節がうかがえる。労働運動に対しても、この検閲官は過剰な反応を示している。スト中の労働者が「言論の自由」とか「働く者を食べさせよ」と書いたプラカードやポスターを掲げて歩いている場面は、〈占領軍の検閲に対する批判を示唆しており、しかも労働者のストを奨励している〉として削除している。(30) 占領軍は、日本のメディアを検閲しているという事実を苦心して隠そうとした。日本人はそれゆえ、その検閲官が言うように、米国が日本のメディアを検閲して言論の自由を侵していることを知っているはずがないのである。にもかかわらず検閲官の自信の欠如からくると思われるこうした措置を前にすると、実際にこの場面で問題とされたのは実はほかの理由、たぶん共産主義的要素への反発があったのではないかと思われる。

映画のなかで、明らかに禁止されている題材に言及している箇所は、民間検閲官よりも危険思想に関して神経質になっていた軍事検閲官の目を免れることはなかった。新憲法についてのドキュメンタリーで、「新憲法」の字幕が、マッカーサーの総司令部のあった第一生命ビルのショットに被さる場面を、軍事検閲官は問題にして削除処分にした[31]。その理由は、新憲法がマッカーサーの奨励で占領軍の保護のもとに発布されたという意味を、この場面から検閲官は嗅ぎ取ったからである。新憲法は日本人自らの手で自発的に書かれたものであるという「神話」を総司令部は宣伝に努めていたので、このような映画の表現は、当然問題になったのである。

撮影監督の宮川一夫は、「MP」や「PX」という言葉を、会話のなかに取り入れるのは許されたが、それらの英文字を看板や腕章に入れて撮るのは禁止されていた、と語っている[32]。松竹の総司令部との連絡係であった小松秀雄によると、CIEの方針は、「PX」の文字を故意に撮ってはいけないというもので、それがその場面の避けることのできない重要な背景の一部となっているときは、やむを得ず許可するというものであった[33]。

山本嘉次郎監督は、「英語の掲示、占領軍の施設、空襲で焼け野原になったところを避けて撮影するのはむずかしかった。当時、東京はそのようなもので溢れていたからである」と述べている[34]。米国の映画史家ジョゼフ・L・アンダーソンは、父親が占領軍の鉄道部門に勤めていた関係で、青春時代を占領下の日本で過ごした。彼は清水宏監督の一九四八年の『蜂の巣の子供たち』を見たときに、〈占領軍の存在の跡を消し去る〉努力が懸命になされているのに驚いたという。当時、大きな鉄道の駅は占領軍の兵士で溢れていたにもかかわらず、その映画では鉄道の駅の場面で、そのような気配がまったくないばかりか、当時あらゆるところに見られた、"RTO"（military Railroad Transportation Office＝軍事鉄道輸送部）の掲示さえ見えないというのである。(35)

英語の使用に関しては、細部にわたって禁止された。ＣＩＥの検閲官デビッド・コンデは、『彼女の発言』（一九四六年、野村浩将監督）のなかで、"USA" と書かれたおもちゃのジープが出てくる場面と、若い女性が英会話を勉強しているという台詞を削除した。(36) 別の例では、ＣＩＥの検閲官のジョージ・イシカワは、『盗まれかけた音楽祭』（一九四六年、久松静児監督）の一場面で、舞台の背景に書かれた "ABC…" "I LOVE YOU" の文字が見えるので削除するように、ＣＣＤに要請している。ＣＣＤは削除の必要を認めないという見解を出したが、製作会社の大映は自主的にこの場面を削除した。(37)

能登節雄と山本嘉次郎はそれぞれ、飛行機の飛んでいる音が背景に入ったのが問題になった、と述べている。検閲官によれば、当時飛ぶのを許されたのは占領軍の航空機のみで、飛行機の音は、日本人に自分たちが占領されているという事実を思い出させるというのであった。(38) 同様に小松秀雄は、『浅草の坊ちゃん』（一九四七年、佐々木康監督）のなかで、「ああ、飛行機が飛んでいる」という台詞が削除されたことを記している。(39) こうして検閲官は、いかにわずかでも占領軍の存在を匂わせるものを極力排除しようとした。それと同時に、以上の例は、検閲官が反米感情を呼びおこす表現をいかに恐れていたかを示唆するとともに、映画のもつ力にいかに敬意を払っていたかを示している。

占領軍の兵士や職員と日本人女性との交際や、米兵を父とする混血児に関する題材は、占領が終わるまで映画で取りあげることはできなかった。関川秀雄監督は占領終結後の一九五三年になって『混血児』を、同じ年に谷口千吉監督は、米軍基地の周辺で米兵専門に売春を営む日本人を描く『赤線基地』を、今井正監督は一九五九年に黒人兵と日本人との混血児を主人公にした『キクとイサム』を作った。

米兵による犯罪を描くことも占領中はタブーであった。新聞、雑誌等の活字メディアでは、「犯人は人並みはずれた大男で毛深かった」というように書くことで、犯罪が日本人以外の人種の手でなされたことを匂わせたが、この種の形容は、視覚リアリズムのメディアである映画では、言うまでもなく不可能なことであった。

多大の犠牲者を出した沖縄戦の激しい戦闘の題材も、取りあげることは困難であった。『ひめゆりの塔』の企画は、一九五〇年七月五日にCIEで審査された。「この作品は米軍の協力によって建立されたひめゆりの塔の記念碑の物語を描くもので、赤十字の精神にのっとり犠牲になった若い魂に深い鎮魂の念を捧げるとともに、米軍の善意へのわれわれの深い感謝の念を表現するものである[40]」という、米国を称える見えすいた製作意図が企画書に記されていた。にもかかわらず、占領中この作品の映画化は、おそらく総司令部の許可が得られず、実現しなかった。今井正監督がこの作品を完成したのは一九五三年で、同年封切りをした東映にとって、会社はじまって以来の大ヒット作品になった[41]。

【註──第三章】　軍国主義と占領軍批判

(1)　メリーランド州スートランドの国立公文書館分館（ナショナル・レコード・センター。以下、国立記録センターと表記）、ボックス番号331‐8579、CCDの一九四六年の映画（検閲）に関するファイルにある、一九四六年三月二十六日付のプレス・映画・放送部門の「一九四六年一月二十八日の指令に則る映画検閲計画」についてのメモランダム。同上、同ボックス番号、CCDの禁止された軍国主義映画に関するファイルにある、一九四八年四月七日付のCCDの「禁止された日本映画の記録的情報価値」についてのメモランダム。

(2)　国立国会図書館CIE書類、一九四八年九月三日付のCIEとCCDの「CIEとCCDの映画・演劇課での人員の潜在的重複」についての概要。

(3)　国立記録センター、ボックス番号331‐5291、当該映画についてのCIEのファイル、一九四九年五月五日に審査された脚本第一稿および一九四九年九月十二日に審査された脚本第二稿。

(4)　松竹で占領軍との連絡係をしていた小松秀雄は当時、仕事の「連絡日誌」をつけていた。そのうち一九四六年九月から一九四七年四月までの期間のノートを保存していて、筆者に見せてくれた。この部分の例は、一九四六年十一月十三日の日誌に見られる。

(5)　国立国会図書館CIE書類、当該映画の粗筋に関する一九四八年二月十三日付のCIEのコメント。

(6)　山本嘉次郎「カツドオヤ微憤録」一九二‐一九三頁。

(7)　国立国会図書館CIE書類、日映のニュース映画についての一九五〇年三月三十一日付のCIEのコメント。

(8)　国立記録センター、ボックス番号331-5297、当該映画についてのCIEファイル、一九五〇年五月二十六日付の政治情報官から映画・演劇課の国際情報文化課へのメモ。

(9)　そのような例にはつぎのものがある。《女の家》の登場人物（一九四八年一月七日に審査された当該映画の脚本についてのCIEのコメント）、《炎とともに》のパージされた人物（一九四八年四月三日に審査された当映画の脚本第一稿、一九四八年五月一四日に審査された脚本第二稿についてのCIEのコメント）、《母と子》の戦犯（一九四八年一月八日に審査された当該映画の粗筋についてのCIEのコメント）、以上すべて国立記録センターのボックス番号331-5267、CIEファイルより。同様に、雑誌「映画クラブ」（一九四七年二月二十日）に掲載された映画俳優嵐寛寿郎の回想「青春哀史　うたかたの恋」（三二－三三頁）では、戦時中の宴会で輝く勲章をつけた海軍士官の叙述の部分が検閲で削除されている（プランゲ・コレクション）。

(10)　国立国会図書館CIE書類、《アルプスの死闘》の粗筋についての一九四八年二月十九日付のCIEのコメント。

(11)　同上『火の薔薇』（一九四八年、中村登監督）の脚本についての一九四八年七月二十三日付のCIEのコメント。

(12)　国立記録センター、ボックス番号331-8579、CCDのCIEとの関係についてのファイル、一九四六年七月十五日付のプレス・映画・放送部門のメモランダム。

(13)　同上、同ボックス番号、CCDの『殺人鬼』に関するファイル、CCDの極東裁判のニュース映画についての一九四八年十二月二十日付チェック・シート。

(14) 同上。
(15) 同上、ボックス番号331-5788、《東京戦争犯罪人》(前掲『殺人鬼』の当初の題名であったと考えられる)についてのファイル。
(16) 前掲『殺人鬼』に関するファイルの、プレス・映画・放送部門第二地区からプレス・映画・放送部門への「一九四八年十一月二十四日の映画上映での親軍国主義感情の表現」についてのメモランダム。前掲註(13)の一九四八年十二月二十日付チェック・シート。一九四八年十二月二日のプレス・映画・放送部門第二地区の当件についてのメモランダム。
(17) 国立国会図書館CIE書類、一九五〇年八月十七日付の映画・演劇課から政策計画部門への《絞死刑》に関するメモランダム。
(18) 同上、CIEの当該映画についての一九四八年二月十二日付コメント。
(19) マキノ雅弘『映画渡世　地の巻』一八二-一八三頁。富士山が禁止された他の例には、同上『銀座新地図』(一九四八年、瑞穂春海監督)の粗筋についてのCIEの一九四八年五月二十九日付コメントがある。
(20) 能登節雄への筆者によるインタビュー(一九八四年六月五日、東京)。
(21) 国立記録センター、ボックス番号331-5267、《炎とともに》の第二稿についてのCIEのコメント。
(22) 国立国会図書館CIE書類、当該映画についてのCIEの一九四八年七月十五日付のコメント。
(23) 同上、当該映画の第一稿についてのCIEの一九四九年五月五日付、および第二稿についての一九四九年九月十二日付コメント。

(24) 同上『あの夢この歌』(一九四八年、渡辺邦男監督)の粗筋についてのCIEの一九四八年二月二日付コメント、『恋愛特急』(一九四八年、芦原正監督)についてのCIEの一九四八年五月二十四日付コメントがある。同様に文学の領域においても、戦争中の〈敵〉に対する検閲がなされた。小説家大岡昇平によれば、彼の『俘虜記』が一九四八年二月に最初に雑誌掲載になったとき、〈敵〉という言葉を〈相手〉に直させられた。これは、一九四七年一月に吉田満の回想『戦艦大和ノ最期』がCCDに軍国主義の宣伝とみなされて出版禁止になったのを受けて、大岡の著作の出版社が自主的に取った処置であった(大岡昇平の筆者宛ての一九八五年十月二日の私信)。江藤淳、"The American Occupation and Postwar Japanese Literature"も参照のこと。

(25) 国立記録センター、ボックス番号331-8579、『戦争と平和』に関するファイルの一九四七年六月五日付プレス・映画・放送部門の「『戦争と平和』の削除箇所の勧告」についてのメモランダム。レイ・ムーア編『天皇がバイブルを読んだ日』に収められた江藤淳の「言論統制 占領下日本における検閲」一三九頁。

(26) 亀井監督への筆者による電話インタビュー(一九八四年七月十二日)。

(27) 江藤淳「言論統制 占領下日本における検閲」一三八-一四四頁。ここで江藤は、CCDがハリウッドのスターの代わりに東宝の女優を使い、白人の裸の女性の代わりに衣服を着けた日本の女性を使うように示唆したとしているという事実を指摘し、占領軍の検閲官はピューリタン的道徳観の持ち主であったばかりでなく、人種差別的でもあったと、一四四頁に述べている。筆者はそのような指令を当該ファイル内に見つけることができなかったが、一九四七年六月十三日付のプレス・映画・放送部門検閲シートに、子供が裸の外国人の写真を売っている場面を、衣服を着けた日本女性に変えるようにと指示しているのを見つけた。

(28)　国立記録センターの『戦争と平和』のファイルの一九四七年五月二十六日付、R・K（Richard Kunzman）の署名のある、プレス・映画・放送部門の「東宝の新作『戦争と平和』の五月二十二日の検閲」についてのメモランダム。

(29)　同上、同ファイルの一九四七年六月六日付、J・J・C（John J.Costello）の署名のある、プレス・映画・放送部門からCCDへの『戦争と平和』についてのチェック・シート。

(30)　同上、同ファイルのW・Y・M（Walter Y. Mihata）の署名のある、一九四七年五月二十二日付の『戦争と平和』の記録のためのプレス・映画・放送部門のメモランダム。前掲一九四七年六月五日付メモランダム。

(31)　国立国会図書館CIE書類、一九四七年七月十八日付のCCD民政局長からCIEへのメモランダム。

(32)　宮川一夫への筆者によるインタビュー（一九八四年六月三日、京都）。

(33)　小松秀雄「連絡日誌」一九四六年十二月十六日。占領中PXが設置されていた東京銀座の和光前は格好の写真撮影の名所であった。〈銀座PXの前に立つ〉とキャプションのついた二人の女優の写真の〈PXの前〉という箇所が、検閲で映画雑誌から削除されている（プランゲ・コレクション、「シネマトグラフィック」一九四七年八月十日）。

(34)　山本嘉次郎「カツドオヤ微憤録」一九〇頁。

(35)　ジョゼフ・L・アンダーソンの筆者への一九八六年十二月の私信。しかし、この映画の現存するプリントには、"This Area off Limits to Occupation Personnel by Order of the Provost General"（「この地域は米軍憲兵司令部の命令により、占領軍関係者以外の立ち入りを禁ずる」）の掲示が、ある場面の背景に見られる。一九五〇年の黒澤監督の『醜聞』にも、「"Loading

Space for Special Service〟駐車禁止。米軍憲兵司令部」の掲示が、ある場面の背景に見られる。

(36) 国立記録センター、ボックス番号３３１－８５７９、ＣＣＤとＣＩＥの関係についてのファイル、一九四六年二月四日付のＣＩＥについてのＣＣＤのチェック・シート。

(37) 同上、同ボックス番号、同ファイルの一九四六年十二月二十日付のＣＣＤの「ＣＩＥの要請により大映作品『盗まれかけた音楽祭』より削除された箇所」についてのメモランダム。

(38) 山本嘉次郎「カツドオヤ微憤録」一九〇頁。山本は、会話の背後に飛行機が飛んでいる場面は撮り直さなければならなかったとしている。能登の前掲インタビューでも同様の例が話題に出た。

(39) 小松秀雄「連絡日誌」一九四七年一月二十三日。

(40) 国立国会図書館ＣＩＥ書類。

(41) 足立和「プロデューサー群雄伝・36」（「キネマ旬報」一九八九年十一月上旬号、一二四－一二七頁）、「同・38」（同十二月上旬号、一三〇－一三三頁）によると、占領軍の政策のほかに、映画会社もこの企画は商業的ではないと製作に乗り気ではなかった。今井監督は一九八二年（公開は翌年）にこの作品をリメイクしたが、そのときにはカラーにできたほか、一九五三年には米国の占領下でロケーションが不可能であった沖縄で撮ることができた。一九九五年、東宝の終戦五十周年企画として、当映画のリメイク（『ひめゆりの塔』）が神山征二郎監督の手でふたたびおこなわれた。

第四章　原爆についての表現

原爆のドキュメンタリー

戦災を映画で描くことが、戦災をもたらした連合軍批判につながるとして神経質になっていた占領軍の検閲政策を考えれば、通常の爆弾よりもずっと破壊力のある原子爆弾（原爆）の二回にわたる投下（一九四五年八月六日広島、八月九日長崎）についての表現に対して、検閲がひじょうに慎重であったことは容易に推測できる。

「新型爆弾」が広島に落とされたというニュースが、八月七日東京のドキュメンタリー製作会社の日本映画社（日映）に届くと、日映はただちにカメラマンを広島に送りこんだ。日映の大阪支社からは柏田敏雄、東京本社からは柾木四平が赴き、二つの作品が撮影された。柾木のフィルムは、東京へ送られる途中で紛失してしまったが、柏田のフィルムは、原爆の破壊的威力が公表されると日本人の戦意を挫くと判断した陸軍参謀本部の検閲で、即座に没収された。米軍が日本に上陸すると、占領軍は柏田のネガ、プリントをすべて没収した。

原爆投下後の広島を撮影した広島のアマチュア・カメラマン河崎源次郎の8ミリの記録が存在し、それは原爆資料館に寄贈されたが、のちに被爆直後の部分がなくなっていることがわかった、と日映の製作者であった瓜生忠夫は述べている。瓜生は占領軍がこれを没収したのではないかと推測している。[1]

日映は一九四五年九月末、ドキュメンタリー『原爆』を製作した。九月二十四日、CIEのコンデは題名の変更を勧め、この作品は原爆の破壊力を強調しすぎているので、〈(通常爆弾で)大破壊された東京〉の数ショットも加えるようにと示唆した。コンデは、日本は軍事的に負けたのであり、原爆が戦争を終わらせたのではない、それゆえ原爆の破壊力を強調するのは誤解を招くと結論づけた。十月三日、CCDの検閲官C・B・リースが、コンデの言う修正は技術的に困難と思われるので、全面的にこの作品を上映禁止にすることを促した。しかし、CCDはすでにこの製作を許可していたので、いまになって上映を禁止することは、CCDのイメージ上よくないと判断し、結局上映を許可した。[2]この作品には、日映が広島で撮影したフィルムも含まれていたと思われる。

こうした困難にかかわらず、日本の映画人たちは、原爆による被害を永久に映像記録に残すことの重要性を自覚していた。日映の重役根岸寛一は、東宝撮影所長森岩雄が提供したスタッフと機材と、映画公社の山梨稔が提供した製作費をもとに、新しいドキュメンタリーを製作する計画を立てた。九月十六日、文部省の許可を得て、原子力の専門家や科学者の協力のもとに三十名あまりが参加して、広島と長崎で撮影がはじまった。

十月二十一日、長崎で撮影中のカメラマン助手関口敏雄が、米軍憲兵に逮捕された。こうして、占領軍はこのドキュメンタリーの存在を知ることになった。占領軍の民間諜報課がすぐに日映に撮影禁止を命じてきた。日映が抗議すると、占領軍は、米空軍の戦略爆撃調査団による来日調査の資料のなかにこの撮影の結果を組み入れるという了解のもとに、撮影の継続を許可した。広島での撮影は終了していたので、日映のスタッフは長崎にもどり、撮影をつづけた。十二月に撮影は終わり、日本政府が生フィルムの費用を負担した。

このドキュメンタリーの英語版は、一九四六年四月に完成した。日映の製作者岩崎昶は、米国人によって与えられたこの作品の題名"The Effect of the Atomic Bomb on Hiroshima and Nagasaki"（原爆の効果——広島・長崎）は、非人間的であると感じた。日映は原爆被災者の立場から原爆がもたらした被害を描こうとしたのであるが、英語題名は、米国側の関心が原爆の武器としての軍事的効果に重きがあることを示していたからである。

日映のフィルムが占領軍にとって否定的な方法で使用されないように、総司令部はこのドキュメンタリーのネガ、プリントのすべてを没収する命令を日映に出した。彼らは、岩崎は日映の三人の同僚と相談し、ラッシュ・プリントを一本隠すことにした。彼らは、原爆の非人間性をジュネーブの赤十字本社に訴えるためにこのドキュメンタリーを製作したのであるから、占領が終わったら、いつの日かこの作品を上映することを望んでいた(3)。

一九四七年四月、このドキュメンタリーの製作にかかわり、その後岩崎と口論ののち日映を辞めたカメラマンがCCDに、日映はすべてのプリントを総司令部に提出したわけではなく、ソ連人に見せたか売ったものがあると密告した。CCDはこれを民間諜報課に報告して、調査がおこなわれることになった。しかし、この件に関してはこれ以上の記録は、占領軍側にも岩崎側にも存在しておらず、岩崎が隠したプリントをCCDは見つけることができなかったものと思われる(4)。

一九五二年、占領終結後に、岩崎に頼まれてプリントを隠しもっていた三木茂が、それを新しく組織された日本映画新社（日映新社）に返した。日映新社は、他の映画やニュースにその作品の一部を使用することを許可した二、三の例を除いて、この作品の一般公開を拒否しつづけているが、それは日映新社が親会社の東宝に気を使っているからであろう、と岩崎は推測している。

一九六七年九月三日、米国政府は日本政府に『原爆の効果』の16ミリ・プリントを返却した。そのプリントを管理している文部省はそれ以来、製作者、この作品に登場する被爆者、一般市民の抗議にかかわらず、その作品を完全なかたちで公開することを拒否している。[5] 一九八〇年代初頭、日本の市民グループが一億三千万円の寄付金を集め、米国国立公文書館から直接、原爆ドキュメンタリーのフィルム・ストックを九十三万フィート購入した。このストックは橘祐典と羽仁進監督によって『にんげんをかえせ』『予言』の二巻の映画に編集され、日米両国で公開された。[6] また、ニューヨークのコロンビア大学マス・コミュニケーション・センターのエリック・バーナウとポール・ロンダーは、国立公文書館から得た岩崎のフィルムを編集して、一九七〇年に『ヒロシマ・ナガサキ一九四五年八月』(*"Hiroshima, Nagasaki, August 1945"*)という十六分の16ミリ短編に仕上げた。この作品はコロンビア大学とニューヨーク近代美術館を通じて米国で広く公開されている。[7]

広島を描く作品

松竹はユナイテッド・プレス・インターナショナルのアーネスト・ホーベレクトが書いた話をもとに、映画《広島》の企画を立てた。一九四八年一月二十九日、その粗筋の審査を受けたとき、松竹はつぎのように製作意図を説明した。

(1)　原爆の使用が日本の敗戦をもたらした。
(2)　日本人は戦争放棄をした。
(3)　広島の記念（碑）は平和の象徴として活用される。

しかし、この試みは検閲官を納得させることができなかった。ＣＩＥはつぎのような問題点をあげた。

(1)　この作品はどのように米国での原子力研究を描くのか。
(2)　日本の軍歌の使用。
(3)　科学者が生きたまま、十字架を手に埋められる箇所。
(4)　闇市。
(5)　原爆が戦争放棄を目的として使われたかのように扱われていること。

検閲官は〈戦争の放棄とは、（戦争を引きおこした）制度に対して向けられるもので、戦争で使用されたもの（たとえば原爆）に対して向けられるべきではない〉との所感を述べている。一九四八年五月一日、松竹はこの企画を製作予定表から削除した。その際、松竹は〈この決定は注意深く検討した結果であり、総司令部の検閲を恐れての措置ではない〉としている(8)。

広島への原爆投下は、米国政府にとって最も重要な問題のひとつであった。一九四九年五月二十三日、米国務省は、広島商工会議所と広島市が共同で《ノーモア・ヒロシマ》という映画の製作を企画していることに関する問い合わせをＣＩＥにしている。この作品の製作意図は〈広島が平和のために闘う都市として生まれ変わった〉ことを描くというものであったが、ＣＩＥは〈原爆によってもたらされた破壊と人間への悲惨な影響〉が描かれることには反対した(9)。この作品は結局、製作されなかったようである。また一九四九年、東宝社長の大沢善夫が被爆者でもある田坂具隆監督に広島についての脚本を書くように勧めているが(10)、この企画も占領軍の検閲のためか実現しなかったようである。

同様の指示が、清水宏の一九四八年の作品『蜂の巣の子供たち』にも出されている。製作者との最初の脚本会議で検閲官は、〈原爆〉と〈広島〉を台詞に入れる必要はないと強調した。その理由は、今日の困難な社会状況は、〈世界支配をもくろんだ日本の軍国主義者たち〉の責任に帰すべきで、原爆は〈日本国民に対する最後通告としてもたらされた。この点を明らかにしないかぎり、原爆に言及することは、無目的である〉というものである。しかし、前記の二つの台詞を除けば、戦争孤児と元軍人の福祉を描いたこの作品は素晴らしいものであると検閲官は賞賛した[11]。

ジョゼフ・L・アンダーソンは、清水監督の書いた『蜂の巣の子供たち』の脚本第一稿と、完成した作品とを綿密にくらべて、いくつかの点で検閲官の手が入れられていると指摘している。製作者は、広島の孤児の原爆体験を台詞に入れようとしたが、これは検閲官によって削除されている。それに加えて、広島が出てくる背景では、より戦災被害の少ないものに変えるようにと検閲官は指示している。また、「広島の被爆後のある地域」にロケーションする場面があるが、この長い場面は確かに広島で撮影されたものの、完成された映画では墓地の場面のみで、しかも崩れた墓は見えても、崩れた建物は見えないという[12]。

新藤兼人は被爆こそしなかったが広島の出身で、『原爆の子』を作っている。一九五二年四月に占領が終わるやいなや、新藤のスタッフは五月広島に向かい、四十九日間にわたってロケーション撮影をした。セット撮影をいくつか加えて、映画は八月六日の広島原爆記念日に公開された。新藤の独立プロダクション近代映画協会と、左翼系の劇団民芸の共同製作であるこの作品は、労働組合から資金援助を受け、広島市が協力して完成した。

新藤の脚本は、広島大学の長田新教授によって編集された広島の子供の作文集（『原爆の子』）をもとにして、被爆者の女教師が戦後七年たってかつての幼稚園の教え子たちを訪ねる物語を中心にすえていた。当時大映の大スターであり、新藤の初監督作品『愛妻物語』（一九五一年）以来、新藤とコンビを組んでいた乙羽信子が、この脚本に感動して監督に頼みこんで出演したことも、観客動員につながった。

この作品では、広島は瓦礫から甦ったものの、多くの者が原爆によって人生を変えられたことを描いている。靴磨きをして家計を支える少年、死の床で世界平和を祈る少女等が紹介されるが、生活の困難や貧困にもかかわらず、たくましく生き抜く子供たちの姿が描かれる⑬。それとともに、占領軍の検閲で禁止されたであろう、原爆の人体に及ぼす惨禍を被爆者のケロイド状の皮膚を具体的にグラフィックに再現することで示している。また原爆の犠牲となった市民の悲劇を強調するため、投下直前に無心に遊ぶ子供たち、母の乳房に懸命に吸いつく赤子といったイメージを挿入し、さらに日差しのなかで咲くヒマワリやアサガオの花が、強烈な閃光ののちにみるみるうちに萎み、水のないところで魚がはねるという、身のまわりの動植物にまで及んだ原爆の強烈な威力という恐怖のイメージも入れている。

同じ作文集をもとに、もう一つの作品が同時に企画された。八木保太郎脚本、関川秀雄監督の『ひろしま』は、日教組によって製作され、一九五三年公開された。関川は、原爆の恐ろしいイメージを再現し、被爆して生活に苦労する中学生の一団を描いている⑭。

『蜂の巣の子供たち』（1948年、蜂の巣映画部、清水宏監督）の戦争孤児と復員兵士の島村（後列左）。「広島」と「原爆」にかかわる台詞や場面は削除された。

『原爆の子』（1952年、近代映画協会、新藤兼人監督）の乙羽信子（右）。52年４月に占領が終わるやいなや広島でロケをおこない、８月６日の広島原爆記念日に公開された。

長崎を描く作品

ＣＩＥは大庭秀雄監督、新藤兼人・光畑碩郎共同脚本の『長崎の鐘』の製作を、粗筋を二回書き直すことで許可している。一九四九年四月二日にＣＩＥで審査された粗筋第一稿は、長崎のキリスト教徒で原子力科学者であり被爆者である永井隆博士に具現される「人間愛」を描くことを強調している。そして、原爆が長崎に投下される以前に、研究熱心なあまり永井博士は、すでに人体に危険な量の放射線を浴びていたことが粗筋では明らかにされている。これに対して検閲官は、〈原爆投下は二十万人の米国人の命を救ったばかりでなく、同じ数の日本人の命をも救った〉というメモを記している。そして、長崎の爆撃後の破壊の場面を問題として指摘している。

それを受けて、新藤の粗筋の第二稿は、〈原爆は、野蛮で狂信的かつ不寛容な日本の精神に対して、自由、文化、科学に目を見開くようにという、日本人に与えられた科学的啓示的出会いであったとも言える。原爆は、文明に対する警告であり、日本人を平和に目覚めさせるものであった〉と、原爆投下を正当化する字幕を映画の最初にもってきて、日本の狂信的軍国主義者の責任を問うことで、原爆がもたらした破壊の場面を何とか検閲を通そうと努力している。この第二稿は一九四九年四月二十六日に審査され、検閲官は〈原爆の場面まではよい。科学者の生活を描くのもよいが、爆撃に関するところは望ましくない〉との見解を述べている。

一九四九年六月四日に審査された第三稿は、爆撃後の永井博士の妻の死の場面と、被爆者を救おうとする博士の場面が削除され、戦後、研究を死の床でもつづけようとする博士の姿で終わっている。これが最終稿になった。

映画は一九五〇年になって完成したが、そのときにも予告編が問題になった。〈日本の軍需工場で、原爆の攻撃目標であった三菱造船〉を見せる代わりに、〈幼女が平和に遊んでいる公園に突然、原爆が投下される衝撃〉を見せるのは問題であり、この作品が永井博士の伝記である以上、〈長崎の原爆投下の部分を強調する〉必要はないし、そのような場面を入れることは、〈連合国が日本の主要な軍事目標に原爆を投下することを選択した理由を、よりよく理解させることにはならない〉と検閲官は述べている。その結果、予告編は改変され、完成された映画は総司令部各部署の代表が意見と助言を与えるために試写上映された[15]。この件で占領軍は、原爆はあくまで軍事目標に投下されたということを強調することによって、実際には軍需工場も非戦闘員の市民も無差別に爆撃したことを日本の観客に思い出させないようにしたのである。

完成された『長崎の鐘』は松竹から一九五〇年九月二十二日に公開された。原爆投下の場面はわずかに、永井博士の子供たちが疎開していた長崎市郊外の、山の向こうに見えるキノコ雲によって示されるにすぎない。原爆投下の場面の直前には、新藤の脚本の第二稿の冒頭にあったように、日本の軍国主義政府の暴挙を非難し、「野蛮で狂信的かつ不寛容な」日本に対する警告として原爆が投下されたことを説明する字幕が登場する。原爆投下後の長崎市内に場面が戻ると、永井博士が瓦礫と化した自宅の柱の陰に妻のロザリオを見つけ、妻が爆死したことを悟る場面と、そしてその夜疎開先の子供たちを訪れ、妻が亡くなったことを告げようとして言葉にならず、彼の意図することを察した子供たちとともに泣きはじめる場面とを続けることで、原爆の悲劇を一貫して間接的に表現している。もちろん、『原爆の子』にあるような、被爆者の人体や町並みの被害の映像は用いられていない。そして、長崎市民が教会の指導のもと、再建に励む姿が強調されるのである。

この作品は、原爆を主題とする日本で最初に公開された劇映画であったが、メロドラマの演出で知られる大庭監督は、永井博士と夫人の愛情に満ちた関係に重きをおいていた。博士は献身的で良心的な科学者であり、自ら危険な量の放射線を浴びていることを知りながら、科学の進歩のために研究をつづけた学者として描かれている。夫人は夫が命を賭けて研究に没頭するのを知って驚くものの、その研究の重要さを悟り、八月九日被爆して死ぬまで、理解をもって夫を支えるのである。(16)

『長崎の鐘』の原作は一九四九年に出版されるとともに、ベストセラーとなった。出版社は、一九四七年にＣＩＥの検閲にこれを提出したが、検閲官はこの本が日本人の反米感情を煽る恐れがあるとして、そのときには許可を出さなかった。しかし、この本は表立って米国の戦争犯罪を弾劾するものではないと、出版社はCIEと折衝をつづけた。永井博士は、科学者として原爆病を医学的見地から説明しているし、また日本でいちばんキリスト教徒の多い長崎に原爆が投下されたのは、〈第二次世界大戦で犯した人類の罪をあがなうために〉、〈犠牲者として選ばれたのである〉というのが博士の考えであると出版社はCIEに主張した。総司令部のいくつかの部署もこの件にかかわるようになり、最終的には占領後、自分たちの支配力が及ばないときに出版されるよりも、自分たちが統制可能ないま出版許可を与えたほうがよいだろうという判断でCIEは出版を許可したが、その条件として、日本軍によるフィリピンでの残虐行為についての話を同時に出版することを出版社に命じた(17)。

一九四九年には、『長崎の鐘』よりもリアルな描写で広島での被爆の経験を語った大田洋子の『屍《しかばね》の街』と、ジョン・ハーシーのエッセイ『ヒロシマ』も出版を許可されている。これについて、メディア史研究家の松浦総三は、その年ソ連が核兵器を所有したことが明らかになり、米国は核兵器についての秘密を保持する必要性がなくなったことを悟り、しかも米国が平和維持のために核兵器を使用したという主張を宣伝しはじめたからである、と推測している(18)。

占領軍はまた、米国映画のなかで原爆をめぐる表現が日本人に対して侮蔑的に使われている部分についても神経を使い、削除した。ワドナー・ブラザースの一九四六年製作の映画『婿探し千万弗』（日本公開一九五〇年）のなかで、登場人物が「それに触るんじゃない。気をつけろ。そのうちの一個は日本に落とされて、あの日出ずる国の青少年たちは、楽しく屠殺所で御陀仏していったんだ……たった一回だけで、それっきりさ」という台詞が削除された[19]。

このように、広島、長崎への原爆投下に関する表現に注がれる検閲の目は厳しかった。米国側の占領初期の関心事は、主にその新兵器の戦略的効果であり、その情報を米国は独占しようとした。原爆投下についての道徳的疑問は避けられ、降伏を拒否した日本の軍部にその責任が負わされた。原爆の物理的破壊力がリアルに映像化されることで日本人の反米感情を煽ることを検閲官は懸念し、その表現は極力抑えられるか、他の題材を強調することで薄められた。一九四五年八月六日に世界にデビューしたこの新兵器の、よりリアルな破壊の物理的威力、そしてそれが人間におよぼした精神的・心理的意味をより深く考察するには、日本映画界は占領の終結を待たなければならなかった[20]。

【註——第四章】　原爆についての表現

(1)　瓜生忠夫『戦後日本映画小史』（法政大学出版局、一九八一年）、二一–二〇頁。

(2)　国立記録センター、ボックス番号331–8578、CCDの原爆映画に関するファイル。足立和「プロデューサー群雄伝・33」（「キネマ旬報」一九八九年九月下旬号、一六八頁）によると、ハリウッドでハリー・ミムラ、日本では三村明として活躍した撮影監督が占領軍の命で原爆投下後の広島の撮影をしているという。

(3)　岩崎昶『占領されたスクリーン』一一三–一一八頁。日映のカメラマン井上寿恵男へのモニカ・ブラウによるインタビュー（Monica Braw, *The Atomic Bomb Suppressed : American Censorship in Occupied Japan* [M.E.Sharpe, 1990], pp.5–6. M・ブラウ、立花誠逸訳『「検閲1945–1949」——禁じられた原爆報道』時事通信社、一九八八年）。

(4)　国立記録センター、ボックス番号331–8578、CCDの当該映画に関するファイル。

(5)　岩崎昶『占領されたスクリーン』一五〇–一七九頁。原爆の映像に関しては、日映のホームページに年表があり、その後、文部省の方針がどうなったのかは不明だが、二〇〇九年にフィルムセンターと広島市映像文化ライブラリーが、アメリカ国立公文書館から新たに35ミリフィルムを取り寄せ、日本語字幕版『広島・長崎における原子爆弾の影響［完全版］』を完成。現在では、DVDも入手可能。

(6)　長崎で被爆した草壁久四郎の「実録戦後日本映画史　人と事件と・8」（「宝石」一九八二年、一九〇–一九四頁）。「10《テン》フィート映画運動　にんげんをかえせ」のチラシ。

(7)　Erik Barnouw, *Documentary : A History of the Non-Fiction Film* (Oxford Univrersity Press, 1974), pp.178-179, 200.（エリック・バーナウ、近藤耕人訳『世界ドキュメンタリー史』日本映像記録センター、一九七八年）。岩崎昶『占領されたスクリーン』一八〇－二〇九頁。当作品でバーナウに協力した大島加津子によれば、最初バーナウの製作に疑心を抱いていた岩崎が、日本のテレビ局の若い製作者が米国から持ち帰って放映したこの作品と、自ら直接購入して見た作品とに心をうたれ、その後バーナウとは深い信頼関係で結ばれた協力者になる（この件は岩崎、前掲書に詳しい）が、岩崎が一九八一年亡くなる直前に執筆していたのはバーナウへの手紙であったという（大島加津子への筆者によるインタビュー〔一九八六年八月二十九日、ニューヨーク〕）。

(8)　国立国会図書館ＣＩＥ書類、ＣＩＥの《広島》についてのコメント。

(9)　同上、一九四九年五月二十三日付の民事局再教育課歩兵部隊長Ｂ・Ｂ・マクマホンからＣＩＥへの書簡、および一九四九年六月十一日付のＣＩＥからワシントン特別区米陸軍特殊職員民事局長への調査書。

(10)　大沢善夫、八木保太郎、伊藤武郎の座談会「日本映画の運命」（『キネマ旬報』一九四九年秋特別号、一四頁）。

(11)　国立国会図書館ＣＩＥファイル、ＣＩＥの当該映画についての一九四八年七月十三日付コメント。国立記録センター、ボックス番号３３１－８５７９、ＣＣＤの映画（検閲）についてのファイルの当該映画に関する一九四八年七月十五日付のＣＣＤのメモによれば、ＣＩＥのジョージ・イシカワがＣＣＤに、広島と原爆に関する台詞を削除するように要請しているが、原爆という重要な問題について、細心の注意をＣＩＥが払った結果と思われる。

(12)　ジョゼフ・Ｌ・アンダーソンの筆者への前掲私信。

⒀　「吉村公三郎と新藤兼人」（「フィルムセンター」六二号、一九八〇年、四四頁）の当該映画の記述、『日本映画作品全集』（キネマ旬報社、一九七三年、一〇〇頁）、足立和「プロデューサー群雄伝・33」（「キネマ旬報」一九八九年九月下旬号、一六八－一七一頁）、および足立「同・34」（「キネマ旬報」一九八九年十月上旬号、一二六－一二九頁）も参照のこと。また、新藤の『午後の遺言状』（一九九五年）が乙羽信子の遺作となった。

⒁　『日本映画作品全集』一二〇頁。

⒂　国立記録センター、ボックス番号331－5267、CIEの当該映画に関するファイル。国立国会図書館CIE書類、CIEの当該映画の予告編についての一九五〇年九月八－十二日付コメント。

⒃　「占領下の日本映画」（「フィルムセンター」七号、一九七二年、三五頁）も参照のこと。木下恵介監督は一九八三年、永井博士の本にもとづき『この子を残して』を映画化した。

⒄　Braw, *The Atomic Bomb Suppressed*, pp.94–99.

⒅　相良竜介編『ドキュメント・昭和史、第六巻　占領時代』（平凡社、一九七五年）に収められた松浦総三「占領下の言論弾圧」二六六頁。

⒆　国立国会図書館CIE書類、CIEの当該映画についての一九五〇年五月一日付コメント。

⒇　ここ数十年の日本映画で原爆の題材を扱い、米国でも公開された作品には、中沢啓治の漫画を原作にした平田敏夫監督のアニメーション『はだしのゲン　パート2』（一九八六年）、井上光晴原作、黒木和雄監督『TOMORROW／明日』（一九八八年）、井伏鱒二原作、今村昌平監督『黒い雨』（一九八九年）、村田喜代子原作、黒澤明監督『八月の狂詩曲』（一九九一年）等がある。

第五章　封建主義

時代劇

映画のもつリアリズム的要素は観客に大きな衝動を与える力をもちうるだけに、日本の伝統的題材を映画で扱うことは、占領軍の大きな関心事となった。封建的題材は、映画のみならず歌舞伎を含めた舞台芸術の分野でも、厳しく統制された。たとえば、『忠臣蔵』や『勧進帳』は主君に対する盲目的忠義という観点から、『寺子屋』や『熊谷陣屋』は子供に対する残虐行為という観点から、歌舞伎で演じることが禁止されたのである。当時CCDの検閲官であったジョン・アリンは、戦時中の雑誌「ライフ」の『忠臣蔵』についての記事で、この作品が〈忠義、自己犠牲、血なまぐさい復讐を美化している〉(1)と批判されたことで、米国人の『忠臣蔵』に対する反感が植えつけられたとしている。

一九四五年九月二十二日の総司令部の映画製作方針十項目の指示は同時に演劇界も

対象となったため、多くの歌舞伎の古典作品が禁止リストに載って上演ができなくなった。マッカーサーの通訳として側近になっていたフォビオン・バワーズは戦前、日本に住み、熱烈な歌舞伎ファンになっていた。バワーズが占領軍のスタッフとして先遣隊とともに厚木飛行場に降り立ったとき、最初に日本側に発した質問は、「(市村)羽左衛門はまだ演じていますか」というもので、緊張のあまりコチコチになって占領軍を飛行場で迎えた日本人たちを驚かせた。何とか歌舞伎を救いたいと念じたバワーズは最初、マッカーサーの個人的影響力を借りて歌舞伎を救おうとしたが、すぐに元帥は歌舞伎に興味がないことがわかった。マッカーサーは、フィリピンのケソン大統領と歌舞伎を観劇したことがあるが、まったくついて行けず、途中で退席する始末であった。(2)

そのため意を決してバワーズは一九四六年二月、マッカーサー付き通訳兼側近の職を辞して、演劇担当の検閲官になった。バワーズの個人的努力で、いったん禁止になった歌舞伎の演目が徐々に解禁されるようになった。映画界では、黒澤明監督の『虎の尾を踏む男達』が占領終結まで上映できなかったのにくらべて(一九五二年公開)、その映画のもとになった『勧進帳』は、歌舞伎の舞台では一九四六年六月に早くも上演が許されるようになった。『寺子屋』と『熊谷陣屋』は、一九四七年五月には上演許可になった。戦前戦中に製作された『忠臣蔵』の映画版や新版製作は、占領終結までやはり上映は許可されなかったが、歌舞伎の舞台では一九四七年十一月に復活した。

バワーズの基本的考え方は、〈歌舞伎は日本の伝統文化の産物で、現代の日本の観客はそれを、様式化された美である舞台芸術として鑑賞するのである。そのため、復讐、自殺等の歌舞伎の思想に、現在の観客は影響されない〉というものであった(3)。映画は〈様式化された美〉というよりも、現実の事物をリアルに表象することで衝撃力のある場合が多く、歌舞伎のように〈現在の観客はその思想に影響されない〉と主張するのはむずかしかった。その意味で、歌舞伎公演の記録映画である、一九五〇年のマキノ正博監督の『寺子屋』と『熊谷陣屋』が製作を許可されたのは理解できる。それらの映画は、「様式美」の芸術を写真的に撮ったものであったので、占領軍もそれらの映画が観客に及ぼす影響を心配しなかったのであろう。

米国社会が尊重する基本的概念であり占領軍が日本人のあいだで促進しようとしていた個人主義とは正反対にあるものとして、主君への忠義の精神は最も占領軍に嫌われたものであった。米国の検閲官は好んで日本語の〈オヤブン、コブン〉という言葉を使って盲目的かつ無批判な権威への追従の関係を描写し、そういうものは受け入れられない概念であると日本側に説明した。

日本の映画人たちは、『忠臣蔵』のような話は、復讐が主題になっているために禁止されたと理解していた。日本人がそうした映画を観て、占領軍に対して復讐心を持つことを検閲官が恐れたと考えたのである。

刀を振りまわすチャンバラの場面が禁止されると、日本側は、チャンバラは米国の西部劇の銃撃戦とどう違うのかと検閲官に尋ねた。検閲官の言い分は、西部劇の保安官は、地域社会の安全と正義を守るためにしか銃を使わないが、日本の侍は封建的忠義の念にもとづき、主君に忠誠を誓って、あるいは個人的復讐のために刀を使うというものであった(4)。

刀は元来銃にくらべて野蛮で残酷なものであるという、米国人の刀に対する恐怖心や不信感は、米国政府製作の一九四四年のプロパガンダ・ドキュメンタリー『汝の敵日本を知れ』ですでに醸成されている。このドキュメンタリーは、戦争開始時に米国内にあった日本の劇映画やドキュメンタリー、あるいは戦利品として太平洋戦地区で没収した日本映画を編集したもので、日本人は残酷であるというイメージを米国兵に植えつけ、戦意を高揚させる目的で刀のイメージや刀を使う侍の場面が使われている。

この作品はまず、日本軍人が白人の連合国兵捕虜を処刑するというショッキングなイメージ（新聞に載った写真を映している）からはじまるが、捕虜の頭上に振り上げられた刀にカメラがズームアップすることで、〈文明化した〉西洋人にとっての刀に対する恐怖心がぐっと強まる。それにつづくのは、不気味に光る刀の大写しで、軍服を着た男が神棚の前に積み上げられた俵をスパスパと刀で切って武術の練習をしている（演出されたと思われる）場面になる。こうして、不気味な刀と神道との関連が示唆される。

米国人の刀に対する不信感はこの作品に一貫したテーマである。数本の時代劇の場面がつぎつぎに登場し、侍は特権階級であり、帯刀を許された唯一の階級でもあるが、刀は〈ときには実践的な理由で、ときにはたんなる娯楽のために〉〈庶民の頭や手足を切り落とす〉ために使われる、とナレーションは説明する。短刀は面目なく捕らえられたときに切腹するために使われ、〈武士道〉は主君への絶対の忠節と定義される、とナレーションはつづける。チャンバラの場面に被せられたナレーションは、「武士道は裏切り、待ち伏せ、後ろからの攻撃を奨励する」とつけ加える。

その後、戦国時代から江戸時代にかけて、侍が宣教師や日本のキリスト教徒を襲う場面が現れる。〈平和〉と〈平等〉をめざすキリスト教徒にくらべて、日本人は〈血に飢えた〉民族であることをナレーションは観客に思い出させる。日本でキリスト教徒の迫害がおこっていたときに西洋では、ヴォルテール、ワシントン、ジェファーソン、フランクリン、パスツールといった偉大な人びとによって文明が発展していったことが対比される。〈米国人は革命のため、フランス人は平等のために闘った〉という説明もされる。

刀を通じて、日本人は残酷、尊大、信用できない遅れた民族であるというイメージがこの作品では強調される。こういった概念を米国人が受け入れたとしたら、彼らが日本占領にあたり刀に対する不信感に満ちた政策を取ったことは容易に理解できる。

占領の初期に、刀がいかに米国人を恐怖に陥れたかの例を、脚本家の植草圭之助は語っている。一九四五年八月、占領軍のトラックやジープが東京の東宝撮影所にやってきた。米国人たちは、倉庫から小道具として使われる刀、槍、機関銃の類を没収した。そして、『虎の尾を踏む男達』を撮影中の黒澤監督が、刀を持った俳優を演出しているのに気がつくと、監督の抗議にもかかわらず、米国人たちはそれも取りあげたという(5)。

このような状況のなかで、一九四六年には時代劇はわずか四本しか製作を許されなかった(6)。その後、時代劇に対する規制は次第に緩やかになったとはいえ、一九四九年まではかなり厳しい検閲がおこなわれていた。検閲官は〈チャンバラ、陰謀、その他の問題ある場面に満ちた〉脚本(7)に不満を述べ、支配階級の侍が刀を振りまわすのを美化するのではなく、脚本家は〈庶民を強調〉するべきであると奨励された(8)。『殺陣師段平』(一九五〇年、マキノ雅弘監督)の題材は、題名からして問題になりそうだと推測できるが、脚本を二回書き直すことで撮影が許可された(9)。

映画のポスターも、検閲の対象になった。『遊俠の群れ』(一九四九年、大曽根辰夫監督)のポスターのデザインはCIEからは許可されたが、CCDはそのポスターを禁止することにした。CCDの検閲官によれば、男が着物の袖をたすきがけにしているのは〈やくざの復讐のシンボル〉であるので許可できないというのであった。製作会社の松竹はポスターのデザインをやり直し、映画の封切りを延期し、主演の長谷川一夫をCCDに出向かせて謝罪の挨拶をさせた。[10]また別の機会に、CCDの検閲官は、時代劇のポスターで使用されているキャッチ・フレーズが封建主義的思想を美化するものであると懸念を示し、映画の内容とポスター広告のずれに関しても憂慮している。[11]

無声映画の多くは時代劇で、大都市以外では、そういった映画はまだ弁士付きで上演されていた。弁士は画面に合わせて自在に台詞を喋っていくため、検閲官は弁士が占領軍の規制を無視する可能性について懸念したことがあった。しかし、普段は慎重をきわめる検閲としてはめずらしく、検閲官は無声映画の人気は短命であろうから、何件かの違反行為があったとしても大局には影響しないであろうという結論を出している。[12]

外国映画の検閲においても、剣を使った行きすぎた闘いの場面は禁止された。一九四八年初頭、CIEは米国の『快傑ゾロ』（一九四〇年、ルーベン・マムーリアン監督）の公開に際しての審査で、剣の訓練場面を削除したのみで検閲を通過させた。[13]ところが、その後のCCDの検閲では、この作品は〈激しい剣劇の場面を含んでいる〉という理由で上映許可を与えなかった。CCDの検閲官ウォルター・ミハタはさらに、C

ＩＥは日本の現代劇で銃を使う場面や外国映画の銃や剣の場面を許可しておきながら、日本映画の時代劇のチャンバラの場面のみを禁止していることに不満を表明した。ミハタは、一見わからない場面にも、隠れた封建主義的思想が見られることがあるし、武士道における最良の侍は、取るに足らない相手には刀を使わないことになっていることに言及して、杓子定規にチャンバラの場面を禁止することに異議を唱えている。[14]また、ＣＣＤはそれ以前の一九四六年にも、米国の『スポイラース』（一九四二年、レイ・エンライト監督）の上映に関して、〈銃撃戦と不必要な殺人場面が多すぎる〉ことと、犯罪人を美化しているという理由で、上映禁止にしている。[15]

その一方、ＣＩＥの検閲官は一九五一年に、戦前に輸入された『隊長ブーリバ』（一九三五年、アレクシス・グラノフスキー監督）の再上映を以前にＣＣＤが許可したことに異議を唱えている。この検閲官は、主役の隊長ブーリバが頻繁に剣で闘うところを見せることで武道を美化しているとし、この作品の上映禁止を勧告している。[16]

検閲官は、日本の時代劇が今日的（すなわち米国式の）観点から封建的思想や慣習を批判することを望んだ。このため、《おさんと茂兵衛》の企画が一九四八年に審査されたとき、封建主義批判をしていないという理由で製作が許可されなかった。[17]一九四九年に《銭形平次捕物控　千両小判》の脚本は検閲で許可されたものの、検閲官はこの作品がより〈建設的〉立場から描かれることを望んだ。[18]一九四九年に《大菩薩峠》

の企画が提出されたとき、自殺、ニヒリズム的思想、『忠臣蔵』的思想（多分、〈復讐〉と〈主君への忠義〉を指すものと思われる）を排除するようにとの指示があり、脚本の書き直しが二回命じられた。しかし、結果的には、封建主義に対する批判が十分でないという理由で、この作品の製作は許可されなかった。[19]

女性と子供

占領軍の検閲官は、日本のお見合い制度は個人の意志を軽視するという理由から、封建的慣習とみなした。このため、木下恵介監督の『お嬢さん乾杯』（一九四九年）が問題ありとされた。この作品は、没落貴族の令嬢と新興成金の青年のお見合いからはじまり、お互いが結婚を決意するまでをほのぼのとした喜劇として描いている。検閲官は、〈戦争を扱う場面と過去の封建的慣習〉の場面のみならず、〈封建的なお見合い結婚〉も削除するように指示した。[20]その結果であろうか、完成した作品では、お見合いのちにお互いの葛藤や身分の違いに起因する困難を乗り越えて、ふたりが心底恋に陥るという設定になっている。

未婚の娘が結婚するまでの過程をくり返し題材にした小津安二郎監督の一連の作品は、もしお見合いがいっさい許可されないとしたら、一本も作られていなかったであろう。この題材を扱った小津の戦後最初の作品『晩春』は、お見合い制度を通じて封建主義を温存させようとする試みであると、検閲官にみなされた。仲人が先方の男性は旧家の出身であることを述べる場面が、脚本で検閲官に問題箇所として線を引かれたが、完成された作品ではこの台詞は残されている。[21] 阿部豊監督の『細雪』（一九五〇年）の脚本でも、お見合いをする娘が旧家の出であるという台詞に線が引かれたが、[22] 筆者は完成した作品を見ていないので、この台詞が残されたかどうかはわからない。

時代劇において封建主義を今日的観点から批判するように要請した一方で、検閲官はまた、現代劇においても伝統的結婚制度に見られる男女の不平等を今日的観念から批判するように奨励した。《恋愛三代記》（一九四八年）で検閲官は、古い日本の封建的な家族観と明らかに対比させたかたちで〈新憲法下の現行制度〉を描き、〈真の愛情と理解を強調する〉作品をつくるようにと勧告した。[23] また『抱擁』（一九四八年、高木孝一監督）では、階級の差を愛が乗り越えるということを強調するようにと、検閲官は奨励した。[24]

新憲法で男女同権が保障されているのを見れば、検閲官にとって女性に対する暴力が許されない概念であったことは容易に理解できる。時代劇『好色五人女』（一九四八年、野淵昶監督）では、女が階段をのぼる男に引きずられていく場面が、検閲官によって削除された。[25]

このような女性の立場を守ろうとする占領軍の努力は、ときには過度に適用された。

マキノ正博監督が一九四八年に『金色夜叉』を映画化したとき、脚本家の八尋不二は、熱海の海岸で貫一がお宮に別れ話を持ち出される有名な場面を取りあげないわけにはいかなかった。ダイヤの指輪に目が眩み、金持ちの男に鞍替えしようとするお宮を、貫一が蹴飛ばすという場面である。検閲官は最初、この場面は女性蔑視だとして削除するように要請した。製作者が抗議したあと、検閲官は貫一の靴にカバーをかけるように指示した。(26) カバーをかければ、お宮の着物が汚れないし、蹴られた際のショックも軽減されるという心遣いなのであろうか。

あからさまな場面以外でも、女性蔑視に対して検閲官の目は厳しく光った。たとえば、『彼女の発言』（一九四六年、野村浩将監督）ではＣＩＥの検閲官コンデがすでに十カ所も削除したにもかかわらず、その後に審査したＣＣＤの検閲官は、女性が夫のあとを数歩遅れて歩く場面を女性差別であるとして削除するように要請したのである。(27)

占領軍の検閲官は、日本の女性は例外なく伝統的社会制度のなかで抑圧されてきたので解放する必要があるという信念をもっていた。その解放を助勢するのが、占領軍の役割であった。それゆえ、日本の女性がとくに家庭内で実権を握り、男性を差しおいて行動するということは、占領軍にとっては信じることのできない事実であった。主婦が夫を尻にしき、顎で使うという新藤兼人脚本の風刺喜劇《男性解放》の企画を松竹が提出した際、ＣＩＥはその企画を却下した。(28)

『長屋紳士録』（1947年、松竹、小津安二郎監督）の飯田蝶子（左）と青木富廣。少年の扱いが残虐行為にあたるのではと問題にされたが、結局そのまま許可された。

舞台で女性蔑視を表現し、マッカーサーを〈二人の天皇の一人〉と言及したという理由でCCDによって上演禁止になった例がある。バイオリンを弾きながら、つぎのような風刺的な歌を歌う芸人が東京の劇場にいると、CCDに密告が入った。「誰もが民主主義を唱えているけれど、二人の天皇がいる日本で民主主義なんてあるのだろうか。女性が男性と平等なんて嘘だ。もし本当の日本人なら、家のなかで誰が威張っているかわかるだろう。日本の女を誘惑するのは簡単だ。チョコレートとチューインガムさえあれば」（英語からの直訳）。一九四六年四月二十九日（この日が日本の「第一」あるいは「第二」の天皇の誕生日であったのは偶然であろうか。それとも効果をねらった占領軍による仕組まれた結果であろうか）に、ＣＣＤの検閲官はこの劇場を訪れ、上演を中止させている。[29]

しかしこの場合、〈家のなかで威張っているのは〉妻という意味に取れないであろうか。占領軍側は、この歌は本当は〈夫〉と言いたいのだと解釈して異を唱えたのか、それとも素直に〈妻〉と解釈したうえで、このように〈かかあ天下〉を茶化すことに反女性主義を嗅ぎとったのかは、明らかではない。「日本の女を誘惑……」のくだりは、確かに女性に対する侮蔑と、占領軍に対する批判が感じとれる。

この芸人は当時人気のあった「ノンキ節」で有名な石田一松のようである。石田は、東宝が一九四五年十二月に製作した斎藤寅次郎監督の風刺喜劇『東京五人男』（一九四六年）に出演している。[30]この作品の現行のビデオ版は、つぎのような歌詞を含む歌の場面があるが、多分占領軍の検閲で見逃されたのではないかと思われる。「おいもの配給をすると言ったら、こんなにご婦人が集まりました。婦人参政権の投票のときもこんなに並んでくれりゃいい。ハハのんきだね。お米の代わりにおいもを食えとおっしゃるお役人は何を食う。お役所仕事はひま多く、だから連合軍の小言食う」。この例でも、政治より食べ物に群がる女性（現実には、食糧確保は女性の重要な役目であったはずであるが）への、また日本の政治に干渉する占領軍への、遠回しの批判ととれないでもない。ついでながら、戦後第一回の選挙で石田は立候補し、国会議員に選出されている。

　子供への残虐行為に関しても、検閲官はときとして過剰に反応したむきがある。小津安二郎の『長屋紳士録』（一九四七年）の少年の扱いが、ＣＩＥの検閲官クリフォード・コンノの目には残酷なものに映った。たとえば、隣近所の者が集まり、少年の父親を捜しに誰が東京から湘南まで赴くかをくじで決める場面や、その帰りに少年がいもをたくさん入れたリュックサックを背負わされる場面である。しかし結局、その両方の場面は、最終的にはコンノの同僚のイシカワによって許可された(31)。

【註――第五章】　封建主義

(1)　John Allyn, "Motion Picture and Theatrical Censorship in Japan", *Waseda Journal of Asian Studies* no.7 (1985), p.24. ついでながら、『忠臣蔵』は日本映画史上、最も人気のある題材で、「キネマ旬報」（一九九四年十月二十五日号、臨時増刊号）の「忠臣蔵・映像の世界」のリストによれば、前後編が同時に公開されたものを一本、別々に公開されたものを二本と数えると、一九二六年から一九六二年のあいだに（外伝も含めて）三十八本作られている（ちなみに、一九二六〜九四年のあいだでは四十二本）。そのなかの代表作は、一九三二年の衣笠貞之助版や、一九四一―四二年の溝口健二版『元禄忠臣蔵　前篇・後篇』等がある。映画会社の景気が悪くなると『忠臣蔵』を作ったとも言われ、各時代の人気スターが主な配役を占めた。

(2)　コロンビア大学オーラル・ヒストリー・リサーチ・センターのベアテ・ゴードンによる日本占領についてのフォビオン・バワーズとの一九六〇年十月二十三日ニューヨークでのインタビュー。ベアテ・（シロタ）・ゴードンは戦前の日本で育ち、占領軍総司令部の民政局に所属して、日本国憲法の草案執筆に参加し、〈男女平等〉等の条項を挿入したことで有名。一九九五年には、占領軍での自らの活動を記した『１９４５年のクリスマス―日本国憲法に「男女平等」を書いた女性の自伝』（平岡唐紀子構成文、柏書房）を刊行した。バワーズは歌舞伎やヨーロッパの演劇の米国公演のときの同時通訳として活躍した。バワーズは一九九九年十一月に亡くなった。

(3)　河竹登志夫、"A Crisis of Kabuki and Its Revival Right after World War II", *Waseda Journal of Asian Studies*, no.5 (1981), p.41 および Allyn, "Motion Picture and Theatrical

Censorship in Japan"．河竹登志夫「占領下の歌舞伎―歌舞伎をＧＨＱの〝弾圧〟から救ったバワーズ少佐」（文藝春秋一九九五年十二月号、二〇八－二二二頁）にも詳しい。歌舞伎座の一九九五年のパンフレット『松竹百年記念・六月大歌舞伎』にも、「歌舞伎よ永遠なれ」という題のバワーズのエッセイ（四－七頁）および無記名の「松竹百年と歌舞伎・５　戦後から昭和三十九年まで」（とくに七二－七三頁）で、占領軍による歌舞伎の禁止から解禁までの事情が記されている。

(4)　デビッド・コンデ、岩崎昶、藤本真澄「指導した日本映画との再会　ＧＨＱ初代演劇映画班長デビッド・コンデ氏と語る」（「キネマ旬報」一九六四年十一月下旬号、二八－二九頁）。草壁久四郎「実録戦後日本映画史　人と事件と・８」一九四頁。

(5)　植草圭之助『わが青春の黒沢明』九三－九四頁。黒澤監督はこの件を、まったく緊張感のなかったものとして記述している。『蝦蟇の油』（二九九頁）によれば、占領軍の訪問者は、あるときには「キャメラをパチパチやるし、八ミリは廻すし、中には、自分が日本刀で斬られるところを撮ってくれ、という奴まで出て来て、収拾がつかなくて、撮影を中止した事もある」としている。

(6)　草壁久四郎「実録戦後日本映画史　人と事件と・８」一九五頁。

(7)　国立国会図書館ＣＩＥ書類、ＣＩＥの『千姫御殿』（一九四八年、野淵昶監督）についての一九四八年七月十三日付コメント。

(8)　同上、ＣＩＥの『小判鮫』（衣笠貞之助監督。前篇一九四八年、後篇一九四九年）についての一九四八年七月十二日付コメント。

(9)　国立記録センター、ボックス番号３３１－５２９７、ＣＩＥによる当該映画第一稿の一九四九年五月二十六日付の審査および第二稿の一九四九年六月三日の審査。

(10)　小松秀雄への筆者によるインタビュー（一九八四年五月二十八日、東京）。刊行物「東京駅」（発行年月不明）に収録された小松の随想「戦後映画シリーズ」第一回、二二頁。

(11)　国立記録センター、ボックス番号331－8579、CCDの一九四七年の映画（検閲）に関するファイル、CCDの「問題ある映画広告ポスター展示」についての一九四七年七月十九日付のJ・J・C（John J. Costello）からCCDへのメモ。

(12)　同上、同ボックス番号、CCDの外国映画に関するファイル、CCDの「人気を得ている無声映画」についてのメモ。

(13)　国立国会図書館CIE書類、CIEの当該映画についての一九四八年二月十二日付コメント。

(14)　国立記録センター、ボックス番号331－8579、CCDのCIEとの関係、および一九四八年の映画（検閲）に関するファイル、CCDのW. Y. Mihata（Walter Y.Mihata）による「CIEの映画課のチャンバラの場面に対する政策」についての一九四八年三月二日付メモ、およびCCDの映画課のJ・J・C（John J.Costello）による一九四八年三月九日付メモ、およびそれに応答するB・J・Wの一九四八年三月十一日付メモ。

(15)　同上、ボックス番号331－8578、CCDの外国映画に関するファイル、映画部から映画課、映画課からプレス・映画・放送部門第一地区への一九四六年十月十日付チェック・シート。

(16)　国立国会図書館CIE書類、CIEの当該映画についての一九五一年五月十一日付コメント。

(17)　同上、CIEの当該映画の粗筋についての一九四八年七月六日付コメント。

(18)　同上、CIEの当該映画についての一九四九年九月十七日付コメント。この映画が公開された形跡はないが、この年には『平次八百八町』（佐伯清監督）が公開されているので、この作品のことかもしれない。

⒆ 国立記録センター、ボックス番号331-5297、CIEの当該映画に関するファイル、一九四九年七月十八日審査された第一稿、一九四九年八月二十日に審査された第二稿、一九四九年九月十二日に審査された第三稿。

⒇ 国立国会図書館CIE書類、CIEの当該映画についての一九四八年十二月二十八日付コメント。

㉑ 国立記録センター、ボックス番号331-5291、CIEの当該映画に関するファイル、一九四九年五月五日に審査された第一稿、一九四九年九月十二日に審査された第二稿。匿名対談「占領下の映画行政の内幕」一六頁。

㉒ 国立記録センター、ボックス番号331-5297、CIEの当該映画に関するファイル、一九四九年三月七日に審査された脚本。

㉓ 国立国会図書館CIE書類、CIEの当該映画についての一九四八年二月二十日付コメント。

㉔ 同上、CIEの当該映画についての一九四八年二月二十五日付コメント。

㉕ 国立記録センター、ボックス番号331-5297、CIEの当該映画に関するファイル。同様の例には、『王将』(一九四八年、伊藤大輔監督)に関するCIEの一九四八年二月二十四日付の第一稿についてのコメント、および一九四八年四月八日付の第二稿についてのコメント(同上、ボックス番号331-5290)、『四つの恋の物語』(一九四七年、豊田四郎、成瀬巳喜男、山本嘉次郎、衣笠貞之助によるオムニバス映画)に関するCCDの一九四七年三月十日付コメント(同上、ボックス番号331-8579、CCDのCIEとの関係に関するファイル)にも見られる。

㉖ 八尋不二「時代映画の記十三年」(「キネマ旬報」一九六四年三月上旬号、四〇頁)。

(27) 国立記録センター、ボックス番号331－8579、CCDのCIEとの関係に関するファイル、CCDのR・H・K（Richard H. Kunzman）からW・P（Walter Putnam）への一九四六年二月四日付のCIEについてのチェック・シート。

(28) 同上、ボックス番号331－5267、CIEの当該映画に関するファイル、一九四九年四月十四日に審査された脚本。

(29) セイモア・パレスチンへの筆者によるインタビュー（一九八五年一月十日、ニューヨーク）。パレスチンは一九四六年一月から十一月までCCDの演劇課に勤務していた。

(30) なお、『東京五人男』とCIEの検閲官コンデについて、最近テレビ番組製作のためのリサーチをしていた前述のニコソンによれば、この作品は「アメリカにも輸出されて好評で……戦後アメリカに行った最初の日本映画」としている文献（「キネマ旬報」一九五六年一月一三六号）もあるが、真偽のほどは定かではない。

(31) 小松秀雄「連絡日誌」一九四六年十二月二日から十二月七日まで。なお、イシカワの許可は、京都へ旅行中のイシカワによって十二月六日に出されている。このイシカワの京都旅行の目的は明らかではないが、小松は許可をもらいに京都まで出向いている。これが、後述するような撮影所による検閲官への贈賄の例であったかどうかはわからないが、検閲官はよく京都旅行に行きたがったという。

第六章　反社会的行為、その他

反社会的行為

自殺、賭博、殺人、闇商売、売春、その他軽犯罪は、映画の題材として不適切とされた。もしそういったものが映画の粗筋に必要不可欠な場合は、そのような犯罪が割りに合わず、映画の終わりには正義が達成されるという設定にしなければならなかった。また、犯罪者は英雄扱いされてはならず、観客の同情を呼ぶものであってもならなかった。占領軍の検閲官の道徳的・倫理的基準は、米国の映画製作倫理規程を規範としたものであった。CIE映画・演劇課のハリー・スロットは一九四八年に日本の映画評論家を集めて、非合法な性行為、野卑な表現、猥褻、宗教の神聖さに対する冒瀆的な表現、衣装、舞踊、宗教の取り扱い方、題名の付け方、反感を抱かせる題材についいて、米国の製作規程の要旨説明をおこなったことがあった(1)。

占領軍の検閲官は、自殺は罪深い行為であると信じていたが、それは切腹や心中というかたちで自殺を容認する日本の伝統文化とは著しく異なる概念であった。ユダヤ教やキリスト教の伝統、とくにカトリックでは、自殺が禁止されている。それとともに、米国人は生命および生命力に対する強い尊敬の念を一般にもっていた。たとえば、日本語では「被爆者」と表現される原爆の被災者も、米国では、“survivor”（生存者）という表現が、“victim”（犠牲者）という表現より一般的で、「生」の肯定への関心がうかがえる。米国人は、戦争中の日本の神風特攻隊の思想に恐怖の念を抱き、日本人が不名誉な生存よりも名誉ある死を尊重することは認めても、自殺が何ら建設的な解決になるとは信じていなかった。

検閲官は日本の製作者に、自殺しようとする人間を描くことや、自殺することで問題の解決となるという思想を表現することを禁止した。[2] そして、自殺の場面は、〈将来へのより建設的な意見を表明すること〉に代えられるか、ニュアンスを弱めるように要請されるか、あるいはまったく不必要として削除されるかであった。[3]

五所平之助監督の『今ひとたびの』（一九四七年）で、ヒロインの夫が自殺する場面を描く際、検閲官はそれが〈カミカゼ精神〉に依ったものなので、その場面を直すように監督に命じた。[4] 実際には、この夫は意志の弱い華族出身の生活力や才能のない画家という設定で、およそ質実剛健で勇猛な「神風精神」からはほど遠い人物なのである。しかし、検閲官の要請でこの場面は変更され、夫の死は精神的疲労からおこった事故のように演出されたが、結果として曖昧で内容からみて不可解な場面になった。

黒澤明監督の『酔いどれ天使』（一九四八年）でも、検閲官の過剰とも言える反応が示された。脚本で、アル中の医師が「酒を飲むのは自殺するようなものだ」という台詞が、比喩的に使われているにもかかわらず問題にされ、削除された模様である。[5]

道徳的に糾弾することなしに殺人を描くことは禁じられた。溝口健二監督の『歌麿をめぐる五人の女』（一九四六年）で、CIE映画課のジョージ・ガーキーは、この作品は時代劇であるが、恋に破れた女性が嫉妬のあまり裏切った男とその恋人を殺すという設定が、若者によい影響を与えないという意見を述べた。ガーキーは結局、〈今回にかぎり〉その場面が筋書きに不可欠なことを認めて許可した。[6] また一九四八年に検閲官は、『四人目の淑女』（一九四八年、渋谷実監督）で、殺人場面は〈何らかのしっかりした原因がなければならず、また筋書きに必要不可欠なものでなければならない〉とし、[7]『三百六十五夜』（一九四八年、市川崑監督）の殺人場面は、正当防衛であることを強調するように要請した。[8] さらに、『二十一の指紋』（一九四八年、松田定次監督）では、ナイフによる殺人の場面をクローズアップからロング・ショットに変え、時間的にも短くするように指示した。[9] 検閲官は、そのような場面の大写しによるショッキングな効果について懸念したようである。

検閲官はまた、映画が犯罪の具体的方法を見せることで、似たような犯罪を誘発しないかと心配していた。小松秀雄は、ＣＩＥと問題をおこさないための内密の手引き書を作成し、各撮影所に配布していた。そのなかで小松はたとえば、スリの場面はその技術をはっきりと見せないように、またスリが相手の体にぶつかるところだけを写すつもりであることを、検閲官に説明するように指示していた。(10)

犯罪を描くにあたって映画作家は、その犯罪人が究極的には逮捕され裁判にかけられ、正義が貫かれることを強調するように要請された。(11)そして警察が犯罪に対処することが強調された。たとえば、新聞記者のような一市民が犯罪人を裁くのではなく、〈合法的に法と秩序を守る〉のは警察の役目であるという点が重要視された。(12)

黒澤監督と植草圭之助の共同脚本の『酔いどれ天使』に関して、その脚本がヤクザの闇商売、親分に対する忠誠、性病、賭博、売春で満ちていると検閲官は不満を述べた。その代わり〈警察がヤクザを退治するのを見せたらどうか〉と検閲官は示唆した。そのような道徳的結末は映画には加えられず、書き直された脚本では、最初の脚本にはなかった、結核に打ち勝とうとする少女の姿を映画の結末にもってくることで、明るい未来を感じさせるようにした。第一稿では、死んだ若いヤクザを医師が車に乗せて、闇市の街路を進むという場面で終わっていた。さらに、ヤクザが死ぬ場面に数回変更が加えられた。一九四七年十月十四日に審査された粗筋では、他の女に嫉妬した飲屋の女性との内輪もめから彼が死ぬことになっていた。一九四七年十月三十日に審査された第一稿では、彼は親分と対決して殺したあと、医師の友人の経営する病院で死ぬことになっていた。一九四七年十一月十三日に審査された第二稿では、彼は親分との対決で死ぬことになり、これが最終稿となった。[13]

賭博は反社会的行為とみなされ、〈つねに法律にもとづいた取り締まりの脅威にさらされていること〉を描くこと、また〈建設的〉な方法で描くように要請された。[14]同様に闇商売も〈魅力的なもの〉ではなく、〈政府と国民に対する非合法行為〉として描かれなければならず、闇商人は〈つねに逮捕されるのではないかとびくびくしている〉ように表現されなければならなかった。もし闇商売を題材とするのならば、〈現在増加している闇商売問題についての解決〉を提供するものでなければならなかった。[15]

非合法の薬物使用や取引も、映画では描かれてはならない題材であった。ヒロポンは戦後の日本においてかなり普及した薬物で、マキノ正博監督は短時間で仕上げなければならない映画製作のスケジュールに追われて使いはじめたのがもとで、一時期中毒になったと述べている。[16]依田義賢と八住利雄の共同脚本による溝口監督の企画《美貌と白痴》の最終稿は、薬物取引に関する表現が反社会的との理由で許可されなかった。脚本の最後で、薬物中毒者たちは逮捕されるものの、検閲官は、麻薬やその他の刺激物を扱う題材はやはり危険であり、この映画の主要な題材が薬物に誘惑されて売春婦になる女性であるかぎり、この題材では建設的な解決を探りえないという判断であった[17]。

同様に『地獄の顔』（一九四七年、大曽根辰夫監督）で検閲官は、阿片の密輸を美化したり、あまり詳細に描いたりしないように勧告した[18]。また『わが生涯のかゞやける日』（一九四八年、吉村公三郎監督）では、検閲官は薬物がもたらす悲惨な状況を強調し、モルヒネ密輸の場面は露骨な表現を避け、薬物を注射する場面は最低限にとどめるように指示している[19]。

連合軍の捕虜であった帰還兵や復員兵は、日本にもどって社会に復帰するにあたり、金銭的にも精神的にも多くの困難に直面した。しかしそれだからといって、彼らが犯罪に走ることを容認するわけにはいかない、と検閲官は考えた。それゆえ、《愛と憎しみの戯れ》（一九四八年）のなかで、復員兵が職が見つからないので闇商売をするという台詞が削除された[20]。また《花嫁特急》の脚本では、復員兵が闇商売をするという設定が軍服でなく私服に変えることで許可された[21]。

黒澤明監督と菊島隆三の共同脚本による『野良犬』（一九四九年）は、占領軍が望むような復員兵の描き方をしている。占領軍の検閲官がその描き方を批判した前作『酔いどれ天使』では自滅するヤクザを演じた三船敏郎が、この作品では元復員兵の刑事を演じる。彼の銃を盗む若者は、同じ復員兵でありながら悪の道に走ってしまう。この二人はともに、復員直後に列車のなかで荷物を盗まれるという経験をするが、一方は「法と秩序」を守る警察官になり、他方は刑事に追われる犯罪者になるという、対照的な生き方をたどる。そして、善が悪に勝つという道徳的結末は、復員兵に関する理想的な表現であったにちがいない。

貧困で人びとがどのように生活をやりくりしているのか明らかではない場合、犯罪に走ることなく解決されるような設定を、検閲官は強制した。《愛の試練》という映画では、検察官が「被告の月給は母親を養うには十分でないかもしれないが、それでも本人は生きられるはずである」と訴追する台詞を、「被告の給料は少ないかもしれないが、それでも犯罪に走ることなく母親と本人が生きていくのには足りるはずである」と、検閲の結果変更された。(22)

犯罪のなかで占領軍が最も恐れたのは、権力（ひいてはときの権力である自分たち）に対する武器を取っての反乱であったと思われる。そのためか、『小判鮫』（前篇一九四八年・後篇四九年、衣笠貞之助監督）は時代劇でありながら、武器の窃盗や非合法な所有、購入を描くことが禁止された。そして登場人物の武器の密輸商人の職業を、何かほかのものにするようにと検閲官は指示した。(23)

多くの作品において、売春、性病、堕胎の煽情的な表現が問題とされた。そうした商業主義的あるいは搾取的に描いた部分を削除するか、その表現を和らげるよう検閲によって指示が出された。たとえば、金のために体を売るという設定が《花の不夜城》

では削除され、[24]『四人目の淑女』では、東京の吉原（公娼地区）という設定が削除された。[25]『サザエさん』（一九四八年、荒井良平監督）では、街頭ニュースのアナウンサーが売春婦と社会問題を論じる場面が、[26]『肉体の門』（一九四八年、マキノ正博監督）では、売春婦同士がリンチをする場面が削除された。[27]同じく『肉体の門』では、売春婦のシニシズム、不必要に金銭を強調する場面を、[28]《哀しき抵抗》では、売春、性病、肉体売買の煽情的な表現を、[29]《目の砂》では、売春婦の過去についての表現を、[30]それぞれ和らげるようにと検閲で指示された。[31]『ぜったい愛して』（一九四八年、加戸敏監督）ではダンサーの場面を、『女の一生』[33]（一九四九年、亀井文夫監督）では堕胎の取り扱いを、[32]《夜の人魚》では煽情的な題材を、もっと思慮深く取り扱うようにとそれぞれ指示が出された。

また検閲官は、映画のなかで売春にかかわっていた者が更生することを強調するようにと製作者に要請した。たとえば『火の薔薇』（一九四八年、中村登監督）では、売春婦の役を更生した元売春婦に変えるように、[34]『肉体の門』では、売春に対する〈一般市民〉の責任を問う牧師の演説を強調するように、[35]《乳児殺人事件の真相》では、政府の指導による売春婦のための適切な施設の必要を強調するように、[36]『女の一生』では、子供の福祉と女性解放の問題を指摘するように、[37]《西鶴五人女》では、〈支配階級である男性〉に反乱をおこす女性に焦点を当てるように、《目の砂》では、借金の担保に娘を売る習慣を非難するように、[38]《丘に立つ処女》では〈教育的・娯楽的〉価値を強調するようにと、[39]それぞれ指示が出された。

売春その他を過剰に表現した作品の企画には、許可が与えられなかった。たとえば一九四八年七月十八日に審査された《酔いどれブギウギ》の企画は、売春や性病の描写に満ちているということで却下され、一九四八年七月十二日に審査された《堕胎医》の企画は、粗筋の段階で製作者に、堕胎の題材を中止するようにとの指示が出された。[40]煽情的な映画題名に変更が言いわたされた例では、《春婦》が問題になり、[41]《泥の流れの女》は『母』[42]（一九四八年、小石栄一監督）に、《今日我欲情す》は『今日われ恋愛す』[43]（一九四九年、島耕二監督）に変更された。

暴行の場面は、観客の〈病的好奇心〉を煽ることなく、その行為の直接的な表現を避けるようにと指導された。[44]ＣＩＥの検閲官は《母と子》の粗筋で、男性に〈暴力的に誘惑された〉看護婦が断固として抵抗しなかったことにも不満を述べている。[45]

裸体の場面は間接的な表現に直すか、全面的に削除された。[46]依田義賢と舟橋和郎の共同脚本の溝口健二監督作品『雪夫人絵図』（一九五〇年）では、性的に抑圧されたヒロインが、裸体の女性の幻想を見る場面が検閲で問題になった。[47]極端な例では、『酔いどれ天使』の裸の子供の場面が問題にされた。[48]

ある場面が猥褻なものか、それとも科学的・教育的目的があるのかの判断がむずかしいものも少なくなかった。ＣＣＤの検閲官だったアリンは、ＣＣＤはそのような問題に占領軍がかかわるべきではなく、日本の法制の問題であるとの見解を取ったと述べている[49]。映画における性的表現については、第四部で詳細に検討する。

排外主義

占領政策を成功させるためには、戦時中の軍国主義政府が国民に押しつけた国粋的、国家主義的、排外主義的な思想を、日本人の考え方から排除する必要があった。それに当たって占領軍は、中国に関する表現にとくに気を使った。戦時中、日本人に蔑視されていた中国人であったが、戦勝国となったいま、連合国を代表して極東委員会、対日理事会にも参加していたからである。米国、ソ連、英国等、他の連合国の国民の描き方にも、検閲官は目を光らせた。

中国や朝鮮の出身で日本に住む者は、戦後「第三国人」と呼ばれるようになったが、彼らが否定的に描かれることを検閲官は憂慮した。たとえば、朝鮮人の反乱を鎮圧しようとする日本の警察の行動をとらえたニュース映画は、〈戦いの場面を多く含み、これは日本人と朝鮮人とのあいだの関係を気まずくするのみである〉という判断から、ＣＩＥによって禁止された[50]。

日本映画においては中国人を描写したものが朝鮮人を描写したものよりも多かった

ためか、検閲では、中国人に関する表現を問題にした例が、朝鮮人のそれよりずっと多い。一九四九年公開の『大都会の顔』（阿部豊監督）には、中国人が経営する料理店とギャングが登場する場面が、〈連合国の国民にかかわること〉として削除された[51]。『王将』の脚本からは、主人公の親友である「支那蕎麦屋」が問題にされた[52]。この例など、蕎麦は中華風であっても、その経営者は日本人であるとも考えられるわけで、検閲官がいかに神経質になっていたかを示すものである。戦前に使用された〈支那〉という言葉は侮蔑的と判断され、〈中国〉と直された[53]。小林正樹脚本、木下恵介（脚本）監督の『破れ太鼓』（一九四九年）では、裸一貫で財をなした権威主義的な父親が、若いころ「日本に見切りをつけて、満州に飛びだし、百人もの人間を使って伐採をしていた」という台詞が、「本土に見切りをつけて、北海道に渡った」と直された[54]。これは、戦前の日本の植民地化をめざす中国大陸政策を連想させるものとして問題になったのであろう。

《母と子》では、撮影が許可される前に、在日中国代表部と極東国際軍事裁判所の許可を、ＣＩＥを通じて得ている。この作品は戦争中に中国で残虐行為に参加した日本人が、戦後母の愛情によって目覚め、責任を取るために中国代表部に出頭するというものである[55]。

『ビルマの竪琴』の映画化の企画は一九五〇年初頭、新東宝から田坂具隆監督、沢村勉脚本で提出された。その脚本には、検閲官によって〈英国とインドの兵隊〈の処理に気をつけるように〉〉と書きこみをされた。[56]おそらくビルマが舞台になっていたことと、連合軍の捕虜になった日本兵という題材等の問題で映画化は見送られ、結局このベストセラー小説が市川崑監督、和田夏十脚本で日活によって映画化されたのは、占領終了後の一九五六年であった。

『われ幻の魚を見たり』（一九五〇年、伊藤大輔監督）は、十和田湖でニジマスの養殖に成功した人物の伝記映画であるが、その脚本のなかで日露戦争（一九〇四～〇五年）のときに、日本とロシアの外交関係が崩れたという場面と、主人公の息子が日露戦争で戦死したという設定とが問題にされた。[57]この例は、製作者側に反ソ的感情を表明する意図があったというより、歴史的事実をそのまま映画に組み入れたにすぎないようであるが、占領軍が仲間の連合国にいかに気を使っていたかを示すよい例である。

検閲官はまた、潜在的に反外国となりうる時代劇の製作をやめさせようとした。東横映画が一九五一年三月に《タウンゼント・ハリスと井伊大老》の企画を提出したとき、検閲官は製作者に対して、日本開国後の初代米国領事ハリスの遺産の法的執行人に米国政府を通じて連絡を取り、映画化の許可を得なければならないとした。検閲官はまた、表向きはハリスの身のまわりの世話をするということで、実は日本政府から賄賂として送られたお吉という女性が登場することを懸念した。検閲官はこの登場人物に、反西洋的な感情を嗅ぎ取ったのである。東横映画が二カ月後にCIEの検閲官と会ったとき、米国側からの許可はまだ得られていなかった。しかも検閲官は、このときもお吉の描き方に懸念を示していた。[58] 実際にこの題材が映画化されたのは、一九五四年の独立プロ製作の、題名もそのものずばりで、もともと製作者がいちばん関心があったにちがいない人物名を使った『唐人お吉』（若杉光夫監督）であった。

西洋のものに関する表現にこれほど神経質になっていた検閲官であったから、《柔らかい肌の情熱的金髪》というような映画の題名が、故意に煽情的でありかつ反西洋的であるとして、題名を変更するように要請されたのは[59]無理からぬことであった。つぎに示す例はことさら意識的に反西洋的であったとは思えないものである。《母と子》で、主人公の老いた母親が、外国映画は登場人物が〈お互いに舐め合っているから〉見に行きたくないという場面を、検閲官は削除するか、〈外国映画〉から〈日本映画〉に直すようにと指示した。[60]《軍艦島》の脚本では、〈米国の煙草〉と言う場面を、〈その他の種類の刺激物〉に直すようにと指示された。[61] 小津安二郎監督の『晩春』では、主人公の女性が将来の夫がゲイリー・クーパーに似ていると言う場面が、検閲官によって問題にされた。[62] しかし、米国映画のスターに似ているというのは誉め言葉であるということを検閲官があとになって納得したせいか、このユーモア溢れる台詞（より正確にいえば、彼女の将来の夫は「うちに来る洗濯屋さんに似ている」と描写され、その洗濯屋がクーパーに似ているとなるのであるが）は、完成した映画のなかに残された。

つぎのようなきわめて不注意な間違いの場合は、検閲官を大いにうろたえさせたであろう。一九四七年十二月、新聞の広告欄に、東京の劇場で上映されている、英国の劇映画『妖婦』（一九四六年、レスリー・アーリス監督）の題名のすぐ下に、ニュース映画『エリザベス王女の結婚式』の題名が並べて掲載されたのだが、その二つの題名のあいだに間隔が開けられず、句読点もないので、『妖婦エリザベス王女の結婚式』と読めなくもなかった。ＣＣＤはこの新聞社に、〈この広告は英国民に対して最も侮辱的なものであり〉、〈このような不手際〉は二度とおこしてはならないと警告した。[63]

日本に駐留する米国兵と日本女性の関係について表現することは禁じられていたにもかかわらず、《哀しき美貌》で、米国兵と日本女性の国際結婚に登場人物の一人が反対するという設定が〈人種差別にもとづくもの〉として禁止された。[64]

一九四九年に大映が、大阪の占領軍の民事局の仕事を紹介する映画を企画したとき、ＣＩＥはＣＣＤに、米国兵を登場人物とする企画は許可されるのかどうかを打診した。ＣＣＤはＣＩＥに、〈その映画が、よからぬことや不法なことを描くことなく、また不名誉を米国や占領軍にもたらさない〉かぎりは、占領軍の職員が日本の映画に出ることは問題ないとした。[65]翌年、日本映画界の代表が、外国や外国人を描く作品についいての助言や指導を求めると、ＣＩＥは、外国を背景にもって来る場合も、外国人を登場させる場合も、好意的に描くかぎりは問題はないと答えた。[66] しかし、この政策も後述するように、とくにソビエト連邦の描き方については、東西冷戦が進行するにつれ、かならずしも守られたとはいえないのである。

宗教

宗教を揶揄したり、聖職にある者を否定的に描くことも禁じられた。[67] その反面、検閲官は特定の宗教を宣伝することも奨励しなかった。『地獄の顔』の粗筋を審査した検閲官は、キリスト教の宣伝をしないように、また司祭の服を見せたり、教会を舞台にしないようにと指示した。[68]

検閲官の宗教に対する態度は、ときとしてかなり神経を使ったものだった。『小判鮫』で、仏教の僧侶が若い女性を地下牢に閉じこめて誘惑しようとする場面は、一般的な道徳の観点から問題があるばかりでなく、その場面は〈宗教的聖域の侵害〉という理由で反対された。[69]《軍艦島》では、僧侶が飲酒している場面に削除の印がつけられた。[70]

また別の例では、検閲官の態度はさらに過敏なものであった。『ビルマの竪琴』の主人公は仏教の僧侶になったビルマの元日本兵であるが、検閲官は、収容所にいるかつての戦友たちに、僧の姿で現れた主人公が別れを告げる場面と、戦友たちが現地の老女に彼の後をつけるように頼む場面とを問題にした。[71]『酔いどれ天使』では、医師が「坊主より純粋な心」と言う台詞が、比喩で使われているにもかかわらず問題とされ、[72]削除されたようである。

非合理的な表現

ときに検閲官は、企画や脚本のなかのある箇所を、物理的・科学的理屈に合わないという理由で問題にすることがあった。このような表現は、危険思想とは関係ないものであるにもかかわらず、削除されたり変更させられた。

『颱風圏の女』（一九四八年、大庭秀雄監督）で、女が男を背負う場面が、〈このようなことは、不可能とはいえないまでも、この場面では間違った印象を与える〉として反対された。[73]『破れ太鼓』では、若い男女が夜、火の見櫓にのぼる場面が、そのような行為は一般に禁じられているはずであるとして問題にされた。脚本家の小林正樹と木下惠介監督は、その場面を見事にユーモア溢れる場面に変えた。櫓の番人が、梯子段をのぼろうとする恋人たちを見つけて、何をしているのかと尋ねる。「星があまりきれいだから……」と答える青年に、番人は仕方がないなと溜息をつく。「じゃあ、のぼってもいいんですね」と喜ぶ青年に、番人は「飛び降りないならね」と言う。（スカートをはいた）彼女を先頭に、いそいそと櫓にのぼろうとする青年を番人は止める。

「ちょっと待った。こういうときには男が先に行くものだ」。若い二人は順番を交代し、番人はその場を去る[74]。これは、日本の映画人が占領軍の検閲で課せられた枠を逆手に取って、独創性に満ちたやり方で映画をよりおもしろいものにしたよい例であろう。

CIEではまた、非科学的な表現に懸念した。もし映画のなかのある叙述に疑問が出てくると、CIEは逐一、総司令部の他の部署に問い合わせて、事実関係を確認した。一九五〇年、《青い花 ある堕胎医の告白》で描かれる、夫が結核のため、妊娠した妻が堕胎を考えている家族の問題に関して、CIEの問い合わせに答えて公衆衛生福祉局は、それは科学的には間違いはないと報告した[75]。また一九五〇年、子供向けアニメーション映画《蛸と大蛇》の審査をした日本映画製作者連盟は、非科学的な表現を見つけた。たとえば、蛸が墨を出し、鮫が貝を食べたあとに鱗から殻を出す場面がある。映連は子供に与える影響を考えて、これらの場面を訂正するように製作者に要請し、この件に関してCIEに報告した[76]。

【註――第六章】　反社会的行為、その他

(1)　国立国会図書館CIE書類、CIEの「映画評論家の日本映画民主化における役割」についての一九四八年七月九日付記録。
(2)　小松秀雄「連絡日誌」一九四六年十二月十六日の『許された一夜』（一九四六年、佐々木啓祐監督）についての記録。
(3)　国立国会図書館CIE書類、CIEの《哀しき美貌》の一九四九年三月二日に審査された脚本第一稿についてのコメント、『抱擁』（一九四八年、高木孝一監督）の粗筋についての一九四八年二月二十五日付コメント、『王将』の一九四八年七月二十六日に審査された脚本第三稿についてのコメント、《ろまん灯籠》の脚本についての一九四八年十二月三十一日付コメント。
(4)　佐藤忠男『お化け煙突の世界　映画監督五所平之助』（ノーベル書房、一九七七年）、二〇四頁。
(5)　国立記録センター、ボックス番号331－5290、CIEの当該映画に関するファイル、一九四七年十月三十日に審査された脚本第一稿。
(6)　小松秀雄「連絡日誌」一九四六年十二月十日。
(7)　国立国会図書館CIE書類、CIEの当該映画についての一九四八年七月十五日付コメント。
(8)　同上、CIEの当該映画についての一九四八年七月二十二日付コメント。
(9)　同上、CIEの当該映画についての一九四八年七月六日付コメント。
(10)　松竹映画製作本部渉外課「CIE映画課石川ジョージ氏のCIE映画課の任務に関する一般

的解説並びに最近の製作状況に対する所見並びに希望・勧告」（小松秀雄氏蔵）。

(11)　国立国会図書館CIE書類、CIEの『火の薔薇』の脚本についての一九四八年七月二十三日付コメント。

(12)　国立記録センター、ボックス番号331－5267、CIEの《烙印》に関するファイル、一九四九年五月十八日に審査された脚本第一稿。国立国会図書館CIE書類、CIEの『わが生涯のかゞやける日』の脚本第二稿についての一九四八年五月二十日付コメント。

(13)　同上、ボックス番号331－5290、CIEの当該映画に関するファイル。当時の評論家のなかにも、当該作品での黒澤のヤクザ批判が十分ではないとしているものが何人かいる。たとえば、「映画評論」（一九四八年六月号、二三頁）での今村三四夫の批評、「キネマ旬報」（一九四八年六月中旬号、二〇頁）での飯田心美の批評、同（一九四八年七月下旬号、一一頁）清水千代太の批評。

(14)　国立国会図書館CIE書類、CIEの《花の不夜城》の脚本についての一九四八年七月八日付コメント、《名無しの権平》の脚本についての一九四八年二月十四日付コメント、『四人目の淑女』の脚本についての一九四八年七月十五日付コメント。

(15)　同上、CIEの《愛と憎しみの戯れ》の粗筋についての一九四八年二月二十日付コメント、《ああ鐘が鳴る》についての一九四八年二月十九日付コメント、《ろまん灯籠》についての一九四八年十二月三十一日付コメント。

(16)　マキノ雅弘『映画渡世　地の巻』二二七、二三〇、二四四－二四五、二五一－二六五頁。マキノによれば、彼が使用していたのは、戦中に特攻隊隊員に突撃前に与えられた薬品と同じものだという。

(17) 国立記録センター、ボックス番号331-5296、CIEの当該映画に関するファイル、一九四九年八月十五日に審査された脚本。
(18) 小松秀雄「連絡日誌」一九四六年十月十日の当該映画についての記述。
(19) 前掲の当該映画の一九四八年五月二十日付の第二稿についてのCIEのコメント。
(20) 前掲の当該映画についてのCIEのコメント。
(21) 国立国会図書館CIE書類、CIEの当該映画についての一九四八年五月二十四日付コメント。
(22) 同上、CIEの当該映画についての一九四八年五月二十二日付コメント。
(23) 同上、CIEの当該映画の粗筋についての一九四八年六月十五日付コメント。
(24) 同上、CIEの当該映画の粗筋についての一九四八年七月八日付コメント。
(25) 同上、CIEの当該映画の脚本についての一九四八年七月十五日付コメント。
(26) 同上、CIEの当該映画の脚本についての一九四八年七月二十二日付コメント。
(27) 同上、CIEの当該映画の粗筋についての一九四八年一月三日付コメント。
(28) 同上、CIEの当該映画の第二稿についての一九四八年四月二十八日付コメント。
(29) 同上、CIEの当該映画の第二稿についての一九四八年七月六日付コメント。
(30) 同上、CIEの当該映画の粗筋についての一九四八年二月二十五日付コメント。
(31) 同上、CIEの当該映画の脚本についての一九四八年七月十六日付コメント。
(32) 同上、CIEの当該映画の粗筋についての一九四八年二月十七日付コメント。
(33) 同上、CIEの当該映画の粗筋についての一九四八年二月十四日付コメント。
(34) 前掲の当該映画の第二稿についてのCIEのコメント。

(35) 同上、CIEの当該映画の粗筋についての一九四八年一月二十六日付コメント。
(36) 前掲の当該映画の粗筋についてのCIEのコメント。
(37) 同上、CIEの当該映画の脚本についての一九四八年二月二十五日付コメント。
(38) 前掲の当該映画の粗筋についてのコメント。
(39) 同上、CIEの当該映画の粗筋についての一九四八年二月七日付コメント。
(40) 両作品とも同上。
(41) 同上、CIEの当該映画についての一九四八年一月三十一日付コメント。
(42) 同上、CIEの当該映画についての一九四八年七月九日付コメント。
(43) マキノ雅弘『映画渡世　地の巻』二三八頁。
(44) 国立国会図書館CIE書類、CIEの《哀しき美貌》の脚本についての一九四九年三月二日付コメント。国立記録センター、ボックス番号331－5267、CIEの《母と子》に関するファイル、一九四八年七月十六日に審査された脚本。
(45) 前掲の当該映画に関するファイル、CIEの粗筋についての一九四八年一月七日付コメント。
(46) 国立記録センター、ボックス番号331－5269、『月は上りぬ』（一九五五年、田中絹代監督）に関するファイル、一九四七年九月二十六日に審査された粗筋。なお、この脚本は同年十一月二十七日に数カ所の変更を指示されて検閲を通過しているが、一九五四年になるまで映画化されなかった。前掲《哀しき美貌》の脚本にも当該の例が見られる。
(47) 国立記録センター、ボックス番号331－5296、CIEの当該映画に関するファイル、一九五〇年二月十四日に審査された脚本。
(48) 前掲の当該映画の第二稿についてのCIEのコメント。

(49) Allyn, "Motion Picture and Theatrical Censorship in Japan", pp.20-21. 国立記録センター、ボックス番号331−8579、CCDの一九四八年の猥褻映画（検閲）に関するファイル。

(50) 国立国会図書館CIE書類、CIEの「国際ニュース五二号」についての一九五〇年三月十七日付コメント。

(51) 同上、当該映画についてのCIEの一九四八年一月十二日付コメント。

(52) 前掲の当該映画の第一稿についてのCIEのコメント。

(53) 国立記録センター、ボックス番号331−5291、ダリル・マクゴワンとスチュワート・マクゴワンによって監督された『東京ファイル212』に関するCIEのファイルにその例が見られる。

(54) 国立記録センター、ボックス番号331−5290、CIEの当該映画に関するファイル、一九四八年八月十八日に審査された脚本第一稿、および一九四九年三月二十九日に審査された第二稿。

(55) 前掲の当該映画に関するファイル。

(56) 国立国会図書館CIE書類、CIEの当該映画についての新東宝代表との一九五〇年三月三十一日付会議録。国立記録センター、ボックス番号331−5296、CIEの当該映画に関するファイル、一九五〇年四月に審査された脚本。

(57) 国立記録センター、ボックス番号331−5296、CIEの当該映画に関するファイル、一九四九年六月十四日に審査された粗筋。

(58) 国立国会図書館CIE書類、CIEの当該映画についての一九五一年三月二十六日と五月十五日付コメント。そのなかで、一九四八年にお吉の生涯の劇化の企画が提出されたときに、CI

E映画・演劇課は、その題材はかならずしも問題ではないが、より建設的な題材の劇に企画を変えるようにと、製作者に奨励したことが記録されている。

(59) 同上、CIEの当該映画についての一九四八年十二月二十八日付コメント。

(60) 前掲の当該映画に関するファイル、一九四八年七月二十四日に審査該された脚本第二稿。

(61) 国立記録センター、ボックス番号331-5290、CIEの当該映画に関するファイル、一九四八年八月二十五日に審査された第一稿。なお、この作品の題名は最初《燃ゆる孤島》で、それから《緑なき島》となり、最後に《軍艦島》と変えられた。

(62) 前掲の当該映画の脚本第一稿についてのCIEのコメント。

(63) 国立記録センター、ボックス番号331-8578、CCDの英国映画に関するファイル、一九四七年十二月二十三日付「毎日新聞」の広告についての一九四七年十二月二十六日および二十八日付プレス・映画・放送部門第一地区ニュース通信部門のメモ。この広告はよほど注意深く見なければ、最初の映画と二番目の映画の題名の文字の大きさが少し違うということはわからない。

(64) 前掲の当該映画の脚本についてのCIEのコメント。

(65) 国立記録センター、ボックス番号331-8579、CCDの映画に関するファイル、大映撮影所が、大阪の占領軍民事局の機能を描く映画の製作についての要請に関する、CCDからCIEへの一九四九年八月二日付メモ。なお、この作品が製作されたかどうかは不明である。

(66) 国立国会図書館CIE書類、CIEの「製作規程の解釈」に関する一九五〇年三月二十三日付記録。

(67) 同上、京都の大映撮影所で一九四八年七月二十日に提示された「日本の劇映画の向上のための倫理規程」、およびCIEの『一寸法師』（一九四八年、市川哲夫監督）に関する松竹代表との一九四八年六月二日付会議録。

(68) 前掲の当該映画についての小松の「連絡日誌」の一九四八年十月十日と十一月十三日の記述。
(69) 前掲の当該映画の脚本についてのCIEのコメント。
(70) 前掲の当該映画の脚本についてのCIEのコメント。
(71) 前掲の当該映画の脚本についてのCIEのコメント。
(72) 前掲の当該映画の第一稿についてのCIEのコメント。
(73) 同上、CIEの当該映画の脚本についての一九四八年七月二十一日付コメント。
(74) 前掲の当該映画の脚本第一稿および第二稿についてのCIEのコメント。
(75) 国立記録センター、ボックス番号331－5296、CIEの当該映画に関するファイル、一九四九年九月十七日に審査された脚本、および一九四九年十月十日の公衆衛生福祉局のメモ。
(76) 同上、ボックス番号331－5290、CIEの当該映画に関するファイル、一九四九年九月二十日にCIEによって審査された粗筋、一九四九年九月二十四日付の日本映画製作者連盟からCIEへの書簡、および一九四九年九月二十六日にCIEによって審査された脚本。映連が自主的にこの作品にCIEの注意を促したのか、それともCIEの援助を仰いだのかは不明である。記録この作品は『海魔陸を行く』（伊賀山正徳監督）と改題され、一九五〇年一月に完成した。記録映画の調査をしている須川治によれば、この映画が米国人の検閲官に大いに受け、試写のあいだじゅう大笑いをつづけた。「日本人はユーモアを解さないと思ったら、君たちも結構やるではないか」という誉め言葉をもらい、試写を見逃した職員のために追加の試写が総司令部でおこなわれたという（「キネマ旬報」一九八七年六月上旬号、「読者の手紙欄」一九〇頁）。

第七章　『暁の脱走』の場合

『暁の脱走』の脚本は、一九四八年九月にCIEに第一稿が提出されてから、一九五〇年一月に映画が公開されるまで、谷口千吉監督の手で数回書き直されている。筆者が調査した検閲書類のなかで、この映画ほど占領軍の検閲官によって書き直しが命じられている例はほかにない。メリーランド州スートランドの国立記録センターに保存されている日本映画に関する占領軍の検閲の記録のなかで、この映画の関係書類の量は群を抜いている。黄ばみかかったその脚本の数稿と、それに関する検閲側の書類は、二箱にわたって収められている。[1]

この映画の原作は、田村泰次郎が一九四七年五月に発表した人気小説『春婦伝』である。田村自身が七年間、一兵卒として中国大陸を転々とした体験にもとづいて、この作品では中国戦線の慰安婦春美と一兵卒三上との恋を描いている。[2]三上は戦いのあと中国側の捕虜になり、手厚く待遇されるが、生きて敵の捕虜となることは帝国日本軍が固く戒めていることであった。三上は日本軍に忠誠を尽くすつもりで味方のところへもどるが、春美に横恋慕していて冷たくされた上官の嫉妬により、敵前逃亡の罪で死刑を言いわたされる。三上と春美は意を決して中国の砂漠に逃亡したところを、上官の手で銃殺される。

この映画の製作者田中友幸は、この企画に対する助言と指導を仰ぎに、まずCIEを訪れた。田中は、この映画が「日本軍が中国で、日本の女性をどのように扱ったかを描くこと」を目的としていると説明した。検閲官は、売春婦と性は煽情的に扱われてはならず、戦争の原因についても映画のなかで描かれなければならないと指示した。(3)

田中が、日本軍の慰安婦について、占領軍の検閲官に〈日本の女性〉と説明したことは興味深い。田村の原作では、慰安婦たちが朝鮮半島の出身であることが明らかにされているし、田村によれば、中国戦線では、日本軍の将校や金持ちの商人には日本人の慰安婦、兵卒には朝鮮人か中国人の慰安婦というのが決まりであったという。田村は、こうした〈差別的〉制度に怒りを覚えながらも、こうした朝鮮や中国の女たちの〈愛情〉が日本兵の肉体と魂を支えたと、感謝の念を表している。(4)『暁の脱走』の原作が慰安婦の国籍を朝鮮としえたのは、文学に対する検閲ではとくに問題にされなかったということであろうが、映画化にあたって国籍をあえて朝鮮にしなかったのは、映画製作者の朝鮮に対する遠慮からの措置であるのかもしれない。

『暁の脱走』の初稿は谷口監督と、谷口の東宝での同僚で親友でもあった黒澤明とによる共同脚本というかたちを取り、一九四八年九月十一日にCIEに提出された。検閲の結果は〈不許可〉であった。主な問題は、この脚本の戦争と売春（売春か強制労働かについては諸説ある）についての表現であった。[5] 脚本の第二稿は同年十二月九日に審査され、ふたたび〈不許可、特別な指示があとから下される〉というものであった。別紙に記された検閲官のコメントでは、戦争と売春の題材がまたもや問題にされていた。

一九四八年十二月十七日付の在日中国代表部からの書簡が、この第二稿に添付されている。中国側は、この映画の製作に反対はしないが、脚本を数箇所変えるように要請した。〈支那〉を〈中国〉に、〈亜細亜の鬼を破壊せよ〉という中国人のスローガンを〈日本軍閥を破壊せよ〉に、〈討伐から帰った〉という日本兵の台詞を〈作戦から帰った〉に変更するようにというものである。これらの表現は、中国にとって侮蔑的なものであったと考えられる。

第三稿は、同年十二月三十日に審査され、谷口監督の演出意図が添付されている。それによれば、この脚本で「日本の一兵士が、最後まで忠実な軍人であったにも拘はらず、如何に残虐な殺され方をしなければならなかったか、そして一人の賤しい女がその兵隊にかけた愛情が、日本軍隊がその兵隊に酬ひた愛情よりも、貧しいがしかしいかに羨ましいものであったかを、対比的に描いて行きたい。そして日本の遅れた人達——過去の軍国主義のそこはかとないノスタルヂャを抱いている無批判な人びとに、わづかの反省の資ともなれば幸甚と考へる」と述べている。そして谷口はつぎのようにつづける。

(1) 主人公の女性を以って徒らに煽情的な醜業婦として描くことはこの作品の目的から逸脱する。当時こうした日本軍の身辺にはこういふ女性以外に存在しなかったことと、一兵卒といふ最低の男性と、春美といふ最低の女性とが織りなす、打算も見栄もない赤裸々な哀恋の姿を描くために、作者はこの最低の両者をもってきた。われわれの恋愛にはつねに多かれ少なかれ打算が随伴する。そしてこの打算が、いかに人間本来の望ましい感情を濁らせてしまふかをわれわれは悲しくこの眼で見ている。打算なき恋、命までも賭けた凄烈な恋の姿を描きたい。

(2) 日本軍隊を画面に出すことそれ自体が、危険な逆効果を与へはせぬかといふ警告が私に集まっている。

これに対して私は私の作り上げた画を見てくれと云ふ他はない。

一例に就いていふなら、トップシーンの日本軍が作戦から帰って来る所にしても、私は観客が嘗っての日本軍の姿に憧れを感ずるようには絶対に演出しない。なぜならそう感ぜしめることは、この映画の目的とは完全に反することであり、失敗であるからだ。

(3) 主人公の三上上等兵は、観客の最も遅れた人よりもさらに遅れた、無批判な人間である。観客の最も遅れた人さへもが、この映画を見ていて『馬鹿！　三上の馬鹿！　そこまでいじめられてなぜ言ひたいこと云はんのだッ』と叫んで貰ひたい。最后までこれほど忠実だった一人の兵隊が、こんな最后を遂げなければならなかったとは考へない。

私はこの一篇を世に出すべく全力をささげて執拗な努力をつづける。

貴下の諒解が得られるまで。

この第三稿では映画作家側のさまざまな努力の跡が見られる。たとえば、討伐から帰った日本軍の兵士の場面では、実際の戦闘の場面を見せるよりも、兵士の〈疲労困憊〉が強調されている。軍付属の慰安所〈日の出館〉が〈酒場〉に変えられている。そして、慰安婦の目からみた戦争批判という重要な視点が加えられている。慰安婦たちの顔に〈女たちは、日本がこの大陸で何をしようとしているのか、日本がどんなよいことをしているのかわからなかった〉〈女たちはわからなかった。こんなに多くの若者が、一握りの者たちの命令で人を殺し殺されることで、いかなる幸福がもたらされるのかを〉という字幕を被せている。しかし、このような努力を払っても検閲官にとってはまだ不十分なものであり、この作品は反戦というよりも、煽情的な慰安婦を描くものであると判断し、脚本の書き直しを命じるとともに、この件に関してＣＣＤと相談することを決めた。

一九四九年一月三十一日に審査された第四稿では、共同脚本者黒澤明の名前が消えている。脚本の最初に、この映画は今日の平和と自由の日本の繁栄を知ることなく、大陸での侵略と戦争の犠牲になった数多くの戦友の魂に捧げるささやかな作品である、と字幕で提唱している。また、最後に上官の銃弾に倒れた三上の死を〈一九四五年六月七日、戦闘での負傷により〉とした軍医の死亡報告書をもってくることで、不都合なことをもみ消そうとする日本軍の邪悪なやり方に対する批判を強めている。このような谷口の努力も、検閲官を満足させるにはいたらなかった。検閲官は、反戦映画で慰安婦を扱うことを〈東洋の考え方〉とした。映画の意図は認めるものの、登場人物はまだ〈ありきたり〉であり、戦争の残酷さに個人が苦しむという表現が、前向きの態度ではないと批判した。

慰安婦が、自分は最初は中国に赤十字の看護婦としてきたと述べる場面と、彼女と三上が〈情を交わした〉と軍医が報告しているところが、検閲で問題になった。同年二月五日にＣＩＥは、〈慰安婦〉を扱う場面は〈煽情を増すばかりであり〉、〈反戦という主題から離れていく〉結果になるため、全面的に物語を変更するか、慰安婦の場面を削除するようにと命じた。谷口は、〈帝国戦争に苦しめられた女たち〉としての慰安婦を描くことで、反戦の感情をひじょうに高めることになると主張したものの、受け入れられず、谷口は再考を約した。

第五稿はこのファイルにはない。第六稿は、一九四九年五月十三日に審査されている。この稿で、主役の女性の名前が〈春美〉から〈蘭子〉に変えられている。慰安婦たちと将校たちとの会話の場面が煽情的であると検閲で指摘されている。また、蘭子が三上の指を嚙んで血の誓いをする場面が、〈野蛮〉と検閲官に指摘されている。蘭子が壁に掛かった孫文の写真を三上の母に見立てて挨拶する場面が、〈政治的に敬意を欠く〉とされている。全体的にこの作品はまだ煽情的であると検閲官は考えた。たとえば、最後に銃殺される三上が瀕死の吐息で「お母さん…これが…僕の…妻の…蘭子…です…」と言う場面が、〈センチメンタルな男女の恋愛のテーマである〉とされた。

罪のない者が殺戮されることや破壊的戦争に対する批判が、この作品の製作を許可するに値するほど鋭く提起されていない、というのが検閲の判断であった。検閲官は、〈日本人は、自分たちの軍隊の悪を、なぜ（この映画で）説明されなければならないのか〉と疑問をはさんだ。また日本の降伏が、映画の最後に出てこないのはなぜかといぶかった。同年五月十七日付の「部署間メモ」でハリー・スロットは、民間諜報局の映画演劇部に、この作品は〈多大の煽情的場面を含み、性でアクセントをつけられた反戦映画として企画されたようである〉と報告している。スロットはまた、〈このような作品が舞台では許可されている〉ことに異議を唱えているが、CIEの映画以外の部署（演劇班）で、同様の作品が許可されていることに対する彼の不満がうかがえる。

一九四九年六月六日に審査された第七稿では、主人公の女性の名前が春美にもどされているが、彼女の職業は軍の慰問歌手に変えられている。孫文の写真の場面が削除され、三上の死亡月日がさらに敗戦近くの一九四五年七月六日にされている。ふたたび検閲官はこの作品に対する不満を述べたが、今度はとくに、この作品が積極的な反戦よりも、消極的に戦争を憎む感情を表現しているにすぎないという理由であった。三上を日本軍の犠牲になった罪のない者として描くことでは不十分であったのだ。検閲官は、中国の人びとも日本軍の犠牲になったことを描くことで、日本兵の魂を慰めるのと同様に中国人の犠牲者を慰めることになると提唱した。

最終稿（審査の年月日不明）では、映画の最後に三上が怒りをこめて日本を罵り、カメラが三上と春美を撃った兵士のいる砦の門を写しだす。三上の死亡月日はさらに敗戦に近くなり、一九四五年八月九日となり、彼の死の無意味さを強調している。

この映画製作にかかわった多くの者が、中国との戦争にかかわっている。原作者田村は中国戦線での一兵卒として、〈眠ること、食べること、戦うこと〉のみで成りたつ生活を体験することで〈肉体〉で感じられることが人生の基本であると認識するにいたる。一九四六年に中国から復員した田村は「肉体派」文学を提唱し、占領下の日本で初めて認められた性的欲望の表現の自由を謳歌する。田村の性的表現は、つぎのような彼の哲学から来ている。

私は思想というものを、自分の肉体だと考えている。自分の肉体そのもの以外に、どこにも思想というものはないと思っている。従って、私は自分の肉体性が、まだ十分作品行動として具現化されていないということで、私の小説はまだ十分に思想的でないとは自覚しているが、まったく「思想がない」とは考えていない。私は自分の肉体をどこまでも追求することで、思想を探究することが出来ると思っている。いや、自分の肉体を考えずに思想というものの存立さえも私には考えられない。

私はこの戦争の期間を通じて、肉体を忘れた「思想」が、正常の軌道を踏みはずしたような民族の動きに対してなんの抑制も、抵抗もなし得なかったのを見た。また長い野戦の生活で、私はもっともらしい「思想」や、えらそうな「思想」をかかげている日本人が、獣になるのを体験した。私もその獣の一匹であった。私は戦場で、幾度日本民族の「思想」の無力さに悲憤の涙にかきくれながら、日本人であることの宿命をなげいたことであろう。私は、既成の「思想」なるものが、私たちの肉体となんのつながりもなく、そしてまた、私たちの肉体の生理に対して、なんの権威もないものであることを、いやというほど知らされた。復員してからも同じことだ。これまでの「思想」が、今日のこのヤミと、強盗と、売春と、飢餓の日本を、すこしでもよくしたろうか。ところが、既成の「思想」は相変らず旧態依然たるお説教と、脅《おど》かしとを、私たちの前にくりひろげているだけである。けれども、もはや私たちは誰も「思想」を信じない(6)。

この田村の哲学がこの映画を通じて伝えられているかいないかは別として、田村の唱える肉体賛歌、ひいてはそこから派生するエロチシズムの提唱は、この映画の商業的成功につながったと思われる。人気スター山口淑子と池部良の起用も、商業的成功に寄与したのであろう。

満州在の日本人の両親のあいだに生まれた山口淑子は、中国語に堪能で、満州映画協会に〈日本語の上手な中国人女優、李香蘭〉として宣伝されて一九三八年にデビューした。日本での彼女の人気は沸騰し、『支那の夜』(一九四〇年、伏水修監督)のような〈日中友好映画〉で、善意に溢れて大陸に渡ってきた日本人男性に最初は反発しながら、自分、そして日本に敵意をもつ中国の間違いを悟り、その日本人男性と恋に

『暁の脱走』（1950© TOHO CO., LTD　谷口千吉監督）の池部良（左）と山口淑子。中国戦線での慰安婦と一兵卒の恋を描き、反戦反軍映画の代表作といわれたが、この作品ほど占領軍の検閲官によって書き直しが命じられた例はほかにない。

陥り、日本の大陸政策に協力するという中国女性の役をつぎつぎに演じた。戦後日本の敗戦とともに、祖国を裏切った中国人として中国側に処刑されるのを危うく逃れ、日本人山口淑子として一九四六年日本にもどった彼女は、歌手としてその年日本の舞台に、映画女優としては一九四八年に『わが生涯のかゞやける日』で復帰した[7]。

池部は知的なムードの男優として人気があり、一九四一年映画俳優としてデビューした。翌年、将校として中国戦線に赴き、一九四六年南太平洋から日本に復員、一九四七年映画界に復帰している[8]。

谷口千吉監督は、中国で捕虜としての体験をしている。父は英国グラスゴー大学に留学したのち、日本で最初の工学博士の一人となったという、東京のインテリ家庭に一九一二年に生まれた谷口は、早稲田大学で英文学を専攻するかたわら、演劇活動に熱中した。一九三〇年、政府による学生運動の弾圧がはじまり大学を中退、東宝の前身のPCL撮影所に一九三三年に入り、山本嘉次郎や島津保次郎の助監督をつとめる。一九四三年徴兵されるが、英語ができたことでしばしば連合軍捕虜の尋問を受け持たされた。一九四七年中国から復員し、東宝に復職、同年監督に昇格した。(9)

一九八六年の筆者のインタビューで谷口監督は、『暁の脱走』が占領軍の検閲で問題になったのは主に二つの理由からだと思う、と述べた。第一に、この企画は東宝から出されたが、東宝は労働運動の盛んな撮影所で、度重なる組合のストライキにより〈アカの巣窟〉と見られていたためという（この企画が提出されたあとに東宝が第三次ストに突入したため、この企画は新東宝が受け継いだ）。第二に、東宝撮影所が日本軍の使用していた機関銃を小道具として使う許可を占領軍に求めたことによるという。占領軍が許可を与えたあと、映画製作者たちは日本軍から没収された銃器が保管されていた東京の和光の五階に出向いた。占領軍は、機関銃の使用を監督するために、四人の将校を派遣した。日本側のスタッフは、本物の銃を見てすっかり震えあがったので、谷口監督は弾丸の入っていない銃など〈カカシのようなもので〉恐れるに当たらないと、スタッフを叱咤激励しなければならなかったという。(10)

この作品で谷口監督は、日本軍がいかに兵士の人間性と恋愛の自由を否定したかを描きたかったと述べた。また、彼自身が日本の軍隊を体験したことにより、一人の善良な男が利己主義な将校のために、いかに苦しまなければならなかったかを描きたかったのだという。谷口はこのような怒りを脚本にこめた。しかし、占領軍の検閲官の意見を聞いて、自分の怒りはいくらかは静まったと思うと、谷口は回顧する。検閲官スロットが〈戦争と娼婦があれば、どのような映画でも観客を呼ぶことができる。それに頼って映画を作ろうとするのは、作家としての誠意を問われるのではないか〉と疑問を挟んだことに対し、谷口はなるほど筋が通っていると思ったという。谷口はまた、スロットが映画の劇的構成を理解したうえで改変の箇所を指摘したことにも感心した。映画完成の三十六年後に、谷口監督はこの作品を顧みて、確かに日本の軍隊によって日本兵がいかに苦しめられたかは描かれているものの、実際には日本軍によってはるかに苦難をしいられた中国の人びとに対する懸念が描かれていないのは事実である、と認めた。いずれにせよ谷口は、占領軍の検閲よりも、戦争中の日本政府による検閲に対する不満や怒りのほうがはるかに強かったようであった(11)。

『暁の脱走』は一九五〇年一月の第二週に封切られた。ＣＩＥのファイルにはいくつかの好意的な映画評の切り抜きが残されている。一月十二日の「時事通信」は、日本軍の階級制度がよく描かれているものの、原作の慰安婦を映画では歌手に変えたことで、彼女の情熱の表現が弱まっているとした。また、この映画が死者の魂を慰めることになるのかは疑問であるとした。一月十一日の「赤旗」は、この作品はこれまで新東宝で作られたもののなかでは最良のものであると評価した。

『暁の脱走』は、「キネマ旬報」の批評家による一九五〇年度の日本映画のベスト・テンの第三位に選ばれた。その劇的な盛りあがりと、日本軍の悪をさらけ出したことが賞賛された。また、香港および東南アジアに輸出された、戦後最初の日本映画になった。[12] しかし、当時の映画雑誌を見ると、この作品は賞賛された一方で、多くの批判があったこともわかる。

映画評論家清水晶は、日本映画はじまって以来というオープン・セットと空前の製作費を誇るこの作品のスケールの大きさを紹介したあと、評論家の大熊信行が、反戦のテーマが危険なほどありきたりのもので、政治的方向が変わればそれに流されていく戦後日本の風潮に対する警告を発したことに言及している。大熊信行は、三上の台詞が戦後日本の新しい価値体系を反映しているものの、より深い三上の性格づけがうかがえないとしている。[13]

清水自身も、この作品の設定と脚本のいくつかの問題点を指摘している。清水は、春美が原作の慰安婦から歌手に変えられたのは、映倫からの圧力によるものか、あるいは春美を演じた山口淑子の要請によるものであろうと推測している。[14] そして、中国奥地に長いあいだ駐屯している日本軍を慰問している女性歌手という設定が、いかにも不自然であるという。三上を誘惑する春美は、清水にとって〈きわめて日本ばなれした、バタ臭いもの〉で、J・F・スタンバーグ監督の『モロッコ』（一九三〇年）のマレーネ・ディートリッヒを感じさせるものであった。三上のナイーブさも常軌を逸したもので、不自然極まる設定である、と清水は指摘している。演出でも不自然な箇所があり、たとえば兵士たちの乱痴気騒ぎが途中で急に静かになり、ひとしきり理屈めいた言葉のやりとりがあってから、また乱痴気にもどるあたりの〈機械的ギゴチなさ〉等があげられている。清水は、この作品は野心的に反戦テーマを扱い、技術的に優れた映画でありながら、〈核心の人間観照を抜きにした〉ものであると結論づけている。(15)

しかし『暁の脱走』は商業的にもヒットし、反戦のテーマと男女の熱情を描いた〈傑作〉の一つとしての地位を日本映画史のなかで占めたのである。

【註――第七章】『暁の脱走』の場合

(1)　国立記録センター、ボックス番号331‐5291、および331‐5292。以下、この作品に関する資料は、特記がないかぎりすべて、このなかの文献である。

(2)　『春婦伝』は鈴木清順監督により、一九六四年に同名で映画化された（公開は翌年）。

(3)　国立記録センター、ボックス番号331‐5291、CIEの当該映画についての年月日不明のメモ。

(4)　田村泰次郎傑作選『肉体の門』（ちくま文庫、一九八八年）に収められた曽根博義「解説　娼婦的肉眼」二四〇‐二四二頁。日本軍占領下のインドネシアでは、白人の植民者オランダ人の若い女性が日本軍将校用に強制的に慰安婦として連行されたという証言（一九九四年のドキュメンタリー『Fifty Years Silence』他）も、日本軍の性に対する階級意識を示している。

(5)　国立記録センター、ボックス番号221‐5292、製作者とCIEの検閲官との一九四八年九月十七日付の討論要旨。

(6)　『肉体の門』に収められた田村泰次郎「肉体が人間である」（一九四七年）、二二〇‐二二一頁。

(7)　山口淑子の尋常ではない人生はここで終わらない。彼女は一九五〇年ハリウッドを訪れ、翌年彫刻家イサム・ノグチと結婚し、シャーリー・ヤマグチの芸名でハリウッド映画に出演、ノグチと離婚後一九五七年日本の外交官と再婚する。その後、テレビの人気キャスターとなり、中近東問題等を果敢に取材、一九七三年には自民党から出馬して参議院議員となり、本名大鷹淑子として活躍をつづけた彼女の人生は『李香蘭』としてミュージカル化もされた。山口淑子・藤原作弥『李香蘭　私の半生』（新潮社、一九八七年）も参照のこと。

(8)　『日本映画俳優全集　男優編』（キネマ旬報社、一九七九年）、三四－三五頁。

(9)　『日本映画監督全集』二五四－二五五頁、および谷口千吉への筆者によるインタビュー（一九八六年二月二十七日、東京）。谷口監督によれば、自分が高い地位から捕虜の尋問をしたときには、捕虜の英語はよくわかったが、反対に戦後自分が捕虜という低い地位で連合軍兵士の尋問を受けたときには、さっぱり英語がわからなかったという。

(10)　前掲、谷口インタビュー。足立和「プロデューサー群雄伝・9」（「キネマ旬報」一九八八年九月上旬号、一三一－一三二頁）。国立記録センターの当該映画のファイルには、機関銃の使用に関する総司令部の書類はない。しかし、ボックス番号331－5298には、『きけわだつみの声』（一九五〇年、関川秀雄監督）の撮影で、「重装備機関銃と銃弾を貸与する」許可をCIEに求める一九五〇年五月四日付の願い書がある。その審査が同日実施され、CIEはその許可を出したが、ハリー・スロットは〈現在、機関銃の確保は困難であると東横映画に説明された〉と記している。

(11)　前掲、谷口インタビュー。谷口は『暁の脱走』の製作が困難であったという記憶はとくにないようであった。同上の足立が引用している製作者田中友幸の記憶でも、特別に検閲で困難な体験をしたという記述はない。このなかで田中は、最初この映画が軍国主義を奨励するということで、検閲官は脚本を通さなかったが、田中が、むしろこれは軍国主義を批判した反戦映画であると説明すると、検閲官は予想外に簡単に脚本を許可したとしている（足立、一三二頁）。

(12)　一九五一年一月二十四日の「朝日新聞」によると、『暁の脱走』の権利が香港の配給業者に売れ、同年八月十九日の「朝日新聞」は、この映画の香港での封切りでは好評を博したと報じている。

⒀　「映画評論」一九五〇年四月号の清水晶のこの映画についての評に引用されたのは、「映画春秋」一九五〇年一月号の大熊信行のこの映画の評、一七－二一頁。

⒁　『日本史上ベスト200シリーズ　日本映画』（キネマ旬報社、一九八二年）の『暁の脱走』の項（一七八－一七九頁）を書いた佐藤忠男も、女主人公を慰安婦から歌手に変えたのは、「この役の純情なタイプの歌手として人気のあった山口淑子を起用するという配役上の配慮があってのことと考えられる」としている。検閲の圧力のほかに、確かにこのような要因が働いての決定かもしれない。

⒂　清水晶、前掲註⒀の評論。

第八章　日本の映画人の反応

占領軍の時代劇禁止令で最も打撃を受けたのは、時代劇を専門としてきた大映であった。打開策として、大映は時代劇スターを現代劇に使うようになった。一八六〇年代の明治維新のころを舞台に、時代劇スターの片岡千恵蔵と月形龍之介を起用した『明治の兄弟』（一九四六年、松田定次監督）は、興行的にも批評の面でも特筆すべきものはなかったが、一九四七年に大映がはじめた『多羅尾伴内』シリーズはヒット作となった。これは、片岡にいままで銀幕上で着せたことのない背広を着せ、刀の代わりに銃をもたせた探偵物であった。(1)

戦前の日本政府による検閲下、映画作家たちはしばしば同時代に対する批判を時代劇の設定のもとに試み、検閲では、これは時代劇であるので現代の批判ではないという言い逃れをしてきた。(2) しかし、占領軍はそのような言い逃れを認めなかった。

時代劇作家が用いた戦略は、伝統的なテーマを別の視点から扱うことであった。たとえば江戸時代に将軍の落とし胤と偽った僧天一坊と山内伊賀之亮が謀反をおこした史実は、歌舞伎や講談に取り入れられ、何度も映画化されていた物語だが、伊藤大輔監督はこれを『素浪人罷り通る』として一九四六年に映画化することを占領軍に許可されている（一九四七年公開）。この伊藤の作品では、チャンバラの場面よりも、この二人の登場人物のあいだの人間関係に焦点を当て、天一坊が偽者ではなかったという仮定に立っている。

吉村公三郎監督と脚本家新藤兼人は、江戸時代の伝説的任俠、森の石松を、ヤクザの虚栄や忠義心に対する風刺喜劇として『森の石松』（一九四九年）で映画化した。この作品で石松は英雄というにはほど遠く、チャンバラの場面は喜劇として演出された。この映画は批評家からは受けがよく、「キネマ旬報」のベスト・テンで九位に選出されたものの、興行的には失敗であった。松竹撮影所長の城戸四郎は、吉村のような監督たちは、大衆の好みを無視して新しい解釈をもちこみ、古典の伝統的な価値観を曲げていると不満を述べている(3)。

大映が江戸時代の任俠物『国定忠治』（一九四六年、松田定次監督）の映画化の許可を一九四六年占領軍に求めたとき、検閲官はこの企画を認めないかもしれないという恐れを製作者は抱いていた。しかし、忠治は大衆の英雄であり、正義のために戦ったということを脚本家の小川正が強調することで、この作品の製作は許可された。この時代劇スターの阪東妻三郎にとって立ちまわりのない場面を演じる最初の映画は時代劇映画となった[4]。この作品について、総司令部の記録では、〈賭事師が身の振り方を改め、領主に搾取されている百姓が立ち上がるのを助けるという時代劇〉と定義されている[5]。

『歌麿をめぐる五人の女』の製作にあたり、溝口健二監督は総司令部に出向き、この映画の製作許可を得るために熱弁をふるった。歌麿は大衆に愛された芸術家であり、民主主義のために戦った先駆者でもある文化人なのだと、考えうるあらゆる理由を並べたのである。とうとう検閲官は、溝口が現代の女性解放の映画を製作するという交換条件で、この時代劇の製作許可を与えるとした[6]。溝口による歌麿の性格づけは、原作者の邦枝完二を戸惑わせた。邦枝は、歌麿がエロチシズムの追求を通して人間の解放をめざすことをテーマとしていたのである。脚本を担当した依田義賢は、原作者と監督の違いをできるだけすり合わせようと努めたが、結局意図に相違してまとまりがつかず、芸術的に中途半端なものになった、と述べている[7]。

ときには、日本の映画人は検閲官と論議して、筋を通すことができた。一九四六年に時代劇『お夏清十郎』（一九四六年、木村恵吾監督）の企画が提出されたとき、検閲官コンデは、これは江戸時代の近松門左衛門原作の、封建主義にもとづく作品であるので許可できないとした。コンデは、この物語を現代に置き換えるように示唆した。

大映の重役たちは、それまでに同様の論議を聞かされてきていたのでうんざりして、この企画をあきらめようとしたが、脚本家の八尋不二は、意を決してコンデに抗議文を書いた。近松は軍国主義者ではなく、この作品は純粋にお夏と清十郎の恋愛を扱ったものである。あなた（コンデ）の国で、シェイクスピアが封建的であると文句を言う者はいないだろう。だとしたら、この映画のどこが問題なのであるか、というものである。八尋を総司令部に呼んで、同じ論議を直接聞いたあと、コンデはこの時代劇の製作を許可した[8]。総司令部の記録では、この作品は〈両親の勧める相手ではなく、自ら選んだ男と結婚する女性についての話であり〉、そのテーマは〈結婚の自由〉としている。こうして、この時代劇は〈民主的作品〉として許可されたのである[9]。

一九四九年六月、占領軍からも日本政府からも独立した、日本映画界の自主的な検閲機構として映画倫理規程管理委員会（映倫）が設立された。映画製作の事前検閲の機能を果たすことになった映倫は、検閲で問題になるかもしれない企画を占領軍の検閲官に進言した。CCDの検閲は、この時点で基本的にはその役目を終えたのだが、CIEはこの後も事前検閲の段階で、粗筋や脚本に異議を差し挟む例があった。

一九四九年十一月、日本映画製作者連盟の理事会は、時代劇映画製作数の上限を決めた。松竹、東宝、大映、新東宝、東映はそれぞれ、以後年間十二本を上限として配給することにした。しかし、一カ月に二本以上の時代劇を配給してはならず、もし二本以上配給した場合、翌月は一本も配給できないことになった。この時代劇の製作本数は、全映画製作数の約四分の一に相当した。一九五〇年のあいだ、この上限は各社によって守られた(10)。

映倫が禁止を提唱した封建主義、軍国主義、国家主義は、戦争に貢献したこれらの思想を排除したいというのがその理由であり、またその道徳的基準は、米国の映画製作倫理規程を規範にしたものであった。しかし、映倫が提唱した、結婚制度にもとづく適切な家族観と生活態度というのは、敗戦直後の日本の疲弊した経済社会状況のなかで守っていくのが困難と思えるものもあった。

そのような現実離れした理想主義が提唱されていても、日本の映画人は映倫を設立するのに寄与した米国人検閲官の努力に感謝の念を抱いた。長年の日本政府の統制から自由になった日本の映画界は、自らの代表や学識経験者から成る、自主規制機構としての映倫を獲得したのである。自主的な機構の設立は、日本の映画界にとって新しい試みではあったが、映画人たちは自らの手で、映画製作に対する考えを育て、方向性を求めていく重要さを認識していた(11)。映倫が独立機関として判断を下すという性格上、その後しばしば映倫はとくに猥褻の表現の解釈をめぐり、政府や警察と対立することになる。

占領軍の検閲による規制に対して、日本の映画人は一般に、検閲官に反対しても埒《らち》があかないと思っている場合が多かった。屋外の映画撮影は、好天になるのを待たなければ撮影がはじめられないことから、映画人のあいだでは「天気待ち」と言われたが、それにひっかけて、企画が占領軍の検閲を通るのを待つことを「占領軍待ち」と言った。占領軍の検閲は、人間の意志ではどうにもならない自然現象のように、半ばあきらめの心境で形容されたのである。

しかし日本の映画人は、占領軍の検閲の対象となったばかりでなく、不可避的に検閲政策の方向を決め、実施する側に参加することにもなった。この〈参加〉の頻度や程度は、戦前戦中の日本政府の検閲の場合よりもはるかに大きなものであった。それは占領軍の検閲官が、日本政府の検閲官よりも、映画人の意見や反応を重視したからである。たとえばかつての日本政府の検閲官が、占領軍検閲官のように、『暁の脱走』を七回も書き直させ、そのたびに丁寧に検討し直すという忍耐力、包容力をもっていたかどうかは疑問である。[12]

ほとんどの日本の映画人が、占領軍の検閲は、戦前戦中の日本政府の検閲よりもましであったと結論づけている。黒澤明は自伝のなかで、戦中の日本の検閲官は、〈時の権力に飼い馴らされ〉、芸術の創造に対する敬意がまったくないばかりか、そろいもそろって〈被害妄想、加虐性、嗜虐性、色情狂的な性向の持ち主〉であったと怒りをぶつけている。それに比較して占領軍の検閲官は、理解をもって黒澤の説明に耳を傾け、一方的に意見を押しつけることはなく、黒澤を感激させた。「勿論、アメリカの検閲官のすべてが、このような人ばかりではなかったが、みんな、私達とは紳士的に応待し、日本の検閲官のように、私達を犯人扱いする者は一人もいなかった」と記している。⒀

多くの日本の映画人が黒澤と同様に、占領軍の検閲官が〈紳士的〉であったと述べている。しかし一方で、検閲官は官僚主義的に規則を盾に取り、恣意的で、基本的に日本文化に対する理解に欠け、ときには滑稽な解釈を下しても平気であったとも述べている。このような傾向は、日米双方が相手の意図や性格がわからずに兢々としていた占領初期にはとくに見られた。

脚本家植草圭之助は戦後すぐに、ニコライ・ゴーゴリの『検察官』をもとにした風刺劇を書いて、東宝に提出した。しかし植草が、江戸時代の実在人物で、映画や講談で人気の水戸黄門を登場人物にしたため、検閲官はその企画を許可しなかった。占領軍にとって黄門は、封建主義の象徴であり、黄門を使った企画は許されなかった、と植草は言う。⒁

山本嘉次郎監督が、戦中に書かれた小説を映画化しようとしたとき、検閲官は、原作が戦中に書かれたものであることを理由に許可を与えなかった。山本がこれは反戦小説として、戦中の検閲で発禁になったものであると説明しても、占領軍の検閲官は意見を変えなかった[15]。これらは、その題材がいかに解釈されようが、映画人によって批判的に使われようが、検閲官はしばしばそれが禁止リストにあるというだけで許可を与えず、機械的に禁止したよい例であろう。

新藤兼人は、占領軍の検閲官が日本独特の習慣や状況を理解していなかった例をあげている。一九四六年に新藤は、マキノ正博監督のために『待ちぼうけの女』の脚本を書いたとき、検閲官のコンデが、旅館の主人を否定的な人物に変えるようにと言った。コンデによれば、〈ボス〉となる人物は、使用人を搾取するという点で〈反民主的〉であり、それゆえ悪い人物として描かれなければならないのであった。驚いた新藤は、日本では小さなソバ屋などでは、主人自ら使用人と同じ仕事をしなければならないし、一枚岩的にそのような性格づけはできないと抗議し、最終的には新藤の言い分がほとんどそのままのかたちで通ったものの、コンデはその脚本には不満であった[16]。

日米間に生じた誤解の多くは、日本の映画会社によって準備された不完全な英訳による粗筋や脚本や、あるいは米国側の日本文化や習慣に対する理解不足によるものであろう。日本の映画人は、できるだけ米国人の検閲官の理解を深める努力をした。日本の撮影所が作成した、総司令部との連絡係向けの手引書では、適切な翻訳の重要性を強調し、米国人の検閲官にとって理解困難と思われる日本独特の習慣に関しては、さらに詳細な説明を加えるようにと勧めている[17]。米国の日本占領についての研究者ロバート・E・ワードは、日本の降伏以前に構想された日本占領の準備は、少数の傑出した日本専門家である米国人の手によってなされたが、実際の占領政策の日本での運営は、日本についての予備知識がまったくないか、あってもわずかでしかない米国人によってなされた事実を指摘している。そしてワードは、そうした日本の文化に精通していない者が政策を実施したことが、かえって大胆で革新的な政策をとる結果となり、これが日本文化を知っている者の手でなされたとしたら、遠慮や細心さが働き、かえって成果が上がらなかったであろうとしている[18]。

日本の映画人は、占領軍の通訳をつとめた日系二世の米国人たちが、日本の現代の言葉や細かいニュアンスがわからず、それが障害になったと不満を述べている[19]。しかし、これに対してCIEの放送班にいたフランク・ババ（日系二世としてカリフォルニアに生まれ、小学校卒業まで日本ですごした）は、日本人が占領軍の指令を避けようとしたときに、このような言い訳がよく使われたと論じている[20]。

占領軍に属し、白人の上司のもとにいた日系二世の検閲官は、占領軍の指示に不満を抱きながらもそれに従わざるを得なかった日本側とのあいだに挟まれ、日本人の憎悪と不満の対象にされた。日本側は、日系二世の検閲官は権力を笠に着て日本人を支配した、と言う[21]。CCDの検閲官をつとめたジョン・アリンは、日系二世の職員のあいだには、日本軍の真珠湾攻撃後、自分や家族が米国でおこった反日運動の犠牲にな

ったことから、日本にとくに敵意をもつ者もいたとしている。(22)

一九四七年三月のある日、占領軍憲兵から、日本の映画会社の重役と総司令部との連絡係に対して、総司令部の犯罪捜査課に出頭するように指令がきた。出頭した者は総勢五十〜六十人で、映画関係者のほか、映画人が占領軍の検閲官の接待に使う料亭の経営者、使用人、なかには芸者まで呼ばれていた。ＣＩＥの二世の検閲官クリフォード・トシオ・コンノ中尉が、日本の映画会社から贈賄を受けた疑いで起訴されたのである。数日後、コンノは有罪にはならなかったものの、不名誉除隊となった。(23)

ＣＣＤの書類によれば、ＣＩＥの二世の職員がかかわった最初の贈収賄事件は、一九四六年十月と報告されている。そのメモによれば、ある〈ずる賢い〉日本の映画人が、〈米国生まれの日本人であるＣＩＥの検閲官〉に取り入り、〈本人と彼が代表する映画会社の決定的な利益〉を取り計らってもらっているとしている。その結果、対敵諜報部、ＣＣＤ、ＣＩＥの代表がこの問題に対処するための会議をもった。(24)捜査のためにＣＣＤとＣＩＥは、映画検閲にかかわる二世職員全員の名前を民間情報局に提出した。(25)この一件がコンノ事件であるのかもしれない。一九四六年十一月、ＣＣＤのＷ・Ｍ（ウォルター・ミハタ）のメモでも、日本の映画会社とＣＩＥのコンノ中尉との贈収賄の疑いについて報じている。(26)

コンノ事件は、買収を目的に総司令部の検閲官を定期的に現金、宴会、女でもてなしていた日本の映画界に対する警告の意味がこめられていたのかもしれない。日本の撮影所は、CIEの検閲官のほとんどに女を世話して買収していたという報告もある。(27)また他の報告によれば、日本の映画界は、日本政府の検閲官を買収するのに長期間慣れていたので、新しい権力者にも以前の慣行どおりに取り入ったにすぎないとしている。(28)事実、コンノはこうした日本の慣習の犠牲者であるという見方もある。(29)また、占領軍内部にある白人優越主義が、日系人逮捕というかたちであらわれたことも考えられる。日本側と占領軍の検閲官のあいだの対立を、ときにはなごやかな雰囲気の宴会が和らげたということも事実であろう。こうした慣習はまず日本側が積極的にとりいれはじめ、それが次第にエスカレートして、女優を宴会に出席させたり、スターを検閲官の家に呼んだり、検閲官を撮影所見学という名目で京都旅行に招待したり、米国からの訪問者があれば、彼らと検閲官、日本の映画人とのあいだで親善野球試合がもたれたりした。(30)

山本嘉次郎監督は、CCDの検閲官のなかには戦中の日本の検閲官以上に不愉快な言葉で威圧的態度を取る者もいて、〈アメリカのポーカー・ゲーム〉のような空威張りで、些細なことでも批判した、と述べている。山本は、こうした印象を抱いたのは、CCDが戦中に内務省が使っていた試写室を引き継いだことにもよるとしている。(31)山本は、戦中に当局の覚えめでたい戦意高揚映画を数多く作っていたため、戦中の検閲官より占領軍の検閲官のほうに困難を感じていたのかもしれない。しかし、戦中の検閲で抑圧を受けていた左翼の製作者岩崎昶でさえ、CCDの検閲官の傲慢な態度、そして受付の日本人職員の卑屈な態度に不満を表している。岩崎は〈アメリカの軍閥〉は日本の軍閥より反民主的であるとも言っている。(32)

その一方、CIEの検閲官の日本や映画に対する理解度の低さには違和感を抱いたものの、映画を通して日本人の再教育をはかろうとする熱意には、多くの日本の映画人が感銘を受けている。CIEのなかでジョージ・ガーキーは例外的に映画の専門家であり、戦前にニュース映画「マーチ・オブ・タイム」の製作会社のロンドン支社長をつとめ、音楽の専門家でもあった。(33)ガーキーは溝口健二監督に、かつて自分は製作者になるために、助監督としての訓練を受け、『ショウ・ボート』（一九二九年のハリー・A・ポラード監督のものか、一九三六年のジェイムズ・ホエール監督のものかは不明）の助監督をつとめたと語っている。(34)ハリー・スロットはかつてハリウッドで、エキストラとして働いたことがあるといい、CCDのウォルター・ミハタは、米国で配給にかかわっていたらしい。この三人が例外的に映画界の体験者であった。(35)

日本の映画人のあいだでいちばん話題にされたのは、CIE映画・演劇課の初代映画班長で、一九四六年七月までその職にあったデビッド・コンデである。日本映画を思い切って改革しようとする彼の熱意は大変なものであった。ときには興奮のあまり机を叩きながら怒鳴るコンデの、短気で感情的になりやすい性格に、日本側は当惑したり、脅威を感じたりした。コンデはその急進的思想ゆえ、共産主義者あるいは左翼シンパと考える者もいたが[36]、たんなる熱心なニュー・ディール派であると考える者もいた[37]。

ＣＣＤの映画検閲部門のなかでは、リチャード・Ｈ・クンズマンと日系のアーサー・Ｋ・モリ、そしてミハタの三人が軍属ではなかった。ミハタの父は一九一〇年代初頭に、ハワイとカリフォルニアで日本映画の配給に携わり、ミハタ自身も戦前仕事で日本にいたことがある[38]。日本名大川周という俳優で、英国籍の混血のヒュー・ウォーカーは、日本語、英語がともに話せて、日本の映画界の事情を知っているということで、一九四五年九月にプレス・映画・放送部門に雇われた[39]。日系人以外の検閲官はＣＩＥにはコンデをはじめ、日本語がわからない者が多かったが、ＣＣＤには戦争中の米陸軍日本語学校にいたジョン・アリンをはじめ、日本の専門家がいた。

日本の映画人は例外なく、ＣＩＥの検閲官と自由に論議ができることをありがたく思ったが、ＣＣＤの検閲官に対しては、戦前戦中の日本の検閲官と同様、意見の交換や抗議はできないと感じていた[40]。しかし、大局において、ＣＩＥの〈示唆〉は実質的には〈命令〉であった。興味深いことに、ＣＩＥの〈命令〉に不満をもっていたのは、日本の映画人ばかりではない。一九四六年初頭から、ＣＩＥが官僚的なことで干渉してくると、ＣＣＤは頻繁に不満を表明している。たとえば、ＣＩＥの事前・事後審査で示唆を与えている過程は、〈実際には一〇〇パーセントの完全な統制であり、完全に検閲統制として分類されるべきもの〉であり、〈適切な権威なくして行動しているＣＩＥ〉は日本の映画人を混乱させているとしている。[41]具体的にＣＩＥがどのような不適切な権威をもって検閲をしたと、ＣＣＤが非難しているのかわからないが、ＣＩＥの過度に熱心な政策が、ときにはＣＣＤの不満につながったのであろう。

新聞社で総司令部との渉外部検閲部長をしていた高桑幸吉は、日本政府の統制のもとでの言論が〈停電〉状態にあったとしたら、占領軍の検閲のもとでのそれは〈極度の節電〉状態にあったとたとえている。〈たとえ十ワット程度の光度とはいえ、民主主義、言論の自由の方向に希望をもって歩きはじめた時代であった〉[42]というのが実感であったらしい。日本の映画人もおそらく同じように感じていたにちがいない。

【註——第八章】日本の映画人の反応

(1) 足立和「プロデューサー群雄伝・15」(「キネマ旬報」一九八八年十二月上旬号、一二八—一三一頁)。

(2) 八尋不二「時代映画の記十三年」四〇頁。

(3) 城戸四郎『日本映画傳　映画製作者の記録』二四〇—二四二頁。足立和「プロデューサー群雄伝・20」(「キネマ旬報」一九八九年三月上旬号、一一八—一二一頁)。

(4) 大映企画部に当時勤めていた武田昌夫による(草壁久四郎「実録・1　不良二世に振りまわされた日本映画界」一九三頁)。また、小川記『シネマの裏窓』(平凡社、一九八六年)、五九—九三頁。

(5) *SCAP Non-Military Activities in Japan and Korea*, Summation no.12 (September 1946), p.122.

(6) Anderson and Richie, *The Japanese Films*, p.162.

(7) 依田義賢『溝口健二の人と芸術』一三六—一四〇頁。

(8) 八尋不二「時代映画の記十三年」四〇—四一頁。

(9) 国立記録センター、ボックス番号３３１—８５７９、ＣＣＤの映画に関するファイル、一九四六年十一月二十日付のプレス・映画・放送部門の「日本映画の傾向」についてのメモ。

(10) 国立国会図書館ＣＩＥ書類、一九五一年六月一日付のＣＩＥの「古い日本の時代劇映画についてのメモ」。「時評」(「キネマ旬報」一九五二年十二月下旬号、二四頁)。一九五〇年度の時代劇映画の製作・配給状況はつぎの通り。

	松竹	東宝	大映	新東宝	東映
1月	2	1	2	—	0
2月	0	0	0	—	1
3月	1	0	0	1	1
4月	1	0	0	0	2
5月	1	1	0	0	0
6月	0	0	1	1	1
7月	1	0	1	0	1
8月	0	1	1	1	1
9月	0	0	1	1	1
10月	0	0	2	1	1
11月	0	0	1	1	1
12月	1	1	1	2	1
総計	7	4	10	8	11
戦前作品公開数	1	4	0	1	1

(11)　山本嘉次郎「カツドオヤ微憤録」一九三頁。匿名対談「占領下の映画行政の内幕」二一一頁。池田義信「占領政策の二、三」二二三頁。

(12)　米国の映画史家ロバート・スクラーによれば、この政策は米国の製作規程の習慣と似ているという（ロバート・スクラーとの一九八七年七月二十八日、ニューヨークでの会話）。

(13)　黒澤明『蝦蟇の油』二五〇－二五四、三〇四－三〇五頁。

(14)　植草圭之助への筆者によるインタビュー（一九八四年八月七日、東京）。植草圭之助『わが青春の黒沢明』九五頁。大映京都撮影所が一九四六年三月十三日に公開した、丸根賛太郎監督の『殴られた殿様』が、植草の脚本の粗筋と似ていて、黄門も登場する（「キネマ旬報」一九四六年六月上旬号、四五－四六頁）。また、一九四六年十一月十三日付ＣＣＤのメモ「一九四五年十一月十六日付の総司令部の禁止令のリストの日本映画の概要」によれば、ＣＣＤは、将軍の縁続きながら、庶民に変装して全国をまわり、「社会の悪を正そうとする」黄門が、日本人のあいだで「民主主義的」な考えを普及させるとして、禁止リストにある戦前の三本の黄門映画を公開するよう強く奨励している（国立記録センター、ボックス番号331－8579、CCDのCIEとの関係に関するファイル）。これら三本の映画がその結果公開されたかどうかは不明であるが、この例は、一年の時が経過して、占領軍の当初の猜疑心が薄らいだことが理由かもしれないが、総司令部内にさまざまに異なる考え方があったことを示すものである。

⒂　山本嘉次郎「カツドオヤ微憤録」一九一頁。

⒃　新藤兼人への前掲インタビュー。

⒄　松竹映画製作本部渉外課「CIE映画課石川ジョージ氏のCIE映画課の任務に関する一般的解説並びに最近の製作状況に対する所見並びに希望・勧告」（小松秀雄氏蔵）。

⒅　Robert E. Ward, "Conclusion", Ward and Yoshikazu Sakamoto, eds., *Democratizing Japan : The Allied Occupation* (University of Hawaii Press, 1987), p.397.

⒆　藤本真澄「一プロデューサーの自叙伝」一八三－一八六頁。新藤兼人『小説　田中絹代』（読売新聞社、一九八二年）、二〇一－二〇二頁。山本嘉次郎「カツドオヤ微憤録」一九二頁。吉屋操「占領政策と東宝争議」（「映画芸術」一九七六年八月号、三六頁）。高桑幸吉『マッカーサーの新聞検閲』二六－二七頁。

⒇　一九八四年十月十八日、バージニア州ノーフォーク市マッカーサー記念館での「占領・芸術と文化に及ぼした影響」に関する会議で発表された、占領下の日本映画についての筆者の論文に対するフランク・ババのコメント。

(21)　たとえば、八尋不二「時代映画の記十三年」四二頁。草壁久四郎「実録・１」一九六頁。藤本真澄「一プロデューサーの自叙伝」一八五－一八六頁。
(22) Allyn, "Motion Picture and Theatrical Censorship in Japan", pp.19–20.
(23) コンノは米国に送還される日、逃走し、その後そのまま日本に住んでいると思われている。草壁久四郎「実録・1」一九六頁。小松秀雄「戦後映画シリーズ・2」(「東京駅」、年月日不明、六六－六七頁)。藤本真澄「一プロデューサーの自叙伝」一八六－一八七頁。藤本はこの事件は一九四六年三月におこったとしているが、CCDの書類によればコンノは一九四七年三月までCCDに勤務していた。
(24) 国立記録センター、ボックス番号331－8579、CIEとの関係に関するCCDのファイル、一九四六年十月七日付のCCDのメモに引用されたCCDの郵便物に対するコメント・シート。
(25) 同上、同ボックス番号、同ファイル。
(26) 同上。
(27) 匿名対談「占領下の映画行政の内幕」(一七頁)でコンデが、八尋不二「時代映画の記十三年」(四二頁)でスロットが、小松秀雄「戦後映画シリーズ・2」(六六－六七頁)でガーキーとコンノが、草壁久四郎「実録・1」(一九六頁)でコンノが言及されている。しかし、これらの言及は噂にもとづくものかもしれない。
(28) 岩崎昶『占領されたスクリーン』七八頁。新藤兼人の前掲インタビュー。評論家滝沢一との会話(一九八四年七月三十日、京都)。草壁久四郎「実録・1」一九六頁。
(29) 草壁久四郎「実録・1」一九六頁。
(30) 小松秀雄「連絡日誌」。草壁久四郎「実録・1」一九六頁。

(31)　山本嘉次郎「カツドオヤ微憤録」一九三頁。
(32)　岩崎昶『占領されたスクリーン』八三頁。
(33)　匿名対談「占領下の映画行政の内幕」一九－二〇頁。
(34)　溝口健二「製作機構の将来」（「キネマ旬報」一九四七年十一月上旬号、五五頁）。
(35)　匿名対談「占領下の映画行政の内幕」一九－二〇頁。小森和子によるハリー・スロットへのインタビュー（「映画世界」一九四八年六月号、八－一〇頁）。ジョン・アリンは一九四六年九月から一九四八年末まで大阪のCCDに勤め、その後東京に移り一九四九年にCCDの検閲部門が吸収されるまで、日本全体の演劇の検閲にかかわった。アリンは映画の検閲にもかかわったというが、日本の映画人の資料に彼の名前は出てこない（Allyn, "Motion Picture and Theatrical Censorship in Japan", pp.14-26）。
(36)　城戸四郎『日本映画傳』二一〇－二一一頁。岸松雄『人物日本映画史』二九〇頁。匿名対談「占領下の映画行政の内幕」一五－一六頁。小松秀雄「戦後映画シリーズ・1」二一頁。山本嘉次郎「カツドオヤ微憤録」一九一－一九二頁。
(37)　草壁久四郎「実録・1」一九四－一九五頁。藤本真澄「一プロデューサーの自叙伝」一八七－一八八頁。岩崎昶『占領されたスクリーン』五〇－五二頁。吉屋操「占領政策と東宝争議」三五－三六頁。
(38)　小川正『シネマの裏窓』七二頁。小川によれば、ミハタは占領軍の検閲官をするかたわら、ハワイで個人的に映画配給にかかわり、公私混同であるという疑いをもたせたという。
(39)　同上の小川によれば、ウォーカーはオランダ籍である。戦前、映画界の周辺にいた「不良」とみなされていたウォーカーが総司令部に雇われたことは、日本の映画人を驚かせた。小川正『シネマの裏窓』六三－六四頁、および山本嘉次郎「カツドオヤ微憤録」一八九頁。

(40)　たとえば、池田義信「占領政策の二、三」二三頁、および山本嘉次郎「カツドオヤ微憤録」一九三頁。

(41)　国立記録センター、ボックス番号331－8579、CIEとの関係に関するCCDのファイル、一九四六年三月十三日付「CIEの映画検閲」についてのCCDのメモ。

(42)　高桑幸吉『マッカーサーの新聞検閲』三三頁。

第三部

天皇の描き方

敗戦による大日本帝国の崩壊と、それにともなう連合軍の占領で、日本人は明治時代の天皇制絶対主義の開始以来初めて、天皇および天皇制について自由に論議できるようになった。敗戦時までにすでに米国政府は、昭和天皇を戦争犯罪人として起訴せず、日本の統治に天皇を利用することに決め、占領軍総司令部もその方針に従った。

戦争における天皇の役割や戦後の天皇制についての討論が自由におこなわれることを、占領軍は占領の初期には日本人に奨励していた。しかし東西冷戦が進むにつれ、占領軍は当初の政策を改め、米国が左翼思想を敵視しはじめると、ふたたび日本の左翼運動は戦前のように抑圧されるようになった。天皇の戦争責任を最も声高に要求した者のなかで目立っていたのが共産主義者および左翼であったため、共産主義の脅威から日本を守る盾となると信じられていた天皇制を維持する必要を、占領軍はますます感じたのであった。

映画『日本の悲劇』が一九四六年八月に占領軍の手で上映禁止になったことは、天皇の描き方をめぐる米国の日本占領政策を反映したものという意味で興味深い。亀井文夫監督によって作られた『日本の悲劇』は、それ以前の十五年にわたる日本のアジア侵略の歴史を、当時のニュース映画を編集することでたどろうとしたものである。一九四六年六月にCIEとCCDの両検閲機関が、この作品の上映を許可し、いくつかの劇場で公開されたあと、突然八月になってCCDがこの作品の上映を禁止した。理由は明らかにされなかったものの、この作品が天皇を戦争犯罪人と示唆しているのが原因であると、一般には信じられていた。

極東国際軍事裁判が一九四六年五月にはじまり、戦争犯罪の問題は多くの人びとの関心を集めていた。CCDは『日本の悲劇』のネガ、プリントをすべて没収し、占領が終わるまで、この作品の上映は許可されなかった。『日本の悲劇』はこうして、一度は公開されながら占領軍の手で上映を禁止された唯一の映画となった。この作品の上映禁止措置は、日本社会のみならず、総司令部内部においても、左翼的傾向を締め出すという、占領軍の新たな政治的方向のしるしとなるものであった。

第三部では、天皇に対する米国の政策の変遷を概観し、占領軍のメディア政策を検討し、『日本の悲劇』の製作過程とその検閲の詳細を検証するものである。

第九章　天皇に対する米国の政策

日本政府は、天皇制が戦後も存続されることを連合国側と確認するまでは、ポツダム宣言を受け入れなかった。ワシントンの米国政府内で、日本の天皇制を維持すべきか、それとも廃止すべきかの論議が、国務省の「親日派」の人びとと、その反対者たちとのあいだで繰り広げられていた。「親日派」には、前駐日米国大使で国務次官のジョセフ・C・グルーをはじめ、ユージン・ドーマン、ジョセフ・バランタイン極東部長など、以前日本に住んだことのある者が含まれていた。[1] 彼らは自分たちの日本での体験や、日本の文化や社会に精通していたことから、天皇制は日本社会の重要な要であり、国民を統合している精神的な拠りどころであると論じた。彼らは、昭和天皇自身は平和を愛する人間で、その意志に反して軍部に操られていると信じていた。そして、もし天皇が処刑されたり、天皇制が廃止されたら、日本社会は大混乱に陥り、占領が容易におこなえなくなるし、共産主義もはびこるであろうと唱えた。

国務省の反天皇のグループには、オーエン・ラティモアやアンドリュー・ロスといった中国の専門家で、中国についての意見を重用されている人びとがいた。彼らは日本に侵略されていた中国に同情し、日本への厳しい報復を主張していた。[2]そのほかにも、国務次官補のディーン・アチソン、戦時情報局局長エルマー・デイビス、コラムニストのドルー・ピアソンなど、日本の天皇制や天皇自身が究極的に戦争責任を負うべきであるとする、米国民の一般感情を代表する人びとがいた。[3]

一九四一年十月に組閣された東条内閣は、日本が戦争に負けつづけている一九四四年七月に崩壊した。そのあとを継いだ小磯内閣も軍事内閣であることにかわりはなく、東条内閣にくらべて基本においては政策の変化はなかったが、米国政府は日本政府がひそかによい条件で戦争の終結を願っていることを知っていた。米国政府も、自国の戦死者を増やしたくなかったので、日本政府に対する態度をいくらか和らげた。戦争中の日本の内閣は、天皇制の存続を降伏の絶対条件としていた。米国政府はこうして、戦争を早く終結させ、占領を容易にするため、かならずしも昭和天皇の存立は保障しないまでも、天皇制そのものの存続を考えるようになった。

親天皇制の人びとの論議には、自己矛盾が潜んでいた。もし天皇が戦争政策に直接の責任がないとしたら、実質的に権力のないこの人物がこれからの占領に役立つと言えるのであろうかという問題である。この矛盾にもかかわらず、一九四四年初頭には国務省内で、天皇制を維持すべきとするグループが、天皇制反対のグループをしのぐようになった(4)。

一九四五年七月二十六日に発表されたポツダム宣言は、天皇制についての連合軍の政策を明らかにしていなかったが、〈民主主義的傾向の復活・強化への障害を排除すること〉〈責任ある政府樹立後の占領軍撤退〉を唱えた。この表現は天皇をめぐる米国政府の、どちらの側をも納得させるものであったが(5)、実際には、米国政府は日本の〈無条件〉降伏を主張しながらも、日本政府にひそかに天皇制廃止を主張しないことを伝えていた(6)。

この米国政府の天皇あるいは天皇制に対する政策の変化は、陸軍省製作のプロパガンダ映画にもあらわれている。初期のプロパガンダ映画では昭和天皇裕仁は、日本の軍国主義と超国家主義の象徴として描かれている。シリーズ『我々はなぜ戦うか』の第一作である、フランク・キャプラとアナトール・リトヴァクの共同監督による『戦争への序曲』(*"Prelude to War"*, 一九四二年)で、天皇裕仁は、ドイツのヒトラーとイタリアのムッソリーニに匹敵する者として描かれている。この枢軸国側の脅威を象徴する三人組は、三角形の各頂点に顔写真が並べられ、戦争をひきおこした邪悪な指導者たちとして何度も登場する。ある場面では、ナレーションが「よくこの三人を覚えておこう。もし彼らに出会うことがあれば、ためらうことなく戦おう」と煽動する。

このシリーズ二作目の『ナチスの攻撃』（"*The Nazis Strike*"、一九四三年）でも、日本の中国侵略政策の責任者は、東条ではなく裕仁とされ、裕仁はまたもやヒトラーやムッソリーニと同格の者として登場する。

シリーズ第六作目の『中国戦線』（"*The Battle of China*"、一九四四年）では、緊迫した音楽を背景に、白馬にまたがり軍服に身をつつんだ裕仁が登場する場面がある。ナレーションが、軍国主義者や来栖三郎（真珠湾攻撃時の日本政府の米国への特使）のような〈信頼できない〉外交官と並べて〈現人神《あらひとがみ》天皇〉を非難する。〈東条や、さもしい来栖を生み出した野蛮人どもは、小さくて黄色い人種の一団をいまだに酔わしつづけ、現人神に狂信的に仕えれば、その見返りに永遠が約束されると、いまだに信じこませている〉〈黄色い洪水〉〈ニタニタ笑う黄色い顔〉というナレーションを現在聞くと、その高揚した調子に驚くとともに、〈高貴な〉中国人と〈野蛮な〉日本人の人種的違いをどうやって見分けるのかと反問したくなる気もしないではない(7)。

『汝の味方を知れ、汝の敵を知れ』シリーズの『汝の敵日本を知れ』（"*Know Your Enemy : Japan*"）では、日本の天皇崇拝とその歴史的・心理的背景を説明している。そして、究極的に〈現人神〉としての天皇が、日本の独裁と狂信的軍国主義の根源であると結論づけている。この作品の脚本と編集を担当した一人であり、オランダ出身で中国に長くかかわったヨリス・イヴェンスによれば、『汝の敵日本を知れ』は一九四四年に完成したが、天皇を戦犯として描いているために公開されなかったという[8]。米国政府の文献によれば、この作品は一度公開されたものの、戦争が突然終わったため、慌てて公開が中止されたという[9]。米国の映画史家ジェイ・レイダによれば、戦争がはじまってからイヴェンスたちは主にカリフォルニアやハワイで、没収された日本の劇映画の数々を使って一年以上格闘したのち、思うような映像が作れずにこの作品の完成を放棄したという[10]。いずれにしても、一九四五年にはすでに、天皇裕仁を廃位しないことが米国政府内で決定されていたので、この作品はそのような新しい政策とは相容れないものになっていた[11]。

戦争が終わり、占領がはじまり、日本人が自分たちの運命、そして天皇の運命はどうなるのだろうかと考えているうちに、マッカーサー元帥が日本に上陸した。一九四五年九月一日「朝日新聞」は、「マッカーサー元帥の横顔　能率よく働き趣味は映画と歴史書」と、日本の新しい支配者を紹介する記事を載せた。それは、元帥のフィリピンでの軍功を称え、それにともなう米国内での彼の人気を報じたあと、彼は〈実行の人でひじょうに実践的であり、派手で論争を好み、独断的、執拗、攻撃的、厳格であると見る米国人もいるとしている。伝記的情報を伝えたあと、この記事は、元帥は映画とゴルフを好み、マニラでは夫人とともに映画館に行くのがよく見うけられ、そして、書斎は歴史書でいっぱいで、彼が〈銀の食器、マホガニーの家具、厚いじゅうたんを好む〉としている。これはマッカーサーをかならずしも好意的に扱う記事とは思われない。それはこの記事が出た時点ではまだ日本の新聞は日本政府の検閲下にあったためで、占領軍の検閲官であったなら、このような記事は許可しなかったかもしれない。

九月二十七日、天皇は東京の米国大使館に赴き、初めてマッカーサーと会見した。日本の内閣情報局は、日本の報道機関に、これについての報道は宮内庁から発表される声明と題材に限るように指令した。翌日、日本の各新聞はその指令に従った。しかし九月二十九日になって、各新聞の朝刊を見た日本人、そして何よりも内閣情報局は度肝を抜かれた。そこには、日本政府からも総司令部からも発表されたものではなく、たぶん米国の特派員から手に入れたと思われる、天皇とマッカーサーが並んだ写真が載っていたのである。

天皇裕仁は正式のモーニング・コートを着て、直立不動の姿勢でカメラに向かっている。その横に、はるかに背の高いマッカーサーが、ネクタイなしのリラックスした姿勢で、両手を腰に当てて立っている。この写真を見た日本人は、この二人に象徴された、おのおのの国民のおかれている地位を痛切に感じたのである。映画監督の大島渚は、総司令部が注意深くこの写真のイメージを操作したと主張する。この写真は、天皇がマッカーサーにお辞儀をしているところでもなく、二人が歓談しているところ

1945年9月27日、米国大使館におけるマッカーサー元帥と天皇の会見。

でもなく、二人が横に並び、真剣な表情でカメラに正面から向かっているところを撮っている。これは、天皇が占領軍に協力していくという姿勢を日本国民にはっきりとしたメッセージとして向けたものであるというのである[12]。

内閣情報局はただちに、皇室に対する不敬としてこの写真を掲載不許可にする措置を取ったが、それが占領軍を刺激し、占領軍はその〈掲載不許可〉措置を反対に無効として、許可に変えたのである[13]。

この写真にも見られるマッカーサーの巧みな自己イメージ操作は、これにはじまったわけではなかった。彼が一九四五年八月三十日厚木飛行場に降り立ったとき、トレードマークのコーン・パイプを手に丸腰で現れ、居並ぶ日本人を驚かせた。日米両側が戦々兢々となっていた占領開始時に、このような余裕に溢れた元帥の態度、物腰は、彼そして彼の代表する国、米国の圧倒的余裕の反映でもあったが、同時に日本人は自らの地位の圧倒的低さをも思い知らされたのである。

この九月二十七日の会見のあと、自分はどうなってもよいから国民を助けてほしいと懇願したといわれる裕仁に、マッカーサーは個人的に同情を感じるようになったという。マッカーサーはまた、天皇が占領に役立つことも認識したのであろう。一九四六年一月二十五日にマッカーサーが米陸軍元帥アイゼンハワーに送った電報では、もし天皇が処刑されれば、占領軍に対する深刻な抵抗運動がおこり、その結果、共産主義が日本を支配することになる可能性を強調している[14]。

天皇は一九四六年一月一日に占領軍の指令で「人間宣言」をおこなった。さらに、占領軍の指令で、それまで国民の目にじかに触れたことのなかった天皇が、広く日本中をまわり、国民の目に直接ふれ、国民と話すようにもなった。

興味深いことに、天皇が国民の目にさらされるようになるのと反比例して、マッカーサーのほうは自分自身が日本国民の目に直接触れられることを極端に制限するようになった。占領軍の指図で、天皇は皇居から庶民のところへ出向いて、国民と同じ人間であることを強調したのに対して、マッカーサーは広く旅行することもなく、ますます総司令部の奥深くに閉じこもり、会見する日本人の数も絞っていた。総司令官の職にあった六年間に彼は、天皇には十回会ったが、日本の首相では吉田茂に会っただけである。[15] このマッカーサーの戦略は成功したようで、「日本人の精神年齢は米国人の十二歳程度である」という彼の発言が曲解されて日本人を憤慨させるまでは、日本人に尊敬され慕われていたというのが一般的な見方である。[16] 天皇裕仁の神性の神話を破壊しながら、マッカーサーは自らを神格化して〈青い目の天皇〉となったのである。

占領軍の検閲では、天皇を軍事的、宗教的、政治的に祭りあげ、美化することを禁じた。原則的には、占領そのものの批判につながらないかぎりは、天皇が戦犯であるとして批判したり、天皇制廃止を要求することさえ許可したのである。そして、極右とともに極左の天皇に関するプロパガンダが制限された。

ＣＣＤのプレス・映画・放送部門の「報告の手引き」には、つぎのような表現や情報が日本のニュースや娯楽作品に現われたときには報告を要するとしている。

(1) 天皇の神格性
(2) 神道に関する天皇の位置
(3) 天皇に対する忠誠
(4) 現日本国憲法下での天皇の権力、権威、責任、あるいは機能

(5) 天皇に対する日本政府の役人の責任
(6) 日本政府の役人が提出した天皇への報告
(7) 日本政府の役人あるいは私人にかかわらず、天皇を訪問する者
(8) 自分が正当な天皇家の血筋であると主張する者、あるいは今上《きんじょう》天皇の血筋が正当ではないとの主張
(9) 今上天皇の旅行費用
(10) 皇室運営費
(11) 今上天皇の戦争責任
(12) 天皇制廃止
(13) 天皇、天皇制、皇族批判

そして、つぎの注意書きが添えられている。

a　前記(1)から(5)までに該当するもの、およびその他の過度な天皇擁護は（真実に反するもの、あるいは右翼的プロパガンダとして）、検閲規定、あるいは天皇の地位を厳しく制限し天皇の政治的・宗教的権威を否定した総司令部の指令に反する可能性がある。そのような表現については、削除や不許可が妥当なものであるかど

うかを、注意深く監視するものとする。

b　天皇制、あるいは天皇個人、あるいは皇族に対する批判的な表現は、連合軍が現在の天皇を退位させることや、天皇を戦犯として裁くことに失敗したと批判するものでないかぎりは、事前検閲で通過させるか、事後検閲で許可する。[17]

占領開始時には、天皇制に対する自由な討議が奨励された。たとえばCIEのアーサー・ベアストックは、朝日、読売、毎日を含む日本の主要な新聞社の代表と会見し、このことが理解されているのを確認した。[18]

一九四六年五月十九日の「食糧メーデー」では、〈国体はゴジされたぞ、朕はタラフク食ってるぞ、ナンジ人民飢えて死ね、ギョメイギョジ〉と書かれたプラカードが登場した。形式上はまだ大日本帝国であった政府は、このプラカードの所持者を不敬罪で訴えることにしたが、これに激怒した総司令部は「不敬罪」を刑法から撤廃させた。[19]これにより、天皇および皇室に対する批判を許さなかった戦前の規制が取り除かれた。

同時に米国政府とマッカーサーは、天皇裕仁を戦犯として裁かず、天皇制を廃止しないことに決めた。天皇制の存続は、一九四六年三月六日にマッカーサーが新しい日本国憲法について〈天皇は政府の権威、あるいは国家財産をもたず、国民の意志により、国民の統合の象徴とする〉と定義すると発表したことで明らかにされた。[20]総司令部はこの新憲法が日本政府の手により準備されたという体裁をとったが、実際には日本政府の提出する草案をもあまりに保守的であるとして拒否した総司令部が、自らのスタッフの手で大急ぎで作成したものであった。ジャーナリストのマーク・ゲインは、マッカーサーがスタッフに最初に示した新憲法の三原則の一つが、〈国家の主権は国民にあるが、天皇は国民の象徴として定義される〉という点であったという。そして、スタッフの一人が、これは天皇裕仁を戦犯として裁かないという意味であるかと質問すると、新憲法の草案執筆にかかわっていたコートニー・ホイットニー民政局局長とチャールズ・ケイディス次長は、裕仁は占領に貢献し、占領を支持しているので、戦犯としては裁かないということを確認した。[21]

日本の国会が正式に、一八八九年に発布された大日本帝国憲法に代わる新憲法の草稿を承認通過させると、一九四六年十一月三日にそれは日本国憲法として発布され、半年後に施行に移された。旧制度や従来の思想をできるだけ新憲法に残そうという帝国政府の努力は報われなかったが、少なくとも新憲法発布の日を天長節にすることに帝国政府は成功した。T・A・ビッソンによれば、十一月三日に皇居前広場に集まった群衆は、新憲法の発布よりも天皇の姿に沸きかえり、反動的勢力が日本の将来を動かすことになる前兆のようなものを思わせたという。[22]

米国政府と総司令部は、天皇が占領の成功に重要な役割を果たすと認識して、〈天皇は国民の象徴とする〉と新憲法に織りこみ、天皇制の擁護をはかった。天皇制維持についてのマッカーサーの早い時期の決意は、一九四六年四月中旬に米国政府の国務・陸・海軍三省調整委員会の指令で支持を得ていた。ゲインは自伝で、その指令についてつぎのように述べている。[23]

> 米国は究極においては日本における共和政体の樹立に賛成するものではあるが、日本国民自身は明白に天皇制を支持している。したがって、マックアーサー元帥は、立憲君主の発展並に天皇制の維持については日本国民を援助するよう指示される。天皇制に対する直接の加撃は民主的要素を弱め、反対に共産主義並びに軍国主義の両極端を強化する。故に総司令官は、天皇の世望をひろめかつ人間化することを極秘裡に援助するよう命令される。
> 以上のことは日本国民に感知されてはならない。

実際、日本国民はそのことを知らなかった。『日本の悲劇』は連合軍が天皇を戦犯として裁くことに失敗したことを直接批判せずに、天皇は戦犯であると示唆するにとどまっている。これは、占領そのものの批判につながらないかぎりは、天皇が戦犯であると批判したり天皇制廃止を要求することさえ許可した占領軍の検閲指令にのっとったものである。にもかかわらず、総司令部の検閲によってその全編を上映禁止するのに十分な理由があると判断されたことは特筆に値する。

【註——第九章】天皇に対する米国の政策

（1）　コロンビア大学オーラル・ヒストリー・リサーチ・センターのためにベアテ・ゴードンが一九六二年五月コネチカット州リッチフィールドでユージン・ドーマンに対しておこなったインタビュー、およびジョセフ・バランタインとの一九六一年四月二十八日ニューヨークでのインタビュー。

（2）　岩崎昶『占領されたスクリーン』八六頁；Kiyoko Takeda, *Dual-Image of the Japanese Emperor*（Macmillan Education, 1988）, pp.8-9；Justin Williams, Sr., *Japan's Political Revolution under MacArthur：A Participant's Account*（University of Georgia Press, 1979）, pp.16-17；前掲バランタインのインタビュー。バランタインによれば、占領がいったんはじまると、ソ連のみが天皇を戦犯として処刑するように要求しつづけたという。Takeda によれば、天皇制の存続にもっとも声高に反対したのはオーストラリアであった（pp.54-66）。

（3）　Williams, *Japan's Political Revolution under MacArthur*, p.18；Jon Livingston, Joe Moore, and Felicia Oldfather, eds., *Postwar Japan：1945 to the Present*（Pantheon, 1973）, pp.12-13 に引用された、U.S.Department of State：The Acting Political Advisor in Japan〔Acheson〕to President Truman, November 5, 1945；U.S.Department of State, *Foreign Relations of the United States, 1945：The Far East*（U.S.Government Printing Office, n.d.）, pp.825-827. しかし五百旗頭真によれば、エルマー・デイビスは一九四二年十二月から、天皇は軍部とは関係がなく、天皇を攻撃するのは日本人を激昂させるのみであると論じて、天皇と軍部を切り離そうとしてい

たという（五百旗頭真『米国の日本占領政策』〔中央公論社、一九八五年〕第一巻、二七三頁）。

(4)　五百旗頭真『米国の日本占領政策』第一巻、第二巻。歴史学者レイ・ムーアによれば、天皇を戦犯として起訴しないという政策は決まったものの、天皇制存続については、一九四六年一月二十五日のマッカーサーより米国政府への書簡（後述）まで決定していなかったという（一九九五年三月一日のアマースト大学でのムーア教授との会話）。

(5)　Akira Irie, *Power and Culture : The Japanese-American War 1941-1945* (Harvard University Press, 1981), p.263.

(6)　Masataka Kosaka, *A History of Postwar Japan* (Kodansha International, 1972), p.70.

(7)　米国の同盟国の中国人と敵日本人とが確かに人種的に見分けがつくというポスターが戦時中に米国内で配布された。中国側を代表するのは蔣介石、日本側を代表するのは東条英機で、それぞれの顔写真を並べて中国人は鼻筋が通り額が崇高で、日本人とくらべて圧倒的に骨相学上高貴であると、大真面目で解説するものである。このポスターを筆者は一九七〇年代に私と同世代の日系米国人の友人から見せられた。

(8)　Barnouw, *Documentary : A History of the New Fiction Film* (Oxford University Press, 1974), p.161.（エリック・バーナウ『世界ドキュメンタリー史』）

(9)　*Documentary Film Classics Produced by the United States Government* (National Audio Visual Center, n.d.), p.28.

(10)　Jay Leyda, *Films Beget Films* (Hill and Wang, 1977), p.59.

(11)　Barnouw, *Documentary : A History of the New Fiction Film*, p.161.

(12)　大島渚『体験的戦後映像論』二二一－二二三頁。

(13)　高桑幸吉『マッカーサーの新聞検閲　掲載禁止削除になった新聞記事』四五－四七頁。竹前栄治『ＧＨＱ』一五五頁。

(14)　岩崎昶『占領されたスクリーン』八六－八七頁に引用された「サンデー毎日」一九七二年一月二十三日号。竹前栄治『ＧＨＱ』一六四頁。

(15)　袖井林二郎編『世界史の中の日本占領』（日本評論社、一九八五年）、一六六頁の内田健三「マッカーサーと吉田茂」が引用する週刊新潮編『マッカーサーの日本』（新潮社、一九七〇年）によれば、マッカーサーは在任中に総計十六人の日本人にしか会わなかったという。

(16)　袖井林二郎『拝啓マッカーサー元帥様――占領下の日本人の手紙』（大月書店、一九八五年）によれば、日本人は占領中にマッカーサーに約五万通の手紙を出したという。その手紙の例を見れば、日本人がマッカーサーに抱いていた親近感、愛情、尊敬の念がわかる。

(17)　バージニア州ノーフォーク市マッカーサー記念館、軍事および民間検閲に関するファイル、ＵＳＡＦＥ／ＳＷＡＰ／ＡＦＰＡＣ（ＦＥＣ）、プレス・映画・放送部門、一九四九年八月十五日の *Documentary Appendices* no.36, *Reporting Guide*.

(18)　アーサー・ベアストックへの筆者による電話インタビュー（一九八五年一月九日）。

(19)　竹前栄治『ＧＨＱ』一五五頁。

(20)　Jon Livingston et al., eds, *Postwar Japan*, pp.17–18 に引用されている、U.S.Department of State, *Foreign Relations of the United states 1946 : The Far East* (U.S.Government Printing Office, n.d.), pp.132–133 の、Douglas MacArthur, *Statement on the Japanese Draft Constitution* (March 6, 1946).

(21)　Mark Gayn, *Japan Diary*, pp.125–127.（マーク・ゲイン『ニッポン日記』上・下）。

(22) T.A.Bisson, *Prospect for Democracy in Japan* (Macmillan, 1949), p.25.

(23) Gayn, *Japan Diary*, p.261.

第十章 『日本の悲劇』の製作

亀井文夫監督

『日本の悲劇』は日本映画社（日映）が製作していた週刊「日本ニュース」の「自由の声」シリーズの一作品で、亀井文夫がこの四十五分の映画に最適の監督として選ばれた。一九〇八年福島県に生まれた亀井は、カトリック信者の両親が米屋と質屋を営み、父は自由民権運動に参加、母はその後結核患者のためのサナトリウムを開くという、人道主義、社会主義の影響を感じさせる家庭環境で育った。東京の文化学院美術科に入り、社会科学への関心を高め、一九二八年、革命後のソビエト美術の研究のため、文化学院大学科を中退してレニングラード映画技術大学に留学する。そこで亀井は、革命の宣伝ポスターに感動し、ロケーション撮影を積極的に取り入れたり新しい革命のドラマを構築しようとしている映画に興奮した。セルゲイ・M・エイゼンシュテインの『戦艦ポチョムキン』（一九二五年）や、フセヴォロド・プドフキンの『母』

（一九二六年）に最も感銘を受けた亀井は、グレゴーリ・コジンツェフやフリードリッヒ・エルムレルに師事した。三年後、結核のため帰国して療養、その後再度ソ連に渡ろうと思って上京したときに、たまたま会った友人の画家の紹介で、亀井は一九三三年東宝の前身のＰＣＬ撮影所に入社し、一九三五年ごろから企業や政府のＰＲ映画の製作を担当するようになる。

一九三六年、亀井が海軍省のために『怒濤を蹴って』（公開は一九三七年）を作ったあと、ＰＣＬは合併により東宝映画となり、亀井は東宝の文化映画部演出課に所属した。一九三七年『上海』（一九三八年公開）の構成、編集を担当するが、海軍省や会社側は〈皇軍〉を美化していないと不満であった。一九三八年の『戦ふ兵隊』（一九三九年公開）では、このような企画は〈勇ましい進撃、前進、万歳万歳〉ではなく、〈もっと苦難にみちた兵士の戦う姿を描くべきだ〉という現地の軍部や報道人の意向を受けて撮影した。亀井は戦いに疲れ切った兵士や、日本軍の侵略の犠牲になった中国人の無言の表情、動けなくなって横たわる軍馬などを風景や自然のショットに交錯させ、詩的とさえ言いうる作品を作りあげた。勇ましく戦う皇軍にはほど遠い姿を描いたこの作品には、「疲れた兵隊」という仇名がつけられ、怒った軍部はこの作品は戦意高揚になるどころか〈厭戦的〉であるとして上映禁止処分にした。一度完成した作品が軍部によって上映禁止にされた例がほかにあるのかどうかは不明であるが[1]、日本の映画人にしては特異な亀井のこの勇気に人びとは驚いた。

亀井は政府の定義する「文化映画」の意味にも疑問をはさんだ。政府にとっての文化映画とは、戦争政策を支え、それに奉仕する精神を国民に奨励しようというものであったが、亀井にとって文化映画とは、厳しい自然や貧困のなかで苦闘する庶民の歴史を分析し、あるいは科学的に対象物をとらえようとするものであった。一九四〇年、長野県観光課の協力で「信濃風土記」三部作の『伊那節』(一九四〇年)と『小林一茶』(一九四一年)を作ったが、第三部の《町と農村》は完成しなかった。また一九四一年《富士の地質》の脚本で亀井は、帝国日本の象徴とされている富士山を地質学的、科学的にとらえようとしたため、映画化は許可されなかった。

《町と農村》の撮影終了後の一九四一年十月に亀井は治安維持法違反で逮捕された。彼の罪状は、コミンテルンの指令により、映画を通じて共産主義を宣伝したというものので、自分を思想的には左翼であるが左翼組織には属したことがないと公言していた亀井を驚かせた。亀井は自分の映画はヒューマニズムにもとづくもので、左翼思想のものではないとも考えていたのである。半年間拘留されたあと、執行猶予で出獄した亀井は、映画法によって映画監督の登録を取り消されたため東宝を退社した。そのうち電通映画が亀井を雇ってくれ、企業統合で日映に移った。相変わらず仕事はなかったものの給料はもらっていたので、亀井はのんびり構えて絵画やロシア語の勉強をしていた。

一九四五年八月十五日、亀井は、ラジオで戦争に関して「天皇の重要な声明がある」というときに、一人で昼食をとっていた。天皇の「玉音放送」は直立不動の姿勢で聞くのがふつうであった日本人の感覚からも、この亀井の態度はかけ離れたものである。亀井はラジオで戦争が終わったことを知ると、〈「ヤッタアッ！」とでもいった解放感が、胸いっぱいにこみあげてきて〉、思わず食べていた茶碗と箸を宙に投げ出していた。この亀井の反応も、〈さまざまな思いが錯綜して、ただただ涙が無言のうちに流れるばかりだった〉というような、典型的な日本人の感覚からはほど遠いものである。

亀井はこの喜びを誰かと語り合いたい一心で、下駄ばきで家を飛び出したが、訪ねた家はみな留守であった。ようやく科学映画の脚本を書いていた吉見泰を探し出すと、吉見は雨戸を閉め切った部屋のなかで荷造りをしていた。こうなっては東京にいても仕方ないから、田舎へ帰るという吉見に、亀井は叫んだ。「そんなバカな、これからじゃないか、本当の仕事ができるのは！」。亀井はその日から、新しく組織された日映で、新生日本にとってドキュメンタリーがますます重要なものになると信じて、情熱的に働きはじめた(2)。

日映は、戦時中の企業統合を生き残った数少ないニュース映画社の一つであった。戦争中は、政府に全面協力して、戦意高揚に努める作品を作りつづけた。日本の降伏後、日映の重役は従業員によって追放され、一九四五年十月、国策会社であった社団法人日本映画社は解散し、十二月に社員によって新しく株式会社日本映画社が設立された。戦前、日活多摩川撮影所の所長をしていて、その後満州映画協会（満映）にいた根岸寛一を新しい経営責任者として迎えた。そして、根岸は岩崎昶に、製作者として日映で働くように懇願した。

岩崎は、戦前のプロレタリアート映画運動に参加してたびたび検挙され、一九三八年には共産主義者として検挙された。容疑はプロキノ（日本プロレタリア映画同盟）活動、映画法反対の執筆活動、唯物論研究会での活動等による治安維持法違反であった。二年後に彼が保釈で出所したときには、世の中はすっかり「天皇制ファシズム体制」になっていた。マルキストの岩崎を雇ってくれるところはなく、そのとき根岸が妻子を抱えた岩崎に同情して、満映の東京事務所の属託という身分にしてくれた。そして岩崎は、一九四三年には李香蘭主演のミュージカル映画で島津保次郎監督の『私の鶯』（東宝との提携作品。日本では未公開）の製作等を担当している。山口淑子（李香蘭）は、「岩崎さん自身が満映とのかかわりをほとんど記録に残してないせいか、満映の製作、企画部門で大活躍したことは、あまり知られていない」と述べている。(3)満州に日本が国策会社として作った満映は、日本本土からはみだし、大陸に夢を馳せる右翼と左翼の両方の要素を吸収したところもある、奇妙な団体であったらしい。しかし岩崎が満映に少しでもかかわったことは、戦後岩崎も戦犯に該当すると主張する彼の反対派に、岩崎攻撃の格好の口実を与えることになった。

根岸に日映に来るように誘われて、戦争中に恩のある岩崎は断れない心境にあった。しかも岩崎は、日映の下村正夫、瓜生忠夫の二人の製作者とは戦中からひそかに思想を同じくする者としての交流があり、この二人も新生日映に岩崎を招いた。日映に参加した岩崎は、すぐに活発な製作活動をはじめたのである(4)。

紀元節についての報道

一九四六年一月に週刊「日本ニュース」第一号の製作がはじまってわずか一カ月後、日映は紀元節の報じ方をめぐって問題に突き当たった。戦前戦中においては、二千六百年前に皇国日本が生まれた日としての紀元節二月十一日が、国家行事として大きく祝われていた。日本社会から軍国主義・排外主義的傾向を排除するための政策として、占領軍は日本政府に、この国家主義的神話を学校で教えることを禁じ、代わりにもっと科学的に日本国家創世を教えるようにと指令を発した。

一九四六年一月二十九日に岩崎昶は、文部大臣安倍能成《よししげ》を訪ね、紀元節についてニュース映画のインタビューをした。安倍は岩崎の高校時代の倫理の教師で、リベラルで良心的人物として知られていた。岩崎は安倍が紀元節の非科学性を指摘し、科学にもとづいた真の歴史教育の重要性を訴えることを期待していたが、大臣は何らはっきりとした態度を示さず、岩崎を落胆させた。岩崎はそのインタビューを使ってニュース映画を編集した。占領軍の検閲が終わり、二月八日上映予定の前日、文部省で試写した結果、文部大臣がインタビューについて憤慨していると、岩崎は文部次官からの電話で知らされた。文部次官は高圧的に、インタビューの部分を削除するようにと岩崎に命じ、説明を求めた岩崎に、どこというより全部が気に入らないから、岩崎が削除しないのなら上映禁止にすると言って、事を総司令部にもちこんだ。

岩崎はCIEのドン・ブラウンに呼び出され、安倍の談話の部分を削除するようにと要請された。岩崎は、いったん総司令部の検閲を通過した作品の一部を削除するとは納得がいかない、と頑張った。そこで安倍の立腹の原因は、苦心して用意した談話を、岩崎が時間の関係で全部収録できずに割愛したことにあったことがわかったのである。ブラウンは、インタビューされた者の同意なく編集するのは、米国では訴訟の対象になると脅しにかかり、岩崎は訴訟に応じると突っぱねたものの、談話の全文を収録しなかったことを後悔しはじめた。結局、ブラウンは岩崎の言い分も認め、妥協案として今回だけ「スペシャル・ケースとして」削除してくれと頼み、岩崎はそれを受け入れざるを得なかった。封切り後二日目の二月九日から、安倍文相の談話を全部削除した版が上映された。

問題になった作品の構成はつぎのようなものであった、と岩崎は言う。まず、小学校の教室の黒板の文字を写す。ついで、机に積み重ねられた初等国史教科書の頁で、占領軍が不適当と認めた箇所が、墨で黒々と消されているところを示す。その間、ナレーションが語る。

この二月十一日は神武天皇即位二千六百六年目の記念日だと国民はこれまで教えられてきました。が、学問的な歴史はこれに六百何十年の掛値のあること、また紀元節はまったくの神話にすぎないことを証明しているのです。歴史を国粋主義者の宣伝から自由にして本当の科学とするためにいま歴史の書き換えがおこなわれていますが、これについて日本人の再教育の起草にあたる安倍文部大臣はつぎの如く語りました。

そして文部大臣の談話は、つぎのようなものであったという。

ひじょうな混乱と緊迫のなかにわれわれの国は紀元節を迎えるようになった（戦争中あまり無理を強いたので、このごろは合理主義がやかましくとなえられる。しかし自然現象と歴史的現象とは取り扱い方が同じにはいかない。論理を単純に歴史にあてはめてはかえって歴史的真実がこわされるのは十八世紀の啓蒙哲学の示すところである）。神話をもって現代を律することが戦争中にはやった。神話と歴史を混淆するのはいけないが、神話の国民生活にたいする意義を没することはできない。紀元二千六百年に六百年の空白があるというのが簡単な常識のようになっているが、それをどういうふうに扱うべきかは学問的にはきまっていない（我国の建国が古く皇室が中心であったということはそれが半ば伝説化したものであっても意義を失うものではない。われわれは紀元節にあたってこの古い建国を思うとともに新しい建国の意気で進みたい）。

これは全部で三分に及ぶもので、時間の関係で岩崎は前記のカッコの部分を割愛した。そして、この談話のあとに、文部当局の〈あいまいで非科学的な態度に当惑し混乱している学校の先生や生徒の歴史の授業〉を写して終わりにした⑤。

一九四六年二月九日の「朝日新聞」は、「文相、ニュース映画に抗議、『歪曲された』紀元節の録音、日映、対立の後に撤回」との見出しでこの件を報じ、「発言者がその内容の正確を要求する態度と報道機関の企画的態度とがかく対立し、かく解決した事実は深い示唆を与えるものとして注目される」としている。そして、映画の構成を前記のように説明し、映画はつぎのようなナレーションで終わるとしている。

文部当局のこのような曖昧な態度は実際に幼い子供達の教育にあたる学校の先生方を困らせ、子供達の頭を混乱させています。子供たちは本当の事を知りたがっているのです。神武天皇はそしてまたその即位は伝説であって歴史ではありません。

そして「朝日新聞」によれば、文相は日映に抗議し、山崎次官は総司令部を訪れて〈経過を説明し、これが上映禁止を懇請したのである〉が、日映は〈映画編集製作は会社の自由であり、文部省の支持を待つ必要はない〉との見解をとり、一時は険悪な対立になったが、数時間後の七日夜に解決したといい、岩崎と山崎次官の各見解とともに、〈法律上も、日本政府に検閲の権限がない以上、この件の解決は難題〉という司法省の意見も載せている。

三日後の二月十二日の「朝日新聞」は、二月十一日に「略しても、正しき報道を、日映問題にマ司令部の見解」の見出しで、この件に関する総司令部の意見が、つぎのように発表されたことを報道した。

新聞が会見記を報道するとき本人のいったことを全部掲載する必要はないと同じく、ニュース・リールでも録音の全部を公表する義務はない。しかし責任をもって内容を正しく報道しなければならぬ。米英語圏では正しく公表されなかったとき、法律によって訂正させる方法がある。日本ではその方法がなかった。ただいま（敗戦時）までは検閲で抹殺の方法があったが、この制度廃止後は専ら責任の問題となる。新聞や映画は自由になったが、発表は公平正義でなければならない。残念ながら自由に付随する責任がとられていない。

こうして「朝日新聞」によれば、総司令部は編集の自由を認めながらも、日映の態度が公正を欠き無責任であったとほのめかす見解をとっている。ところで、「朝日新聞」が、文部当局が事件を総司令部にもちこんで、〈上映禁止を懇請した〉ことを報道した際、この報道に対して、総司令部の検閲の手が入らなかったことは注目に値する。二月十一日の見解発表で総司令部が、〈現在では新聞にも映画にも検閲制度がない〉としているのにもかかわらず、これでは、総司令部が〈上映禁止〉の権限をもっていることを前提にして文部省側がそういう措置をとったということが、読者には容易に推測できるのではないだろうか。

また、文相の談話の全文と編集後のものとを比較してみると、割愛された部分は、国粋的神話を支持し、旧制度を維持しようとする文相の態度をより明らかにすると思われるが、日映の編集によって文相の談話の要旨がことさら本質的に変えられているとは思われない。この件は、文相がこの映画によって、自分の保守的なイメージを広く報じられることに対して脅威を感じ、それを抑えつけようとしたという推測もできるが、文相は自らの保守的見解を明らかにすることを恐れているという態度は示していないので、それも可能性としては少ない。また総司令部が、一部が割愛されていたとはいえ、神話を擁護する文相の談話と、それに伴い混乱をきたしているという教育現場の描写を一度許可しながら、文相の抗議の結果、文相の談話全体の削除を命じ、その他の部分はそのまま残したというのも、日本政府の〈神話教育〉に対する総司令部側の態度としては一貫性を欠き、不可解である。

二月九日の「朝日新聞」は、日映事件に関する記事のなかで、「紀元節」の歌の第三章と第四章の歌詞に〈なお検討の余地はあるが〉、それは来年にまわし、さしあたり十一日の式ではそのまま学校で歌ってもよいとの文部省の方針決定を報じている。この決定は総司令部の容認を得ての結果であると思われるが、同様に天長節の歌や明治天皇、皇后の詠んだ歌を歌詞にしたものも、占領軍の検閲ではそのまま許可された。その一方、同じ音楽の教科書で、軍国主義的、帝国主義的な歌詞はかなり恣意的ではあるが削除を命じられている(6)。

ＣＣＤの一九四六年二月九日の記録では、二月七日の夜にＣＩＥのコンデの部下のコンノ中尉が、岩崎にこの作品の上映を全面的に中止するように告げ、八日にコンデと岩崎が安倍文相のところに出向き、もし談話をすべて採録しないのなら、談話全体を削除するように安倍がコンデに要請したと、岩崎は語ったとしている。そしてコンデは、安倍の談話全体を削除したうえで、この映画の続映を日映に許可したが、岩崎はなぜ安倍が占領軍に指図できるのかに好奇心を示したとしている。(7) そして、CCDは二月二十一日にこの件に関して、CCDの検閲をいったん通過したものをコンデが撤回し、上映中止を指示し、上映の継続を遅らせたことに対して異議を唱え、今後似たようなケースが出てきたら、CCDは製作者側にコンデの指示を無視するように伝える用意があることを、コンデに伝えるとしている。(8) 総司令部側の記録が、岩崎による報告というかたちでこの件に関するコンデのかかわりについて述べているのは興味深い。なぜなら、岩崎の著書によれば、コンデはブラウンの部屋で岩崎とブラウンの論議を聞きながら、助け船を出したそうな素振りであったが、上役に口を挟むのを無念そうに控えていたというのである。いずれにしても岩崎は、この事件は占領軍が日本の国粋的神話を擁護しようとする態度を象徴するものであり、占領政策〈逆コース〉をたどりはじめたきざしであるとしている。(9) 紀元節はこの事件の直後の国会で廃止されたが、一九六九年に「建国記念の日」として国民の祝日に復活した。

『日本の悲劇』の製作への介入

一九四六年四月三十日、CCDのプレス・映画・放送部門は、米軍の新聞「スターズ・アンド・ストライプス」の四月十五日の記事で、日映がドキュメンタリー『日本の悲劇』の製作をしていること、そしてCIEがそれにかかわっていることを報じている、と報告している。そのメモのあるファイルに、その記事であるか、あるいは年月日も新聞名もわからない別のものであるかは不明であるが、英文の新聞記事の切り抜きがある。ユナイテッド・プレスのピーター・カリシャーの署名のあるその記事は、主要な戦犯裁判の開始に合わせて、日映の長編ニュース《暗黒時代》が製作中であり、これはマニラの日本軍の残虐行為をとらえた米国のドキュメンタリー "*Appointment in Tokyo*" の一部のほか、日本の過去のニュース映画を使っていること、日本の明治以降の侵略政策が資本主義の搾取的経済制度とつながっていること、この作品はCIEの検閲を通過したこと、この作品の最後には天皇が軍服と背広姿で登場するほか、鳩山一郎、賀川豊彦の写真に、軍国日本を賞賛していた者がいまや平和主義者になりかわって日本の支配階級に返り咲こうとしているというナレーションが被されている、と伝えている。そしてCCDのメモは、CIEのかかわりに注目し、CIEの代表が（未編集の）ラッシュ・プリントを見ては変更箇所を指摘していること、《暗黒時代》という題名がコンデの指示で『日本の悲劇』に変えられたことを報告している。[10]

岩崎は、『日本の悲劇』の題名や製作にコンデがかかわったことを記していないが、『日本の悲劇』という題名は、日映内の懸賞で一位になった社員高木俊朗の案であるとしている。(11)「朝日新聞」に二十世紀日本の娯楽史シリーズを書いていた藪下章治郎は、一九八五年十一月に『日本の悲劇』について言及したとき、その記事に名前の出ていなかった高木が、藪下に電話してきて、『日本の悲劇』は自分が命名したのだと述べたと言って、藪下も〈高木説〉を確認した。(12)監督の亀井は、コンデが《暗黒時代》という題名は将来に向けての前向きな姿勢も過去を客観的に振り返る態度も示すものではないと指摘したので、それにより岩崎が社内で題名を募集したことは考えられるとしている。(13)

『日本の悲劇』の製作にかかわった徳光壽雄は、《暗黒時代》は企画の段階での仮の題名であったが、多くの配給会社がその題名では暗いし、新生日本にふさわしくないと述べたのを岩崎に伝えた。したがって、『日本の悲劇』という題名を選んだのは、岩崎昶、亀井文夫、日映の文化映画部長であった加納竜一の三人であると思うという。そして徳光がこの新しい題名をコンデのところに伝えたので、コンデが題名にかかわっているとは考えられないという。(14)

コンデが『日本の悲劇』の製作にどの程度かかわったかについては、何人かの日本の映画人が、コンデは積極的にこの製作にかかわったばかりか、この製作の背後でこの企画を動かしていたと論じている。[15] 米国のジャーナリストのウィリアム・コフリンも、総司令部が『日本の悲劇』の製作を〈煽動し、承認した〉としている。[16]

コンデの製作段階でのかかわりについて、徳光はつぎのように述べている。ＣＩＥの検閲官が映画会社を訪ねて製作について論じることはほとんどなかったが、ある日コンデが日映に来て、日映が文化映画に積極的に取り組んでいないと批判した。そのころ生フィルムのストックが極端に少なく、劇映画もニュース映画も十分に製作できる状態ではないことを、岩崎と徳光が必死にコンデに説明すると、コンデは納得して帰っていった。コンデが帰ったあと、岩崎、徳光、加納らが集まり、コンデの熱意に応えようということになり、またＣＩＥとの関係もよいものに保っておきたかったので、闇市で総司令部から出回っていたイーストマン・コダックのフィルムを買って、コンデの要請に応えることにした。数日後、《暗黒時代》の企画をコンデに提出すると、コンデは満足そうな表情を示したので安心した。しかし、コンデがラッシュの段階でいろいろ示唆しているとは聞いたことがない。どんな小さいことでも、従業員のあいだで製作のことは話し合われたし、外国人が通訳を連れて仕事場に来れば、誰でも不審に思うであろう。だから、ラッシュの段階でコンデが変更を指示していたとは考えられない、と徳光は四十年後に語っている。[17]

ところが、一九四六年十一月六日、ＣＣＤのプレス・映画・放送部門のウォルター・

ミハタのメモでは、つぎのように報告している。

この部署によって『日本の悲劇』が最初の検閲を受けたとき、この決定は他の検閲官との審議の結果出されると、日本映画社の代表に伝えられた。日映の代表である徳光壽雄は、「CIEのコンデ氏の指導のもとに製作され、ほとんど毎日コンデ氏の監修を受けた映画に対して、なぜCCDの検閲官が騒ぎ立てなければいけないのか」と、怒りをこめて述べた。(18)

亀井監督は、コンデがラッシュ・プリントを見て監修していたかどうか、四十年後に尋ねられて、覚えていなかった。また、日本の軍国主義を排除し民主化する映画の製作を、コンデは要求するというよりも奨励した、と亀井は語った。コンデと日映の映画人たちは、日本の軍部と戦時政府が、国民に信じこませようとしていたプロパガンダの背後にあった〈真実〉を暴露する映画を製作することで、同意した。亀井はテーマと粗筋を考え、コンデは米軍が戦争中に日本軍から没収した映画やその他の資料を提供した。そのなかには、日本軍が連合軍捕虜に対しておこなった残虐行為である、フィリピンの「バターン死の行進」についてのニュース映画や、いかに効率よくフィリピン人市民を一カ所に集めて殺すかを部下に指示した日本軍将校のメモ、日本兵の

〈男子は全部殺すようにとのことだ。今度の討伐は見ものだ〉という日記等が含まれていた。亀井は、コンデはフィリピンで戦時中、対日プロパガンダにかかわっていたため、とくにフィリピンに関することには詳しかったと述べている[19]。コンデが日本軍のフィリピンでの活動に対して特別な興味を抱いていたことは、一九四六年五月六日、CIE局長宛てに彼が書いたメモに明らかである。そのなかでコンデは、日映の戦争中のドキュメンタリー『東洋の凱歌』（一九四二年）がとくに〈情報としての価値がある〉としている[20]。

亀井はコンデから受け取った資料のほかに、日映に残されていた戦前戦中のニュース映画やドキュメンタリーのすべてを見た。『日本の悲劇』に使うための、それらの映像資料の抜粋を亀井が編集しているあいだに、吉見泰が脚本を書いた。過去のニュース映画やドキュメンタリーを編集して、説得力のある映画を作るのは容易ではなく、脚本が完成するまでに一カ月かかった[21]。

『日本の悲劇』は、日映にあった戦前戦中のニュース映画やドキュメンタリーのほか、新聞の切り抜き、スチール写真、地図等を使用している。亀井は少なくとも劇映画一本からの抜粋（山本嘉次郎監督の『ハワイ・マレー沖海戦』のミニチュアによる特撮の場面）も活用している。そしてコンデが提供したと思われる米国側の映像のほか、日本軍が東南アジアで戦利品として没収したものであろうか、米国側のドキュメンタリーらしき映像も使用している。とにかく、米国政府の戦争プロパガンダ映画シリーズ『我々はなぜ戦うか』と同様に、〈敵自身の持っている映像をその敵を倒すために活用する〉目的で、かつての日本の軍国主義政府がもっていた映像を、その政権批判のために使用している。(22)

『我々はなぜ戦うか』と同様に『日本の悲劇』は、一九二八年、ときの首相田中義一によって天皇に提出されたという、日本の世界征服の第一歩としての、中国支配の重要性を強調した「田中メモランダム」に注目している。そして『日本の悲劇』は、こうした対外侵略政策を政府の統制のもとにあったさまざまな団体が支えたが、国内では安い労働力を搾取し国外の市場で安い製品を売ることで成り立つ国家主義的資本主義経済が、このような侵略政策の背後にあることを明らかにしていく。ナレーションの一定のリズムで強調される『日本の悲劇』の多くのショットが、戦争をひきおこした者たちへの攻撃へと、効果的に観客を導いていく。天皇裕仁、東条等の軍人、日産や三菱等の財閥関係者や、戦争でにわか儲けをしたといわれる児玉誉士夫、あるいは平沼騏一郎、橋本欣五郎、西尾末広、岸信介等の政治家、徳富蘇峰、横光利一らのインテリともども、戦意高揚に努める人びとの映像記録が現れ、ナレーションで名指しで指摘される。戦争に協力し、戦争を利して莫大な利益を得た企業の資本を戦前と戦中で比較した数字が字幕で現れる。

彼らとは対照的に現れるのが、戦争と軍国主義の犠牲になった人びとである。村落や都市のスラムで貧困にあえぐ人びと、ご飯を節約せざるを得ない子供たち、そして自由主義思想ゆえに職を追われた京都帝国大学教授の滝川幸辰《ゆきとき》、特高に拷問で殺されたプロレタリア作家小林多喜二を含む、思想統制の犠牲者たちである。

侵略戦争の被害者は中国、フィリピンにと広がり、南京大虐殺や「バターン死の行進」の映像、音響が現れる。そして、それぞれの作戦の現地責任者の将校の写真が出て、ナレーションが〈この聖戦の現地責任者松井石根〉〈フィリピンにおける残虐行為の現地最高責任者本間雅晴〉と名指しで糾弾する。

そして日本政府の発表した戦果の数々が実はでたらめであったことを示す記録が登場する。たとえば勇ましい軍歌のような音楽にともなって、零戦航空隊が米軍艦隊に特攻攻撃を加えるという日本のニュース映画が、敵の逆襲にもかかわらず、この戦いで相手に与えた損害を高らかに数えあげるという場面がある。それにつづくのは、たぶん米国側の映像で記録された、この特攻隊、あるいは類似した任務を負った特攻隊の実際の運命で、米軍艦隊に突っ込む前に撃ち落とされて、米軍艦の水兵の歓声のなか、炎に包まれ海に真っさかさまに落下していく零戦の姿が現れると、字幕は「実は沈没」と言う。また、海に墜落してしまった飛行機の映像に被せて、日本のニュース映画のナレーションが、「来襲敵機はおびただしく撃墜された。空と海の激戦は終わった。死を恐れぬわが艦載機は、実に四日かかって帰ってきた。燃料をほとんど使い果たし、母艦への着艦をあきらめて、僚艦のかたわらへ着水するほどのがんばりかたであった。カッターをおろしてそれらの勇士の救助作業は迅速におこなわれるのであった」と言う。すると〈本当は母艦が沈んでしまったので着艦できなかったのだ〉という字幕が出て、ナレーションが〈この日、連合艦隊は、日本国民の知らないあいだに壊滅してしまった〉と、とどめを刺す。そしてフィリピン沖海戦における日本の「大本営発表」の堂々たる戦果が、日本のそれよりはるかに少ない米軍側のもつ戦果と比較される。

天皇は太平洋戦争のところで、御前会議の写真が出てカメラが天皇にズームする場面のほか、つぎのような場面で間接的に登場する。〈帝国はいまや、自存自衛のため決然たって、いっさいの障害を破砕するのほかなきなり〉と戦争を正当化する場面、〈勝った勝ったで大喜びの天皇陛下には、侵略軍将兵に優渥《ゆうあく》なるおほめの勅語をたまわる〉とナレーションが語る場面、〈天皇陛下　体当りを御絶賛〉という字幕のあとに〈陛下から、かしこくもつぎのお言葉をいただきました。「体当たり機は大変よくやって、立派な成果を収めた。身命を国家に捧げてよくもやってくれた。」こういうお言葉をいただき……〉と、上官が遺族に伝える言葉が聞こえるニュース映画の場面である。

そして小磯首相が、〈いまや戦局はきわめて重大であります。この未曾有《みぞう》の国難を突破する道は、ただただ国民が大和一致、敵米英の犯行を撃砕するに存します。先に天皇陛下には伊勢の神さまに詣でて、神風を吹かせていただくようお願いしておいた〉という場面につづき、〈それなのに〉とナレーションがたたみかけると、字幕が〈アア〉となり、日本の降伏の場面に移る。巣鴨プリズンに続々と喚問される戦犯容疑の軍人や政治家の写真のあとに、〈人民の敵を葬れ！〉という新聞記事が出る。そこでナレーションが、〈しかし、侵略戦争に人民大衆をかりたてて、今日の飢えと窮乏のどん底におとしいれた戦争責任者は、このほかにもまだまだいるはずだ。事実、侵略戦争中、責任ある立場にあった人びとの多くは、いまやうってかわって、あわてて平和主義者になりすましている。正義と人命を破壊する不愉快な侵略戦争を、二度とふたたびくりかえさないためにも、われわれ国民はこの問題を真剣に考えなければならない。いやすでに人民自らのなかから、戦争責任追及の声が高まってきている〉と言う。その間に、二人の人物（西尾末広と松岡駒吉）の写真につづき、天皇を戦犯として裁くよう要請している見出しのある、日本語と英語の新聞記事の大写しが出る。そして画面は、大元帥服から背広姿に徐々にオーバーラップしていく天皇の姿になる。

つぎに戦争犯罪人を追及する人民大会の場面になり、〈……特別攻撃隊を思え、そういって、彼らは私たちを、工場労働に鞭打ったのであります。しかしながら、特別攻撃隊の本質は何であったたか。それは私たちの最も愛する肉親の生命を一片の砲弾、一隻の軍艦に、やすやすと交換した天皇制政府の、罪悪の集中的表現であるのだ……〉と演説する婦人代表に拍手が沸く場面のあと、仲間の戦死者の遺骨を胸に抱いて帰国する兵士の場面で映画は終わる。(23)

十五年にわたる日本の侵略戦争をたどりながら『日本の悲劇』はこうして、映画作家の反戦思想を正面から強烈に、ときには風刺精神をもって視覚、聴覚に訴える。日本のアジアに対する侵略戦争の背後にある資本主義的搾取経済制度の要因をマルクス主義の歴史分析が強調する。現在聴くと、ときにそのナレーションはあまりに直截的で上ずった調子のものであるが、戦争の悪の根源を突き止めようとする作家の、燃えたぎるような情熱と高揚した精神が観客に伝わり、作家の論議に耳を傾けようと思わせるのみならず、こうした映画を作ることの意義に賛同する観客が当時少なくなかったであろうと思わせる作品である。

【註――第十章】『日本の悲劇』の製作

(1)　ピーター・B・ハーイの『帝国の銀幕』によれば、《戦陣に咲く》という映画が公開直前（一九四三年六月）に突然上映を禁止され、保留処分になったという。結局この映画は、大部分を撮り直して『火砲の響き』（一九四三年十月、野淵昶監督、大映）として公開された。

(2)　以上、亀井の略歴は、『日本映画監督全集』一二四頁。亀井文夫『たたかう映画　ドキュメンタリーの昭和史』（岩波新書、一九八九年）、一一一―一九頁。野田真吉『日本ドキュメンタリー映画全史』（社会思想社、一九八四年）、四〇、六〇―六七頁。亀井文夫への筆者によるインタビュー（一九八四年七月六日、東京）。「亀井文夫の語る秘録　戦中戦後の映画史」（亀井、波多野哲朗、高坂進、小川徹による対談、「映画芸術」一九七六年七―八月号、七九―八〇頁）。亀井文夫「私の『戦争と平和』」（「岩波ホール」一九七二年二月一日）、一〇―一一頁。藪下章治郎「二十世紀の功績」一五九四号（「朝日新聞」一九八五年十一月二十日）。

(3)　山口淑子・藤原作弥『李香蘭　私の半生』二六五頁。

(4)　岩崎昶『占領されたスクリーン』三五、四二―四五頁。田中純一郎『日本映画発達史Ⅲ』三九二頁。

(5)　岩崎昶『占領されたスクリーン』五九―七一頁。

NHKホームページにある「日本ニュース　戦後編第4号」の動画と再生テキストによれば、岩崎の記述と多少異なる部分があるが、趣旨は大方一致している。また次頁の朝日新聞からの引用文も、上記再生テキストと比較すると省略されている部分があるが大意は変わらない。

(6) 赤塚康雄「一冊の『墨塗り』音楽教科書」（「占領史研究会ニュース」一九八四年六月一日号、六頁）に引用された『文部省著作戦後教科書解説』（大空社、一九八四年）の中村菊治「総論 敗戦と教科書」二三頁および二六頁。

(7) 国立記録センター、ボックス番号３３１－８５７９、ＣＣＤのＣＩＥとの関係のファイル、ＣＣＤの一九四六年二月九日付のＷ・Ｊ・ＰからＥ・Ｌ・Ｓへのメモ。

(8) 同上、同ファイル、Ｋ・Ｃの署名入りで映画課から東京のプレス・映画・放送部門に出された一九四六年二月二十一日付メモ。

(9) 岩崎昶『占領されたスクリーン』七一頁。

(10) 国立記録センター、ボックス番号３３１－８５７９、『日本の悲劇』に関するＣＣＤのファイル。

(11) 岩崎昶『占領されたスクリーン』七六頁。「宮島義勇回想録・32」（「キネマ旬報」一九八五年七月上旬号、一五五頁）。

(12) 亀井文夫、谷川義雄、藪下章治郎、筆者の一九八六年一月三十一日東京での会見の場での藪下の発言。

(13) 同上会見での亀井の発言。

(14) 徳光壽雄の筆者宛ての一九八五年二月二十七日付私信。

(15) 山本嘉次郎「カツドオヤ微憤録」一九一－一九二頁。藤本真澄「一プロデューサーの自叙伝」一八七－一八八頁。

(16) William Coughlin, *Conquered Press* (Pacific Books, 1952), p.45.

(17) 徳光の前掲私信。

(18) 国立記録センターの『日本の悲劇』ファイル。
(19) 亀井文夫への筆者による前掲インタビュー。前掲註(12)の会見での亀井の発言。
(20) 国立記録センター、ボックス番号331－5130、CIEの会議録のファイル。
(21) 「朝日新聞」の「二十世紀の軌跡・1506」(一九八五年十一月二十三日付)に引用された吉見泰の談話。藪下の前掲の会見での発言。製作会社及び国立映画アーカイブに保存されている本作の映画プリントのスタッフ・クレジットには「編輯　亀井文夫　吉見泰」としか記載されていないが、古い記録映画の場合、「監督」「演出」のクレジットがなく、「構成」「編集」表記しかない場合が多い。
(22) Leyda, *Films Beget Films*, pp.38-39.
(23) この映画の台本は、映画から谷川義雄が収録したものと、米国の映画史家ネッド・ローダーによってもたらされた『日本の悲劇』のビデオ・テープから筆者が、DVDより高橋陽一郎が収録したものを合わせたものである。

第十一章　『日本の悲劇』の検閲

検閲で問題になった箇所

『日本の悲劇』の製作にコンデがかかわったことを考えると、この作品がCIEの検閲を問題なく通過したことは、想像に難くない。しかし『日本の悲劇』がCCDの検閲にまわされたとき、何カ所かの削除が命じられた。メリーランド州スートランドの国立記録センターに収録されている『日本の悲劇』に関するCCDファイルにある英訳された当作品の脚本には、CCDの検閲官による書きこみがあり、メモが添えられている。CCDが問題にしたのは戦犯に関する箇所で、鳩山一郎（一九四六年五月に占領軍によって追放処分を受けていた）が戦犯であることに言及する場面と、天皇の肖像の場面に削除を示唆する線が引かれた。これは第一稿二十五頁の場面三十六で、日本を民主的で平和を愛する国に再建するためには、過去の危険な指導者と、侵略戦争のもとになった制度を完全に裁かなければならない、たとえば、鳩山は追放される直前まで国民を偽る甘言を吐きつづけてきたとナレーションが述べ、鳩山の写真が登場し、〈われわれ自由党は、言論の自由、集会の自由、経済の自由を認める〉という鳩山の声が被さる。つづく場面三十七で、ナレーションが、こうして姿を変え自分たちを新しい時代の指導者と言っている者がほかにもたくさんいると述べると、京都大学（滝川）事件の際の、当時の文部大臣鳩山と京大総長の写真入りの新聞記事が出て、天皇は軍服から背広姿の写真になる。ナレーションは、もしわれわれがふたたびだまされることになれば、深刻であると述べる。脚本のこの箇所にまで、検閲官によって線が引かれた。

第二稿で、鳩山の部分は削除されたが、その他の部分は前記の現在のかたちの映画のように再構成されて残った。これに対して検閲官「K・C」は一九四六年六月十三日に、脚本の鳩山以外の部分は、その後許可されて残ったらしいと報告している。[1]検閲官はまた、この脚本に出てくる日本人の名前の一つ一つに青インキで、〈裁判中〉〈戦犯〉〈裁判（「待機中」の意味であろうか）〉の書きこみをし、これらの印をつけられた者は戦犯として映画のなかで攻撃してもさしつかえないと判断したようである。その他の者は〈戦犯ではない〉〈記録がない〉〈釈放済み〉〈逮捕〉〈容疑が晴れた〉と書きこみがされた。天皇の箇所はふたたび線が引かれた。

極東国際軍事裁判の首席検察官ジョセフ・キーナンのつぎの発言のカッコ内の部分

が、削除の線を引かれた。〈被告の指名に際し、いままでにまだ起訴されていない者（世界の注意を促すために、比較的重要ではない者と同時に、最高権力の座にある者もいる）がたくさんいる事実に注意をひかれたい〉。このキーナンの発言の横に「R・K」（リチャード・H・クンズマン）というイニシャルとともに、大きなバツ印が赤鉛筆でつけられ、同じ赤鉛筆で、〈天皇の肖像〉の横には〈OK〉と書き入れられている。

一九四六年六月十三日の検閲官K・CからR・H・Kあてのチェック・シートによれば、削除の線は、検閲官R・H・Kによって要求されたものであった。K・Cは、R・H・Kによって削除の線が引かれた箇所は〈発表されている占領目的の批判でも、反民主主義的方法を取ろうとするものでもなく〉、また〈公共の安寧を脅かすものでもない〉という異なった意見を表明している。そして、〈政治にかかわる討論や政治改革は、すべて論争をひきおこす性格のものであり、論争のすべてが公共の安寧をいくらか脅かすものである。すべての論争を禁じようとするのは、明らかにプレス・コードの目的ではない〉という持論を展開している。

完成した現在のかたちの映画は、キーナンの発言をいっさい含んでいないが、天皇のほか、戦犯として起訴されていない者の名前をあげて非難している箇所を含んでいる。いったんそれらの箇所の削除を命じた検閲官R・H・Kは、政治的論争を擁護する必要を説く検閲官K・Cに説得されて、天皇批判をはじめ、その他の者の批判を映画のなかで許す結果になったのかもしれない。

『日本の悲劇』はCCDの検閲を通過したものの、いざ配給となると困難に直面した。岩崎昶によると、観客のあいだに不人気が予想され、興行的成功が望めないことから、主要な配給会社はこの作品の配給を拒否したという。[2] 一九四六年五月二十五日の「映画新聞」のインタビューに答えて岩崎は、日映のニュース映画は、保守的で封建的な考え方をする観客の多い地方でとくに不人気であったとも語っている。コンデはCIEの職にあった最後の週の一九四六年七月十二日の週間報告書で、岩崎の話と同じことを書いてる。それによると、『日本の悲劇』はその週に封切りの準備ができていたが、東宝、松竹、日活の三大製作配給会社が当作品の配給を望まなかった、その理由は（ニュース映画にしては）上映時間の長いことと、不人気が予測されることであった。[3] それよりあとに書かれたCCDの報告書は、敵意をもった観客が上映中の劇場に危害を加えるかもしれないという理由で、主要な配給会社がこの作品の配給を拒否したという、より深刻な理由をあげている。[4]

『日本の悲劇』はそれでも七月に、独自にいくつかの劇場で自主公開された。[5] 亀井文夫は東京のホールでの上映中に、スクリーンに下駄を投げつけた者がいたのを覚えているが、[6] 確かに映画に敵意をもった観客がいたのは事実である。

CCDの映画会社に関するファイルには、一九四六年七月二十五日の「東京新聞」

の映画評とその英訳が含まれている。この評は『日本の悲劇』の、〈満州事変以後の客観的な事実を見せて啓蒙と反省をうながす〉製作意図や、〈ある場面では御前会議の全景写真が写ると、カメラは天皇の前へぐうっと一息に進み出てゆくような〉大胆な試みと技術を賞賛している。そして、この映画がいまだに常設館で上映されていない事実を指摘し、〈現在の映画企業がもつ「自由」の限度〉を嘆いている。[7]

一九四六年八月五日の「朝日新聞」は、「肘鉄砲『日本の悲劇』」という見出しで、完成後二カ月たっても主要配給会社が上映時間の長さを理由にこの映画の配給を断っているが、本当の上映拒否の理由は〈そのテーマのとりあげ方、思想にあるという〉とし、東京ではなく埼玉県蕨市で封切られるのはめずらしいとしている。

岩崎によれば、『日本の悲劇』を二、三の地方映画館で封切ったところ大変な人気だったので、それに勇気づけられて東京での公開を準備していたという。[8] CCDの『日本の悲劇』に関するファイルにある、一九四六年七月の「日刊めざまし通信」六一号で、八月十五日から（東京神田の）共立講堂で〈色々の問題で上映を拒否された〉『日本の悲劇』の有料試写会を一週間おこなうことを報じている。前述のCCDの映画会社に関するファイルにある英字新聞「ニッポン・タイムズ」一九四六年七月二十四日付記事の切り抜きは、大手配給会社に上映時間と予想される不人気を理由に拒否された『日本の悲劇』の製作会社は、観客に決定を委ねようと、神田共立講堂で無料試写をまもなくおこなうと報じている。しかし、この共立講堂での試写は実際におこなわれたかどうかは不明である。岩崎も亀井も東京での上映は交通文化博物館（この当時は鉄道博物館、のちに交通博物館）でのものにしか言及していない(9)。

二度目の検閲

一九四六年八月十三日、岩崎はＣＣＤに呼ばれ、再検閲の結果『日本の悲劇』が上映に不適当であるとの決定が下り、許可を取り消し上映禁止にする、映画はネガもポジ・プリントもすべて没収するので一週間以内に提出するようにと宣告された。驚愕した岩崎はわが耳を疑い、何度も尋ねたが答えは同じであった。その後、岩崎は毎日ＣＣＤに出かけては理由の説明を求めると、応対した検閲官は、命令は上から来たとくり返すだけであった。結局その命令は、参謀第二部（民間諜報課）長のチャールズ・ウィロビー少将から来ていることを、岩崎は次第に知るようになった。ウィロビーに会見を申し入れたもののかなえられず、岩崎は日映の通訳楢原茂二を通じて副官のビショップ大佐に抗議し、用意した質問状を手渡した。ビショップは、その件については報告を受けていないので、ウィロビーと話し合って回答すると答えた。しかし、回答は占領が終わるまで来なかった、と岩崎は報告している(10)。

徳光壽雄の四十年後の記憶は、岩崎のものと若干違っている。『日本の悲劇』の上映禁止令を受けて、徳光は真っ先にCIEのコンデのもとに行き、理由をただすと、コンデは〈なぜか憮然とした表情で〉CCDに聞くようにと即答した。徳光がその足でCCDに行き、大川周（前述のヒュー・ウォーカーの日本名）の紹介で検閲官ミハタに会った。ミハタが上司と相談したあともどってきて、徳光に理由は説明できないと言った。徳光がどこの誰に聞けばよいのか問いつめると、総司令部に行くようにと答えた。それを岩崎に伝え、岩崎と徳光がウィロビーを訪ねたが、当時総司令部を訪ねる日本人は、政府高官、解体された財閥の関係者、あるいは特別の呼び出しを受けた者だけで、映画関係者ではこの二人が〈最初にして最後だろう〉とのことである。

ウィロビーは副官二人を従えて徳光と岩崎に会い、〈ゆっくりとハッキリした英語で述べる岩崎〉の顔を見ながら従卒の一人が筆記し、ウィロビーは何も答えなかった。今日ここで理由が述べがたいのなら、後日文書で通知してくれることを懇願して、徳光と岩崎はその場を退いたが、とうとう返事はなかったという[11]。

岩崎は、吉田茂首相が『日本の悲劇』について不満を表明していることは聞いていたが、二カ月前に民間および軍事の検閲を通過した映画が上映禁止になるとは想像もしなかった。岩崎は、マーク・ゲインや他の外国人特派員から、つぎのような説明を聞いた。八月二日に映画好きの吉田は、恒例となっているその週の劇映画とニュース映画を首相官邸で試写させたが、『日本の悲劇』を見て激怒した。たまたまその場に招待していた米軍高級将校のなかに参謀第二部の将官がいて、彼も吉田の意見に賛成し、吉田は彼を通じてマッカーサーにこの映画の上映禁止を訴えたというのである。そして岩崎は、この将官がウィロビーであったと言う(12)。

岩崎は八月二十八日夜、自宅を訪ねた二人の若い暴漢に日本刀で襲われ、顔を斬られて自宅で療養を余儀なくされた。犯人は結局逮捕されなかったが、このショッキングな事件は、『日本の悲劇』が天皇を戦犯と示唆したことに立腹した右翼の仕業だと信じる者が多かった。岩崎は、襲撃を指令したのは、『日本の悲劇』の上映禁止後、財政的に弱体化していた日映を買収しようとして岩崎に断られた右翼の安藤明であると推測している(13)。

ゲインはコンデとともに一九四八年九月十日に、岩崎の家に見舞いに行っている。ゲインは、安藤はセントラル映画社のマイケル・バーガーと結託して、日本映画界を支配しようとしていたと言う。そして岩崎は『日本の悲劇』上映禁止の件を、つぎのようにゲインとコンデに説明した。米国の検閲官が『日本の悲劇』の上映禁止を指令したので、理由をただすと参謀第二部からの指令だと言う。その後友人が言うには、映画は首相官邸でひそかに試写され、その場にいた何人かの米国人の客のなかに、民間諜報局の者がいて、吉田茂は彼らに映画を禁止してくれるように頼んだそうだ(14)。

興味深いのは、岩崎は首相官邸での出来事をゲインから聞いたと言い、ゲインは岩崎から聞いたと言っていることである。いずれにしても、前記の話から、コンデ、ゲイン、岩崎を繋ぐ親しい関係が浮かび上がってくる。

岩崎の情報は、米国側の検閲資料と突き合わせてみると、ほぼ正確なものであったことがわかる。米国側の検閲資料によれば、吉田首相は八月二日の首相官邸での上映の前に、『日本の悲劇』がどのような映画であるか知っていて、占領軍の将校を招待したことを示唆している。ウィロビー自身はその上映に立ち会っていなかったが、部下のD・S・テイト少佐とトマス・P・デイビス少佐を派遣し、その二人の報告によって、ウィロビーが二回目の検閲をおこなうことを命じている。

報告書によれば、テイトとデイビスは八月二日午後十二時半に首相官邸で『日本の悲劇』を見た。同日、テイトはウィロビーに、デイビスは民間諜報局のウッド大佐に、それぞれ報告書を書いている(15)。二人は、マッカーサーの部下で影響力をもっていた広報局のフレイン・ベイカー准将(16)と、民間情報教育局長であるD・R・ニュージェント中佐も招待されていたが、欠席したと聞いたと述べている。デイビスは、〈総司令部がこのような映画を禁止するようにとの期待のもとに、われわれが上映に招かれたのは明白である〉としている。日本政府の占領軍との折衝係である白洲次郎が同席し、この映画が〈民間情報教育局のコンデ氏との協力のもとに製作され、彼はこの映画のために職を解かれたといわれている〉と米国側の出席者に説明した。

テイトは、〈浅薄に「ドキュメンタリー」という衣を着せられた、政治的プロパガンダの映画であり、……ぎくしゃくと繋がれ、プリントの質が悪い〉作品とし、デイビスも〈古い写真とニュース映画の断片を繋ぎ合わせて、安手に作られた〉作品とし、ともに『日本の悲劇』を技術的に質の低いものと評価している。両者とも、映画の内容を概略したあと、最後の天皇の場面をかなり詳細に叙述している。テイトは、〈映画はミズーリ号での降伏の儀式になり、日本の戦犯が巣鴨プリズンに到着する場面となり、最後に天皇の写真が出て、「これが処刑されるべき人間である」と映画が述べる〉としている。デイビスはさらに詳しくつぎのように書いている。〈天皇を戦犯として裁くようにと、フィリピンが要請しているという新聞の見出しが出る。共産主義者たちの集会で、若い女性が天皇を裁くように狂信的に訴えている。そして、栄光と勲章に覆われた天皇の写真がフェイドすると、垂れ下がった帽子をかぶり、いくぶん猫背のこの人物の最近の写真に変わる。そして映画は、兵士の位牌が船から下ろされる写真で終わる〉

テイトとデイビスは、この映画の〈天皇に対する急進的な扱い〉が、〈暴動や騒動をひきおこす恐れがある〉ため、〈公共の秩序を守るという観点から〉上映禁止処分にするべきであると、報告書でそれぞれ結論づけている。

民間諜報局はその後、首相官邸で上映されたプリントが、検閲を通過したものと同じものかどうかを確認した。このプリントが、CCDの検閲を受けて許可されたものであることが最終的には確認されたものの、米国側は白洲が故意にこの報告を三日遅らせたとして、困惑している。この遅滞に業を煮やしたCCDは、自らが上映許可を与えた『日本の悲劇』のプリントを独自に用意し、デイビスに見せて首相官邸で上映されたものと同じものであることを確認している。[17] この遅滞の理由は定かではないが、いったん占領軍を動かしてこの映画を上映禁止にしようとはかった日本政府が、どの程度迅速かつ積極的に動いたらよいかを判断しかねていたことを示すものかもしれない。

CCDはまた、映画のなかで言及されている主要な人びとに与えた、以前の検閲評価の再検討をおこなった。東条と小磯に関しては〈(戦犯であることが)おそらく疑問の余地なし〉とし、軍事産業財閥の中島知久平と〈アイカワ(鮎川義介のことか)〉については〈(映画の主張するところが)正当である〉、財閥の池田成彬と津田真吾についてては〈(映画で言及されている方法が)悪趣味〉、〈(総司令部に)追放されたが逮捕はされていない〉政治家の鳩山一郎に関しては〈さらに疑うべき余地あり〉、政治家の西尾末広と松岡駒吉については〈政治的名誉毀損に等しい〉、そして天皇に関しては〈言わんとしているところは明白である〉とされている。このほかにも、映画を通じてナレーション、当時のニュース映画の挿入、写真のキャプションで名指しで糾弾されている政治家には、田中義一、南次郎、平沼騏一郎、内大臣木戸幸一、「賀屋興宣、石渡荘太郎、青木一男の大蔵省三羽烏」、重光葵、安藤紀三郎国務大臣、岸信介商工大臣、大川周明、葛生能久、そして軍部と結びついた財閥には久原房之助、児玉誉士夫、石原広一郎、軍人では橋本欣五郎、荒木貞夫、松井石根、末次信正、本間雅晴、外交官では駐独大使大島浩、駐伊大使白鳥敏夫、文化人には頭山満、徳富蘇峰、横光利一がいる。

ひきつづき八月七日に、「W・S・W」というイニシャルの検閲官（おそらくW・S・ウッド）が、参謀第二部の民間諜報局局長ルーファス・S・ブラットン大佐に、〈二人の経験豊かな将校によって書かれた、この映画に関する報告書の観点から見て、この映画は占領目的に有害なものとして、禁止されるべきであると勧告する〉との書簡を出している(18)。

八月九日にCCDの「W・B・P」（ウィリアム・ベンジャミン・プトナム）は、それに反する意見を表明している。彼はこの映画は、〈天皇に関して、許可されている範囲を超える暴力的な非難や讒謗《ざんぼう》や揶揄〉を含んでいないとしている。そして総司令部の現行の政策では、〈天皇制や現行天皇についての、賛成反対両方の討論が許可されている〉ことに注目し、この映画は〈上映禁止を必要とするような〉批判を含んでいない、と結論づけている。もしそのような天皇に関する論議がほかでも見当たるなら、日本の言論に対する総司令部の現行の政策を変える必要があるが、現行の政策が、総司令部が奨励している言論の自由を保障していること、公共の秩序を攪乱したり、また日本国民の大勢が深い愛情を抱き、占領の円滑な実施の成功に多大の寄与をし、協力をした支配者を覆そうとする揶揄、讒謗、有害な批判から天皇を保護しているという観点から、現行政策の変更の必要はないとしている。[19]こうしてプトナムは、〈公共の秩序を攪乱する恐れ〉のあるものより、言論の自由のほうが重要であるとしたのである。

翌八月十日、検閲官W・S・Wはブラットン大佐に、CCDは当映画が〈検閲政策に反するものではない〉と述べているが、それにもかかわらず『日本の悲劇』は上映禁止に処されるべきであるとのメモを送った。W・S・Wはその結論を、八月二日に首相官邸でこの映画を見た二人の部下が、この映画が公開された際には、暴動あるいはその種の騒動がおこる可能性があると判断したことに依っている。そして、この映画を上映禁止にすることは、〈かならずしも検閲規則を変更することを意味するものではない〉としている。[20]

この意見がウィロビーに承認され支持されたと思える。八月十二日に民間諜報局はCCDに、『日本の悲劇』の上映禁止を勧告し、〈この勧告はウィロビー将軍の意見と一致している〉とするチェック・シートを送った。これには、W・S・Wが〈当映画の上映禁止を決定した最高責任者〉であるとし、〈この措置が必要である〉ことを述べるウッドの書簡が添付されている。[21]

『日本の悲劇』をめぐる検閲では、こうして一度目も二度目も、各段階で検閲官によって異なる意見が表明された。前記の過程を見て、つぎのことが明らかになる。CCDと民間諜報局は、それぞれ独立に意見を表明するが、後者の意見が最終的なものになること、それはウィロビーの承認を必要とすること、そして『日本の悲劇』をめぐる件では、占領軍が熱心に奨励していた、民主主義のために必要な要素である「言論の自由」と、占領を円滑に施行するのに障害になるかもしれないという、公共秩序攪乱の可能性に対する懸念とのあいだの選択であり、最終的には後者が映画の上映を禁止する理由として正当化され、占領軍の理想主義が押しやられた結果となったのである。

映画の没収

岩崎は『日本の悲劇』の没収の期日までの一週間、急いで準備をし、上映を強行した。東京の交通文化博物館には二百五十席の劇場があり、そこで七日間一日三回の上映をした。[22]八月十五日ころ、東京大学法学部の大教室でも、学生団体が交通文化博物館からのプリントを借りて、自主上映をおこなった。[23]

八月二十日が映画没収の期限とする岩崎の記述に反して、CCDの書類は『日本の悲劇』のネガおよびポジ・プリントを含むあらゆるプリントの没収の期限を八月十六日としている。CCDは、八月十五日に日映に、『日本の悲劇』が上映不適当であることを決定した旨を、理由をつけずに、しかし〈一九四六年一月二十八日の総司令部の指令に則り〉不服従の場合はそれなりの処置を取るという、強圧的な書簡を送っている[24]。

八月十六日にCCDは、日映の十本の35ミリ・プリントのうち一本は、ソビエト連邦が供給した生フィルムを使用してプリントしたもので、ソ連に送るためにソ連大使館に配達されていたことを知った。検閲官は、〈総司令部の許可なく日本映画を複製し、生フィルム・ストックを輸入すること〉の非合法性を指摘し、総司令部の外国折衝局に、このプリントを没収するように勧告した[25]。そして、この件は外交問題にまで発展する様相を見せたが、実際にこのプリントがCCDに返却されたかどうかは定かではない。亀井監督は、このプリントは最終的にはモスクワに送られたと信じ、ニュージーランド代表部からもプリントの要請があったことを覚えているが、これがニュージーランドに送られたかどうかも定かではない[26]。ソ連に加えてニュージーランドは、オーストラリア、中国、フィリピンと並んで、天皇を戦犯として裁くべきであると主張していた[27]。もう一本のプリントが、朝鮮総連付属の民衆映画社に売られていたが、それは八月三十日にCCDに提出された(28)。

さらにCCDは、岩崎が六月二十六日に三本の16ミリ・プリントを注文して七月十五日にCIEに渡していたことを突き止めた。CCDの問い合わせに対してCIEは、プリントは三本とも日映に返したと述べ、日映は十月十日にCCDにそれらを提出した。日映は、岩崎が暴漢に襲われて、八月二十八日から九月二十五日まで入院して仕事を休んでいたため、岩崎の机のなかにその三本のプリントがあることがわからなかったという理由を述べた(29)。岩崎自身、この三本の16ミリ・プリントに関しては、詳細をきわめる『日本の悲劇』についての記述を収めた著書『占領されたスクリーン』の該当する章でも一言もふれていない。本書の第四章でふれたように、日映は、総司令部に原爆に関するドキュメンタリー映画の没収を命じられたとき、ひそかにプリントを隠している。この件も、日映側が『日本の悲劇』のプリントを隠そうとした努力の一つであったのかもしれない。亀井は、日映の誰かが岩崎の承認のもとに、『日本の悲劇』のプリントを隠したと信じていた(30)。

徳光は一九八六年の筆者への私信で、『日本の悲劇』のプリント類が、全国の上映館から回収されてくるたびごとにCCDに運び、全プリント、原版（ネガ・サウンド）を完納し終えたのは、回収指令があってから四週間ほどのちであり、「原版もプリントの一本すら、日映にはない」としていた(31)。ところが徳光は、一九九四年三月五日N

HK甲府放送局で、『日本の悲劇』についての番組の作成準備をしていた渡辺健策に、「日本映画新社に残っていたプリント一本は、私が隠したものだ。没収の理由がどうしても納得できなかったので、危険を承知で隠した。このことを知っていたのは私と岩崎氏、加納氏、大峰氏の四人だが、もしGHQに見つかったら、私一人の責任にするつもりだった。私たちとしては、『日本の悲劇』を隠すことは、会社の歴史を残すためだけでなく、日本の歴史を残すためという思いがあった」と述べている[32]。

『日本の悲劇』が総司令部により上映禁止措置となった事実は、総司令部による検閲のため、日本のメディアでは報道されなかった。八月二十日にCCDのプレス・映画・放送部門は、〈プトナム大佐よりの指示により〉つぎのような措置を発表した。

(a)　総司令部の他の部署や職員と、映画『日本の悲劇』に関する論議をしないこと。

(b)　この映画について取られた処置に関するCCDあるいは職員の見解は論議されない。いままでに取られた処置は、将来取られるものと一貫したものである。

(c)　現行の映画検閲政策が変更されることはないが、参謀第二部と当部門により最終的な決定が下されるまで、映画の最終的な公開は奨励されないとする[33]。

徳光は、日本のジャーナリストたちはこの件に関して興味を示したものの、総司令部がかかわっていることを嗅ぎまわるのは賢明ではないことをすぐに理解したという。しかし日本のジャーナリストの多くは、いったん上映を許可されたこの映画が、ふたたび検閲されて上映禁止になったのは、総司令部の内輪もめか、日本政府が総司令部に圧力をかけて、この映画の上映を阻止しようとしたことが原因であろうが、後者の線が濃厚であると推測していた。〈陛下を風刺するような映画を上映されては困る〉と、宮内庁から内閣官房へ申し出があり、総理府から総司令部の参謀第二部に願い出たため、映画の中止指令が出たのだという情報を、日映に電話で提供する者もいた。(34)

少なくともある映画雑誌の読者欄では、この件についての〈検閲〉の存在を議論している。一九四六年九月第二週の「週刊映画タイムス」(発行東京)は、「大森Y・S生」よりの手紙の、「問題の映画『日本の悲劇』が、東宝、松竹、日活などから上映をこばまれた末、去月十一日から神田の交通博物館で上映され、その後十六日になって遂にその筋の指令で禁止処分にあったのはどんな理由からですか」との質問に対し、「上記三社では現在上映するやうな内容でもなくまた長すぎるとの理由で拒否したのですが、当局の意向としては明朗であるべき現在の日本人に、このような陰鬱な記録映画を、いつまでも見せて置くことは面白くないというのでした」と編集部が答えている。(35)ここで〈総司令部〉とか〈検閲〉とかの言葉は使われてはいないものの、〈その筋〉という言葉がそれらを示唆している。しかも〈その筋〉の答えとして、前記のような理由が与えられていることは、編集部が〈当局〉と協議の結果前記の答えを用意したのであろうか。いずれにしてもその結果〈検閲〉が存在したことはこの質疑応答から十分示唆されているわけで、この記事そのものが占領軍の検閲で問題にならなかったのかとの疑問がわく。

徳光によれば、『日本の悲劇』の製作費について、日映のなかでは日本政府と宮内庁へ賠償金の請求をしてみたらどうかという意見も出たが、日映創立時の親会社である朝日、毎日、読売、同盟通信各社が沈黙を守っていることでもあるので、〈いっさいをあきらめざるを得ないという結論になった〉という。(36) CCDの記録によれば、九月二日、日映が『日本の悲劇』上映禁止による損害五十五万七千円を要求してきたという。CCD側は、一般のニュースにもとづき、独自の調査をして、損害額三十三万円という結論に達したが、損害に対する支払いをしないことに決定した。(37) 比較的小規模の製作会社日映にとって、損害賠償が得られなかったことは、深刻な財政的問題になったであろうと推測できる。徳光は、「映画会社にとって、たとえ一巻の作品と言えども、その作品がその社の稼ぎ財源である。それを一片の文書（理由）もなく上映中に禁止命令をうけ、剰《あまつ》さえ作品を没取されたケースは、日本映画史上で初めての出来ごとだと思う。占領下の行政上の措置とは謂え、泣き寝入りする気持ちにはなれなかった。これこそ〝日本の悲劇〟であると同時に〝日映の悲劇〟だったと言っても過

言ではない」と述べている。(38)

前記九月二日付のCCDの書簡は、〈そのときまでに、この映画に含まれるような種類の、天皇に対する批判的論議についての日本人の態度が和らいでいるかもしれない〉という理由のもとに、三カ月後にふたたび『日本の悲劇』の上映禁止を解除するかどうか、論議を再開すると述べている。しかし、国立記録センターのファイルには、三カ月後に上映禁止解除の再論議がされたという記録はない。

しかし九月二日以前に、この問題がCCDで浮上した可能性があることを、当該ファイルの資料が示唆している。八月二十二日付のウィロビー将軍から日映（岩崎昶気付）への書簡は、つぎのように記している。

徹底した調査の結果、『日本の悲劇』が公共の安寧を攪乱する恐れは、当映画を上映禁止に処するのに値するほど十分かつ重大である、という結論を得られなかった。総司令部は、占領や占領目的が危険なく遂行されるかぎり、言論と思想の自由が完全に許可されることを欲している。

それゆえ、『日本の悲劇』の臨時の上映禁止処置は、解除されたものとする。(39)

しかし実際には、占領終結まで『日本の悲劇』の上映禁止は解除されなかったので、この書簡が準備されたころ、上映禁止解除についての論議は、ＣＣＤ内でされていたかもしれないが、実際にはこの書簡は送付されなかったのであろう。岩崎にも徳光にも、解除を勧告されたという記述はない。それを裏づけるように、一九四六年九月の「キネマ旬報」に書かれた登川尚佐による『日本の悲劇』の作品紹介と批評は、全面的に掲載禁止処置を受けていたと記されている(40)。

『日本の悲劇』の結末

『日本の悲劇』の上映禁止は、いままで見てきたように、特異な例であった。亀井監督にとって、検閲で問題になった、天皇が軍服から背広姿に変わる場面は、特別の意味をもつものであった。戦前戦中に天皇、皇后の写真は、「御真影」として公共の場に掲げられて、国民はそれに向かって敬礼することを強要された。「御真影」として国民のあいだに定着していた天皇のイメージと対比するかたちで戦後の天皇の写真を並列することに、亀井はある意味をこめたのである。戦争終結までカメラマンは、天皇裕仁を正面からのみ撮ることを許されていた。それは、いくぶん猫背のその横からの姿が写されてはならなかったからである。『日本の悲劇』の背広姿の天皇には、緩やかな背中のカーブが見てとれる。また、亀井は、軍服から平和時の背広姿に変わる天皇のイメージに、戦後の〈民主主義〉とは、衣装を簡単に取り替えるように、その

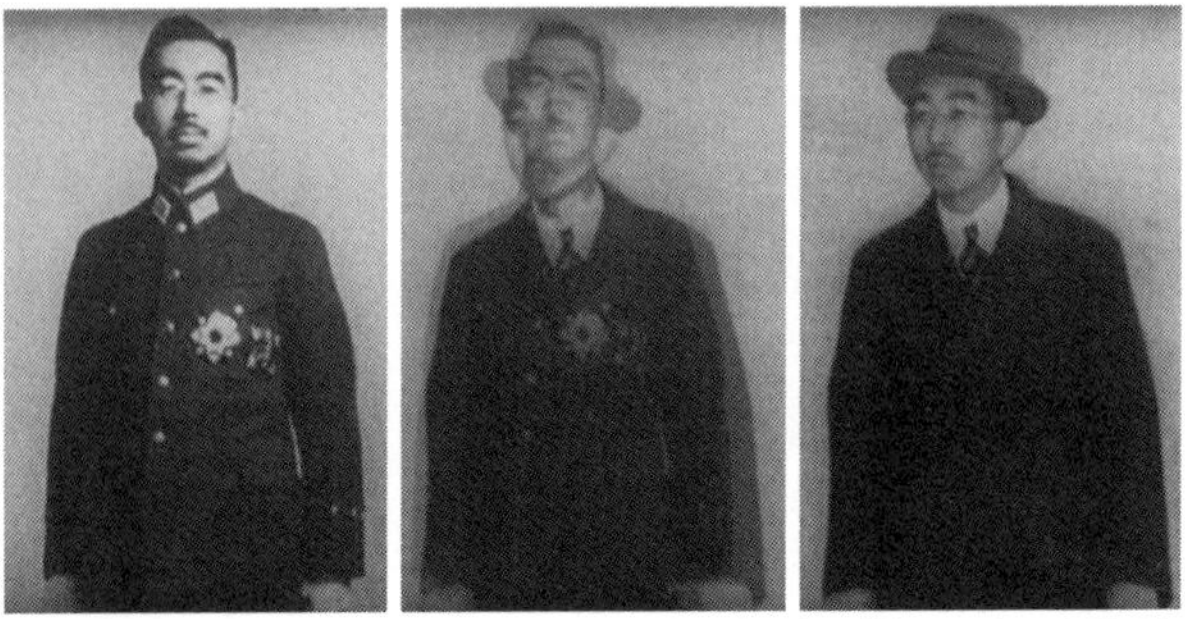

『日本の悲劇』（1946年、日本映画社、亀井文夫・吉見泰編集）の天皇の衣服が変わっていく場面。軍服姿（左）に背広がオーバーラップ（中）し、最後に背広姿（右）になる。

ときの時流に合わせたものではないのかという疑問を込めたかったのだという。[41]

亀井は、『日本の悲劇』の製作を終え、最初の検閲を受けていた一九四六年六月、高知県に疎開中の長男（十二歳）が死亡するという事件に遭遇している。海岸に打ち上げられた旧日本軍の魚雷に、警備中の警官が持ち場を離れたすきに、子供たちが触れて爆発したときの被害者の一人であった。亀井は、〈戦争中、終始傍観者的態度しかとれなかったダラシナイぼくに、戦争が実感として襲いかかってきた〉事件としている。[42] 戦時中〈反戦思想の持ち主〉として投獄された気骨あるこの映画監督は、戦時中に自分が特別なことをしているという気負いはまったくなかったが、本人のみならず家族のなかにも〈戦争〉の被害者をこのような悲惨なかたちで迎えたのである。

十四歳で敗戦を迎えた映画監督篠田正浩は、淡路島で敗戦とそれにつづく占領を迎えた少年たちの体験を描いた阿久悠の自叙伝的小説をもとに映画化した『瀬戸内少年野球団』（一九八四年）を世に出した。この映画が、監督自ら名づけた MacArthur's Children（「マッカーサーの子供たち」）という英語題で米国で公開されたとき、筆者によるインタビューで、天皇制の威力についてつぎのように語っている。「終戦時に天皇は、（ロシア革命時の）ロマノフ朝と同様の運命をたどることを覚悟したであろう。たとえ天皇が処刑されていたとしても、日本国家の核は、接木された米国の民主主義を受け入れなかったであろう。共和制政府は即時に崩壊し、日本は米国との戦いよりも悲惨な内戦を体験していたかもしれない(43)」

当時『日本の悲劇』の上映が続行していたら暴動がおこったかどうかを後年推測するのはむずかしい。当時天皇は国民のあいだでかなりの人気を誇っていた。一九四五年十二月九日の読売報知新聞の世論調査によれば、九五パーセントが天皇支持を表明していた。また一九四六年一月二十三日の朝日新聞の調査では、国民の九二パーセントが天皇支持で、九〇〜九五パーセントの国民が、戦時中と対比しての戦後の天皇制を支持していた(44)。それにしても、天皇批判を含む『日本の悲劇』が暴動をおこす恐れがあるという判断は、大袈裟なような気がする。

むしろ、左翼系として知られる岩崎、亀井のかかわった映画として、反共政策を深めていた占領軍が過剰に反応したというのが真相かもしれない。ソ連大使館や左翼系の朝鮮総連のかかわりも、ソ連の影響を恐れる総司令部の疑惑を深める要素になったにちがいない。

自発的か強制的かは定かではないがコンデの辞任と、『日本の悲劇』上映禁止措置とが同じ時期におこなわれたことは意味深い。『日本の悲劇』が彼の辞任の直接の原因であるかどうかは確かではない。徳光は、この映画が彼の辞任に繋がったとは思っていなかった。徳光によれば、新任のガーキーとコンデの関係がうまくいかずにコンデが辞めたと、日本の映画会社各社の渉外担当者は理解していたという。しかし同時に徳光は、共産主義者に特別な関心を示したコンデについての興味深い挿話を提供してくれた。戦後マッカーサーの命令で監獄から釈放された共産党員の政治犯の報道に関し、日映のニュースは「新世界ニュース」（朝日映画社）とくらべて、徳田球一や志賀義雄を扱うカットの長さが短いし、徳田のクローズアップも少ないのは公平を欠くと思わないかと、コンデが徳光に言ったというのである。ライバル会社同士のニュースの構成や編集技法が違うというのは当然のことであるが、言論、思想、宗教、報道の自由を奨励しようと努力している米国の総司令部から、ニュース映画の編集のことで批判をうけるのは心外であると徳光は反論し、「コンデ氏という男はどうかしているんじゃないか」と感じたと当時を回顧する。(45)

日本の映画人だけでなく、米国側にもコンデを共産党員ではないかと疑うものがいた[46]。総司令部を辞任したのちコンデは、インターナショナル・ニュース・サービスとロイターで働いた。マッカーサーを批判する彼の記事が「セント・ルイス・ディスパッチ」[47]に載って、日本滞在の査証が更新されず、コンデは一九四七年に日本から追放された。

コンデの辞任が彼の政治的意見に直接関係あるものとすると、占領の初期から総司令部には反ソ・反共主義が存在していたことを示すものである。そうした赤狩りが頂点に達したのは、一九五〇年の朝鮮戦争勃発のころであるが、『日本の悲劇』の上映禁止とコンデの辞任は、映画界において、占領がはじまってわずか一年もたたないうちに、総司令部内に反共主義の傾向が現れはじめていたことを示唆する出来事である。『日本の悲劇』をめぐって気がつくことの一つは、総司令部と日本の映画界とが相互に情報収集活動をおこなっていたことである。米国側は、疑いをもった日本の映画人をつねに監視していた。たとえば、岩崎は、CDの監視下にあった百人の日本の文化人のリストに載っていたが、このリストにある映画人には、東宝の組合運動に活発にかかわっていた監督の五所平之助や衣笠貞之助、脚本家の山形雄策、映画評論家の佐々木基一や花田清輝、俳優・演出家の土方与志が含まれている[48]。一方、日本の映画人は、外国特派員や日本のジャーナリストから、日本政府と占領軍高官とのあいだの関係や動静についての情報を得ていたのである。

この件が示唆する最もアイロニーに満ちた点は、戦時中の日本の軍国主義のもとで投獄まで体験した岩崎や亀井が、民主主義を旗印にして解放軍のイメージさえ日本人に与えた戦後の米国の占領政策のもとでも検閲の被害者になったことである。この二人に比較すれば、大多数の日本の映画人は日米両方の政策下、重大な摩擦も問題もおこさず、映画を撮りつづけたといえよう。

『日本の悲劇』の上映禁止は、根本的には占領下の日本が直面していた矛盾に発するものであった。米国は日本に現存する政府官僚機構をほぼそのままにして、日本を支配することにした。その日本で、軍国主義、国家主義が徹底的に排斥されたかどうかは、実際には疑問である。しかも、反天皇制、反天皇をいちばん声高に叫んでいたのは、戦時中投獄されても軍国主義、天皇絶対主義に抵抗しつづけた共産主義者たちであったものの、共産主義者以外にも、反天皇制、反天皇の感情を表明した者はいるのである。それらすべてをひとからげにして占領軍は、〈反天皇＝共産主義者〉として警戒するようになったのである。

『日本の悲劇』の上映禁止と、それに関する報道が禁じられたことは、この作品にかかわった映画人をひどく当惑させた。日本のメディアによる報道が期待できない以上、自分たちの立場を表明して、上映禁止措置に反論することもできなかったのである。

しかも、製作会社日映にとって、この措置は経営的打撃になり、日本の映画界全体にも、触れると問題になりそうな題材が映画に存在するというメッセージを送ることになった。一九八四年八月三十一日、東京の国立フィルムセンターで、筆者が準備した『日本の悲劇』の私的な試写に出席した亀井監督、植草圭之助、谷川義雄、清水晶らの当時を生きた映画人たちは、この作品が上映禁止になったころまでは、日本人のあいだでなされていた、天皇の戦争責任に対する積極的な討論が、このころから次第になくなってきたと回顧していた。そうだとすれば、『日本の悲劇』の上映禁止措置は、米国側にとって十分目的を達成したのである。

この件で対立する要素となったのは、占領軍が熱心に奨励していた民主主義になくてはならない要素としての表現の自由と、占領遂行を阻害する可能性のある公共秩序の攪乱とであった。総司令部の検閲官のなかに、前者を後者よりも重要なものと判断を下した者がいたことはうれしいが、米国の反共主義が次第にそのような理想主義を押しつぶしていった過程こそ、戦後の「日本の悲劇」と言えよう。

『日本の悲劇』の上映禁止に関する米国側の資料を調査したのち、筆者は一九八六年初頭に亀井監督にそれを報告した。亀井は、この作品が作られたのは、日本政府も総司令部も占領下の日本で何がおこるのかわからずに神経質になっていた時代であり、亀井自身は当時何か大それたことをしているという自負はなかったものの、日本政府も総司令部も過剰に反応したのではないかと分析した。

この映画が日本人のあいだに暴動をひきおこしたかもしれないという可能性について亀井は、確かに当時、天皇を擁護しようとする勢力は日本人のあいだで強かったので、占領を滞りなく遂行しようとする総司令部の懸念の対象になったのであろうと言う。そして、たとえば皇居前で「米よこせ」運動になった戦後初のメーデーなどが、総司令部を警戒させることになったと言う。

コンデを含む理想主義的に日本を徹底的に変革しようとする、いわゆる「ニュー・ディール派」といわれる人びとと、それに対する反共的保守派とが占領軍の内部で対立していて、この件では後者が最終的に勝利したと亀井や岩崎は理解していた。亀井はさらに、このような〈対立〉こそが民主主義の伝統であるとし、米国政府がつねに日本政府より早く歴史上の機密書類を国民に公開していることも民主主義の伝統であると評価した。

その一方で亀井は、日本国民に対しては、「日本人は心の底では、いまだに世界征服を欲していて、最近その野心は経済のかたちをとっている。日本人は表面上は、揉み手をしながら商売をしているが、日本の経済はひじょうに暴力的なものを含んでいる」と、より批判的であった。こうした亀井の洞察が、速度を増して次第に日米のあいだの緊張というかたちとなって現実化してきたのは興味深い。亀井はまた、いまや物事を日本、米国、ソ連、中国等の国家間の問題としてとらえることをやめ、「われわれが直面している本質的な問題は、地球全体のものである。私は自分の考え方のスケールを拡大してきた」と述べた。そして地球規模での環境保全を訴える映画『生物みなトモダチ』を製作中であった亀井は、「自分の国を守るために戦争するより、われわれの地球を守らなければならないこと、科学に課せられた問題は、人間が科学に頼れないことを人びとに理解させるときがきた」ことだと情熱を燃やしていた(49)。一九六三年まで政治的な記録映画や劇映画を作りつづけてきたこの監督(50)の二十年ぶりの作品は、世の中が「環境ブーム」になる前に、地球全体のエコロジーに取り組むという先駆的なものであり、つねに時代の先を先をと考えていたこの監督の思考には驚くべきものがあった。

一九八七年二月二十七日、『生物みなトモダチ』の東京での公開日、病を患っていた亀井は永眠した。米国では、筆者のかかわっていた、亀井監督の『戦ふ兵隊』『戦争と平和』を含む「戦争期の日本映画」シリーズが、全米十四都市での巡回上映の最中であった。一九九〇年に香港映画祭では亀井文夫特集が組まれ、遅ればせながらこの特異な日本の映画作家を紹介する気運が、世界でようやく高まってきたのである。

【註——第十一章】『日本の悲劇』の検閲

(1)　国立記録センターの『日本の悲劇』のファイル、一九四六年六月十三日付のGHQ／UASFPACK、K・CからR・H・Kへのチェック・シート。なお、かつてCCDに勤務していた、現在オクラホマ大学教授ロバート・スポールディングの筆者宛ての一九八五年十一月十二日付私信で、R・H・KとはリチャードＨ・クンズマン、W・B・Pはウィリアム・ベンジャミン・プトナムの略であることを教示してくれたが、K・C、およびW・S・Wに相当する検閲官の名前は思いあたらないとのことであった。CCDの検閲官であったクンズマン、プトナム、ルーファス・S・ブラットン、ジョン・C・コステロ、ウォルター・ミハタ、アーサー・モリを探し出そうとする筆者の試みは現在まで成功していない。

(2)　岩崎昶『占領されたスクリーン』五六頁。

(3)　国立記録センター、ボックス番号331−5118、CIEの週間報告書。コンデがCIEを去ったのは、一九四六年七月十二日から十八日のあいだと思われる。七月十九日付週間報告書では、臨時の映画・演劇課課長ウィリアム・マイヤーが、コンデの職を引き継いでいる。

(4)　プレス・映画・放送部門部長J・J・CからCCDへの一九四六年九月二日付メモ。

(5)　岩崎昶『占領されたスクリーン』七八−七九頁。雑誌「映画製作」の一九四六年七月号の裏表紙に、日映の数本のニュース映画にまじって『日本の悲劇』の広告がある。そこには、「陰謀の筋書き　田中覚え書きに仕組まれた侵略戦争のからくり！（上映中）」とある。

(6)　亀井文夫への筆者による前掲インタビュー。

(7)　国立記録センター、ボックス番号331－8578。
(8)　岩崎昶『占領されたスクリーン』七八－七九頁。
(9)　岩崎昶『占領されたスクリーン』九〇－九一頁。亀井文夫への筆者による前掲インタビュー。
(10)　岩崎昶『占領されたスクリーン』八〇－八四頁。
(11)　徳光の筆者宛ての前掲私信。しかし徳光氏は一九九四年三月五日、『日本の悲劇』についての特別番組を製作したNHK甲府放送局の渡辺健策に、上司の岩崎と参謀第二部に赴いたとき、岩崎が一人責任者の部屋に入り、三十分後に厳しい表情で出てきた岩崎は、理由はわからないままであると答えたと述べている（渡辺の筆者宛ての一九九四年三月十日の私信）。
(12)　岩崎昶『占領されたスクリーン』七九－八一頁。
(13)　岩崎昶『占領されたスクリーン』二一二－二一三頁。
(14)　Gayn, *Japan Diary*, pp.304–310.（マーク・ゲイン『ニッポン日記』上・下）
(15)　テイト、デイビスの両報告書とも国立記録センターの『日本の悲劇』のファイルにある。
(16)　岩崎は、ベイカーが安藤と親しかったと述べている。岩崎昶『占領されたスクリーン』二三一頁。
(17)　国立記録センターの『日本の悲劇』のファイルにある、プレス・映画・放送部門のJ・J・CからCCDへの一九四六年八月七日付メモ。
(18)　国立記録センターの『日本の悲劇』のファイル。
(19)　同上。
(20)　同上。
(21)　同上。W・S・Wのサインのあるこの書簡には斜めに線が引いてあり、識別できない文字が書かれていたので、このことは、この書簡が草稿段階にとどまり、実際に送られたのではない可能性も示唆している。

(22) 岩崎昶『占領されたスクリーン』九〇－九二頁。
(23) 中村克郎への筆者によるインタビュー（一九八九年八月十五日、東京）。
(24) 国立記録センターの『日本の悲劇』のファイルにある、「この件に関する検閲官リチャード・H・クンズマン」の署名のある日本映画社宛ての書簡。
(25) 国立記録センターの『日本の悲劇』のファイルにある、一九四六年十一月六日付のミハタによる調査書。
(26) 一九八六年一月三十一日の東京の会合での亀井の発言より。
(27) Roger Buckley, *Occupation Diplomacy : Britain, the United States and Japan 1945-1954* (Cambridge University Press, 1982), pp.118, 245.
(28) 前掲のミハタの調査書。
(29) 同上。
(30) 一九八六年一月三十一日の東京の会合での亀井の発言。
(31) 徳光の前掲私信。
(32) 一九九四年三月十日付の渡辺健策の筆者宛ての私信。なお『日本の悲劇』（三十分）は、一九九四年三月二十七日にＮＨＫ甲府放送局より放映され、『ＥＴＶ特集　日本の悲劇』（四十五分）は、四月二十七日ＮＨＫ教育テレビで全国放送された。
(33) 国立記録センターの『日本の悲劇』のファイルにある一九四六年八月二十日付のＪ・Ｊ・Ｃから全国のプレス・映画・放送部門に出された記録のための書簡。

(34) 徳光の前掲私信。
(35) メリーランド大学プランゲ・コレクションの「週刊映画タイムス」第四号、二頁、「応接室」。
(36) 徳光の前掲私信。
(37) 国立記録センターの『日本の悲劇』のファイルにある一九四六年九月二日付のＪ・Ｊ・ＣからＣＣＤへの記録のための書簡。
(38) 徳光の前掲私信。
(39) 参謀第二部Ｃ・Ａ・ウィロビー准将から日本映画社への一九四六年八月二十二日付書簡。
(40) メリーランド大学プランゲ・コレクションの「キネマ旬報」九月上旬号、四四頁。
(41) 亀井文夫の一九八四年七月六日のインタビュー。亀井文夫「スターと天皇」(「映画と読物」一九四九年六月号、一四－一五頁)。
(42) 亀井文夫「私の『戦争と平和』」(「岩波ホール」一一頁)。
(43) Kyoko Hirano, "MacArthur's Children : An Interview with Masahiro Shinoda", *Cineaste*, 14(3) (February 1986), p.51.
(44) 袖井林二郎『拝啓マッカーサー元帥様』七三頁。Takeda, *Dual-Image of the Japanese Emperor*, p.122.
(45) 徳光の前掲私信。
(46) ＣＩＥの世論・社会調査課にいたハーバート・パッシンへの筆者によるインタビュー(一九八四年十二月十四日、ニューヨーク)。労働課にいたセオドア・コーエン著、大前正臣訳『日本占領革命　ＧＨＱからの証言』(ＴＢＳブリタニカ、一九八三年)、一八一頁。ＣＩＥの労働教育課にいたRichard L.G.Deverall, *The Great Seduction : Red China's Drive to Bring Free Japan*

Behind the Iron Curtain (International Literature Printing, 1953), p.71.

(47) Coughlin, *Conquered Press*, pp.125-126 によると、ジャーナリストがコンデの追放に対して抗議をしたという。

(48) マッカーサー記念館付属公文書館にあるプレス・映画・放送部門の「レポーティング・ガイド」の付録書類（一九四九年八月十五日）。このリストには、川端康成のような、左翼系というよりはむしろ国家主義に近いと解釈されそうな作家も含まれている。

(49) 一九八六年一月三十一日の亀井の前掲の会見での発言。

(50) 一九四七年の『戦争と平和』のあと、『女の一生』（一九四九年）『無頼漢長兵衛』（一九四九年）『母なれば女なれば』（一九五二年）『女ひとり大地を行く』（一九五三年）といった劇映画を独立プロで撮り、一九五四年日本ドキュメント・フィルム社を創立、『生きていてよかった』（一九五六年）や『世界は恐怖する――死の灰の正体』（一九五七年）の原爆記録映画、『流血の記録――砂川』（一九五七年）といった米軍基地問題を取りあげた作品、『人間みな兄弟――部落差別の記録』（一九六〇年）を作る一方、企業のスポンサー映画にも取り組んだ。その後亀井は古美術店を経営していた（『日本映画監督全集』一二四－一二五頁）。

第四部

奨励された題材

戦争が終結すると同時に日本の映画人たちは、ＣＩＥが奨励した「民主主義啓蒙映画」の製作をはじめた。ＣＩＥの奨励した題材には、日本を非軍事化し民主化するために、軍国主義者や財閥の戦争犯罪を追及するもの、男女平等や基本的人権の擁護をうたったものなどがあった。撮影所の重役を除けば、占領軍から戦犯指名を受けて追放された製作現場の製作者、監督、脚本家、俳優はいなかったので、一九四五年八月十四日まで戦意高揚映画を作っていた映画人は、戦後もそのまま民主主義啓蒙映画を作ることになった。

東西冷戦が進行するにつれて、日本の共産主義化を恐れる占領軍は、軍国主義と結びついた資本家に対する攻撃、労働運動の推進、天皇制批判等の題材に難色を示すようになったことは、これまでに述べた。第四部では、反対にどのような題材が、総司令部から奨励されたかを検証する。

第十二章　民主主義と接吻

民主主義

日本の撮影所が戦意高揚映画から民主主義啓蒙映画の製作に方針を変更した変わり身の速さには従業員や俳優も驚いた。女優の月丘夢路は一九四五年八月、大映で『別れも愉し』を撮影中であった。この作品は、徴兵される恋人と別れなければならない女性を主人公にしたメロドラマであった。八月十五日の敗戦で、この若い女優はこのような事態になった以上、職業を変えなければならないだろうと覚悟した。戦争中に戦意高揚に努めていた大映が、新しい政権のもとで存続することなど、彼女には考えられなかったのである。

月丘は皇居を涙ながらに訪れたあと、大映の事務所に出向き、それまで毎月八日の開戦記念日に撮影所で、「国家目的達成のために映画に課せられたる任務を遂行すべし」と従業員に説いていた永田雅一副社長に別れを告げようとした。永田は「きみ、何言うんだ。映画はこれからだッ」と言って月丘を驚愕させたばかりか、撮影中の映画の恋人役を徴兵される若者から船員に変え、すぐに撮り直しを開始した。こうして〝無害なミュージカル〟となったこの作品（田中重雄監督）は、一九四五年九月十三日に公開された(1)。

牛原虚彦監督は、敗戦一週間目の八月二十三日に、《よろず修繕屋　魔法商会》という映画の企画書を大映に提出した。製作部長の曽我正史はこの企画を気に入り、小国英雄に脚本を要請し、映画の題名は《騙された男》に変えられた。

十月に入ると、ＣＩＥ映画・演劇課のデビッド・コンデが大映の撮影所および社長宅に来て、撮影所の重役、監督、製作者たちと占領軍の新しい政策について会合をもった。九月二十二日の映画製作方針十項目の指令にもとづき、コンデは、映画の教育的価値を強調して、つぎのようにＣＩＥの具体的な政策を述べた。

(1)　総司令部と協力するにしても旧態依然たる企画は拒否する。
(2)　純粋娯楽はよいが、しかし民衆教育を忘れるな。
(3)　戦争の責任者は誰か、明白にせよ。
(4)　日支事変は歴史的批判にもとづいて描け。主戦論者、反戦論者の相剋とその結果を明らかにせよ。

(5) 軍の圧迫から脱した自由主義的作品を製作せよ。
(6) 女性のとりあげ方は、育児、台所中心でいいのか。女性の社会的地位の向上を考慮せよ。
(7) 戦争孤児は慎重に処理せよ。『人生案内』(一九三一年のニコライ・エック監督のソ連映画)『少年の町』(一九三八年のノーマン・タウログ監督の米国映画)など好例あり。
(8) 二世(日系米国人)を主要人物にとりあげるのは不可。
(9) 上映時間の問題は自主的に解決せよ。
(10) 物資供与の件に関しては、その詳細なリストを総司令部に提出せよ。
(11) 職能組合の組織の促進は急を要する。

以上のことを念頭におき、牛原は知り合いの新聞記者に日本の現在の政治腐敗、政治犯の釈放、軍国主義者と財閥の悪事の実態について助言を受けた。それをもとに小国は、戦時中に資源や物資の供給で利益を得た財閥を攻撃する脚本を書いた。主人公の青年が、戦後の新政党を操ろうとする財閥の悪事を暴くというものである。

十二月になると総司令部から、翌年四月の戦後初の総選挙を促進するための短編映画を製作するようとの要請が大映にきて、大映はそれを《騙された男》の予告編としてとりあげることにした。映画の製作許可は下りたが、コンデはつぎのように意見を述べた。

(1) 佐々三太郎（主人公）は眼を見開かれて真実を知った。したがって《騙された男》という題では弱い。いますこし積極的な題名が望ましい。

(2) （軍閥の）信州工場の工員が徴用工になることを明確に、つまりホワイト・カード（白紙応召）になることを明示せよ。

(3) 佐々三太郎が人びとのために働くのはよい。しかし、自分の幸福も願っていること、つまり個人としての利益――インディビデュアル・プロフィット――、個人の幸福も考えなければならぬ点を強調せよ。

(4) 庶民に共通する、たとえば食糧、住居、その他の困難を解決する目標を明確に掲げた、真の自由、真の民主を標榜する新党を佐々三太郎が中心となって樹立するという彼の決意を演説の内容に明示せよ。

(5) 岩田財閥の悪の歴史を示すインサート・ショット（挿入画面）の新聞記事を具体的な文章で示せ。

(6) ラスト・シーンは佐々三太郎の場面とする。吉岡美代子（彼の女友だちで協力者）は傍系人物である[2]。

コンデの意見は、民主化思想を映像によって観客に伝達するために新聞記事を挿入するという直截的な方法から、登場人物の性格づけを理想主義的にしすぎて現実味のないものにしないようにという配慮まで、じつに多岐にわたるものであった。とくに個人の幸福の追求も尊重するようにという指示は、国民個人の幸福を無視して、国家目的のために滅私奉公を強要した戦時中の思想と対照的なものであった。

牛原もコンデの意見、とくに前記の(3)と(4)には感心し、映画の題名も『街の人気者』と変えた。牛原は戦後の物資・食糧不足のなかで、編集やダビングも含めて製作日数三十六日という超強行スケジュールを守ることや、コンデのたび重なる意見を撮影所長や脚本家小国にいちいち伝えて意見を調整するのは至難の業であった、と回想している。[3] そのせいか、一九四六年三月二十七日に封切られたこの映画はあまりよい評価を得られず、映画史から忘れ去られている。

今井正監督もまた、コンデの意見に影響を受けた体験を語っている。今井の戦後第一作は、左翼系の脚本家八住利雄と山形雄策による財閥批判の『民衆の敵』（一九四六年）であった。これは軍部と結託して、肥料工場を爆弾生産のための軍需工場に変えて大儲けをし、工員を搾取する腐敗した資本家を描いたものであった。悪の権化としての軍部や資本家に対比して、誠実で反戦思想をもった労働者たちが登場するばかりでなく、善と悪を体現する二人の女性が対照的に登場する。道徳的立場を明白にした作品で、もちろん映画のラストは労働者側が資本家を倒すというものである。

この映画を製作した三十六年後に今井は、コンデの〈命令〉によって東宝はこの作品を作ったと回顧する。コンデは脚本の第一稿に不満で、二十カ所あまりの変更を要請した。たとえば〈財閥と資本家を倒せ〉というポスターを挿入するようにという示唆までした。今井は、映画は思想表現の道具ではないと考え、コンデの意見をすべて無視した。映画は完成したが、コンデは見ようとしない。そこで、今井と製作者の藤本真澄が数時間にわたって説得し、やっとコンデは重い腰を上げた。映画の冒頭に不満げであったコンデは、しかし次第に映画に引きこまれていき、最後には主人公と一緒に「インターナショナル」を歌いだした。すっかり満足したコンデはその夜、今井、藤本、山形に高級なウィスキーを振る舞ったという(4)。

『民衆の敵』は一九四六年四月二十五日に公開され、批評家にも好評で、新設された毎日映画コンクールの監督賞を受賞し、「キネマ旬報」のベスト・テンでも第六位に選ばれた。それでも今井はこの作品には不満で、黒澤明監督の同年の作品『わが青春に悔なし』のほうがずっと優れた作品であると言っている(5)。

その年の「キネマ旬報」のベスト・テンの第一位に入ったのは木下恵介監督の戦後第一作『大曾根家の朝』であった。戦時中の軍閥を激しく批判したこの作品は、題名が示すように、戦後日本の新生を感じさせるものでもあった。一九三〇年代にプロレタリア文学運動にかかわった久板栄二郎が書いた脚本は、軍国主義者の叔父の犠牲になる一家を描いている。長男は自由主義者として投獄され、次男は叔父の影響で、特攻隊に参加して戦死する。戦後になっても、卑劣な策で私腹を肥やそうとする叔父を前に、未亡人がついに立ち上がり、軍国主義の悪を非難する長い演説をする。映画は、長男の出獄を祝う家族の場面についで、正義が勝利したことをあたかも祝うように、太陽が海の向こうからのぼる場面で終わる。占領軍が政治犯を釈放したことも観客に明らかにするこの最後の場面は、木下監督の意に反して、総司令部の検閲官による示唆で加えられたものであった。〈このような邪悪な人間が存在するはずはない〉と信じていた木下と久板は、軍国主義者の叔父を〈敵〉として完全に悪い人間に描くように要請する検閲官に反対した。しかし結果として、この作品は力強い反戦映画として評価され、とくにコンデの気に入るところとなり、彼はポケット・マネーで関係者のためにパーティを開いたほどであった(6)。

政治的メッセージを直接に表現するのを避けたいという映画作家たちの願いが十分にかなえられたとはいえないとしても、『民衆の敵』『わが青春に悔なし』『大曾根家の朝』は、戦後の民主主義映画のなかでも題材をかなり消化した、出来のよい作品とされていた。この時代にいっせいに作られた「民主主義啓蒙映画」あるいは「民主主義映画」は、当時の批評にも明らかなように、軍閥や財閥を批判し、自由のために闘った人びとを称えるというような、「民主主義的」とされた題材を性急に追い、内容を深く掘り下げることなく体裁を一応整えた程度の作品であったものも多かったようだ。たとえば『撃滅の歌』という威勢のよい反連合軍映画を一九四五年三月に公開した日本映画界が、同じ年の十二月二十日には、十九世紀の開国時に日本の近代化を助けた英国と米国に感謝するという内容の『最後の攘夷党』（稲垣浩監督）を封切るという、臆面もないほどの変わり身の速さには驚くばかりである。

娯楽の少なかった終戦直後、映画は人気の高い娯楽産業であり、どのような内容の作品でも観客を集めることができたという。敗戦後ほぼ一年以内に製作された作品を題材によって分類してみると、戦時中に軍隊と結びついて私腹を肥やした者に対する批判を扱った『浦島太郎の後裔』（成瀬巳喜男監督）、戦争を推進しようとした者への風刺である『喜劇は終りぬ』（大庭秀雄監督）『瓢簞から出た駒』（千葉泰樹監督）、反戦の士の生涯を追った『犯罪者は誰か』（田中重雄監督）、連合軍の捕虜だった者の社会復帰を扱った『緑の故郷』（渡辺邦男監督）『雷雨』（田中重雄監督）、一八八〇年代の自由民権運動を描いた『明治の兄弟』（松田定次監督）、科学者の生涯を描いた『愛の先駆者』（中村登監督）、明治時代の医学の進歩を描いた『手袋を脱がす男』（森一生監督）等と、盛りだくさんである。しかし、このような作品が当時それほど話題にもならず、日本映画史から忘れられてしまっている現状を見ると、作品を実際に見ていないので即断はできないが、これらの作品がどの程度「民主化」という題材を掘り下げたものなのか、興味深いところである。

接吻映画

第一部で見たように、戦時中の日本では、接吻のようなわずかな愛情表現も西洋退廃主義の象徴として排除された。外国映画からは接吻の場面がカットされ、日本映画の場合は、接吻場面をあえて入れる映画人はいなかった。しかし松竹のスター結城一朗によれば、佐々木啓祐監督の要請により、一九三一年『女はいつの世にも』で、彼は相手役のスター川崎弘子と接吻をする場面があったという。検閲の担当官は結城の顔見知りだったので、接吻の場面のときに結城はその検閲官に話しかけて注意をそらし、その場面は検閲で切られずに劇場で上映されてしまった。封切り四日後、東京の劇場を見回っていた警官がその場面を見つけて、ただちに映画は没収されたが、結城はそれまでに何千人もの観客が接吻場面を見たと確信している(7)。

それでは日本人は戦争が終わるまで接吻をする習慣がなかったのかというと、そんなことはありえないのは、文学や浮世絵を見れば明らかである。しかし、公衆の面前での愛情表現を、日常生活でも銀幕上でも日本人は控える傾向があり、家族や友人のあいだでも接吻をする習慣はなく、ましてや唇と唇を交わす愛情表現は日本の日常ではめったに見られるものではなかった。[8]

一九四六年初め、デビッド・コンデは、松竹映画『はたちの青春』の脚本を読んだ。この映画は、父親が自分が勤める会社の上役の息子と結婚してほしいと願っている若い女性（幾野道子）と、彼女の愛する青年（大坂志郎）とのロマンスを描いたものである。この作品は、自分の意志で結婚相手を見つけるという「反封建的」テーマを掲げた一種の「民主主義映画」でもあり、総司令部の記録では〈娘を自分の雇主の息子と結婚させようとする父親をめぐる軽い喜劇〉としている。[9]

松竹の総司令部との折衝係であった小松秀雄によると、コンデはこの作品に接吻の場面を入れるように製作者と監督に伝えるように要請し、小松はそれに従った。[10] 監督の佐々木康は、戦後日本で企画されて封切られた最初の作品となった『そよかぜ』の監督であった。[11] このなかで歌われた「リンゴの歌」は封切り後一晩で大ヒットになった。佐々木の戦後第二作の『新風』は、できあがった作品が提出された脚本と違うということで、コンデを怒らせた。そんな経緯があったため、つぎの作品『はたちの青春』については、コンデの要請を受け入れざるを得ないと佐々木は考えた。佐々木は、コンデが〈日本人は裏でコソコソやりすぎる。堂々と表でやれ〉と言って接吻場面を含めることを正当化した、と述べている。[12]

他の資料もこれを裏づけている。映画評論家の小川徹によれば、総司令部は日本の映画撮影所に〈日本人でも接吻するのだろう〉と言って、接吻の場面を映画に取り入れることを勧めた。松竹と大映は、この指令を待っていたかのように、それぞれ「接吻映画」を製作した。[13] 映画史研究家の田中純一郎は、米国の検閲官と二世の将校がある日、松竹の職員に〈日本人も愛し合うときには接吻をするはずだ。それを松竹の映画に取り入れてはどうか〉と勧めた、と述べている。新たな権威者を喜ばせるために最初は及び腰ではじめた松竹であったが、総司令部の検閲官は満足した。[14]

主役の幾野はこの映画の接吻場面のために、いちばん手近にいた〝専門家〟である、デート相手の米国人特派員に接吻の特訓を受けた、とウォルター・シェルドンは述べている。[15] デートの相手なら、わざわざ特訓を受けるまでもなく、実践を踏んでいたのではないかという疑問[16]も残るが、この歴史的瞬間は緊張した雰囲気のなかでおこなわれた。[19] 幾野は口に臘紙、ガーゼ[17]、あるいは綿を挟むか[18]、または口のなかに綿を入れていたと言われる物々しさであったが、いずれにしても直接唇同士の接触を避けたのは、衛生面とともに、道徳上の判断もあったと思われる。

かくして一九四六年五月二十三日、『はたちの青春』が公開された。接吻の場面は二カ所で、最初は室内で男が女の唇を指で触れたあとに、椅子に座る彼女の上から彼が覆いかぶさるように接吻をする。この場面は、彼女のそばにある花瓶の花のクローズアップから外の桜の花へとつながれ、主題歌の「可愛いスイトピー」のリズミカルな唄とあいまって、「花」のロマンチックなイメージが重ね合わされている。つぎの接吻場面は、池で二人がボートに乗っているところである。彼が彼女を見下ろし、彼女が彼を見上げるという場面のあとに二人は接吻し、映画は終わる。

戦後の日本で最初に接吻場面を取り入れたのは、一九四六年のオムニバス形式のスラップスティックコメディー『ニコニコ大会』のなかの一エピソード「追いつ追われつ」[20]（川島雄三監督）、あるいは同じ川島監督の同年の『お笑い週間　笑ふ宝船』だという説がある。[21]しかし松竹は『はたちの青春』を、「日本最初の接吻映画！」と大々的に宣伝した。[22]そのせいか『はたちの青春』を記念すべき接吻第一号にしている資料が大勢を占める。篠田正浩監督は一九八四年の『瀬戸内少年野球団』で、戦争直後の淡路島の小学生たちが、『はたちの青春』の接吻場面に「ヤッター！」と歓声をあげる場面を入れている。当時宮城県の中学生であった占領史研究家の袖井林二郎は、淡路島の子供たちと同様に、初めての接吻場面に友だちと映画館で歓声をあげた、と追憶している。[23]

『或る夜の接吻』という、より煽情的な題名の千葉泰樹監督の作品が、『はたちの青春』の公開と同じ日に大映から公開された。この映画は、詩人と歌手、建築家と秘書、発明家と美容師という三組の働く若者の恋愛を描いた青春映画である。総司令部はこの作品を〈建築家、発明家、詩人とその彼女たちについての、喜劇タッチの軽い作品〉としている(24)。映画の最後に、詩人と歌手が雨のなかで向かい合う。感極まった二人の唇が合わせられたと観客が思う瞬間、その場面を傘が覆う。雨が傘をたたきつけるクローズアップのあと、身体を離し、興奮して肩を震わせ、雨に濡れて見つめ合う二人が現れる。二人は肩を寄せ合い、カメラと傘から遠ざかっていく場面で映画は終わる。観客がこの二人が接吻をしたことを想像するようにつくられているのは明らかである。この題名からだまされたような感じをもって憤慨するか、いかにも日本的叙情の間接表現と感心するかは、人それぞれであろうが、この二つの映画を機に、堰を切ったように、日本中の銀幕に接吻場面が氾濫することになる。

映画に接吻場面が登場したことは、映画人、評論家、国民のあいだに賛否両論があった。南部僑一郎は、接吻場面の解禁は映画人が待ちに待ったものであったと、つぎのように書いている。「昭和二十年二月ごろ、アメリカ情報部教育課の担当官から、こんな通達がきた。『日本映画は男と女が愛しあうときに、どうしてキスもしないのか？奇妙ではないか』というのだ。チャンバラはダメ、復しゅう劇もダメと、ダメ押しずくめに戦々きょうきょうだったカツドウ屋たちも、一瞬、この通達にはハトが豆鉄砲をくらったようにびっくり仰天した。天からの福音のようなものだ。われわれは何十年間、このことを待望してきたか！」。そして南部は、「いまから思えば他愛のないものであったが、これが松竹劇場で公開されたときの観客たちの興奮ぶりはすごかった。入場料は四円五十銭ナリ。いま思うと夢みたいだが、いわば〝愛情映画〟の夜明けといえる」とも述べている。(25)『はたちの青春』を見た観客の興奮ぶりについては、「観たい気持ちのお客様は接吻場面にゴクリと生唾をのんだり、ため息をついたり、キャッと叫んだりして大へんな受け方であった」と書く者もいた。(26)

ウォルター・シェルドンは、『はたちの青春』の接吻場面は、観客の〈神経質そうなこわばった笑い〉を誘っただけであった、と述べている。(27)米軍の英字新聞「スターズ・アンド・ストライプス」は、ある者は息を殺し、別の者は手で顔を覆い、また若い学生たちはクスクス笑っていた。なかには「万歳」と叫ぶ者もいて、これには場内中が大爆笑になったと報じている。(28)

観客の興奮に比して、朝日新聞の映画評を担当していた井沢淳は、日本最初の二本の接吻映画は、「一様に演技が拙劣で接吻を無理に行っている感じ——映画俳優の演技力がここにいたってはっきりとボロを出したかたちだ。一時間余の映画でたった数秒の接吻の場面を売り物にする日本映画が出現したことは映画の堕落ここに極まったというべきである」と、俳優の演技力のなさと、「接吻」を見世物にした商業主義に厳しい評を与えている。(29)

山本嘉次郎監督は、CIEの「C氏」が接吻をしない恋人などいないと強引に接吻場面を映画に入れようとし、日本人は公衆の面前では接吻をしないから接吻の場面は喜ばれないと主張する山本の意見を無視した、と憤慨気味に書いている。[30]「スターズ・アンド・ストライプス」は、自由映画人集団（戦後に発足した左翼系の映画人の団体）が〈接吻、抱擁、また抱きついたりしがみついたりするなどの不必要に情熱的な愛の場面〉を含む映画について、それらの製作者の〈無責任〉を激しく批判し、そういった映画は、戦前の検閲が廃止になったのを悪用して、〈真に民主的精神〉の映画を製作するというよりも、煽情主義に走っていると警告した、と報じている。[31]日本語の資料によれば、この警告は、〈正常なる劇の発展上から接吻場面が取り上げられる事については必ずしも否定するものではない〉が、〈殊更に筋の発展を歪曲して無意味に劣情に媚びる如き現在の映画製作宣伝に対して抗議するもの〉で、映画製作や宣伝に従事する従業員に、会社の商業主義の強制を拒否するように要請している。[32]

　ほかにも接吻映画の煽情主義を非難する評論家がいた。飯島正は、現在の接吻場面には必然性がなく、自分はまったく自由映画人集団の意見に賛成である、〈現在の日本映画に於ける接吻は、商業主義以外の何物でもない事は、当事者がいちばんよく知っている〉はずであるとしている。[33]上野一郎も、接吻映画は民主主義のもとで与えられた新しい自由を悪用しているとした。[34]また、日本で家族のあいだや友人のあいだで挨拶としての接吻が日常おこなわれる習慣がないかぎり、接吻は恋愛あるいは前戯としての行為に限られる、それゆえ映画に映される接吻場面は、淫らで不自然な印象を与えると判断した者もいた[35]。接吻映画の製作者たちは新しく与えられた表現の自由を果敢に享受するよりも、人気のある米国映画の自堕落なところを真似て、煽情的なものを強調していると批判する者もいた[36]。

接吻映画が封切られた三カ月後、一九四六年八月十四日の読売新聞は、読者に接吻映画について意見を聞いている。四百十一の回答のうち、七三パーセントは賛成、二七パーセントは反対であった。新聞は、一月に日本映画ではじめて接吻場面がとりあげられて（ということは、五月公開の『はたちの青春』以前のものを指している）から、映画人のみならず一般国民のあいだにも、日本の日常生活習慣にない接吻を映画でとりあげることの可否が論議されているとして、問題提起をしている。賛成派の意見には、〈接吻を、日本古来からの風習でないと排斥したり、露骨な性的表現であるように誹謗したりしている限り、日本人はいつまでも世界から田舎もの扱いされるであろう〉とし、〈いわゆる日本的性格なるものが根本からくつがえされたいま〉、愛情表現としての接吻を表現するのはむしろ奨励されるべきであると、封建主義からの〈感情面での〉解放を歓迎するもの、取ってつけたような不自然な接吻場面が、日本映画に登場したことは確かに事実であるが、接吻場面を取り締まることに公序良俗を保とうとする意図があるとしたら危険であり、むしろ〈本当の恋愛の姿を明るみに出すことによって恋愛観念も是正し〉、隠されたところから接吻を解放することで、恋愛表現、恋愛観をも解放できるという啓蒙の面に注目したもの、〈むしろ接吻はいま迄あまりに無表情過ぎた日本映画に一つ大きな活力を呈する〉と新しい表現様式に期待するものなどがあった。

反対者の理由には、つぎのようなものがあった。

(1) 接吻は現在のところ日本の風習にはなっていない。
(2) 映画だけが、風習になっていない接吻をとりあげるのは問題である。
(3) 俳優の演技が稚拙で醜劣である。
(4) 陰劣な興行心理が露骨に出ている。
(5) 接吻映画はデカダンスとニヒリズムの泥沼から立ち上がろうとする者をふたたび頽廃に引きもどそうとする浅ましい甘味剤でしかない。
(6) 日本人は接吻の方法を知らないのに、観客の劣情に訴えるためだけに接吻映画を作るのは愚劣以外のなにものでもない。
(7) 母とその子に対する美しい愛情表現としての接吻をとりあげるべきである。

そして、〈(戦争に) 敗れたとはいえ、日本には日本古来の醇風美徳があり〉、接吻はそれに反するものであるとするもの、表現の自由にも限度があるので、接吻はその限度を超えるものであるとするもの、接吻映画は公序良俗を乱す〈社会悪〉であるとするもの、製作者の志の低さを憂うものなどがあった。

美学的な立場からの反対者には、作家の獅子文六がいた。獅子はまず、日本人は接吻を日常にする習慣のないところから、接吻は不馴れで〈不潔かつ間抜けで、見ていられない〉印象になってしまうとしているが、原因は不馴れだけではなく、骨相学的なところからもきているという。西洋人の高い鼻の作りは、接吻を魅力的に見せるものであり、〈一般に鼻の高くない〉日本人は自分たちの接吻が〈人前に出せるほどの代物ではないことを〉何世紀も前に悟ったにちがいなく、それゆえ公衆の面前での接吻が習慣にならなかったのであろうとしている。ただ獅子は例外として、最近見た雑誌の写真で、引揚者の老兵に抱きつく出迎えの妻の抱擁は、真の感情の発露の美しい表現として認めている[37]。

接吻は日本古来のものではないという批判に対するように、一九四六年の吉村廉と小石栄一共同監督の『絢爛たる復讐』(トルストイの『復活』に題材を得ている)では、日本人の俳優が西洋人の役をしている舞台の場面で接吻場面を入れた[38]。

米国映画は、接吻に関しては長い歴史をもつ。米国に映画という新しい媒体が欧州から渡来するとともに、接吻を映画の題材にすることを製作者は考えた。トーマス・

エジソンのエジソン社は、ブロードウェイの舞台で話題になっていたメイ・アーウィンとジョン・C・ライスの接吻場面を撮った映画を一八九六年に製作した。今日の観客の目から見れば、太った二人の中年の俳優の接吻場面は喜劇のように思えないこともないが、当時〈メイ・アーウィンとジョン・C・ライスのキス〉は大ヒットとなり、そのうえ映画史で検閲を招いた最初の映画の一つにもなった(39)。この接吻映画は早くも翌年大阪で大ヒットし、接吻は西洋で受け入れられている挨拶の形態であると、弁士が説明した(40)。

ハリウッド映画では一九四〇年代にはすでに、接吻が美男美女のスターの輝ける愛の勝利の場面を表現する慣習になっていたものの、日本の占領軍はつねに公衆のなかでの接吻場面を支持したわけではなかった。一九四六年三月二十四日付の「朝日新聞」は、三月二十二日に米第八軍司令官が全軍に〈日本婦人との交際を全面的に禁止するとはいわぬが、腕を組んで街を散歩し、公衆の面前で愛情を表現し、それに類似の行為をすることは今後MPから〝風紀紊乱〟とみなされることを強調した〉と報じている。そして、最近まで敵であった米軍の兵士が日本女性と親しくしている行為が、米国人から見ても不愉快なものであるばかりでなく、日本では公然と愛情表現をする慣習がないだけに、日本人（とくに男性）の敵意を呼びおこすことを恐れての処置であるとの理由が述べられている。

日本人同士の接吻の場合でも、第二部で見たように、一九四七年の映画『戦争と平和』の公衆の面前での接吻場面は、製作者に米国文化の頽廃を示す意図があったと検閲官は解釈し、〈占領軍に対する批判〉として削除の措置を取った。しかし、一九四六年の映画雑誌の読者の手紙欄で、ある日本映画に対して〈米国式の大袈裟な接吻場面を見せている〉と述べた箇所を検閲官は、〈米国に対する批判〉として削除の印をつけたものの、最終的には削除を撤回した。[41]

接吻場面がめずらしくなくなってくると、演出するほうも演技をするほうも慣れてきたのか、接吻場面がより自然で成熟したものになったと評価されるようになった。木下惠介監督の一九四七年の『不死鳥』は、批評家たちに日本映画で最初に接吻を自然で物語に必然的なものに見せた例であると賞賛された。井沢淳はその成功を、主演女優の田中絹代と木下監督の功績とした。[42] 清水晶はさらに、この作品の自然で必然的な接吻場面には、反戦の強い感情が表現されているとする。そしてそれまでの、〈おずおずと、きまり悪そうな、見ていてこそばゆいような接吻や、そうかと思うとただもういやらしい、思わせ振りな、下劣な客引き手段としての接吻など〉とくらべると、この作品のなかの接吻は〈そのはげしさに於て、その美しさに於て、それこそ月とスッポンほどの差がある〉としている。[43]

接吻を自然で見ていて気持ちのよいものに描くことが木下監督の意図であったが、

最初に田中と共演を予定していた当時の大スター上原謙は、接吻場面があることを聞いて役を辞退した。上原は当時（公衆のなかでの）接吻が日本人の日常慣習でない以上、日本映画に接吻は不必要と考えていたという。その結果、新人の佐田啓二が田中の相手役として起用された[44]。上原と同様に原節子も、接吻という行為がまだ日本人の日常生活の一部になっていない以上、接吻映画に出演するのは控え、接吻が日本人のあいだで自然なものになるまで待つ、と述べた[45]。

年月がたつとともに、日本の俳優も接吻の演技に緊張することがなくなり、そのような場面に慣れてきたかもしれないが、俳優には接吻の演技にも切磋琢磨が必要だと考える者がいた。一九四八年の吉村公三郎監督の『わが生涯のかゞやける日』や、前述の『暁の脱走』で情熱的接吻を披露して、その面での〝専門家〟であるとみなされていた女優山口淑子は、一九五〇年の渡米の理由を聞かれて、日本人の俳優のあいだでまだぎこちなく演じられている接吻場面の技術を研究するためと答えた。山口は、日本映画とくらべて米国映画では接吻が、自然で楽しく必然的、かつ美しくて巧みであると感じていた[46]。

日本人のあいだでは接吻が日常生活で見られる慣習ではないにもかかわらず、日本映画のなかに接吻場面を取り入れるように米国側が要請したのは、どのような背景からであろうか。それまでの日本の「封建思想」と個人の欲望に対する抑圧的な体制のために、日本人が公然と自分の気持ちを表現したり行動に移すことが日本社会では制限されていたと判断した占領軍の検閲官は、日本人が恋愛、情愛の面でもこそこそすることなく、堂々と自分の欲望や感情を人の前で表明することが、日本人の思想改造に不可欠と考えたのである。日本軍による真珠湾攻撃から、日本人は何かを企んでいながら、表に出さず陰険で危険な民族であるという印象を米国人のあいだに与えていた。また米国人が日本人を形容する場合によく使う表現（多分に否定的に用いられるのであるが）に、〈何を考えているかわからない〉というものがある。それゆえ、米国人にとっては、日本人は人が見ていないところでは接吻をしているのであるから、堂々と見せるべきであり、それが個人主義を主張し実践する民主主義に通じると考えたのである。

このような考え方には、戦争に勝った者が、負けた国の独自の文化を無視して、自分の文化を押しつけるという傲慢さや文化帝国主義的な態度が感じられないこともない。率直に自分の意見を表明することや、具体的に自分の考えを相手に説明することが、多民族からなる米国人にはつねに必要とされてきたにちがいない。そうした素直な意思表明を尊重する文化のなかで育った米国人にとって、日本ではむしろ隠されたものや間接表現に、よりエロチシズムを感じることが伝統的な文学や芸術に見いだされることは、思いもよらなかったであろう。しかし、『古事記』や『万葉集』に見られる古代日本人の大らかなエロチシズム表現が、いつのまにか想像力を刺激する間接表現として、日本人のエロチシズム表現が巧みに変化してしまったということを思えば、これは歴史を通じての性表現に対する抑圧的検閲の結果とも思える。

しかし全般的に見れば、性表現の解放は多くの日本人に歓迎されたはずである。接吻映画の場合は、たんに解放されたというだけではなく、占領軍によって強力に奨励されたという点に際立った特徴があった。もし、日本の観客が接吻場面を真に喜ばなければ、接吻の場面はその後の日本の銀幕から自然消滅していたであろう。接吻映画の製作者の商業主義や、接吻映画が公序良俗に反するという点で批判されても、映画作家や観客はその新しい恋愛表現を受け入れたのである。

映画界における接吻場面の登場は、日本文化の他の媒体における性表現の解放にも貢献したはずである。活字メディアの部門では一九四六年十月に、性に主題をおいた最初の雑誌「猟奇」が出版された。接吻映画とくらべてこの雑誌には、日本人を民主主義教育のために啓蒙するというような大義名分はなかった。一九四七年前半までに、この種の雑誌が百五十も登場し、安っぽい紙とケバケバしい色で印刷された「カストリ雑誌」と名づけられたこれらの出版物ブームは、一九四八年末までつづき、日本中で広く読まれた。「カストリ」は当時非合法に広く出回っていた、酒粕を蒸留してつくった（粕取り）焼酎のことで、三合呑めば酔いつぶれることにかけて、低劣な記事を主としたカストリ雑誌が第三号の発行を見ずしてつぶれてしまうものが多かったところから、そう名づけられたという(47)。

カストリ雑誌は性、犯罪、エログロ、露悪趣味に徹したが、接吻もすぐに格好のテーマになった。接吻映画の場合と同様に、接吻小説はただちに、日本の風習に反すると批判された。カストリ雑誌の製作者は、接吻は近代的で反封建主義なものであると反論した。

カストリ雑誌のひとつ「リーベ」は、その題名をドイツ語の「愛」という言葉から取っているが、一九四七年十一月の創刊号で、接吻の仕方というカバー・ストーリーを載せた。この記事は、いかにして最大の歓喜を接吻から得るかということを読者に伝授しようとして、接吻が人間性の解放に貢献するところを説いた(48)。

カストリ雑誌は一九四九年ころには衰退しはじめるが、そのころには家族単位での性愛を理想とする、家族に主眼をおいた雑誌が増えはじめた。そのころ、占領軍の事前検閲は、日本の映倫の手に移され、映倫の規定も家族の価値に重きをおく米国の映画製作倫理規程を模範としたものであった。

舞台の上での性表現の解放に関して言えば、最初のストリップ・ショーは一九四七年十一月、東京の小さな劇場で上演されて、熱烈に歓迎された。それは東宝演劇部によって製作されたもので、西洋や日本の有名なセミ・ヌードの絵画を真似て、若い女性が額縁のなかでポーズを取るという、芸術を装ったものであった。その後この劇場は、田村泰次郎のベストセラー『肉体の門』を舞台化したが、戦後の窮乏時代の娼婦のすさまじい生きざまを描くこの作品は、その煽情的内容からも大ヒットして千回以上も公演をつづけ、地方公演もおこない、マキノ正博監督が一九四八年に映画化もした。(49)

性器や性交が直接描かれないかぎり性を描くことが可能になった日本の映画界には、煽情主義と性に訴えるところの多い「エログロ映画」が氾濫することになった。「ストリップ映画」「パンパン（娼婦）映画」といったジャンルも登場した。この種の映画に対する占領軍の検閲については、第二部の「反社会的行為」の章で論じた。

猥褻および煽情主義なのか、あるいは性的表現の純粋な追求なのかの区別は、曖昧かつむずかしい。たとえば溝口健二監督の一九四八年の『夜の女たち』や一九五〇年の『雪夫人絵図』は、煽情的であると批判された。前者は、戦後の大阪で生きるために娼婦にならなければならなかった女たちの生態をリアルに描いたものであり、後者は没落貴族の妻が不実な夫に裏切られながらも、夫との肉体関係に溺れてしまうというものであった。総司令部の検閲官ハリー・スロットは、『夜の女たち』の企画は、娼婦の問題に対して国民の意識を高める作品であると満足し、撮影に衛生・福祉関係の官庁までもが協力することになった。(50)『夜の女たち』は「パンパン映画」と呼ばれ

『夜の女たち』（1948年、松竹、溝口健二監督）の田中絹代（左）と高杉早苗。煽情的と批判された一方で、検閲官は娼婦の問題に対して国民の意識を高める作品と評価し、占領軍は撮影に協力した。

て批判された一方、女の厳しい生の現実を見すえて描いた迫力が評価されて[51]、「キネマ旬報」一九四八年度ベスト・テンの第三位に選ばれた。

それまでの日本映画のなかでベッド・シーンがいちばん多いという『雪夫人絵図』[52]は、典型的な〈エログロ映画〉であると批判された一方、とくに女性の側のエロチシズムと性の解放を描いたという点で評価されるべきだという意見もあった[53]。舟橋聖一の人気大衆小説にもとづいたこの作品は、精神的価値とは別に肉体的欲望を女性ももっているという観点から描いたもので、戦後の解放された雰囲気のなかで初めて成しえたことと言われている。

映画輸入会社の東和映画で検閲官との折衝係をしていた青山敏美は、総司令部の性表現の解放にかける情熱を示すエピソードを紹介している。戦前の日本政府の検閲官は、チェコのグスタフ・マハティー監督の『春の調べ』（一九三四年製作、日本公開一九三五年）から、性的表現の箇所をいくつも削除した。総司令部の検閲官は、主演のヘディ・キースラー（のちのハリウッドのスター、ヘディ・ラマール）が全裸で走る場面や、彼女が性行為に恍惚とした表情を見せるクローズアップの場面を含めた、戦前に日本人検閲官が削除した箇所を復活させることを試みた。検閲官は青山に、それらの場面が見つかれば元にもどすように要請し、検閲を通過させることを約束した。残念ながら削除された部分は見つからなかったが、それは一九三五年にフィルムが切られたとき、オリジナルのネガが香港に売られてしまったためであった[54]。

【註――第十二章】　民主主義と接吻

(1) 水野晴郎による月丘夢路のインタビュー（「キネマ旬報」一九八五年二月上旬号、九三頁）。
(2) 牛原虚彦『虚彦映画譜50年』二三七－二四三頁。
(3) 同上、二四三－二四四頁。
(4) 前掲、「映画界急転回のGHQ政策」。足立和「プロデューサー群雄伝・7」（「キネマ旬報」一九八八年八月上旬号、一三五－一三六頁）。
(5) 「今井正特集」（「フィルムセンター」八〇号、一九八四年、六頁）。
(6) 一九八四年七月二十八日～三十日の日本映像学会関西支部主催「戦後民主主義映画」についての夏期セミナーでの、映画上映時に配布された京都府映画博物館発行の『大曾根家の朝』に関するチラシ。足立和「プロデューサー群雄伝・4」（「キネマ旬報」一九八八年六月下旬号、一三二頁）。
(7) 結城一朗『実録・蒲田行進曲』（KKベスト・ブックス、一九八五年）、一六七－一七六頁。
(8) 日本人と接吻についての優れた文化的分析に、Donald Richie, *Walkman, Manga and Society* (Kirihara Shoten, 1989) に収められた、"The Japanese and Kiss" がある。
(9) *SCAP, Non-Military Activities*, Summation no.8 (May 1946), p.244.
(10) 小松秀雄『戦後映画シリーズ・1』二一頁。
(11) 五所平之助監督の『伊豆の娘たち』は終戦とほぼ同時に完成し、一九四五年八月三十日に封切られた。八月十五日以前に完成していた丸根賛太郎監督の『花婿太閤記』も、同じ日に封切られ、占領軍の十一月の禁止映画リストに載せられた。この章で触れた『別れも愉し』は、戦争中の企画によるものであった。一九四五年十月十一日に封切られた『そよかぜ』は、照明係の少女（並木路子）が楽団員たち（佐野周二ら）に助けられて歌手になっていくスター誕生映画で、戦後に企画され完成された最初の作品となった。原田康「占領下の日本映画　リンゴ園の復興・佐々木康論」（「映画史研究」一号、一九七三年、四九－五六頁）。足立和「プロデューサー群雄伝・3」（「キネマ旬報」一九八八年六月上旬号、一一九－一二二頁）。

⑿「朝日新聞」一九八六年一月四日、小池民男「芸能史を歩く」に引用された佐々木康の言。

⒀ 小川徹「私説　戦後日本映画史」（「映画芸術」一九八〇年二月号、二二頁）。

⒁ 田中純一郎「日本映画戦後史Ⅲ」四九頁。

⒂ Walter Sheldon, *The Honorable Conquerors* (Macmillan, 1965), p.270.

⒃ 小川徹「私説　戦後日本映画史」二二頁。

⒄『日本映画俳優全集　女優編』（キネマ旬報社、一九八〇年）の「幾野道子」の項（六一頁）。鷲津伸一「映画のキッスとラブ・シーン」（「映画読物」一九四八年十月号、二四－二六頁）。

⒅「接吻映画からパンパン映画の流行へ」（『スター名鑑』玄武社、一九四九年、四六頁）。

⒆「綿と接吻」（「映画ファン」一九四六年七月号）。

⒇ 木全公彦「和製ミュージカルの神髄　狸御殿シリーズ」（「イメージ・フォーラム」一九九四年六月号、一一二頁）。前掲の「綿と接吻」（「映画ファン」）によれば、幾野は森川信と「追いつ追われつ」のラスト・シーンで〈ほんのちょっぴり接吻の真似事を演じ〉、〈本格的に接吻する場面〉は『はたちの青春』が最初としている。

(21) 南部僑一郎「現場戦後史　ゴシップでつづるカツドウ屋の歩み・2」（「東京タイムズ」一九

七二年三月三十一日)。またこの映画を見た映画史家ジョアン・ベルナルディの一九九三年四月の言にもよる。
(22) 「接吻映画からパンパン映画の流行へ」四六頁。
(23) 一九八九年十一月ニューヨークでの袖井林二郎談。
(24) *SCAP Non-Military Activities*, Summation no.8 (May 1946), p.244. 細かいことを言えば、きちんとそれぞれ職業のある女性たちのほうを〈彼女たち〉と片づけているのは、女性が家庭にとらわれずに社会進出するのを奨励し、そのようなイメージを積極的に映画で描くようにとした総司令部にしては配慮を欠く感もある。
(25) 南部僑一郎「現場戦後史」。
(26) 「接吻映画からパンパン映画の流行へ」四六頁。
(27) Sheldon, *The Honorable Conquerors*, p.270.
(28) 「映画とキスと観客と」(「九州映画タイムス」一九四六年六月十一日)に引用された日付不明の「スターズ・アンド・ストライプス」紙より。
(29) 「朝日新聞」一九四六年五月二十五日。
(30) 山本嘉次郎「カツドオヤ微憤録」一九一頁。
(31) *Stars and Stripes* (May 18, 1946).
(32) 「接吻映画に警告」(「映画演劇娯楽街」一九四七年九月二十四日、一頁)。
(33) 飯島正「日本映画における接吻の事」(「映画春秋」一九四六年八月号、三〇―三一頁)。
(34) 上野一郎「終戦の日本映画を顧みて」(「映画評論」一九四七年二月号、四一頁)。
(35) 飯島正「日本映画における接吻の事」。東郷青児「恋愛雑考」(「シネマ・グラフィック」一九四七年五月号、五頁）。

(36) 『映画演劇事典』（時事通信社、一九四七年）、五〇頁。当時、同様の批判はつぎのなかにも見られる。津村秀夫「時事批評」（『映画芸術』一九四七年九月号、二〇頁）。「愛情表現は美しいはずだ」（『映画娯楽』一九四七年十二月号、六－七頁）。菅野政哉「映画に現れた接吻の問題」（『大映ジャーナル』一九四八年、一六－一七頁）。貴和好太郎「ラブ・シーン漫話」（『映画読物』一九四八年五月号、一八－二〇頁）。最上庄吉「映画鑑賞の手引き」（同一九四八年九月号、三六－三八頁）。元賢太郎「映画とエロチシズム」（『映画新報』一九四八年五月号、一頁）。

(37) 獅子文六「せっぷん」（『朝日新聞』一九四八年八月一日）。

(38) 飯島正『日本映画史』（白水社、一九五五年）第二巻、一五三頁。Anderson and Richie, *Japanese Films* はこのエピソードを、〈戦後日本映画の接吻のなかで最も独創的な例〉としている（一七六頁）。*SCAP Non-Military Activities* Summation no.10 (July 1946) ではこの映画を〈新劇運動でスターになる若い女優を描く作品〉としている（二四九頁）。

(39) Terry Ramsaye, *A Million and One Nights* (Simon and Schuster, 1926), p.273 ; Charles Musser, *Before the Nickelodeon : Edwin S.Porter and the Edison Manufacturing Company* (University of California Press, 1991), pp.65, 80–84, 89.

(40) Richie, "The Japanese and Kiss", p.54.

(41) 「映画」一九四六年十一月号の読者欄。メリーランド大学のプランゲ・コレクションにある。

(42) 「朝日新聞」一九四七年十二月十四日付の当該映画の批評。

(43) 「映画評論」一九四八年二月号の清水晶の当該映画の批評、二二三－二二四頁。前掲の鷲津伸一「映画のキッスとラブ・シーン」でも同様の評価がされている。

(44)「噂の真相箱」(「映画文庫」一九四七年十月号、二四-二六頁)。『スター名鑑』四六頁。
(45)「映画ファン」一九四七年一月号、三頁に引用された「スターズ・アンド・ストライプス」(年月日不明)の原節子インタビュー。
(46)山口淑子・藤原作弥『李香蘭　私の半生』三四六頁。山口淑子「映画と接吻」(「映画世界」一九四八年八月号、二二-二三頁)。
(47)山本明「カストリ雑誌」(家永三郎編『昭和の戦後史』二四一-二五二頁)。Rubin, "From Wholesomeness to Decadence", pp.71-103.
(48)山本明「カストリ雑誌」二四八-二四九頁。
(49)尾崎秀樹「性風俗の開放」(家永三郎編『昭和の戦後史』二五九-二六一頁)。『肉体の門』はその後、一九六四年鈴木清順監督、一九七七年西村昭五郎監督、一九八九年五社英雄監督の手で三回映画化された。
(50)「米軍より誉められた『夜の女たち』」(「スクリーン・タイムス」一九四八年三月二日号、一頁)。
(51)否定的意見には、瀬古宏「闇の女　悪の花」(「スクリーン・ピック2、一九四八年四月五日号、三頁)、『日本映画監督全集』の滝沢一「溝口健二」の項、三九〇頁等。肯定的意見には、「溝口健二特集」(「フィルムセンター」一六号、一九七三年)の当作品の紹介文(三二頁)、『日本映画作品全集』(キネマ旬報社、一九七一年)の当該作品の解説文(二〇一頁)等。
(52)Anderson and Richie, *Japanese Films*, p.194.
(53)否定的意見には、双葉十三郎、上野一郎「一九五〇年作品概観」(「キネマ旬報」一九五〇年十二月下旬号、一八-一九頁)等。肯定的意見には、『日本映画作品全集』の当該作品の解説文(一九八頁）等。

(54)　青山敏美「映画検閲の想い出」（「映画史研究」二一号〔一九八六年〕、二一－三頁）。ちなみに『世界映画人名事典・男女優編』（キネマ旬報社、一九七四年）のヘディ・ラマールの項によれば、彼女が同作品への出演後に結婚したドイツ人富豪プリッツ・マンドルが、同作品での彼女の全裸シーンがあまりに有名なのに嫉妬して、世界中のプリントを買い集め、そのシーンを破棄しようとしていたとも言われている。

第十三章　女性解放、新憲法と野球

女性解放

日本の封建主義の思想や制度にしばられていた女性を解放し、男女同権をめざすことは、占領軍の大きな課題であった。それに対応して日本の映画界も、女性解放を主題とする映画の製作をはじめた。

溝口健二監督は田中絹代主演で、政治的にめざめた女性を描く、いわゆる「女性解放映画」三部作を作っている。一九四六年の『女性の勝利』で田中は、自由主義者を恋人にもつ弁護士を演じる。戦時中獄中にあった恋人は病死するが、彼女は、義理の兄で反動的な検事が起訴した彼女の幼友だちを弁護する。その友人はやむを得ない環境にあって罪を犯したが、それは根本的に女性のおかれた日本の封建的家族制度の抑圧の仕組みに責任の所在があると、田中の演じる弁護士は熱弁をふるう。

二作目の一九四七年の『女優須磨子の恋』は、明治の新劇運動家で、自我に目ざめた女性を舞台の上だけでなく実生活でも演じた日本新劇の先駆的女優、松井須磨子の伝記映画である。三作目の一九四九年の『わが恋は燃えぬ』は、明治時代の自由民権運動に積極的にかかわった景山英子の自伝をもとに映画化したものである。地方の封建的な素封家をあとにして東京に出、自由民権運動の旗手として、恋人とともに運動に身を投じたヒロインは、搾取的な工場で働く女性を援助すべく闘う。そして自らも逮捕され、獄中の女性に課せられた困難な状況を目の当たりにする。しかも恩赦で釈放されたあと、同志とも指導者とも仰いだ恋人の、私生活における封建的な男女関係に裏切られ、彼女は新たに一人で旅立つ。

第一作と第三作の脚本を共同で書いた新藤兼人は、『女性の勝利』は「民主化」を意識して松竹撮影所が立てた企画であったが、『わが恋は燃えぬ』は総司令部が松竹に押しつけた企画であると述べている。新藤によれば、溝口監督は真の意味での女性解放を把握できず、『女性の勝利』の主題を十分に解釈しきれずに、弁護士の役が実在感に乏しいものに終わったという。『わが恋は燃えぬ』でも、女性運動家の役はいまひとつしっくりこない。抽象的で知的な役作りを要求される第一作と第三作にくらべて、田中は『女優須磨子の恋』の須磨子の、芸術と男に対する情熱をよく理解して、この三作のなかではいちばんの適役であったと新藤は信じている(1)。

『女優須磨子の恋』と『わが恋は燃えぬ』の脚本を書き、生涯を通じての溝口の協力者であった脚本家の依田義賢は、これらのヒロイン像を十分に描きこめなかったと認めている。[2] 依田もまた、溝口は戦後の社会の急激な変化に追いつこうとするあまり、戦後の民主主義がよく理解できていなかったと信じている。敗戦という歴史的瞬間に、溝口は芸術的スランプの底にいて、当惑しきっていた。身のまわりの変化に必死に適応しようとしながら、結局何も把握できなかったのであろうと依田は推測する。[3]

この三部作は教科書から取ったような教義的なもので、自我と意志を貫いた女性を主人公にした、同時代の黒澤明の『わが青春に悔なし』のような作品のほうが批評家の受けもよかった。

この時代の新しい思想や精神が映画界の女性に及ぼした影響の一例として、山田五十鈴の生き方がある。一九四七年に、松竹製作、溝口監督の『女優須磨子の恋』と競作になった東宝の『女優』で主演の松井須磨子を演じた山田は、この作品の女主人公と同様に、自分を演出する監督であり妻子がある衣笠貞之助と恋に落ちた。東宝の労働者側に立ってストライキ運動に活躍した衣笠に影響され、当初はたんに大スターというだけであまりものも考えず反組合側に立っていた山田も、衣笠の労使対立についての説明に感化され、彼と行動をともにするようになる。須磨子が演出家島村抱月を芸術の師と仰いだように、山田も衣笠を生活の伴侶というだけでなく、師として尊敬していた。ところが次第にその「師」の私生活が、彼の理想とするところと矛盾が多

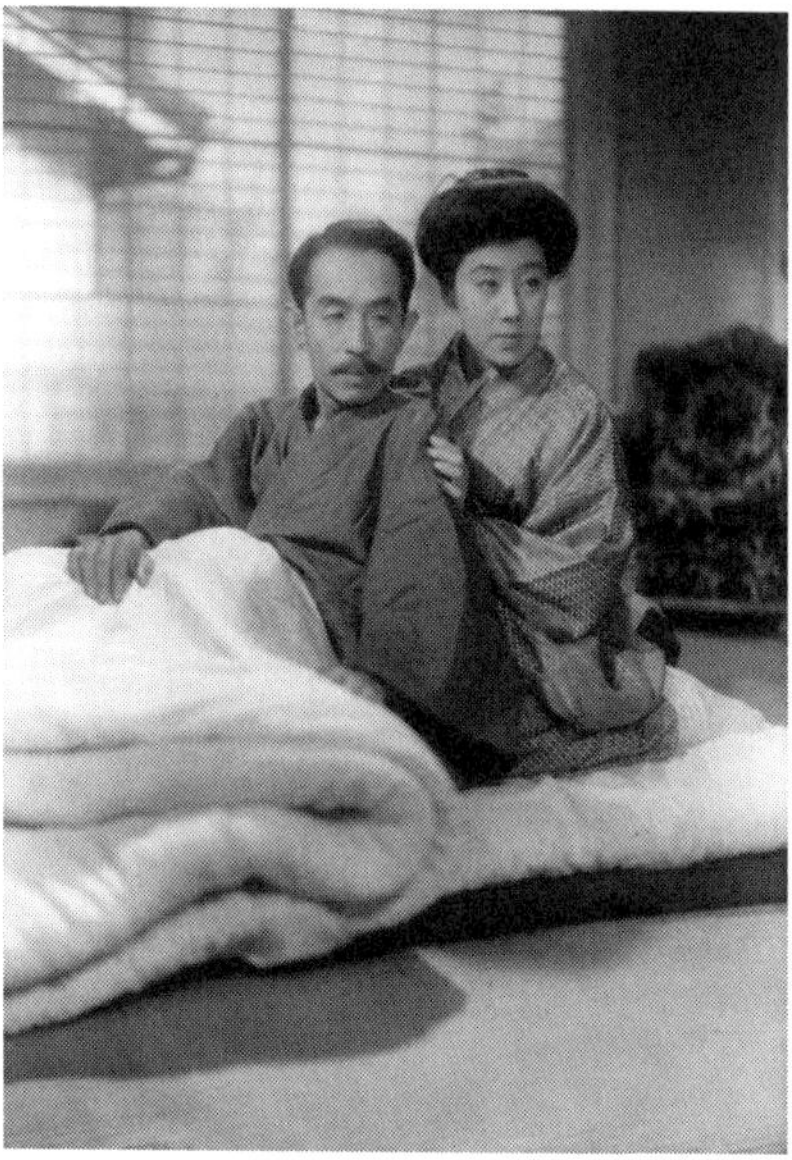

『女優』（1947© TOHO CO., LTD　衣笠貞之助監督）の土方与志（左）と山田五十鈴。『女優須磨子の恋』と競作になった作品で、山田は妻子のある衣笠と恋に落ちた。

いのに幻滅を感じるようになり（この体験は『わが恋は燃えぬ』のヒロインのものと似ている）、山田は衣笠のもとを去った。その後山田は左翼演劇人の加藤嘉と結婚し、ともに左翼運動に身を捧げるようになる。(4) 山田の芸術観、そして生き方の変遷も、こうして時代に影響されたものであった。

新憲法の普及

占領軍の肝煎りで新憲法が一九四六年十一月三日に公布される前の夏に、文部省は日本の映画会社に、新憲法の精神を普及させるべく協力を打診した。映画会社の反応はそれほど熱心なものではなかったが、そのような企画は興行的に魅力のあるものではないので、会社側は政府が費用を負担すべきであると考えた[5]。

それに引きつづく交渉の結果、映画会社はいくらか協力的になった。憲法普及会が新憲法発布の記念映画の企画を提案すると、松竹、東宝、大映の三大撮影所がそれぞれ一本ずつ、映画を製作することに決定した。各撮影所の特色を活かし、普及会は三社に新憲法の主要な柱を割り当てた。家庭ドラマを得意とする松竹には〈男女同権〉、現代劇を中心とする東宝には〈戦争放棄〉、時代劇を専門とする大映には〈基本的人権〉が主題として与えられた。普及会はいくらかの資金援助はするものの、各撮影所が映画の製作と配給のための経済的責任を負うものとし、詳細は各会社に任された。

会長は、のちに外務大臣を、そして一九四八年三月から十月まで首相を務めることになる芦田均であった。各映画会社との最初の打ち合わせで芦田は、これらの「新憲法映画」が未熟なものであったり商業主義的になることを心配はしていない、なぜならこれらは実際に商業映画なのだし、会社側がどのように観客を集めるかをいちばんよく知っているはずだからである、と述べている。こうした実践的な発言に比べて、逆に会社側の出席者の大映社長、永田雅一が、製作者自身が映画で描いている題材をよく理解することがいかに大切であるかを説いたことは好一対である。

新憲法は一九四七年五月三日に発効した。三社が同時に新憲法普及映画を公開して競合するのを避けるため、最初の映画が四月二十九日の週に、二つ目の映画が翌週に、三つ目の映画がその二週間後に封切られることが、各社のあいだで取り決められた。(6)
松竹がまず『情炎』を四月二十九日に公開した。監督渋谷実、脚本久板栄二郎で、この作品は松竹の当時のスター、佐野周二と水戸光子を主演にして、愛情がないまま家族の決めた結婚をした夫婦が、一度は離婚を考えながらも真の愛情にめざめるまでを描いていた。

五月六日に大映の『壮士劇場』が公開された。大映の時代劇スター阪東妻三郎、月形龍之介、それに入江たか子を主演に、時代劇を得意とする稲垣浩を監督、また八尋不二を脚本家に起用し、明治時代の自由民権運動で政治的な壮士劇を主催した恒藤定憲の自伝をもとにしたのが、この映画であった。一八八九年の大日本帝国憲法の発布、翌年の衆議院議員総選挙につながった自由民権運動は、政治的自由のために闘った先駆的活動として、占領軍が積極的に奨励した題材の一つであった。

この二作の公開のあとに封切られるはずであった第三作は、七月十日まで公開されなかった。東宝では、第六部で見るように、労働組合が経営に携わるようになっていて、新憲法普及のための企画『戦争と平和』は、ともに左翼系の山本薩夫と亀井文夫の共同監督と決められた。この作品の製作者伊藤武郎は、この共同監督というめずらしい決定は、東宝の組合運動の、何でも協力しておこなうという精神を反映したものである、と述べている。[7] 記録映画の亀井と、力強いドラマ作家の山本とを組み合わせたところにも、東宝の新しい映画作りの実験精神が反映されている。

亀井は第三部で見たように、前作『日本の悲劇』が一九四六年夏に総司令部の軍事検閲により上映禁止になっていた。亀井以外にも、『戦争と平和』に参加した映画人には左翼系が多かった。伊藤は、東宝の争議を指導する日映演（日本映画演劇労働組合）の委員長であった。撮影を担当した宮島義勇も、東宝争議の中心人物であり、脚本の八住利雄も左翼系として知られていた。占領軍側が、このような製作陣を警戒したのは当然で、一九四七年五月の総司令部のこの映画の製作に関する書簡では、製作者伊藤と亀井監督は「確実にアカである」としている。[8]

映画の題名が示すように『戦争と平和』は、戦時中とその後の平和な時代の両方を描くものであり、D・W・グリフィスの一九一一年の作品『イノック・アーデン』をもとにしている。[9] 徴兵された主人公（伊豆肇）を乗せた輸送船が爆破され、戦死したとの報が留守宅の妻（岸旗江）に届く。幼児を抱えて生活に困る彼女を、夫の友人（池部良）が何かと世話をするが、そのうち妻はこの男と再婚する。ところが、戦争が終わって、元の夫が帰還した。彼は中国で捕虜になっていて、手厚く扱われ、日本軍国主義の悪を認識するようになっていた。自分の妻が再婚したことを知って、最初は落胆していた彼は、次第にこの夫婦を助けようと思うようになる。

ある日、戦時中の空襲の衝撃が二番目の夫に蘇ってきて、精神的に不安定な行動をとるようになる。妻と元の夫の、自分に対する懸命の気遣いにもかかわらず、二番目の夫はこの二人の仲を誤解し、嫉妬して荒れる。折しも彼の働く工場で、資本家の搾取に対する労働者のストライキがおこる。資本家とその手先に、スト破り要員として利用されそうになるこの男を、妻の愛情と元の夫の友情がすんでのところで救い、彼は良心にめざめる。この夫婦がいまや強い愛情で結ばれ、すべての問題が解決したのを見て、元の夫は二人のもとを去り、平和の精神を未来の世代の子供に教えていくために教師になる。

いったんは戦死したと報じられた夫が戦後帰還して、妻が再婚しているのに直面したというケースは、実際によくあったことである。日本軍は、兵士が敵の捕虜になることを戒めていたので、捕虜となって生存していても、家族に連絡が取れなかったということが往々にしてあったのである。こうしたリアルな題材をとりあげ、日本軍の悪をまず明らかにし、それに当時盛んになっていた、製作者たち自らが積極的にかかわっていた組合運動を取り入れて資本家の悪を鮮明にするという意図が、この企画には見られる。悪と善の対立は、日本軍と中国軍、資本家と労働者という具合に、むしろ図式的に描かれている。また、元の夫が二番目の夫と妻の幸福を願って身を引くという解決の仕方も、あまりに現実離れした理想的すぎるものである。しかし、戦争と平和の意味を真摯に問うこの作品に、庶民のリアルな感情が表現されていたという評価もできる。

多くのセットを必要としたこの作品は、製作規模の膨張で、映画の完成は予定より二十日遅れた。[10] ＣＩＥの検閲を通過したあと、『戦争と平和』はＣＣＤの検閲に一九四七年五月十四日に提出された。数日がすぎても、ＣＣＤがこの映画を通過させる気配がまったくないため、製作者とともに東宝の経営者側も心配しはじめ、ＣＣＤへの訪問がはじまった。会社側はＣＩＥにも出向き、この作品がＣＣＤの検閲でとめられているかぎり、代わりに東宝の戦前の作品を公開して穴埋めをしなければならないと主張し、ＣＩＥがＣＣＤに圧力をかけることを期待した。

同時に東宝の経営者と反組合の従業員たちは、自分たちはこの企画とは何も関係がなく、共産主義者に支配されている労働組合がこの作品を製作したと、検閲官に強調した。そして、もしこの作品が実際に検閲で上映禁止になれば、東宝から共産主義者や組合員を追い出す助けになるから、歓迎するとまで述べている。東宝の広報担当の重役は、ＣＣＤの検閲官ウォルター・ミハタに、もし『戦争と平和』の上映禁止で東宝の労働組合が「映画の製作に関する政策決定権は経営者側になければならない」ことを認識することになるのならば、映画の製作費七百万円は帳消しにしてもよいともちかけた。また反組合員であり、東宝をやめて新東宝に移っていた渡辺邦男監督とその仲間は、ミハタに「この映画の根底にあるものは、米国や天皇への忠誠をけなすことのみである」と語った[11]。

五月末にCCDは、『戦争と平和』が新憲法普及を促進するための映画としてすでに広く宣伝されていた以上、この作品の全面的上映禁止は妥当ではないと判断した。検閲官は、観客に気づかれない程度の軽度の削除と変更によって、この作品が上映されることを望んだ。検閲で命じられた削除部分は、第二部で検討したように、占領軍に批判的と思われた箇所に及んだ[12]。

六月半ばにCCDは、占領軍が『戦争と平和』の公開を渋っているという噂が広まっていることを知った。この情報は、東宝、憲法普及会、CIEのほかに、当時CCDの通信報道課がおこなっていた、日本人のあいだの手紙のやりとりに対する検閲で収集した情報からも入った[13]。また、一九四七年七月六日付の長崎市の「映画新報」は、『戦争と平和』が検閲で問題になっていて、上映が禁止されるのではないかとも言われている、という記事を載せようとして、この記事は検閲で削除された[14]。

いまやCCDには毎日のように、東宝の経営者側と組合側から、検閲の進展を尋ねに訪問者が押しかけた。検閲の遅滞は、映画関係者全員にとってはひじょうな困難をもたらしたにちがいない。この状況に面子を失ったと感じ、検閲官の覚えをよくしようと願ったのか、憲法普及会の政府の役人の一人はCCDに、この映画と普及会は何ら関係がなく、普及会はむしろ作品の出来に不満足であると述べた[15]。『戦争と平和』はとうとう一九四七年六月十三日、十七カ所、約三十分に及ぶ削除で検閲を通過した[16]。製作者の伊藤は、合計三十分以上に及ぶ二十四カ所の削除で、話がわかりにくくなってしまったと述べている[17]。問題の箇所が切除されたあと、映画の流れをスムーズにして観客が削除部分に気がつかないように、東宝は再編集を命じられたことも考えられる。

映画は七月十日に公開された。評論家の反応は賛否両論であった。それでも『戦争と平和』は、新憲法普及のために企画された三本の映画のなかではいちばん話題にもなった成功作であった。一九四七年度の「キネマ旬報」の批評家によるベスト・テン作品の投票で、『戦争と平和』は第二位に選ばれた。映画は、山本監督による劇映画の場面と、亀井監督によるドキュメンタリーのフィルムを使用した部分および記録映画的な場面とを巧みにまとめたことが賞賛され、その真摯な反戦のメッセージも評価された。東宝は組合のストライキの結果、スターが新東宝に去ってしまっていたので、新人をこの映画で起用しなければならなかったが、三人の主役をつとめた若い俳優たちはその新鮮な魅力を誉められた。

その一方、主題や登場人物の性格づけが十分に掘り下げられていない、メッセージがこなれていない、戦争への消極的な憎悪はよく描かれていても、積極的に戦争に反対する姿勢がない、という批判もあったが、[18] それらは多分に三十分もの部分が検閲で削除されたという理由によるのであろう。皮肉なことに、検閲では何の問題にもならなかった松竹の『情炎』と大映の『壮士劇場』は、批評家のあいだでも観客のあいだでもそれほど話題にならず、いまや日本映画史からほとんど忘れ去られてしまっている。また、当時おこなわれた観客調査の一つによれば、『戦争と平和』が新憲法普及映画の三本のなかでは最も好まれ、その理由は、主題に親しみがもてる、反戦のテーマがよく表されている、戦争未亡人の問題を楽観的にとらえているなどというものであった。[19]

野球

占領軍が映画の題材として奨励したもののなかで興味深いのは、野球である。戦争中、野球は敵国文化の産物として、「ファウル」や「ストライク」といった用語も、収まりの悪い日本語に無理やりおきかえられて使用されていた。敗戦を迎えると、野球は即座に庶民のあいだで戦前と同様の人気を取りもどした。早くも、一九四五年十一月二十三日には、神宮球場で戦後最初の東西対抗プロ野球がおこなわれている。

戦後のこの時代の映画のなかで、印象深い野球のシーンはすぐにいくつか思い出せる。たとえば、黒澤明の一九四七年の『素晴らしき日曜日』は、貧しく若い恋人たちが慎ましく日曜日を過ごす話であるが、道端でキャッチボールをしている子供の打ったボールを拾って投げ返した主人公の青年の腕力が余って、ボールは近くの菓子屋の店頭の饅頭に命中し、彼が弁償のためフニャフニャになった饅頭を二つ買うはめになるというユーモラスな場面がある。ここで野球は、当時日常的に道端で子供が遊ぶ競技であったことがうかがわれる。また同じく黒澤の一九四九年の『野良犬』では、奪われた拳銃を取りもどそうと犯人を追跡する刑事が、事件の鍵を握るヤクザが野球好きだということを聞き、満員の客に沸く後楽園スタヂアムに張りこみ、緊迫した雰囲気が野球の試合の展開と巧みに交錯する場面がある。この場面からも野球がいかに人気のある、客が夢中で応援するスポーツであったかがわかる。

こうした人気を反映して、すでに一九四六年にマキノ正博は軽い調子の喜劇『のんきな父さん』のなかで、二十六人のプロ野球選手を動員した試合の場面を入れている[20]。また伝説的な野球選手ルー・ゲーリッグの一九四二年の伝記映画で、サム・ウッド監督の『打撃王』を一九四九年に日本で公開する際、製作会社のRKOスタジオは、「主役ゲイリー・クーパーからのプレゼント」として、野球のグローブとバット各六つを観客に贈呈するというプロモーションをおこなっている[21]。

一九四八年一月、CIEのハリー・スロットは、〈たわいのない喜劇〉である『花嫁選手』（小杉勇監督）に、プロ野球の選手を使った野球の場面を入れることを提案した。スロットは、そのような場面は〈民主主義精神に貢献する〉と考えたのであった。[22]数週間後、東横映画が準備した脚本を読んだスロットは、〈野球が伝統的なよいスポーツである以上〉、試合の場面をもっと長くするように奨励した。[23]

このケースでは、検閲官は野球がなぜ〈民主主義〉を代表するものなのかの理由を述べていないが、同じ東横映画が翌年七月、斎藤寅次郎監督の『野球狂時代』（一九四九年）の粗筋を提出したとき、野球が米国に源を発している以上、〈日本人は野球を米国から取り入れた事実をはっきりさせること〉とCIEは明記している。[24]この作品は、多くの喜劇役者と二人のプロ野球選手が出演するというものであった。この作品が企画されているとき、新東宝は喜劇スター榎本健一（エノケン）を主役に、プロ野球の試合の場面を含む『エノケンのホームラン王』（一九四八年、渡辺邦男監督）という、かなり似たような企画を立てている。[25]

この時代の日本人のあいだでの野球の人気については、何人かの映画人が後年、映画の題材としていることからもわかる。青年時代を戦中の徴用で送った岡本喜八監督は、敗戦による解放感が息づくダイナミックな作品『ダイナマイトどんどん』を一九七八年に作っている。これは、九州のある町で、日本のヤクザと米国人たちが野球をするという話である。本書のなかですでにたびたび登場している篠田正浩監督の『瀬戸内少年野球団』は、同様に占領期の淡路島を舞台に、占領軍と地元住民が野球の試合をして日米交歓をするのであるが、日本側の選手は小学校の子供たちである。また終戦時中学生であった大島渚は、野球を戦後の時代の日本人の精神の象徴としてとらえている。ある家族の戦後の生き方をたどる一九七一年の『儀式』で、大島はいくつかの節目節目となる場面で、登場人物にそういった意味を込めて野球をさせている。

浦山桐郎監督は、占領軍の民主主義政策が三つの「S」——スクリーン、スポーツ、セックス——にもとづいていたと回顧する。好意的に解釈すれば、米国は日本人を封建主義的価値体系や制度から解放しようとしていたといえようが、否定的に解釈すれば米国はその三つの「S」で、日本人の道徳観を堕落させようとしたとも考えられる、と浦山は言う。しかし、当時田舎町のティーンエイジャーであった浦山自身が、その「S」の三つともに夢中になっていたと認めている。[26]

それにしても、多くの映画人が野球好きであることは興味深い。監督が主導権を握って、グループ構成員各自の個性と才能を引きだしながら、一つの目的のために各自の協力を得て、グループとしての目的達成のために、監督が皆を率いていかなければならないというのは、映画と野球に共通したものなのかもしれない。

日本側の反応

「民主主義映画」「民主主義啓蒙映画」は、純粋な娯楽映画に対して「アイディア・

ピクチャー」とも呼ばれた。CIEの検閲官は、日本人の再教育にとって価値のない、純粋に娯楽のみを目的とした〈現実逃避映画〉よりも、民主主義を促進する映画を製作するようにと日本映画界に求めた。例によってCIEは、検閲官の判断を〈提案〉とし、命令ではないことを強調したが、検閲官は当時不足していた生フィルムの供給を差し止める権限をもっていたため、彼らが〈アイディア・ピクチャーが足りない〉と不満を述べれば、数多くの映画人が耳を傾けざるを得なかったとしている。

禁止された題材と同じように、奨励された題材についても、多くの者が名指しでコンデの熱意に感謝するとともに、その独りよがりのゴリ押し的態度にうんざりしている。牛原虚彦監督は、コンデが日本の映画人との討論を理解しようとしたことに感謝しながらも、コンデの意向を撮影所長や脚本家にいちいち伝えて、意見をまとめようとするのは並大抵のことではなく、面倒であったとも告白している(27)。東宝で占領軍との折衝係をしていた能登節雄は、コンデは日本の映画人が納得するまで十分に討論しようとしたので、コンデと論議をすることそのものは困難ではなかったが、彼の満足するような脚本にするのは大変であったと述べている(28)。

これまで見てきたように、コンデはややもすると、日本側が理解に苦しむような考え方をしていたようであるが、ときにはそれが露骨な共産主義信奉とも思われて、映画人側の当惑のもとになった。山本嘉次郎監督は、「CIEのC氏」が、農夫の顔が泥だらけで映画に登場したとき、農民は〈良い人〉であるからきれいな顔をしていなければならないと主張し、その場面を別の俳優を使って撮り直しをさせたとしている。検閲官はその撮り直された場面に満足したが、この場面で観客は爆笑したという[29]。小松秀雄は、CIEのある検閲官は、日本共産党の幹部の徳田球一に顔が似ている俳優の菅井一郎を、溝口監督作品のなかに見て大変に満足したという[30]。

占領軍の検閲は一刻も早く軍国日本を民主主義国家に変えなければならないという使命の達成を急ぐあまり、また日本の映画人に民主主義を吹聴することに熱心なあまり、結果として主題のこなれていない未熟な映画を作るように要請することになった。しかし、占領の時がたつにつれて、禁止された題材と同様に、検閲官によって強く奨励されたり強制されたりする題材、テーマ、イメージは次第に減ってきた。〈禁止〉と〈奨励〉という二つの武器を用いて、占領軍の検閲官は映画を通じた日本の民主化の達成が可能となったのである。

一般的に日本映画界は、占領軍による映画制度や製作規制についての解放、新しい考えを扱う映画の製作、戦中に禁止されていた外国映画の公開等の政策を歓迎した。その当時のインフレと貧困にもかかわらず、人びとは競って高い入場料を払い、満員の映画館でスクリーンを食い入るように見つめた。戦争直後、映画と競争し得る娯楽はごく少なかったというのは事実であるが、もし観客が好んで支持することがなければ日本映画もこれほど熱狂的に見られることはなかったであろう。

その意味では、日本古来の伝統を保持しようとする者は、米国の民主主義政策が日本人の特異な考え方や性格を破壊したと主張するが、それが本当であったとしても、その責任の一部は明らかに、そういった民主主義政策を熱心に受け入れた日本人側にある。

【註——第十三章】　女性解放、新憲法と野球

(1)　新藤兼人『小説　田中絹代』二〇二－二一八頁。

(2)　小冊子『日本映画の意欲と反省』(版元不明、一九四七年、メリーランド大学プランゲ・コレクション)に収められた依田義賢「『女優須磨子の恋』を反省す」六八－七〇頁。依田義賢『溝口健二の人と芸術』一四二－一七四頁。

(3)　新藤監督のドキュメンタリー映画『ある映画監督の生涯・溝口健二の記録』の脚本をおこした同名の本(映人社、一九七五年)のなかの、新藤による依田のインタビュー(三六頁)。

(4)　山田五十鈴『映画とともに』一一五－一二八頁。加藤もまた、山田と恋に落ちたときには結婚していた。山田と加藤の結婚は一九五〇年から一九五四年までつづいた。

(5)　バージニア州ノーフォーク、マッカーサー記念館、RG-4 USAFPAC Intelligence file にある、"Excerpt From Jap (anese) Press Sum (mation)", Government Section, August 8, 1946, in *Political, Economic, Social Situation.*

(6)　芦田均、渋沢秀雄、永田雅一「民主革命の一役　新憲法発布記念映画をめぐる座談会」(「キネマ旬報」一九四七年四月号、八－一一頁)。足立和「プロデューサー群雄伝・10」(「キネマ旬報」一九八八年九月下旬号、一三〇－一三一頁)。

(7)　伊藤武郎「戦後日本映画の興隆と東宝争議」(家永三郎編『昭和の戦後史』二二三頁)。

(8)　国立記録センター、ボックス番号331－8579、『戦争と平和』に関するCCDのファイルにある一九四七年五月七日付メモ。

(9) 伊藤武郎「戦後日本映画の興隆と東宝争議」二三三頁。足立和「プロデューサー群雄伝・10」一三二－一三三頁。
(10) 伊藤武郎、同上、二三三頁。
(11) 国立記録センターの『戦争と平和』に関するCCDのファイルにある一九四七年五月二十二日付のCCDのメモランダム。
(12) 国立記録センター、ボックス番号331－8579、CCDの映画に関するファイルの一九四七年五月二十六日付CCDのプレス・映画・放送部門の記録のためのメモランダム。
(13) 国立記録センター、同上ファイルのプレス・映画・放送部門の（ジョン・）コステロに一九四七年六月十日に報告された同課の連絡メモ。
(14) メリーランド大学プランゲ・コレクション。
(15) 国立記録センター、前掲ファイルのプレス・映画・放送部門の一九四七年六月五日付連絡メモ。
(16) 同上ファイルのCCDから民間課報課課長代理の一九四七年六月十二日付の総司令部参謀第二部の部内メモランダム。
(17) 「リュミエール」一九八六年夏号の蓮實重彦による伊藤武郎インタビュー（八四頁）。
(18) 「キネマ旬報」一九四七年十月の清水晶の映画評。「映画とスポーツ」一九四七年七月十八日付の高木亨による映画評。「映画文化」一九四七年十月のK・Iによる映画評。「映画鑑賞」一九四七年十月の時事映画評。「キネマ・ニュース」一九四八年二月十日付の白沢良の映画評。
(19) 足立和「プロデューサー群雄伝・10」一三三頁によると、その調査で四千五百人が質問を受け、七百二十一人が『戦争と平和』を、四百九十五人が『壮士劇場』を、二百二十九人が『情炎』

をいちばん好きだと答えている。

(20)　マキノ雅弘『映画渡世　地の巻』一八八－一八九頁。

(21)「映画娯楽街」一九四九年三月号、三頁。

(22)　国立国会図書館ＣＩＥ書類、ＣＩＥの当該映画の粗筋に対する一九四八年一月十三日付メモランダム。

(23)　同上、ＣＩＥの当該映画の脚本に対するメモランダム。

(24)　同上、ＣＩＥの一九四八年七月二十一日東横京都撮影所での会議記録。

(25)「映画新報」一九四七年八月二十三日号、一頁。

(26)　浦山桐郎「戦後見聞録　酔ったりさめたり・２」（「シネ・フロント」一九八五年七月号、五五頁）。

(27)　牛原虚彦『虚彦映画年譜50年』二四三頁。

(28)　草壁久四郎「実録戦後日本映画史・１」に引用された能登の言葉。

(29)　山本嘉次郎「カツドオヤ微憤録」一九二頁。

(30)　小松秀雄『戦後映画シリーズ・２』六六頁。

第五部

『わが青春に悔なし』

日本の映画界は、戦時中の軍国主義体制から解放され、占領軍の検閲のもとにおかれるとすぐに、「民主主義」を唱えはじめ、それまで製作してきた戦意高揚映画とは思想的に正反対に位置する映画を作りはじめた。映画界の変わり身の速さには驚くべきものがあったが、それは映画界だけではなく日本社会全体に見られた現象であった。

第五部では、海外でもよく知られている黒澤明の『わが青春に悔なし』を例に取り、占領初期に製作され、一九四六年十月に東宝の手で公開されたこの作品の製作過程をたどり、作品分析をすることで、「民主主義映画」の特質を解明しようと試みるものである。

第十四章　『わが青春に悔なし』の製作

映画の背景

『わが青春に悔なし』は一九四六年の公開当時、観客に大きな衝撃を与えたとされている。(1)またこの作品は、当時はまだ青少年だった将来の映画作家たちにも大きな衝撃と深い印象を与えたという点で、注目に値する。たとえば、当時十四歳であった大島渚は後述するように、この作品についてのちに詳しく書いている。当時十三歳であった吉田喜重にとって、この映画は戦後見た最初の映画であった。北陸の小さい町の中学生だった吉田は、クラス全員で見に行ったこの作品で、〈原節子さんが水田につかって終戦になるところ〉などにひじょうに強い印象を受けたと語っている。(2)熊井啓、黒木和雄はともに十六歳のときにこの作品に接した。〈一九四六年という苛酷な時代にもかかわらず映画でものを表現できることと、そういう仕事をしている作家がいる〉という認識が、熊井を映画の道に進む決心をさせた。(3)黒木はこの作品が劇映画にもかかわらず、〈一種の記録映画のようなタッチで撮られていること〉にひじょうに新鮮なものを感じたという(4)。

この映画が製作公開された時代は、それまでの価値観が少なくとも表面上は全面的に否定された時代であった。それまで、身を挺して国家に仕えなければならない、そのためには日本国のために戦争に喜んで協力し、命を捧げなければならないと教えられてきた国民が、一九四五年八月十五日を境に、今度はそういった思想を捨て、戦勝国であり占領軍として日本に駐留した米国の思想、価値観を信奉しなければならなくなった。

連合軍は日本の戦争犯罪人として、一九四五年九月十一日に東条英機を逮捕したのを皮切りに、十二月までに荒木貞夫、小磯国昭、梨本宮守正、平沼騏一郎、広田弘毅、大川周明らを逮捕した。さらに十月十五日には、国民の思想、言論、表現、政治の自由を取り締まっていた治安維持法が廃止され、それによって逮捕拘留されていた政治犯の釈放が実施された。そのなかには、「尾崎＝ゾルゲ」スパイ事件の被告の生存者約十名が含まれていた。このとき釈放された日本共産党員は、「解放軍」に万歳を唱えに占領軍の総司令部に出向いた。

総司令部の指示によって天皇は、一九四六年一月一日に国民に向けて、自らの神格を否定する「人間宣言」をおこなった。二月には反民主主義的人物の公職追放が各界ではじまり、前年十二月に公布された日本最初の婦人参政権を認めた選挙法改正のもとで四月に総選挙がおこなわれ、三十九人の女性代議士が国会に送られた。

初めて合法化されたメーデーが祝われた二日後の一九四六年五月三日に、極東国際軍事裁判がはじまった。二年半後の判決で、七人のA級戦犯が絞首刑に処された。『わが青春に悔なし』が公開された一九四六年十月には、ナチス・ドイツの戦争犯罪人を裁くニュルンベルグ裁判の判決が下り、それを記録したニュース映画は東京裁判中、日本の映画館で上映されていた⑤。

そうした時代背景のもとでつくられた『わが青春に悔なし』は、戦後民主主義映画の代表的な作品と考えられている。また映画を通じて日本人を再教育し、日本の民主化を図るという占領軍の政策に、日本映画界として応えた作品とされている。この作品は、一九三三年に自由主義思想の持ち主として辞職を余儀なくされた、京都帝国大学法学部教授滝川幸辰《ゆきとき》（映画のなかでは大河内傳次郎演じる八木原教授）をめぐる有名な事件をもとにしている。滝川教授は戦後、東京裁判で証言し、学問思想の自由を踏みにじった当時の軍国主義政府を非難している。『わが青春に悔なし』が製作されたころには、滝川教授は軍国主義の犠牲者として英雄になっていた。

『わが青春に悔なし』ではまた、「尾崎＝ゾルゲ」スパイ事件の尾崎秀実《ほつみ》をモデルにした人物（八木原教授の学生野毛隆吉）を藤田進が演じている。尾崎は朝日新聞記者を経て、中国問題専門家となり、政府の中国問題に関する嘱託になっていたが、一九四一年十月ソ連のスパイとして逮捕された。一九四四年十一月、ドイツのジャーナリスト、リヒャルト・ゾルゲとともに尾崎は処刑され、この事件に連座したユーゴスラビアのジャーナリスト、ドイツ人夫婦、十二人の日本人が懲役刑になった。尾崎は政府に顔のきく自分の地位を利用して、政府の機密文書を、コミンテルンで働いていると信じていたゾルゲに渡していたが、実際にはゾルゲはソ連赤軍の諜報部に雇われていた、とされている。(6)

実際の尾崎は滝川門下の学生ではなかったが、滝川と並んで終戦後、尾崎は軍国主義の犠牲者として英雄視されはじめていた。戦時中、この「尾崎＝ゾルゲ」スパイ事件の詳細は明らかにされなかったが、それは政府に尾崎を敵国スパイとして起訴するに足る根拠が十分ではなかったのが一因とされている。なにしろ、ソ連は一九四五年八月まで日本と中立条約を結んでいたのである。尾崎の処刑はいろいろな意味で国民に衝撃を与えた。それは第一に、これは戦時中の国家に対する謀反罪として、唯一処刑がおこなわれたものであった。第二に、尾崎は政府高官とも親交のあるインテリで、高い社会的地位を誇っていた。第三に、尾崎は自分の行動によってのみ、日本と日本人を救えると信じていた平和主義者であった、という点においてである。

滝川や尾崎は、好ましい映画の題材としてＣＩＥが奨励した、〈自由と代議制政治のために闘った歴史上の人物〉であった。滝川は政府に抗議して自ら辞職するが、映画のなかの八木原は、政府の圧力によって大学から解職される。そして、戦後になって滝川が復職したように、八木原は大学にもどる。そして、講堂を埋め尽くした学生を前にして、軍国主義政府に抑圧された自由主義者の誇るべき代表として、娘の恋人で獄中死した野毛の犠牲を称える演説をする。

占領軍の政策のなかで最も成功したもののひとつに農地改革がある。一九四六年に法制化された第二次農地改革案をもとに、戦前不在地主の手にあった広大な農地を、小作人の手に解放するという大胆な改革である。映画のなかで、戦前の小作人の生活の窮乏は、ヒロインが自分の将来を賭けようとする、明るく希望に満ちた農村のイメージと対比されている。戦後、野毛の両親の住む村にもどったヒロインを、一台のトラックが拾い上げる。トラックの一団はヒロインを乗せ、砂ぼこりを上げてカメラから遠ざかっていく。これがこの映画のラスト・シーンであるが、この場面は脚本にはなく、黒澤明が撮影に際して付け足した場面である。しかもトラックは、戦中の村の場面には登場しない。トラックに象徴される〈近代化された〉〈再建に明るく臨む〉農村のイメージは、占領軍によってもたらされた政策を享受する、全国津々浦々の農民のイメージを彷彿させるものとして、この映画に刻みこまれている。

理想主義に燃える若者が都会をあとにして、農村の近代化運動に参加するというテーマもまた、その当時の社会意識を反映したものであるにちがいない。映画のなかで野毛の両親は、片田舎の貧しい、働き者の農民として設定されているが、野毛のモデルとなった尾崎の両親はそれとは対照的に、都会のインテリ階級に属していた。尾崎の父は成功したジャーナリストであったが、家族は慎ましい生活を送ったという。

黒澤は八木原の娘で野毛と恋に陥る幸枝という女性を設定し、原節子がその役を演じた。彼女は平和主義者の野毛が警察に逮捕され、獄中死すると、野毛の両親の住む農村に赴き、両親を助けようといっしょに野良仕事をする。徹底して自分の意志を貫く、個人主義の女性として幸枝は描かれている。

これまで見てきたように、女性解放は占領軍の政策のなかで最も重要なものの一つであった。米国の連邦政府憲法に男女同権が現在に至るまで法制化されていないのに対して、米国の主導のもとで草案がつくられた日本国憲法では男女同権が成文化され、一九四七年に施行されたのは興味深い(7)。マッカーサー元帥自身、女性解放は日本の改革のための最重要五項目のなかの一つであることを、当時の幣原《しではら》喜重郎首相に伝えている(8)。女性解放問題は占領を通じてのＣＩＥの関心事で、総司令部の努力の結果、一九四七年九月に労働省に婦人・未成年者を扱う局が設置された。また総司令部の肝煎りで、婦人参政権を含む普通選挙の実施、戦前の妻の側にだけ適用された姦通罪の撤廃、女子学生への国立大学の開放等の政策がつぎつぎに打ち出された。

黒澤は、自分の作品のなかで女性が中心になるのはめずらしく、『わが青春に悔なし』のほかには、一九五〇年の『羅生門』だけであろう、と後年語っている。[9] 東宝のスターであった原節子を幸枝役に起用しようとした際、原自身はこんな役はやりたくないと言ったといわれているが、[10] それは実に的を射た配役であった。原は、当時の人気スターの田中絹代、山根寿子、川崎弘子らとくらべると、日本人離れした容貌で人気があった。ひじょうに大きな目、高い鼻のはっきりした顔立ちの原は、身長も高く、ドイツ人の血が四分の一混じっているという噂もあった。

原は一九三五年、姉の夫熊谷久虎が監督をしていた日活多摩川撮影所に入り、十五歳で映画に初出演した。現代劇や時代劇で、可愛らしく純粋な娘役をいくつかこなしたあと、一九三七年に転機がやってきた。初めての日独合作『新しき土』（ドイツ版の題名は『サムライの娘』となっている）のヒロインとしてアーノルド・ファンク監督に抜擢された原は、この大ヒットした作品に出演したのである。その後、原は東宝の前身のJOスタジオに入社した。東宝は彼女のエキゾチックな容貌を生かして、『あゝ無情』『田園交響楽』『ステラ・ダラス』等の西洋文学の翻案映画に、一九三〇年代を通じて原をつぎつぎに出演させた。[11]

この路線が戦争によって中断されたあと、原は愛国的な妻や戦線での勇敢な女性の役を演じるようになった。山本薩夫監督は原の西洋的な容貌を生かして、自分の考えをはっきり述べる個人主義的なヒロインを一九四三年の『熱風』で演じさせたが、当時、評論家の飯島正は、この原の役も、また原と主人公との関係も、〈米国的〉と批判した。[12]

『わが青春に悔なし』で原が演じた幸枝の役は、戦後の『晩春』（一九四九年）にはじまる小津安二郎監督の一連の映画に代表されるような、育ちのよい、知的で意志の強い、中流階級の女性像の先がけとなるものであった。しかし幸枝の性格は、意志を貫く度合いが極端で、そのような女性像を当時の他の映画に見ることはむずかしい。黒澤のその後の作品には、『素晴らしき日曜日』（一九四七年）の若い女性、『酔いどれ天使』（一九四八年）の女学生、『静かなる決闘』（一九四九年）の看護婦のように、人生に積極的に取り組んで努力する女性像、また『野良犬』（一九四九年）のダンサー、『羅生門』（一九五〇年）の貴族の妻、『白痴』（一九五一年）のヒロイン、『隠し砦の三悪人』（一九五八年）の姫君のように、感情の起伏が激しく強情な女性像が登場する。幸枝はそれらすべてを極端なまでに統合した性格のように思える。

原が黒澤映画に出演したのは、『わが青春に悔なし』が最初であった。[13]彼女の特異な美貌は、黒澤が好んで起用した中北千枝子、千石規子、岸輝子、三条美紀といった丸顔、太め、庶民的な風貌の女優たちと一線を画する。原の知的でかつ西洋的な風貌は、西洋型の女権拡大主義を連想させる意味でも、ぴったりの配役であったのかもしれない。さらに黒澤は、髪をふり乱して疲れはてた表情を見せる獄中の幸枝、田圃で泥だらけになりながら生き甲斐を見いだして目を輝かせている幸枝といった、いままでスター原が取り組んだことのない側面、見せたこともない表情を引き出しているが、これも戦後の活気に満ちた変革の時代精神とぴったり合うものであったと思われる。

さて、これまでの事実からも、『わが青春に悔なし』のテーマは、CIEから奨励されたものか、あるいはCIEの意向に沿おうとした撮影所側から出されたものと推測できなくもない。脚本を担当した久板栄二郎によると、映画のアイデアは製作者の松崎啓次が提案し、リサーチは全面的に松崎がおこなったが、脚本執筆では黒澤も〈演出家としての領域を超えて〉協力したという。[14] もう一つこれを裏づけるような発言がある。批評家の北川冬彦は「久板栄二郎論」のなかで、「この作品は欠点だらけである。久板は何をしたらよいのかわからなかった。というのは、製作者の松崎がイニシアティブを取っていたからで、久板にははっきりとした考えをつかむことができなかったのである」としている。[15]

京都帝国大学で滝川教授の学生であった松崎は、滝川事件にもとづく映画を作りたくて、久板に脚本を依頼した、と述べている。そして松崎は、以前に仕事を一緒にしたことのある黒澤に会い、この三人がストーリーを一緒に考えたと言う。松崎は一九四五年十二月に京都に行ってリサーチをおこなった。久板もあとから参加する予定であったが、病気で来られなくなった。松崎は滝川教授の周囲の者にインタビューをしたが、滝川自身には会わなかった。「この映画は――正しく、滝川事件を伝えるものではなく、あの事件のなかにある、学問の自由のための闘ひの本質と、その闘ひを通じて、生長した若い人たちをテーマにしたいのが、私の希望であった。それ故に、あの事件にヒントは得ても、先生や他の諸教授や御家族をモデルにしたりして、御迷惑はかけたくなかった」と松崎は述べている[16]。

一九八五年、筆者のインタビューに答えて黒澤監督は、『わが青春に悔なし』の製作の背景ははっきり覚えていないが、CIEがこの企画に影響を及ぼしたという事実はなく、いつものように自分自身が映画の題材を決めた、と語っている[17]。

松崎と久板は、戦前のプロレタリア演劇・映画運動に参加していた。松崎はプロキノに参加後、PCLに入社し、亀井文夫監督の『上海』（一九三八年）の製作等にかかわっている。久板はプロレタリア演劇の執筆を活発におこなっていたが、太平洋戦争で左翼演劇活動が禁止され、松竹映画の脚本を書きはじめる[18]。戦前の左翼運動や自由主義を抑圧した軍国主義に対する、久板の強い憎悪と反感は、この映画の脚本だけではなく、同じ一九四六年に書いた木下惠介監督の『大曾根家の朝』の脚本でも明らかである。松崎は、〈過去の二十年近くの日本の思想運動の変転を、同じ角度から眺め、同一の立場に立って仕事をしてきた仲間〉として、久板がこの脚本を書くのに最適で

『わが青春に悔なし』(1946© TOHO CO., LTD　黒澤明監督)の原節子。占領軍が奨励した民主主義映画の代表作とされている。

あったと述べている[19]。

黒澤もまた、戦前のプロレタリア芸術運動に、画家としてかかわった一人であった。黒澤は、政治思想をあからさまに、かつ未消化のままメッセージとして芸術に織りこもうとする方向性になじめぬものをだんだんと感じながらも、政治運動には一九三二年まで身を投じていた。黒澤はつぎのように述べている。「私は『資本論』『唯物史観』を読んでも、わからないところが多かったから、その立場で日本の社会を分析し解釈するのは無理だった。私は、ただ、日本の社会に漠然たる不満と嫌悪を感じて、ただそれに反抗するために、最も反抗的な運動に参加したのだ。いま考えると、随分、軽率で乱暴な行為だ[20]」

黒澤はその後病気になり、政治運動の仲間との接触を失ったが、回復後も運動にはもどろうとしなかった。黒澤自身の言葉を借りれば、〈左翼運動の熱がさめたのではなく、もともと、私のその熱は大した熱ではなかったのだ〉という。[21] 黒澤は率直に、自分の左翼運動に対する情熱が中途半端なものだったことは認めているものの、黒澤自身、連絡場所の喫茶店で、すんでのところで検挙を免れたり、また別の機会には、検挙されながら便所で証拠の連絡書類を食べて隠滅してしまい、すぐ釈放されたりと、随分危ない体験もしている。[22] その緊迫感が、映画のなかの喫茶店での野毛の検挙の場面に生かされているというのは、単純すぎる連想であろうか。

黒澤にかぎらず、この時代の若者の左翼熱には盛んなものがあった。映画界でも、数多くの者が流行を追うように左翼運動に参加し、警察の弾圧がはじまると思想を捨てていった。[23]

冒頭の字幕の改変

『わが青春に悔なし』は、日本を覆っていた軍国主義、全体主義のなかで自由のために闘った者を描くという、崇高な目的を高らかに謳いあげたつぎのような字幕ではじまるはずであった。

満州事件をキッカケとし、軍閥、財閥、官僚は、帝国主義的侵略の野望を強行するために、国内の思想統一を目論見、彼等の侵略主義に反する一切の思想を〝赤〟なりとして弾圧した。昭和八年、鳩山文部大臣がその意を受けて、自由主義者滝川教授を京都帝国大学より放逐しようとして、全学一致の反撃に遭い、教育界未曾有の大問題化するにいたったいわゆる『京大事件』もその一つであった。

この映画は、同事件に取材したものであるが、登場人物は凡て作者の創造である。同事件以後の弾圧と汚辱に充ちた時代を、真剣に生き抜いてきた人びとの、魂の発展史を描こうとしたものである。㉔

大島渚が指摘しているように、当時の政治的な動向がこの字幕とどのように関連しているか検証するのは興味深い。㉕鳩山一郎は当時自由党総裁で、戦後初の総選挙（一九四六年四月）で最多の得票数を得て、組閣に取り組もうとしていた。しかし同年五月三日、鳩山は突然公職追放になる。一九三一年十二月から一九三四年三月まで文部大臣の職にあったとき、自由主義的あるいは左翼的教授の弾圧や逮捕の背後にいたことが、その罪状とされた。総司令部からの鳩山追放に関する指令では、〈一九三三年五月の京都大学の滝川教授の解職は、鳩山の個人的指令によるもので、学問の自由という自由主義的伝統を侮蔑した、極悪非道な行為を示すものである。鳩山の行為は、国民を精神的に動員し、軍閥、財閥の支配のもと、国民を戦争に駆り出すきっかけともなった〉としている。(26) 鳩山に代わって、元外交官の吉田茂が組閣して首相となり、一九四七年四月までその職にあり、ふたたび一九四八年十月から一九五四年十二月まで首相の座についた。鳩山はそのあとを受けて首相になった。

大島は、鳩山追放の裏には、日本政府と占領軍の内部にさまざまな陰謀が渦巻いていたにちがいないとし、また鳩山のかかわった「京大事件」を映画化するに当たり、民主主義映画製作の奨励とともに、政治的な力学関係が働いたと推測している。(27) 前記の字幕を読むと、鳩山はあたかも京大事件、そしてそれにつづく自由主義弾圧の唯一の責任者であるような印象さえ受ける。

当時CIEの情報課企画担当にいたアーサー・ベアストックは、自らが鳩山追放に重要な役割を果たしたと言う。ベアストックのアシスタントで日系二世のタロー・ツカハラは、鳩山が戦前に書いた本を見つけてきて、そのなかで鳩山がヒトラーとムッソリーニを称讃しているのを発見した。この事実が、鳩山が首班指名を受けることが決まったおりの記者会見で劇的に発表され、マッカーサーは鳩山が首相となるはずの日のわずか四十八時間前に、鳩山追放を決定したのである。(28)

当時「ニューヨーク・タイムズ」の日本特派員であったバートン・クレインも、鳩山はこの本を書いたために追放されたとしているものの、この本はヒトラーやムッソリーニを称讃していたわけではなく、左翼政権を擁立しようとしていた日本の共産主義者の手によって、この本が総司令部にもたらされたのだとしている。(29)

総司令部民政局の通訳グループを率いていたジョゼフ・ゴードンは、鳩山が追放されたのは、一九四〇年に彼が書いた本のなかでヒトラーについて情熱的に書いていたからであると信じている。ゴードンは、誰がこの本を総司令部に持ってきたかは覚えていないが、鳩山の政敵であると思う、と述べている。ゴードンはその本を急いで訳すように要請されたが、それはまさに鳩山が首相になろうとしているときであったからであった。ゴードンはその本の目次を訳したあと、無作為に何カ所かを訳したが、そのなかには鳩山がナチスの組織的能率のよさと反対勢力を取り締まる方法とを称讃している箇所があったという。(30)

鳩山自身は戦後になって自己弁護的に、問題になった本は、当時の政府を刺激しないために編集者が鳩山の自由主義を表に出さないように配慮したという事情があり、鳩山自身は、ドイツのファシズムに感銘を受けたわけではないとしている。そしてドイツについては、「もちろんゲーテやカントを生んだ独逸にも大きな関心をもっていた。この国民の頭脳に敬意を表せずに近代史は語れない。僅か五分の一世紀前後の短日月のうちに、この頭脳の国民の大部分をがんじがらめに抑えつけてしまったナチスの統治形態には、やはりそれだけの特長も美点もあるのにはちがいないが、しみじみと時代全体が狂っているという感じが濃かったのである」としている[31]。

左翼系の映画人の岩崎昶は、問題になった鳩山の本は、マーク・ゲインやウィルフレッド・バーチェットなどの外国特派員たちによって発見されたのだとしている[32]。鳩山は当時、左翼系の人びとの主要な攻撃対象であった。フォビオン・バワーズは、当時鳩山をはじめとするさまざまな人物を、ソ連が追放しようとしていたとしている[33]。

岩崎昶製作、亀井文夫監督による一九四六年の『日本の悲劇』のなかで、滝川教授はつぎのように述べている。〈昭和八年五月、私の休職問題に端を発したいわゆる京大事件では、時の文部大臣鳩山一郎氏は勇敢に自由主義活動を弾圧して、軍部と右翼反動勢力に呼応し、その後の侵略戦争の基礎をつくる結果となりました[34]〉。この滝川の言葉の調子は、久板の『わが青春に悔なし』の字幕の調子と似ている。

ところが『わが青春に悔なし』の完成版では、この字幕のなかで二カ所が削除されたり改変されている。最初のものは、〈昭和八年、鳩山文部大臣がその意を受けて、自由主義者滝川教授を京都帝国大学から放逐しようとして、全学一致の反撃に遭い、教育界未曾有の大問題化するにいたったいわゆる〉までが削除されている。それにつづく〈「京大事件」もその一つであった〉のあと、〈この映画は、同事件に取材したものであるが、登場人物は凡て作者の創造である〉と短く終わっている[35]。その結果、完成版の冒頭の字幕はつぎのようになった。〈満州事件をキッカケとし、軍閥、財閥、官僚は、帝国主義的侵略の野望を強行するために、国内の思想統一を目論見、彼等の侵略主義に反する一切の思想を〝赤〟なりとして弾圧した。『京大事件』もその一つであった。この映画は、同事件に取材したものであるが、登場人物は凡て作者の創造である〉

この完成版の字幕では、オリジナル版の戦闘的な調子がぐっと控えめなものになっている。個人攻撃ともいえるオリジナル版の激しさや熱気が、確かに完成版ではおとなしいものになってしまっている。この改変は鳩山に対する遠慮からなされたものだという推測は、黒澤監督によって一九八五年に確認された。「僕は鳩山のような人たちに、(滝川事件や尾崎事件の)責任を取ってほしいと言いたかったんだが、会社が(それでは)穏やかではないから(鳩山の名前を)取れというんだ」と監督は語った。[36] もし、鳩山の名前が字幕に残されていても、鳩山が一九五四年に首相になったときには、そのような字幕は政治上具合の悪いものになっていたであろう。この字幕の件は、『わが青春に悔なし』がいかに当時の政治の影響を受けていたかを示すものである。

映画の内容と技術

『わが青春に悔なし』では、〈輝ける青春〉のイメージが、冒頭のピクニックの場面で効果的かつ印象的に強調されている。陽にきらめく小川のせせらぎ、白い花の咲く野原でヒロインの幸枝が、学生とともに青春を賛歌している。大島渚は一九四六年にこの映画を見たとき、いかにこの〈輝く〉青春のイメージに感銘を受けたかを述べている。大島は、〈青春〉を〈輝かしいもの〉と設定することで、当時占領軍に要請されていた〈アイディア・ピクチャー〉の外見を装いつつ、〈実質的にはそのことを拒否し、それを超えようとした〉黒澤の意識的な行為と見ている。しかも〈輝かしい青春〉の表現は脚本家の久板のものではなく、黒澤の創造であるとしている[37]。

黒澤は事実、〈恋愛を猥褻行為〉とし、〈青春の新鮮な感覚は米英的な柔弱な精神状態〉とした戦中の検閲から解放され、新しい自由のもと、こうした〈輝ける〉イメージをカメラに収めることのできた喜びと興奮を語っている。「京都のロケーションの若葉の丘や花の咲く小路や陽に光る小川を、いまではなんでもない映画の背景だが、当時は特別の感慨をもって撮影した。それは、何か胸が躍るような気持ちだった。何か羽根が生えて、空を飛んでいるような気持ちだった[38]」

なるほど久板の脚本では、この場面は〈幸枝や学生達の汗ばんだ顔を、若葉を洩れた太陽の斑点が水の様に流れる〉とあるのみである。平和で静的な小川の水や花の咲き乱れる野原と対比するかたちで、木洩れ日のもと森の坂道を一直線にのぼっていく幸枝と、彼女を追う数人の学生たちとの一団の速い動きがくり返される。脚本にはないこうした動的リズムにもとづく場面を付け加えたことにも、黒澤の際立った映像感覚の才能が見てとれる。

その前の場面で、幸枝をめぐる学生の糸川と野毛の三角関係が明示される。小川を渡りかねている幸枝（カメラは彼女の頭の背後にある）につづいて、幸枝に向かって手を差し伸べる二人の学生のクローズアップがある。迷っているような幸枝の顔のあと、カメラは、思い切ってズブズブと水に入り幸枝を抱えて小川を渡る野毛をとらえる。拍手をする学生たち。すねた糸川の顔。糸川の頭の上の学生帽を、からかうように逆向きにしてみせる幸枝。そして、幸枝は走りだし、学生があとにつづく。この場面で早くも、決断が早く、すぐに実行に移す大胆な野毛、優柔不断な糸川という対照的な二人のあいだで揺れ動く（野毛の決断力に身をまかせながらも、糸川にも色気を見せる）幸枝の位置を、一言の台詞もないまま黒澤は視覚的に描いている。

つぎの場面で、野毛と糸川が走る幸枝を追うところを交互に見せることで、一人の女性を追う二人の男性という図式がふたたび確認される。そして、京大寮歌（三高寮歌）の「くれないもゆる岡の花……」の短調のメロディーがサウンド・トラックに流れはじめる。このメロディーは冒頭にも使われていて、〈学問の自由〉〈輝ける青春〉というイメージを盛り上げる場面に登場する。

丘の上で憩う学生たちの平和の時を乱すのが、突然響きわたる機関銃の音で、近くの練兵場のものであることがわかる。ここから映画は加速度的にペースを速め、八木原教授解任にはじまる〈怒濤の時代〉に一気に突入していく。百十分の上映時間のうち、最初の十分と最後の十分ほどが、戦争前後の平和な時代を描いたもので、残りの九十分は戦中の闘いの時代を描いている。

黒澤映画のスタイルは、明確な対比に特徴がある。幸枝に求愛する二人の男性は、正反対のタイプの組み合わせになっている。野毛は生真面目に理想主義を追い、学生運動にも積極的に身を投じ、のちには反戦活動に命を捧げるという、主義主張に徹する英雄として描かれる。一方の糸川は、権力の前ではいとも簡単に崩れてしまうし、幸枝の気まぐれな要求にはなすがままで、学生運動に参加しようとしても、父のいない家庭にあって母に泣きつかれ、仲間を裏切る。大学を無事に卒業すると、権力の手先の検事となり、平和主義者、自由主義者、反戦主義者を取り締まる。脚本では〈場末のささやかなしもたや〉と設定されてはいるものの、わびしい感じよりむしろ、慎ましいながらもこざっぱりとした小市民的環境といった糸川の母親の暮らしと、貧しい田舎の農民である野毛の両親の家庭環境とが対比されている。

もちろん、幸枝は信念の人である野毛を選び、彼女自身ブルジョアの浮ついたお嬢さんから、恋人の信念に感化されて、彼にどこまでもついていく情熱的な女性に変化し、最後には彼女自身が野毛の両親のもとで一緒になって泥まみれになって働く労働者となる。映画の最初で紹介される、都会の知識者層・特権階級の彼女の生活様式は、野良仕事に精を出す映画の後半の彼女の百姓生活と、鮮やかに対比されている。彼女が畑仕事で荒れた手を小川に浸す場面に、フラッシュ・バックでピアノを弾くかつての彼女の手のクローズアップが被さるとき、観客はその対比に打たれる。

彼女の「手」のイメージは、それにつづく場面でも効果的に使われている。幸枝の住む田舎に出向いて、幸枝を都会に連れもどそうと説得にきた糸川のへらへらした言葉に、幸枝が無言で拒否の気持ちを示すとき、雨に濡れた腰の布を何も言わずに絞りはじめる彼女の手がクローズアップになる。この脚本にはなかった幸枝の〈手〉の動作で、日和見的な糸川の態度に対する彼女の厳とした態度が、実に印象的に表現されるのである。

この場面は、幸枝の背後に降る土砂降りの雨のイメージとあいまって、緊張感を盛り上げる。黒澤映画には、登場人物の感情の高まりを雨の場面にもってくることで表現したものがこのあとの作品にも見られる。『野良犬』の、犯人を張りこんで待つ老刑事が撃たれる場面、『羅生門』の最初と最後の、門に集まる人びとの場面、『七人の侍』の、盗賊と村人の闘いの場面等がそれである。

雨が戦争中の怒濤の時代を象徴するものであるとすれば、『わが青春に悔なし』で平和の時代を象徴するのは花である。冒頭のピクニックの場面と最後の戦後の時代に、幸枝は花の咲き乱れる野原に立つ。幸枝が野毛と法律上の結婚をしたかどうかは定かではない。脚本には書かれてはいないが、二人が一緒に住みはじめると、黒澤は、彼らの部屋のあちこちにおかれたいろいろな花を生けた花瓶のショットを明るい音楽を背景に四回重ねることで、二人の楽しい生活が時を重ねていくことを表現するのである。長くはつづかないとお互いに予期している幸福を精いっぱい享受するこの二人が野原で憩う場面も、二人のまわりを白い花が一面に取り囲む。

野毛の逮捕のあと、幸枝を逮捕しに刑事が訪れたとき、幸枝は花を生けている。画面の前景を歩く刑事の脚の大写しが、画面の後景の彼女の花を不吉な感じで遮っていく。花を愛する幸枝が、映画の前半でまだ人生の意義を探し求めている時期、生け花の稽古で花をちぎって、水につぎつぎに落とし、ちぎられた花が水に浮くイメージは、かき乱され憔悴する彼女の心境を反映したものである。

幸枝の心情の変化は映画を通じて、やや単純ながら幸枝の服装で表されている。糸川が八木原教授に自由思想の表明を控えるように忠告に来たとき、幸枝は和服姿で黙ったまま食事をしている。その前の場面の、父の学生たちと議論をし、ピアノを弾く幸枝は洋服姿である。野毛と住むようになり、主婦になった幸枝はふたたび着物姿になる。しかし映画を通じて、幸枝が人生で重要な決定をするとき、たとえば家を出るとき、野毛の東京の仕事場を訪ねるとき、野毛の両親を訪ねるとき、戦後ふたたび野毛の両親の村にもどると母に告げるとき、彼女はつねに颯爽とした洋服姿である。(39)

幸枝の野良仕事の場面は、巧みに表現されている。大島渚は、黒澤がこの野良仕事の場面で、記録映画的なモンタージュを取り入れていることを指摘している。また大島は、女主人公の生き方の到達点であるクライマックスの場面を記録映画的な手法で描くことは、久板が得意とした舞台劇的なものや社会劇的なものを破棄し、総司令部から要請された〈アイディア・ピクチャー〉の外見を装いつつ、実質的にはそれを拒否し、それを超えようとするための方法であったとしている[40]。

幸枝が、杉村春子演じる野毛の母と並んで黙々と畑仕事をする場面は、フル・ショット、ミドル・ショット、クローズアップを交錯させながら進む。地平線が低く撮られたショットでは、黒澤の敬愛していたジョン・フォードの典型的な風景構図を観客に思い出させるものであろう。田植えの場面では、さまざまなサイズのショットを、さまざまなアングルから交互にとらえることで、労働の単調さを強調している。リズミカルな音楽のみにともなわれたこれらの場面は、比較的各ショットの長さも短く、サイレント映画のモンタージュの手法を感じさせる。

スパイの家族ということで野毛の両親や幸枝を迫害する村人の場面は、台詞のない音楽だけの長回しで、閉塞した地域社会の圧迫感を印象づける。幸枝が村の道を歩く場面では、彼女の視点から、彼女自身、そしてカメラと平行に走る数人の子供たちをとらえる。幸枝が歩くショットに、さまざまな方向に走る子供たちの場面が交錯し、子供たちのはやし声が被さる。

それにつづいて、ふたたび幸枝の視点から、道端に立ったりしゃがんだりして敵意を含んだ表情で無言のまま彼女を見つめ、あわてて戸を閉める老若男女をとらえるトラッキング・ショットが、彼女の素早く歩く速度で展開する。その所々に、彼女が黙々と歩く姿をさまざまなアングルから撮ったショットが挿入される。陰鬱な音楽が次第に高まる。そしてとうとう、幸枝が重い荷の下でうずくまる。立ち上がろうとしても、立ち上がれない。そこに、彼女を取り囲む自然さえもが、あたかも敵意をもって野次るように、道端の木々や草が風に揺れているショットに、人間の笑い声が被さるという、オリジナルの脚本にはなかった独創的な表現の場面がつづく。そこへ野毛の母親が駆けつけて、幸枝の荷を代わりに背負って歩きはじめる。そして、この二人の女性のあいだの連帯感や敬愛の念が高まっていくのである。

【註――第十四章】『わが青春に悔なし』の製作

(1) 多くの人が封切り当時に見たこの映画の衝撃について語っている。たとえば、赤瀬川隼は『映画館を出ると焼け跡だった』（草思社、一九八二年）で、表紙にこの映画の原節子の写真を使っている。

(2) 白井佳夫による吉田喜重インタビュー「自伝と自作を語る」（『世界の映画作家10 篠田正浩・吉田喜重』キネマ旬報社、一九七一年、一八一頁）。

(3) 足立和「プロデューサー群雄伝・5」に引用された熊井啓の言葉（「キネマ旬報」一九八八年七月上旬号、一二八頁）。

(4) 同上に引用された黒木和雄の言葉（一二八頁）。

(5) ワシントン国立公文書館モダン・ミリタリー・ブランチ、映画に関する民事課ファイル062・2、一九四六年六月二十二日付メモ。

(6) この事件がソ連にかかわるものであったため、参謀第二部のウィロビーは並々ならぬ興味を示し、情報を収集し、*Shanghai Conspiracy : The Sorge Spy Ring*（Dutton, 1952）という本も出している。この事件に関する英語の文献には、Charmers Johnson, *An Instance of Treason : Ozaki Hotsumi and the Sorge Spy Ring*（Stanford University Press, 1962）（チャルマーズ・ジョンソン、萩原実訳『尾崎・ゾルゲ事件――その政治学的研究』弘文堂、一九六六年）；Gordon W.Prange, with Donald M.Goldstein and Katherine V.Dillon, *Target Tokyo : The Story of the Sorge Spy Ring*（McGraw-Hill, 1985）（ゴードン・W・プランゲ著、ドナルド・M・ボールドス

タイン、キャサリン・V・ディロン編、千早正隆訳『ゾルゲ・東京を狙え』原書房、一九八五年）等がある。

(7)　日本国憲法第十四条では、性別のほか、人種、信条、門地（家柄）によって何人《なんびと》も差別されないとしている。日本国憲法に男女平等条項を採用するに当たり、総司令部民政局のケーディスのもとで働いていた、ベアテ・シロタ（結婚後の姓はゴードン）という、戦前の日本で育った当時二十一歳の若き女性の個人的努力があった（このことは、ベアテ・シロタ・ゴードン著、平岡唐紀子構成文『1945年のクリスマス―日本国憲法に「男女平等」を書いた女性の自伝』に詳しい）。ゴードンは二〇一二年十二月に亡くなった。米国では、男女平等条項に関して連邦政府の憲法修正案に必要な五十州のうちの三十八州の賛成をまだ得ていない。

(8)　竹前栄治『GHQ』一五六頁。

(9)　荻昌弘による黒澤明インタビュー「自伝と自作を語る」（『世界の映画作家3　黒澤明』キネマ旬報社、一九七〇年、一一六頁）。

(10)　大島渚『体験的戦後映像論』四八頁に引用された瓜生忠夫『映画的精神の系譜』（月曜書房、一九四七年）より。

(11)　『新しき土』はファンクと伊丹万作の共同監督になる予定であったが、両者の意見のくい違いが激しく、ドイツ版、日本版と別々の作品が発表された。『ああ無情』は伊丹によって一九三八年『巨人伝』として映画化、『田園交響楽』は一九三八年山本薩夫によって同名の作品として、『ステラ・ダラス』は一九三七年山本によって『母の曲』として映画化された（『日本映画俳優全集女優編』五二六－五四一頁）。

(12)　飯島正の一九四三年十月十日「西日本新聞」での作品評。飯島の『戦中映画私記』（MG出版、一九八四年）にある当該作品についての記述、二〇一、二七二頁。
(13)　原は『白痴』で、もう一度だけ黒澤作品に出た。
(14)　『わが青春に悔なし』の出版された脚本（中央社、一九四七年）の久板の後書きより。
(15)　大島渚『体験的戦後映像論』四八、五一頁に引用された「映画春秋」一九四七年二月号の北川冬彦「久板栄二郎論」。
(16)　松崎啓次「『わが青春に悔なし』製作覚書」（「映画製作」一九四七年一月号、三四－三五頁）。
(17)　黒澤明への筆者によるインタビュー（一九八五年九月二十七日、ニューヨーク）。
(18)　『全集　黒澤明　第二巻』（岩波書店、一九八七年）に収録された佐藤忠男の「作品解題」三二一－三二二頁。野田真吉『日本ドキュメンタリー映画全史』四八頁。
(19)　松崎啓次「『わが青春に悔なし』製作覚書」三四頁。
(20)　黒澤明『蝦蟇の油』一六二頁。
(21)　同上、一六四頁。
(22)　同上、一六一－一六二頁。
(23)　戦前の日本に住み、占領中は日本でジャーナリストであったバートン・クレインによれば、一九二五年に神田の本屋の店先の二冊に一冊は、日本語、英語、独語版の『資本論』であったという（ベアタ・ゴードンによるコロンビア大学オーラル・ヒストリー・リサーチ・センターのためのバートン・クレインとの一九六一年三月ニューヨークでのインタビューより）。
(24)　前掲の久板の中央社から出版されたオリジナル脚本。「映画製作」一九四七年一月号に掲載された脚本、三六－六五頁。大島渚『体験的戦後映像論』四九－五〇頁に引用された脚本。『全集黒澤明　第二巻』に収録された久板栄二郎の脚本、三頁。

(25) 大島渚『体験的戦後映像論』五〇－五一頁。
(26) SCAPIN-919, May 3, 1946, "Removal and Exclusion from Public Office of Diet Member".
(27) 大島渚『体験的戦後映像論』五〇－五一頁。
(28) アーサー・ベアストックへの筆者による電話インタビュー（一九八五年一月九日）。ベアストックは一九八五年十月に亡くなった。
(29) クレイン、前掲インタビュー。
(30) ベアテ・ゴードンによるコロンビア大学オーラル・ヒストリー・リサーチ・センターのためのジョゼフ・ゴードンとの一九六一年十一月九日のインタビュー。
(31) 鳩山一郎『私の自叙伝』（改造社、一九五一年）、三三三－三三四頁。
(32) 岩崎昶『占領されたスクリーン』一〇六頁。
(33) ベアテ・ゴードンによるフォビオン・バワーズの前掲インタビュー。
(34) 谷川義雄によって採録された『日本の悲劇』の脚本と、ネッド・ローダーによって提供された『日本の悲劇』のビデオ版より。
(35) 『全集　黒澤明　第二巻』の野上照代による「シナリオ注」三五六頁。
(36) 前掲の筆者による黒澤インタビュー。
(37) 大島渚『体験的戦後映像論』四五－四七頁。
(38) 黒澤明『蝦蟇の油』三一八頁。
(39) 溝口監督の一九四九年の女性解放映画『わが恋は燃えぬ』でも、主演の田中絹代は家庭の主婦役を演じ、内助の功を示すところでは着物姿で、彼女が重要な決定をなす場面では洋服姿と、明治時代の女性の〈めざめ〉を西洋の衣服で象徴させている。女性のめざめを洋服で象徴させることは、この時代の日本の映画製作でのある種の紋切り型の手法であったのであろうか。

(40)　大島渚『体験的戦後映像論』四九頁。

第十五章　『わが青春に悔なし』の思想

当時の批評

『わが青春に悔なし』に関する当時の批評を見ると、原節子演じる幸枝の性格づけと彼女の変化とに対する批判が目立つ。大島渚はその最たるものとして、次の三人の批評を引用している。

「映画春秋」に掲載された北川冬彦の「久板栄二郎論」は言う。「『わが青春に悔なし』となると、破綻だらけである。この作における久板栄二郎はしどろもどろである。これは明らかにプロヂューサー松崎啓次にひきずられ、シナリオ表現模索に終始した作品であった。……プロヂューサーにひきずられたと言うのは、中心人物である幸枝の軽薄にして強引な人物創造、滝川事件のひとり呑込みなどに顕著なのである。監督黒澤明も、新しい女を創造するのだなぞといってうつつを抜かした」(1)。瓜生忠夫は『映画的精神の系譜』で、「幸枝が不幸になったのは、むしろエキセントリックともいえる彼女自身の空想のせいであって、誰のせいでもないんではないか」とし[2]、飯島正は「映画春秋」の「映画時評」で、「この作品の主人公が、おそろしくアブノーマルで人間味のない点は、指摘しておく必要があろう」と述べている[3]。『わが青春に悔なし』の脚本を収めた『全集　黒澤明　第二巻』の巻末の「批評史ノート」を担当した岩本憲児も、当時の批評は幸枝の性格描写に疑問を投げかけるものが多いことを指摘し、「朝日新聞」他を引用している。「朝日新聞」の「淳」（井沢淳）による映画評は、「原節子を使いこなした演出者の努力は立派だが、その娘がヒステリじみて見えるのは演出者の至らなさである」と書き[4]、「近代映画」のなかで飯田心美は、「原節子が主人公に扮し美貌で勝ち気な性格の女を演じているが黒澤の苦心にも拘らず心理は明瞭ではない」としている[5]。また津村秀夫は「映画展望」で、〈あんな無軌道な娘〉をもった親は〈悔多き人生〉になるだろうと評し[6]、登川直樹は「映画評論」で、原は熱演しているし、幸枝の性格分析は十分にされていながら、結果として「狂熱的な女性の前後十三年にわたる異常な行動の累積を映すにすぎなかった」とし、この作品は総合的な彼女の造形において破綻していると結論づけた[7]。「週刊映画タイムス」東京版になると、さらにつぎのように酷評をしている。

京大事件に取材したという黒澤明の力作だが、京大事件はほんのつまで、原節子の扮する八木原幸枝の生き方を主題にしたものだが、当の八木原幸枝の無軌道振りは、誠に狂人の観があり、たんなるヒステリー少女にすぎぬのは皮肉である。しかもこの映画は進歩的だと自負しながら、実は、最も古い封建道徳の礼讃に終わっているのは致命的である。結婚した以上、たとえ夫が死んでも、その家にとどまらねばならぬというテーマの何と古色蒼然たる事か。八木原幸枝が高熱をおかして田植に走るに至っては、蓋し〝狂人に悔いなし〟か[8]。

一方、「映画ファン」の「八木原幸枝に扮した原節子は出色の出来栄え。彼女をこれだけ生かした映画もないが、また彼女がこれだけ堂々の力量を示したものもない」という評[9]や、岩本憲児のように、「この一年間を通じて、東宝演技陣の最大の収穫は、『わが青春に悔なし』の原節子であろう」とする大塚和の評を引用して[10]、とくに原の熱演を評価する批評もあったことを指摘しているが、「批判派のほうが論の展開が細かく、力がこもっている」としているものもある。

こういった批評に対し黒澤明は十数年後、「僕の作品に出てくる女はみんな一風かわってるんだが、でも僕はあの時、日本が新しく立ち直るのに大切なのは自我を尊重することだと信じていた。いまでも信じている。そういう自我を貫いた女を僕は描いたんだ。それをイヤだという人は、あの主人公がもし男だったら、だまってるか、もしくはいいと言ったのじゃないかな、と思ったね」と反駁している。[11] また久板も「戦後の脱力感に、自我の強い人物で活力を与えようと原節子の役が決まった。振り返ってみて、随分エキセントリックな人物像になったと思います。でも、その強さが若い人の共感を呼んだのではないか[12]」と、幸枝の性格づけを極端なものと認めながらも、その時代にはそのような登場人物が必要であったことを強調している。

このように、幸枝の性格づけが〈エキセントリック〉〈ヒステリー〉〈アブノーマル〉というような形容をされて、良きにせよ悪しきにせよ批評の焦点となったわけだが、黒澤は製作後四十年たって、この作品がＣＩＥに高く評価されたことを克明に覚えていて、こう語っている。「アメリカの検閲官はみんな（映画を）見に来て、映画の途中までお互いにお喋りしているんだ。ところが主人公が田舎に行く場面になって、みんなお喋りをやめてシーンとなった。そして映画が終わると、みんなが拍手をして、僕に握手を求めにきたんだ[13]」

ＣＩＥのデビッド・コンデは、この映画を自分が指導した作品のなかでの最良のものの一つとして賞賛している。[14]『わが青春に悔なし』は、コンデがＣＩＥを一九四六年夏に辞めたあとに完成した。ＣＩＥでコンデのあとを継いだジョージ・ガーキーは、この作品の成功を祝うパーティを催して、映画関係者たちの努力を慰労した。[15]

黒澤は、完成した映画が自分のオリジナルな考えのものと違うことについて、それは東宝の組合運動の結果台頭した共産党系の組合勢力のもとにできた脚本審議会から、意に染まぬ改変を余儀なくされたことにあるということをあちらこちらで強調している。それは、同じ時期に同様に尾崎＝ゾルゲ事件をもとにした楠田清の『命ある限り』[16]の脚本がたまたま審議会に提出されていたためで、黒澤の作品は新人監督のデビューの邪魔をすることになるとされ、脚本改変を要請されたのである。

黒澤にはこの二つの映画の内容はまったく別のものに思え、二作をそのまま製作することを強調したが、審議会は納得しない。「僕はむしろ楠田君よりいい作品を作りたいとは思っているが」と黒澤が述べたことが審議会を刺激し、とうとう黒澤は、直せないという久板に頼んで無理やり脚本を変えなければならなくなった。この作品は第一稿のほうが出来がよく、映画の題名とは反対に、自分としてはおおいに〈悔い〉の残る作品であると、黒澤は述懐している[17]。

作品の完成四十年後も、行き過ぎた組合活動に対する黒澤の憤懣は消えていなかった。

組合員や共産主義者たちはみな、僕に脚本を直せと言う。それで、主人公が田舎に行く映画の後半を変えたんだ。変える以上は思い切って変えて、奴らをびっくりさせてやろうと思った。映画ができると、もう一つの映画は、まったく興味のない作品であることがわかった。それで彼らは、やっぱり僕の思い通りに作らせればよかったなんて言い出すんだ。僕は「今さら何を言っているんだ」って怒鳴りつけてやった。組合員や共産主義者たちは実際、僕らを言いなりにしていた。ある共産党の脚本家が戦争から帰ってきて、脚本には三段論法を導入するべきだなんて言い出すんだ。僕は言ってやったね。おもしろくない脚本は何を使ったっておもしろくなんてならない。僕も若かったから、よく議論した。(18)

黒澤は、第二部で見たように、占領軍の検閲官に対する反感はほとんどなく、むしろ戦時中の日本政府の検閲官に対する怒りを強く表明している。しかし、『わが青春に悔なし』の時代における、自分の脚本を改変させた組合運動に対する黒澤の反感には激しいものがある。そもそも組合運動は占領軍の奨励のもとに戦後急速に発展した。東宝争議を論じた第六部で見るように、東宝の組合の製作委員会は、組合運動促進のために一九四六年、関川秀雄、山本嘉次郎、黒澤明の共同監督による『明日を創る人々』を製作した。しかし黒澤はこの作品を自分の映画リストに載せることを拒否しているので、『わが青春に悔なし』が黒澤の戦後第一作ということになっている。『わが青春に悔なし』は、さらに東宝の労働運動の影響を受けることになる。この作品は一九四六年十月二十九日、第二次東宝ストライキの最中に公開された。映画作家の抗議にもかかわらず、東宝の経営者側はこの映画を日活の劇場で公開することに決めた[19]。この第二次ストライキの結果、ストライキを主導する共産党系の組合に対抗して、東宝のトップ・スター十人が「十人の旗の会」を組織して、組合を脱退した。

その反左翼・反組合組織に参加したのは、原節子、大河内傳次郎、藤田進という、『わが青春に悔なし』で筋金入りの自由主義者たちを演じた者であった。その逆に、映画のなかで体制の手先になって日和見的に生きて、自由主義者たちを弾圧する糸川検事を演じた河野秋武が映画の外では左翼系組合とともに最後まで活発に運動をつづけた一人になった。

思想的真空状態

これまで見てきたように、『わが青春に悔なし』では、ヒロインが戦争中の自由主義迫害に遭って自己犠牲の道を選ぶ過程が描かれている。その一方、彼女が何を信じて自己犠牲をそこまでしたのかが、はっきり描かれていない。幸枝がいったい何のために夢中で自分を犠牲にするのかがわからないので、幸枝の極端なまでの行動が不可解であるとした当時の批評には確かに一理あるのである。

人生の意義を探求している若い幸枝が、自分の主義主張に忠実に生きる野毛に恋して、野毛に感化されるのはわかる。野毛の死後も、彼の理想主義の灯火を絶やすまいとするのはわかる。しかしなぜそれが、野毛の両親と住んで百姓仕事を一緒にすることにつながるのか、戸惑った観客は少なくないはずだ。「夫の死後も、夫の家族の一員にとどまることこそ、封建主義の最たるもの」とした前記の批評にも、うなずけるものがある。

幸枝がなぜ野毛の両親のところに行ったのか、その理由らしきものは一カ所、生前の野毛が老いた両親の写真を幸枝に見せて、「これが僕の弱点だ」という場面である。それはあたかも、自分が親孝行を怠っていて、子供としての義務を果たさず、心配ばかりかけている、だから自分にもしものことがあったときには代わりに親孝行をしてほしいと、野毛が幸枝に託した、あるいは幸枝がそう解釈したという意味にとれるなら、そういう思想こそむしろ〈封建的〉と解釈されてしまう可能性はおおいにありうるのである。

幸枝が畑仕事をしているとき、「顧みて悔いのない生活……」という父の言葉が彼女の声で被さり、「自由は戦いとられるべきものであり、その裏には苦しい犠牲と責任があることを忘れちゃいかん」という父の忠告の言葉が父の声で被さる。そして、「われわれの仕事は、十年後に真相がわかって、日本の国民から感謝されるような、そういう仕事だ」と言った野毛の言葉が野毛の声で被さる。これは幸枝が辛い畑仕事をしながら思い出す言葉であるが、野毛のしようとしていたことも、八木原教授が具体的に何をしようとして解任されたのかも、映画のなかでは明らかにされていないので、このような言葉は抽象的な教訓にしか聞こえない。黒澤は、八木原教授解任の結果、八木原がいかに迫害されたか、野毛の運動の結果、野毛がいかに苦労したかを描くことに重点をおいているのである。

八木原の解任に関してはまず、新聞記事の見出しが「学問の自由の危機」「八木原教授解任へ」「教授団、文部省に抗議」「学生、抗議運動へ」等の出来事を報じるのをクローズアップでとらえている。さらに大学の建物から抗議の垂れ幕が降ろされ、学生が騎馬隊の警官ともみ合うドキュメンタリー風の場面が挿入される。学生の走る足、馬のひづめのクローズアップが加速度的に、学生の集会、逮捕される学生、吹雪のように舞い上がるチラシのロング・ショットに挿入されて、いやがおうでも緊迫感が高まる。それにつづいて、文部省と妥協して辞表を撤回する教授が出てきたこと、学生運動の弾圧、学問の自由が蹂躙されたことを報じる新聞記事をクローズアップでふたたびとらえる。

このように八木原の解任を表現する黒澤の技術は素晴らしいが、ここでもまた、八木原の思想のどこが当局にとって問題で危険なものであったのかは、わからずじまいである。

野毛の思想についても、同様に曖昧である。糸川が、東京に出てきた幸枝とばったり会って、食事をしながら彼女に見せる野毛の著書『日支関係の考察』という題名がクローズアップで示されるところ、映画の冒頭、中国問題が日本にとって重要であると論議する野毛の場面以外、観客にはそれ以上に詳しいことは示されない。

ふたたび、事件の概要が新聞の見出しで示される。国際反戦諜報団員の逮捕を報じる新聞の見出しのクローズアップが出る。そして、八木原教授が、新聞の報道していることは、実際の野毛の行動と違うと、糸川に抗議している場面になる。しかし野毛自身の口からは、自分のしていることは、十年後に初めて真相がわかり、日本人に感謝されることになるのだと幸枝に述べる以上のものは何も説明されない。

幸枝が東京の野毛のオフィスを訪ね、野毛に何をしようとしているのかと問いつめると、野毛の姿は画面から消えて、彼の影が壁に写る。その影に「いま、そのような男がいるとして、何かしようとしていたら、ですね……」と野毛の言葉が重なるのであるが、それは自分ではなくあたかも第三者がそういうことをするという口調なのである。しかも視覚的にも、野毛自身ではなく、〈影の男〉がその行動の主体として示される。

それから幸枝と野毛の初めてのラブ・シーンになるのであるが、思わず廊下に飛び出す幸枝を追う野毛の身体が幸枝の身体にぶつかると、画面は床に落ちた彼女のハンドバッグのクローズアップとなり、その後の場面で身体を震わせる二人を見せることで、この二人の抱擁の場面を観客に想像させる間接表現になっている。久板の脚本ではこの場面は、屋外の造船所の近くの野原ということに設定されている。ところが黒澤は、この場面を夕闇につつまれたオフィスという屋内シーンに変えることで、閉塞的な緊張感を出すことに成功している。

当時の批評家のなかにも、映画が野毛や幸枝の信じるところを説明していないと不満を述べた飯島正[20]や、幸枝の〈何が何でもやりぬくぞ〉という無批判な〈猪突猛進〉は、黒澤の戦時中の作品『一番美しく』の主人公よりももっともっと〈戦時型〉であると指摘した登川直樹[21]の意見もあった。大島渚も同様に、八木原、野毛、幸枝にそこまでの行動を取らせた彼らの信じるところの思想がさっぱり説明されていない点を批判している。観客は現実の京大事件の滝川教授を八木原に、尾崎＝ゾルゲ事件の尾崎を野毛に重ね合わせることを期待されている、と大島は指摘する。しかも、現実の京大事件では〈全学一致の反撃〉もなく、分裂と屈服、転向に次ぐ転向こそが京大事件の本質であり、〈弾圧と汚辱に充ちた時代を、真剣に生き抜いてきた人びと〉がいなかったと大島は言い切る。それだからこそ、と大島はつぎのように主張する。

だから『わが青春に悔なし』は、八木原教授＝滝川教授や野毛隆吉＝尾崎秀実をそうした屈服や分裂や転向のなかにおいてとらえ、彼ら自身の主体的な限界と責任を明らかにしなければならなかったのである。そのことは「映画法」による「弾圧と汚辱に充ちた時代を」生きた黒澤や久板の自分自身の限界と責任を明らかにすることでもあった。

しかし彼らはそうはせず、「真剣に生き抜いた」という言葉で、自分たちをふくめ、いっさいの日本人を免責した。ありもしなかった「全学一致の反撃」が存在していたといつわることによって、日本国民のなかに一定の戦争反対勢力が存在したかのように歴史を偽造した。

このように一方でおのれを免責した作者たちは、当然のことであるが、おのれの敵の像を明確に描くことはできなかった。トップのタイトルのなかで、「軍閥、財閥、官僚」というたんなる言葉で敵を示しただけで、それを具体的な人間像として造型することもできず、ましてやそうした敵の思想そのものを映像化することなど思いもよらなかったのである。

これは黒澤や久板が、「アイディア・ピクチュア」というかたちで提示された問題を自ら主体的にうけとめようとはせず、戦争中もぬくぬくと生きてきたおのれの甲羅に似せて、おのれの戦後的視点を定めることによって作品をつくりあげたことの必然的な結果である。おのれの主体的責任を明らかにしないと同時に敵をも明確に提示しない作品は、当時追放令の恐怖におびえていたはずの映画資本家にとっても好感のもてるしろものだったであろう。[22]

大島は、黒澤や久板が意識的か無意識的かは別にして、自分たちの戦争中の行動の責任を回避した結果、彼らの作品で反戦運動にかかわる者としての主人公、それを弾圧する者としての主人公の「敵」の両方を描くことができなかったと断罪する。大島の映画作家としての出発は、そうした前の時代の映画作家たちの限界をしっかり見極めて、その反省の上にたつ映像の造形として、主人公とその〈敵〉の人間像との思想を描くことにあったと思われる。

そして大島が指摘する映画界の追放令は、一九四七年十一月、総司令部の指令で実施された（翌月に第二次追放がおこなわれた）。追放令は、一九三七年七月七日の盧溝橋事件から一九四一年十二月八日の真珠湾攻撃のあいだに映画会社の重役以上の職にあった者を一律に対象とした。彼らは一時的に職を退いたものの、全員が一九五〇年十月に追放解除で復職する。

戦争中に戦争に積極的に反対せず〈ぬくぬくと生きてきた〉映画人をのちの時代になって批判するのは簡単なことであろう。当時、家族を抱え、自分自身も生きなければならなかった映画人たちは、戦争に協力するか、あえて反対しなかった者が大勢を占めていた。黒澤自身も、一九七八年の自伝でその点を素直に認めている。

戦争中の私は、軍国主義に対して無抵抗であった。残念ながら、積極的に抵抗する勇気はなく、適当に迎合し、あるいは逃避していたと云わざるを得ない。

これは、恥ずかしい話だが、正直に認めねばならぬ事だ。

だから、あまり大きな顔をして、戦争中の事を批判する資格はない。

戦後の自由主義も民主主義も、他力によって与えられたもので、自力で闘いとったものではないのだから、それを身につけるためには、それを真摯に学び、謙虚に出直す心構えが必要だ、と私は考えた。

ところが、戦後の日本の風潮は、ただ自由主義や民主主義を鵜呑みにして、ただそれをやたらと振りまわしはじめた。[23]

そして、戦後の解放感のなかで輝く〈青春〉を映像化する喜びを語り、脚本の改変を余儀なくさせた組合の圧力に憤懣の念を表明する黒澤も、具体的な反戦、軍国主義の思想の問題をそれ以上は発展させて論じていない。むしろ、終戦の日、天皇の終戦を告げる玉音放送を聞きに撮影所に行く途中で黒澤が遭遇した駅前の商店街の人びとの、ラジオ放送の前と後での変わり身の速さに驚嘆し、〈これは、日本人の性格の柔軟性なのか、それとも虚弱性なのか〉と疑問を呈し、日本人の性格にはこの両面がある、自分にもそれがある、と認識する。〈私達日本人は、自我を悪徳として、自我を捨てる事を良識として教えられ、その教えに慣れて、それを疑う事すらしなかった〉とその原因を〈自我の欠如〉に見る。それゆえ、『わが青春に悔なし』では、〈自我〉をテーマにした、と黒澤は言う。なぜなら、その自我を確立しないかぎり、自由主義も民主主義もないと黒澤は信じたからである。[24]

しかし、当時の批評のいくつかも、そして後年の大島の批評も、黒澤流の〈自我〉の確立が自由主義、民主主義のもとになるとは見なさなかった。むしろ、〈猪突猛進〉的な主人公の思考と行動に、未熟で独りよがりなものを感じ、戦争中の責任を考える〈主体性の欠如〉を見たのである。

米国人の映画評論家で、日本映画を海外に紹介したことで知られるドナルド・リチーは、この映画に関して黒澤をつぎのように弁護した。

その事件に対する黒澤の感じ方は、ある特定の政治思想が抑圧されたということではなく、とにかく思想が抑圧されたという普遍的な事実であり、左翼らしく思われる人間が処刑されたということではなく、あらゆる人間が処刑の対象となったということであった。

不正に対する怒りの心が、この作品を作ろうと黒澤が決めた最大の動機であった。

……なぜなら黒澤の常として、彼が興味を持ち、心をうばわれるのは、たとえば自由の喪失というような要因が具体的にどのように人間に作用するか、生きた性格がいかに全身全霊に、人間的に反応するかにあるからである。それゆえに彼は社会的問題を忘れる——というより突飛《とっぴ》な見つけかたをする。これこれのことがしかじかの者を見舞った。そして黒澤の関心は、完全にその後の人間の反応ぶり、すなわち、その新しい状況をどうするか、あるいはしないかという点にある。何が登場人物をそうしたのかには黒澤はぜんぜん興味がない。興味があるのは、そうされてから彼らはどうしたかということなのである(25)。

製作者の松崎啓次もこれと似たような見解を述べている。「この映画は正しく滝川事件を伝えるものではなく、あの事件のなかにある学問と自由のための闘いの本質と、その闘いを通じて、生長した若い人達をテーマにしたいのが、私の希望であった(26)」。こうした論議からわかるのは、思想そのものを描くことよりその結果としての〈自己犠牲〉を描くことに執心した日本の戦意高揚映画にも共通する日本映画の特質を、この戦後民主主義映画にも見いだせるということである。この映画では、幸枝も野毛も八木原教授も、自分の主義主張を曲げることなく果敢に時の権力に対抗して〈苦労した〉ことが綿々と描かれるが、彼らが何を信じ、何のために闘ったのかの思想の内容は見事に省かれている。『わが青春に悔なし』は、戦時中の戦意高揚映画にも共通する、主人公の「自己犠牲」の過程を、黒澤の技術を駆使して劇化することに専心しているのである。黒澤は実際に久板に、「今の日本映画が忘れている様にみえる映画的な表現を、この映画で思い切って活用しようではないか(27)」と〈映画的表現〉に対する野心を語っている。

戦意高揚映画の製作から一変して、戦後民主主義映画の製作に移行した日本映画界の変わり身の速さに関しては、本書ですでに論じてきた。しかし、この時代を生きていなかった筆者は、のちの時代の高みに立って、当時の映画人たちを簡単に断罪することについては気がひける。しかし多くの映画人たちが当時を回想して、戦争に協力した自分の行動を究極にまで突きつめることなく、むしろ他人事のように、いかに戦時中の政策が狂ったものであったかを、そして他の映画人の戦後の変わり身の速さを嘆息している気楽さには、当惑を感じる。

映画評論家の佐藤忠男は、多くの日本の映画人は、積極的に熱意をもって戦争に協力したわけではなく、積極的に戦争に反対することを選択せず、むしろ消極的に協力したと言う。彼らは戦時中の軍国主義、国家主義に同調したわけではなかったが、そういった政策の枠内で各自できるだけの〈協力〉および〈非協力〉をした。そのなかでの例外は、亀井文夫であった(28)。亀井は戦争中のみならず、戦後も占領軍の検閲の犠牲となり、日米両方の権力のもとで作品の上映禁止という目にあった。亀井は、移り変わる時の権力に与《くみ》することのない日本映画人として例外的な存在であった。

死をも恐れず主義主張に殉ずることは、西洋文化では高く評価される。同時に西洋では、伝統や因習にとらわれた価値観や権威に対抗して、新しい視点や価値観を生み出すために闘うことこそ、芸術家の使命と考える。それゆえ、戦争中の日本の軍国主義政府と戦後の占領軍の両方にあまりに安易に協力した日本の映画人の姿は、主義主張を欠くと西洋人たちには映る。本書の英語版の元となった筆者の博士論文をめぐる米国人の論議もその部分に集中した。しかし、日本人の感性としては、亀井のように例外的に主義主張を貫いた映画芸術家は賞賛できるけれども、だからといって他の者を権力に与した「協力者」であると真っ向から非難するのも、躊躇するところがあると思う。

そのなかで筆者にとって最も立派な態度をとったと思えるのは、伊丹万作監督である。伊丹は戦争中に軍国主義政府に協力して映画を作ることはしなかったものの、戦後に戦争に協力したとして他の映画人を非難することも拒否した。戦争直後、左翼系の自由映画人集団が戦争協力者をリストアップして非難する声明を出すに際して、伊丹の協力を仰いだところ、伊丹は自分が戦争協力というかたちで作品を一本も撮らなかったのは、確固とした戦争反対の信念があったからではなく、たんに病気で撮れなかったのであるとして、協力を断った。さらに伊丹は、戦後になって誰しもが〈自分は平和主義者だったのに、（軍国主義者に）だまされた〉と主張している姿に対して強い警告を発した。伊丹は自分も含めて日本人は結構戦争に夢中になっていたし、もし多くの庶民が戦争を支持していなかったら、一握りの軍国主義者の手で日本を軍国化することなど不可能であったと論じる。〈だまされていた〉といって責任が回避されると思ったら大間違いで、〈だまされた者〉にも〈だました者〉と同じくらいの責任があると伊丹は断言した(29)。

この伊丹の主張は、日本人全体にゆきわたっていた〈無責任の思想〉体系を鋭く突いている。自分はそれほど軍国主義を信じていなかったのだが、隣組の親父にだまされたのだと言えば、隣組の親父は町の政治家にだまされたのだと言う。町の政治家は県の偉い政治家にだまされたと言い、県の偉い政治家は国を司る、さらに偉い人びとにだまされたと言う。こうして、自分は上の者にだまされた、命令を聞いていただけだと言えば、どんどん責任が社会の上部に押し上げられる。究極的には日本社会の頂点に立つ天皇は戦争責任を問われず断罪されないという国家を超えたところでの判断がなされていた以上、責任は天皇まで押し上げられた途端、宙に浮いてしまうから、それ以上の追及はうやむやにならざるを得ず、皆にとって具合がよいのである。むしろ不運だったのは、そうして押し上げられた責任が天皇のところで受け止めてもらえない以上、ふたたび下がってきて、戦後連合軍の手で戦争中の捕虜虐待等の罪に問われて、命令を下した上官よりもむしろ不本意ながらそれに従わざるを得ず、直接手を下したということで処刑された戦犯たちであろう。

こうしたことを踏まえれば、具体的にどの政治思想も擁護しない『わが青春に悔なし』の黒澤の立場は、日和見主義というよりはむしろ思慮深いと形容されるかもしれない。黒澤は、当時流行であった戦後民主主義を擁護するため、一方的に戦時軍国主義を非難することの不毛さを意識していたのかもしれない。さらにこの映画が製作されたころ、「尾崎＝ゾルゲ」スパイ事件はマスコミでも大きな注目を浴びていたもの(30)の、この事件の多くの部分がまだ解明されておらず、黒澤が尾崎をもとにした登場人物の政治的立場を明らかにすることは実際問題として困難であったかもしれない。それに反し、滝川事件のほうは、全貌がすでに明らかになっていた。

黒澤は映画のなかで、幸枝と野毛の両親を戦争中ひどい目にあわせた村人たちを糾弾することも控えている。久板のオリジナル脚本にはない映画の最後の場面で、幸枝は道端でトラックの荷台に引き上げられる。そこには、当惑して微笑む数人の村人のクローズアップがつづく。幸枝はそれに応えて、心の大きさを示すような微笑みを返すと、それを受けて村人は幸枝にお辞儀をする。こうして沈黙のなかで、村人たちの戦時中の迫害のすべてを許した幸枝を崇高な人物と描くのが、この場面の目的であったのであろう。しかし、戦時中にあれほど頑強必死に戦っていた幸枝が、あまりに寛大かつ簡単に自分たちの迫害者を許すのは、何か彼女の性格にそぐわないものがある。

さらに、戦時中に誰もが無差別に政府の迫害にあったわけではなく、軍国主義や天皇制の政策に反対や疑問を示したり、当局にとって都合の悪い思想を信奉していた者が迫害されたのである。このことに鑑みれば、戦争中に政府の宣伝する愛国的な兵士や模範的国民のあるべき姿を演じていた俳優が、一九四五年八月十五日を境に百八十度立場を逆転して、そうした軍国主義、国家主義に反対する勇士を演じることに奇異の念を感じた観客は少なくなかったはずである。たとえば、『わが青春に悔なし』のスターたち、藤田進、原節子、大河内傳次郎、河野秋武のすべてが、戦争中には勇敢に国家に身を捧げる将軍、愛国婦人、軍人の役を印象的に演じていた。『わが青春に悔なし』の演技について、当時の批評家は原の演技を除いては一般に否定的な評価をしている。彼らは、大河内が教授には見えないとか、藤田がインテリには見えないとしている。こうした批判のある部分は、戦争中のこれらの俳優の得意とした役のイメージとこの映画の役とがあまりにかけ離れたものであったことに源を発しているのではないだろうか。

とくに藤田の場合、戦争中は、命を捧げて国家に尽くした貢献を認められて〈神〉の地位に奉られた模範的軍人である〈軍神〉の役を得意とした。[31] 藤田自身、自分が戦争中、勇猛な軍人を数多く演じたことに良心の呵責を覚え、戦争終結とともに職業を変えることを考えたが、自分ができることがほかに何もなかったのでそのまま俳優をつづけた、と述べている[32]。左翼系映画製作者の伊藤武郎は、藤田は〈軍神〉役にぴったりの顔をしていたから、軍神を最も多く演じたのだと言う[33]。軍神役から戦後民主主義のヒーロー、反戦闘士の役へという変貌は、藤田自身が戸惑ったにちがいない。戦後すぐの労働組合の集会で演説するように要請されて藤田は断ったが、俳優の代表として受けるようにと説得されて釈然とせずに従った思い出を、藤田は語っている[34]。

藤田は大勢に従った一人にすぎなかった。俳優のあいだで、戦争協力についての反省や論議がなされたということは聞かない。同様に、多くの日本の監督は、要請されたらどのような映画も作ることができた。その意味で、日本の監督は芸術家というよりは職人であるという論議[35]は当たっているであろう。政治的・思想的内容をよく考えず、与えられた企画をそつなくこなす。それゆえ、日本の監督は軍国主義のもとでも、民主化政策のもとでも〈自己犠牲〉をテーマにした、技術的に優れた映画を作ることができた。いったん、企画が与えられれば、その背後にある理由を深く考えることなく、当局に承認される映画を完成させることに、日本の映画監督は集中した。こうした、仕事に熱中する日本人の精神構造を、戦時中の政府も占領中の当局も利用したのであろう。

日本には「長いものには巻かれろ」ということわざがある。狭い土地で多くの人びとがひしめき合い、共同作業を強いられる農耕生活を主としてきた日本人の歴史上の知恵として、時につれて変わり行く権力者には直接立ち向かうことなく、従うほうが得であるという思想である。日本の映画人たちには、確かにこの哲学があったと思われる。

思想的にはむしろ真空状態であった『わが青春に悔なし』をはじめとする民主主義啓蒙映画、そして戦時中の戦意高揚映画の数々は、時の権力との安易な協力を意識的に避けた日本の映画作家の戦略であったのかもしれない。それにしても、日本国民を戦争協力に、そして民主化にと導くのにそれらの映画が一応効果的であったというのは意義深い。

【註――第十五章】『わが青春に悔なし』の思想

(1) 大島渚『体験的戦後映像論』四八頁に引用された北川冬彦「久板栄二郎論」(「映画春秋」)。
(2) 同上に引用された瓜生忠夫『映画的精神の系譜』。
(3) 同上に引用された飯島正「映画時評」(「映画春秋」一九四七年一月号、一八－一九頁)。
(4) 『全集　黒澤明　第二巻』の岩本憲児「批評史ノート」(三四五頁)に引用された「朝日新聞」の一九四六年十月十三日の「映画評」。
(5) 同上に引用された「近代映画」一九四七年一月号の飯田心美の短評。
(6) 同上に引用された「映画展望」一九四七年一月号の津村秀夫の「人生描写としての映画」。
(7) 同上に言及されている「映画評論」一九四七年二月号の登川直樹の「作品批評『わが青春に悔なし』」(三一－三二頁)。
(8) 「映画タイムス」東京版、一九四六年十一月一日の無記名の「短評」(三頁)。
(9) 岩本憲児、前掲「批評史ノート」三四五頁に引用された「映画ファン」一九四六年十二月号の無記名の短評。
(10) 同上に引用された「映画ファン」同年同月号の大塚和の評。
(11) 大島渚『体験的戦後映像論』四八－四九頁に引用された「映画旬刊」一九五六年特別号。この言葉は『世界の映画作家3　黒澤明』(キネマ旬報社、一九七〇年)に収録された「黒澤明全自作を語る」(聞き手荻昌弘)、一一六頁にもある。
(12) 『全集　黒澤明　第二巻』の「製作余話」(三六一頁)に引用された「キネマ旬報」の「黒澤

明ドキュメント、インタビュー」（年月不明）より。
(13) 黒澤への筆者による前掲インタビュー。同様のことを黒澤は『蝦蟇の油』三一六－三一七頁でも語っている。
(14) 足立和「プロデューサー群雄伝・5」一二七頁。
(15) 黒澤明『蝦蟇の油』三一七頁。小松秀雄の「戦後映画シリーズ」には、クリフォード・コンノの家でおこなわれたこの映画の祝賀パーティでの、ＣＩＥ側からはガーキー、ジョージ・イシカワ、映画関係者では黒澤明、松崎啓次、久板栄二郎、原節子、大河内傳次郎、藤田進、河野秋武、中北千枝子の写っている写真を載せている。
(16) *SCAP Non-Military Activities,* Summation no.10 (July 1946), p.249 は、前月審査した七本の日本映画のなかでこの作品について「自分の命をかけて非合法活動をつづけた反戦運動家のジャーナリストを描くもの」としている。
(17) 黒澤明『蝦蟇の油』三一四－三一五頁。「黒澤明全自作を語る」一一六頁。
(18) 黒澤への筆者による前掲インタビュー。
(19) 宮島義勇「回想録・36」（「キネマ旬報」一九八五年九月上旬号、一一四－一一五頁）によれば、黒澤はこの措置に激怒したという。
(20) 飯島正、前掲「映画時評」、一八－一九頁。
(21) 登川直樹、前掲「作品批評『わが青春に悔なし』」三二頁。
(22) 大島渚『体験的戦後映像論』五三－五六頁。
(23) 黒澤明『蝦蟇の油』三〇六頁。
(24) 黒澤明、同上書、三〇七－三〇八頁。

(25) Donald Richie, *Films of Akira Kurosawa* (University of California Press, 1984), p.36.（ドナルド・リチー、三木宮彦訳『黒沢明の映画』キネマ旬報社、一九七九年）

(26) 松崎啓次「『わが青春に悔なし』製作覚書」三四頁。

(27) 登川直樹、前掲「作品批評『わが青春に悔なし』」三三頁。

(28) 佐藤忠男の一九八七年三月二十八日、ニューヨークのジャパン・ソサエティでの戦時中日本映画の特集のシンポジウムでの発言。

(29) 大江健三郎編『伊丹万作エッセイ集』（筑摩書房、一九七一年）に収められた「戦争責任の問題」七五－八五頁。初出は「映画春秋」一九四六年八月号に発表されたもの。

(30) 尾崎が獄中から妻に出した手紙は、最初一九四六年二月に雑誌に掲載され、それらの手紙は同年九月に『愛情は降る星の如く』という題で出版された。それはすぐにベストセラーとなり、その後十七年間、版が重ねられた。尾崎事件をモデルにした映画は、一九四六年の楠田清の『命ある限り』のほか、一九五六年日活で『愛は降る星のかなたに』（斎藤武市監督）（英語題『上海からきた男』）、一九六一年日仏合作『スパイ・ゾルゲ　真珠湾前夜（Quietes-vous, Monsieur Sorge?）』（イヴ・シャンピ監督）、二〇〇三年『スパイ・ゾルゲ』（篠田正浩監督）として映画化された。

(31) メリーランド大学プランゲ・コレクションにある雑誌「映画ファン」（一九四六年七月号）の藤田進「僕も観客」八頁。藤田が〈軍神〉について言及した部分は占領軍の検閲によって削除されている。

(32) 西脇英夫による『日本映画俳優全集　男優編』五〇四頁の藤田進の欄。

(33) 一九八四年五月三十日東京での筆者とのインタビュー。

(34)　「キネマ旬報」一九八二年四月下旬号の水野晴郎によるインタビュー、一一五頁。

(35)　伊藤武郎との前掲インタビュー。

第六部 東宝争議

戦前、政府によって厳しい取り締まりを受けていた労働運動は、占領軍の初期の政策によって、日本社会の民主化の一環として強く奨励された。この新しく獲得された自由を満喫した労働者たちは、集会の自由や集団交渉の権利をすぐに実行に移し、職場で組合を組織した。日本経済のあらゆる部門で職場に組合がつくられ、映画産業も例外ではなかった。

日本の主要撮影所のなかでは、東宝の労働組合が最も強力であった。インフレに対応する給与アップ、労働条件改善、経営参加を要求して、東宝の労働組合は一九四六年三月から一九四八年八月にかけて二年半のあいだに三回のストライキをおこなった。戦争中、政府に歩み寄り、最も成功した戦争映画の数々を製作した会社である東宝が、戦後一転して、最も戦闘的で活動的な組合員を生みだし、今度は最も成功した民主主義映画の数々を製作したという事実は皮肉である。

第六部ではまず、戦争映画の生産工場としての東宝が、戦後民主主義映画の生産工場として変遷する過程をたどる。その過程で、映画産業の近代化、日本経済の変遷にともなう映画界の対応、そして徐々に政府寄りの体質になっていく東宝という会社の体質が明らかにされる。それと同時に、その〈近代化〉が意味するものは、政治的に過激な左翼分子と保守的な分子が共存した、この会社に典型的に見られる日本的〈柔軟性〉（または〈主義主張の欠如〉）であることも明らかにする。

そのあとで、戦後の東宝争議の過程を再現する。その過程で生まれたのが、映画撮影所と演劇界を舞台にして、組合運動を促進させる目的で組合によって製作された『明日を創る人々』という一九四六年の映画である。

組合運動は一九四八年夏、東宝の三回目のストライキでクライマックスを迎えた。占領軍の軍事力を借りて制圧されたこのストライキで、組合運動は打撃を受け解散する。この過程もまた、周囲で見守る人びとにとっては手に汗を握るいわば見世物でもあった。経営側、組合側の双方の内部抗争、反組合勢力の形成は、外部から見てそれほど目立つものではなかったにしろ、陰謀と裏切りに満ちた人間ドラマを形成するものであった。

日本映画についての西洋の文献では、この組合運動に対する詳細な叙述と評価がいままでほとんど皆無であり、戦後の日本映画に果たした組合運動の役割を強調することが、本書の英語版では重要なポイントであった。しかし日本では、東宝の社史、東宝争議についての文献は少なくないので、本書ではその部分は概略し、占領軍の資料にかかわる部分を詳細に述べる。

第十六章　ストライキの勃発

東宝撮影所

東宝映画は一九三七年、写真化学研究所、ＰＣＬ（フォト・ケミカル・ラボラトリー）映画製作所、ＪＯスタジオ、東宝映画配給が合併した結果生まれた。写真化学研究所は、東京の実業家植村泰二が映画に音をつける新技術の実験のために一九三二年に設立したものである。一九三三年、写真化学研究所は映画製作の本格化をはかるために、トーキー映画専門の製作会社としてＰＣＬ映画製作所を設立した。ＪＯスタジオは一九三三年京都で、米国のベル・ハーウェル・カメラとドイツのアグファー・フィルムの日本代表だった大沢善夫（大沢商会）によって設立された。「Ｊ」は、大沢が代表していた米国のサウンド・システム、ジェンキンズの頭文字から、「Ｏ」は大沢の苗字の頭文字から取られたもので、この会社もトーキー映画専門であった。

東宝の前身の東宝映画配給は一九三六年、ＰＣＬ、ＪＯ、東京宝塚の参加のもとに、関西の鉄道会社からはじまりその沿線に宝塚劇場を設立して娯楽産業に乗り出した小林一三によって設立された。宝塚のレビューの歌詞も書いた小林は、東京日比谷に東京宝塚劇場、日比谷映画劇場を一九三四年に設立し、翌年にはさらに新劇場を建設、買収した。「東宝」は「東京宝塚」の略である。こうしてすでに阪神鉄道会社と東京電機会社、および東京の一等地の劇場を傘下においていた小林は、写真化学研究所やPCLをも支配することに野心をもち、それらを吸収したのである。

東宝映画配給は、邦画ではPCLやJOスタジオの映画を、洋画では米国のパラマウント、二十世紀フォックス、ワーナー・ブラザーズ、また東和映画が輸入する欧州映画を配給した。ところが一九三七年七月、日中戦争勃発を機に、年間三百本ほど輸入されていた外国映画は国策の犠牲となり、同年九月には外国映画輸入制限措置という結果になった。一九三七年九月十一日、植村泰二を社長、大沢善夫を重役、小林一三を相談役、森岩雄を撮影所長として東宝は発足した[1]。

トーキー映画という新しい技術を専門とするPCLは、進取の精神で知られ、旧弊な体質の映画界に飽き足らない他の撮影所の監督がつぎつぎに移ってきていた。日活（日本活動写真、一九一二年創立）からは村田実、伊藤大輔、内田吐夢、田坂具隆、木村荘十二、山本嘉次郎、そして俳優からのちに監督に転向した小杉勇、島耕二、松竹（松竹キネマ合名社、一九二〇年創立）からは成瀬巳喜男、衣笠貞之助、渡辺邦男の各監督がやってきた。PCLが東宝に変わっても、その撮影所の「近代的」魅力は引き継がれた。巨大な資本をバックに、東宝は近代的設備や技術を誇り、全国にわたって大劇場を支配するにいたった。創立後一年目で東宝は二十七の劇場をもち、その半分が客席千五百から二千の大劇場であった。一九三九年には劇場数六十三、一九四二年には九十一と、東宝系映画館は飛躍的に拡張する。他の撮影所の懸念をよそに、東宝直系以外の劇場でも、東宝作品を上映する劇場は一九三八年の五百一館から、一九四一年の六百六十八館に増えた。(2)

東宝はまた、松竹や日活に代表される「スター」システムあるいは「監督」システムに対して、「プロデューサー」システムを取った。森撮影所長は、ハリウッドのシステムに習い、監督には芸術的責任を負わせ、金銭的・経営的責任はプロデューサーに負わせることにしたのである。森は研究のためハリウッドに赴き、アーヴィング・サルバーグに理想のモデルを見つけたという。松竹、日活をはじめ、それまでの伝統的な映画会社では、撮影所長、有力な製作者や監督等の数人が実権を握っていた。影響力のある監督はそれぞれ「組」と呼ばれるおなじみの構成員から成るスタッフや俳優を使いつづけた。こうした「組」の仕事は、一貫した芸術的特色を打ち出したが、その一方で権威主義的徒弟制度を奨励することにもなった。こうした制度から製作される作品は、劇場が求める種類の作品を数多く産み出すのには便利であるが、いったん作品が売れなくなると、方向転回をするのが困難であった。また東宝の新しいシステムの特徴は、従来助監督に負わされていた責任を進行係に負わせたことであった。[3]

さらに東宝は大学卒業を助監督募集の条件にした最初の撮影所でもある。[4]

その一方、新興会社の東宝はすでに有名になっているスターや監督を、他の撮影所から引き抜いてくることを余儀なくされた。新しい映画会社ができるたびに、こういったことはそれまでにもおこっていたのであるが、東宝は資本力をバックに派手に金を使い、いったん勤めたらその映画会社に奉仕するのが当たり前であり、一生その身柄がその会社に縛られるという考え方こそ旧弊なものであるとして、引き抜きこそが〈映画界の近代化〉であるという態度を取った。

その最も有名な事件が、松竹の時代劇スター林長二郎の引き抜きである。松竹で映画の撮影中であった林は、一九三七年十月東宝と共同記者会見をして、東宝移籍を明らかにした。翌月、東宝京都撮影所で、移籍後最初の作品の撮影第一日が終わって外に出てきた林は、暴漢に襲われて顔の左側をカミソリで切られた。撮影は中断し、林は即座に手当てを受けたものの、一生その傷は残った。犯人は逮捕されたが、その背後関係までは明らかにならないまま、林も警察に捜査打ち切りを申し出た。以後、林は「芸名を松竹に返す」として、本名長谷川一夫を名乗るようになった。東宝も松竹も、この事件が自分の会社に有利になるように、世間の同情を味方につけるべく広報活動を展開した。当初、恩義のある松竹に不義理をしたと林を批判していた世論も、この事件で一気にこのスターに同情するとともに、映画界の暗黒面を目の当たりにして愕然としたのである。(5)

東宝のもう一つの暗黒面は、映画界のなかでは際立った政府への戦争協力である。小林は一九四〇年に商工省大臣となり、東宝は政府との関係を深めた。戦争とともに映画界の統制が進むと、日活を吸収しようとして東宝は松竹と争ったが、結局、一九四二年に永田雅一の大映（大日本映画株式会社）が新興キネマ、大都映画とともに日活を吸収するにいたった。本書の新憲法普及映画のところで述べたように、大映は時代劇の俳優や監督を多く抱え、時代劇を得意とした一方、松竹は伝統的にメロドラマや家庭劇を専門とした。ところがこうした伝統的な専門ジャンルのなかった東宝は、〈近代的〉というのがイメージでもあったことから、政府が促進した戦争映画、戦意高揚映画を真っ先に受け入れることができたのである。東宝の資本力も、戦争映画に必要とされる特撮を可能にし、東宝のプロデューサー・システムも、政府の統制のもとにある映画界の官僚的管理機構に適応しやすかった。(6)

こうして東宝はつぎつぎに戦争映画の〈傑作〉を製作する。実際の戦闘の直後のロケーション撮影を取り入れた『上海陸戦隊』（一九三九年、熊谷久虎監督、沢村勉脚本、鈴木博撮影）、九百もの戦闘機を使った『燃ゆる大空』（一九四〇年、阿部豊監督、八木保太郎脚本、宮島義勇撮影）等の大ヒット作をつくったあと、真珠湾攻撃勝利一周年を記念して、東宝は空前の予算とスケールで『ハワイ・マレー沖海戦』の製作に取り組む。海軍との共同製作で監督山本嘉次郎（脚本は山崎謙太と共同）は、大がかりなセットやクレーンを使用した撮影に半年かけ、三村明、三浦光雄、鈴木博、平野好美らの東宝のトップ・クラスのカメラマンを動員、ドキュメンタリー映画も挿入して臨場感を盛り上げ、特撮はのちに『ゴジラ』（一九五四年）の撮影で世界的に有名となる円谷英二が担当した。東宝はこの映画に七十七万円の製作費、十五万円の宣伝費という未曾有の大金を投入した。そして『ハワイ・マレー沖海戦』は一九四二年十二月三日に封切られ、結果は予想どおり爆発的ヒットとなり、最初の八日間で百十一万五千円の興行収入を記録した(7)。

その他の戦争映画で人気のあったものには、南太平洋を舞台にした『南海の花束』（一九四二年、阿部豊監督、八木隆一郎脚本、小原譲治撮影）、空戦を描く『翼の凱歌』（一九四二年、山本薩夫監督、黒澤明・外山凡平脚本、完倉泰一撮影）、満州との国境地帯の朝鮮を舞台にした『望楼の決死隊』（一九四三年、今井正監督、山形雄策・八木隆一郎脚本、鈴木博撮影）がある。前述したように東宝は、これらの作品のネガとプリントを、他二本の戦争映画と一緒に、敗戦直後、連合軍に見つかる前に慌てて焼却している。その他の二本とはいずれもフィリピンを舞台にしたもので、日本が残酷な米国の支配からフィリピンを救ったという筋で連合軍捕虜とフィリピンの俳優を日本人俳優とともに使って撮った『あの旗を撃て』（一九四四年、阿部豊監督、小国英雄・八木隆一郎脚本、宮島義勇撮影、伊藤武郎と滝村和男製作）と、ガダルカナル戦の武勇伝を扱った『後に続くを信ず』（一九四五年、渡辺邦男監督、八住利雄脚本、河崎喜久二撮影）であった。

東宝はまた、時局が必要とした、日本の占領地区を舞台にしたメロドラマもヒットさせた。中国を舞台に、中国人女性が最初は日本の誠意が理解できず、日本に反発して反日ゲリラにそそのかされたりするものの、立派な日本の男性に感化されたり恋愛をしたりして、日本の誠意にめざめて日本に協力するという筋書きのバリエーションから成る一連の「大陸友好映画」である。それらには、『白蘭の歌』（一九三九年、渡辺邦男監督、木村千依夫脚本、友成達雄撮影）、『支那の夜』（一九四〇年、伏水修監督、小国英雄脚本、三村明撮影）、『熱砂の誓ひ』（一九四〇年、渡辺邦男監督、木村千依夫脚本、友成達雄撮影）などが含まれ、いずれも長谷川一夫と李香蘭を主役にしていた。

当然のことながら、こうした映画は娯楽作品でありながら、占領地区と日本国内の双方の観客の思想教育を目的として製作されたもので、観客に応じて『支那の夜』では、三種類の結末が用意された。中国向けでは、長谷川演じる主人公が、李演じる中国女性とめでたく結婚してハッピー・エンドとなる。日本向けでは、日本男性が中国のゲリラに殺され、悲しみのあまり中国女性の婚約者は自殺する。日本占領下のマレーやフィリピンで公開された版では、さらに筋が複雑になっている。恋人がゲリラ戦の犠牲になったという報を受け、池で入水自殺しようとする女性のもとに、恋人が駆けつけて戦死が誤報であったことを告げ、二人はめでたく結ばれるというものである。(8)

歴史劇のなかで日本の諸外国に対する優位性を説き、連合軍の悪を暴く目的で製作された東宝の作品には、明治時代の柔道の徒が傲慢で凶暴な米国の水兵やボクサーを投げ飛ばす黒澤明監督・脚本の『續姿三四郎』（一九四五年、伊藤武夫撮影）、D・W・グリフィスの『嵐の孤児』（一九二一年）を翻案して、原節子と高峰秀子の二大スターを主演に、日本人俳優が悪辣な英国人を演じる『阿片戦争』（一九四三年、マキノ正博監督、小国英雄脚本、小原譲治撮影、円谷英二特殊撮影）がある。これらの作品の成功を見て、松竹や大映もそうした歴史劇を作りはじめた。

東宝で以上のような戦争映画や戦意高揚映画にかかわった多くの監督、製作者、脚本家、撮影者、俳優等は、戦前には左翼系プロレタリア映画運動にかかわり、戦後になると民主主義映画を作った人びとであった。

戦後の組合運動

労働運動を奨励する占領軍の政策に忠実なCIEのコンデに促されて、日本の映画人たちは即座に情熱をもって組合を組織しはじめた。労働者の権利は、一九四五年十二月二十二日に労働組合法で法制化され（翌年の三月一日施行）、組合と経営者側との交渉権を認めた労働関係調整法は、同年十月十三日に発効した。撮影所のなかで最初に組合を組織したのは松竹大船撮影所で、一九四五年十一月九日に、脚本家の大御所野田高悟を委員長に従業員組合が設立された。組合は昇給を要求するとともに、政府から重役を招くという経営者側の計画に異議を唱え、その両方の要求を通した。それを見て他の撮影所も、年内につぎつぎに組合を組織した。そのすべての組合が、激しいインフレに見合う昇給と、労働者の経営参加を要求し、三つのニュース映画会社のうち、日映と朝日映画社では経営権参加を獲得した。

一九四六年一月十三日に映画産業の組合である全日本映画従業員組合同盟（全映）が、各撮影所の上部組織として二千七百人の参加のもとに設立された。これは、この時期の組合結成が米国をモデルにしていたため、会社単位の組合は認められず、産業別組合のみが認可された結果である[9]（松竹他の組合はこの段階で産別組合に吸収されたものと思われる）。東宝の脚本家八木保太郎を委員長に全映は、昇給と待遇改善、労働者の経営参加、映画興行と配給の民主化、労働運動統一を要求した[10]。

東宝の組合はまず撮影所で組織され（東宝撮影所従業員組合）、すぐに本社、支社へと広がり、組合員（東宝従業員組合）は五千六百人に達した。東宝組合の最初のストライキは、一九四六年三月二十日に待遇改善要求が経営者に拒否されたことからおこなわれた。十五日にわたるストの結果、基本給月額六百円と、組合員で構成する製作委員会の設置とを組合は勝ち取った[11]。

四月十六日、ＣＩＥの要請により、全映の中央委員会は映画界の戦争犯罪人のリストを作成した。その月末全映は、組合員一万八千人の日本映画演劇労働組合（日映演）に拡大され、共産党系の全日本産業別労働組合に参加した。その後映画界の戦争犯罪人のリストが映画界の民主化の第一段として日映演から発表されたが、それは十日前に発表された自由映画人集団によるリストと類似したものであった。日映演のリストは三段階に分かれ、Ａ級は内務省と内閣情報局の元役人、および映画会社の社長や重役たち二十三人で、映画界からの永久追放が求められた。Ｂ級は映画会社重役と、戦時中に国家主義的組織をつくっていた映画監督熊谷久虎ら十人で、一時追放が求められた。Ｃ級は『ハワイ・マレー沖海戦』や『あの旗を撃て』のような戦争映画の製作にかかわった者で、徹底的な自己批判が要求された。

映画界で働く者は、戦後の急激なインフレとも闘わなければならなかった。たとえば、映画の入場料を見ると、戦時中は一番封切館は一律九十五銭に抑えられていたものが、敗戦直後には一円、翌年三月には三円になり、同年五月には一番館の邦画は四円五十銭に、洋画は五円になった。一九四七年三月にはそれが十円と二倍になり、半年後にはさらに二倍になる。一九四八年八月にはそれがまた倍増した。映画入場税の税率は戦後ひじょうに高かった。敗戦直後、入場料が一円以下のものには一〇〇パーセント、それ以上のものは二〇〇パーセントであったものが、一九四六年三月には、減税されたものの、それでも三円五十銭以上は一〇〇パーセント、五十銭から三円五十銭までが五〇パーセント、五〇銭以下が無税であった。[12]

インフレや高い映画入場税にもかかわらず、映画産業は巨額の利益を得ていたが、それは国民が娯楽に飢えていたからで、当時は映画に対抗する娯楽はなかった。軍需産業が消えてしまったあと、投資先を探していた資本家たちは、新しい劇場建設にその機会を見いだした。[13]

東宝の劇場は百二十のうち九十三館が戦災に遭い、うち六十三館が全焼したが、主要な劇場は無傷であった。敗戦とともに東宝はそれらの劇場を再開し、翌年春までに七十館が復興した。しかし占領軍が東京宝塚劇場を接収して、連合軍兵士やその家族専用の劇場（アーニー・パイル劇場と命名）とし、京都や大阪の大きな劇場も同じ措置が取られたため、東宝は主要な収入源を失うことになった。[14]

『明日を創る人々』

一九四六年五月二日、はじめて合法化されたメーデーの翌日、東宝は関川秀雄、黒澤明、山本嘉次郎共同監督、山形雄策・山本嘉次郎共同脚本になる『明日を創る人々』を封切った。CIEのコンデの指示で[15]、この映画は東宝の組合が企画し、撮影所からはじまって娯楽産業に波及し、次第に他の産業に拡張する組合運動を促進する目的で作られた。この作品の主要なテーマは、雇主に恩義を感じて義理を果たそうとする封建的な考え方と、職場や生活条件の改善のための闘いのなかで、人びとが労働者の団結の必要にめざめる考え方とを対比させることである。

『明日を創る人々』は、鉄工会社に勤める保守的な旧世代を代表する父（薄田研二）、映画のスクリプト・ガールの姉娘（中北千枝子）、舞台の踊り子の妹娘（橘光枝）の一家と、その家の二階に間借りする鉄道会社の技師（森雅之）一家を中心に展開する。この登場人物のシチュエーションは、東宝の映画制作部、演劇部、そして東宝の親会社の鉄道会社があてはめられているわけである。

冒頭の映画のクレジットは、労働者の団結を謳う組合の歌とともにはじまる。最近の苦しい庶民の経済状態が、家族のあいだで交わされる物価高や配給の食べ物についての会話で示唆される。間借りしている技師は、息子の病気を心配しながら会社に恩義を感じて、自分の工場で展開されている労働者のストライキに参加するのをためらっているが、彼の妻は参加するように勧める。カメラは、工場に向かう彼を追う。工場は、旗を振り、労働歌を歌っている労働者の一団に占領されている。

映画を通じて、ストライキ中の労働者のイメージが、組合の歌や音楽にともなって頻繁に登場する。「映画の民主化は人民のために」「日々の糧を撮影所での闘いから得よう」というような勇ましいスローガンが、クローズアップで見せられる。

撮影所では〈俳優・藤田さん〉（東宝のスター藤田進が自身を演じる）のシーンの撮影中で、カメラがパンしながら上昇していくと、天井近くで照明係が自分たちの直面する問題を話し合っている場面になる。「会社だけが儲けている」「会社は観客のことなんか考えていない」「われわれは商業主義は嫌だ」「この素晴らしい作品に参加できてうれしいけれど、生活の保障も必要だ」というような、労働者にとっての崇高な理想と、生活という現実的問題とのあいだの矛盾についての会話がつづいていく。それからカメラは下にもどり、東宝のスター高峰秀子が藤田のところに来て、「こんな条件では豊かな映画なんか作れない」と言うのをとらえる。

監督の「カット！」という声とともに、画面は妹娘の働く劇場の舞台裏に変わる。踊り子の一人が過労で倒れ、仲間たちが劣悪な労働条件に不満を述べ合っている。

つぎに、シーンは撮影所にもどり、技師の働く鉄道会社でストライキがおこり、労働者が経営陣に取って代わったと、撮影所で働く者たちが話している。一人の照明技師が、あたかも労働者階級を代表するように、ゆっくりと飾り気のない自分の言葉で、「これは、働く者の問題なんだ。……われわれの良心の問題なんだ……観客への責任のため……何か新しいことをしないといけない……われわれは別々の部署にいるけれど、いい映画を作りたいし、闘いは一緒にすべきなんだ」と言う。

そこで一人が、われわれも鉄道会社に行って、ストライキ中の労働者を応援しようと言う。討論の結果、姉娘が今夜行くべきだと言う。そして映画は、鉄道会社の前で歌っている撮影所の労働者たちの姿を写し出す。

家では父親が、組合運動反対の意見を話している。社長が従業員を首にするようなひどいことをするはずがないと信じる父親は、娘たちが二階の鉄道技師の影響で組合運動に参加していると言う。そのうち父親の会社でも組合運動が進み、会社が組合員を首にしたとき、父親も一緒に首になる。父親は自分の職場の壁に、労働者の闘争を促す張り紙を見る。そして二階の鉄道技師が、子供の死にもひるまず闘争をつづけるのを見て感動する。

踊り子の職場では、志村喬演じる非情なマネージャーによって病気の一人が首になったのをきっかけに、組合が組織される。劇場の外では労働者の一団が、旗をもって歌いながら行進している。妹娘はそのなかに、父の姿を見つける。カメラは低い位置から、顔を輝かして行進している父をとらえる。父はそのうち、歌に加わる。撮影所と鉄道会社のストライキが続行するなか、映画は終わる。
『明日を創る人々』は占領軍の資料では、〈日本のある家族の構成員が、いかに組合運動の成長に反応していくかを描く作品〉と説明されている。[16] この作品の試写の際、期せずして「インターナショナル」の歌の合唱が出席者からおこり、同席したコンデを喜ばせた。[17] 東宝の宣伝課にいた土方重美は、主演スターを大きく扱うそれまでの映画のポスターとは異なり、赤旗を持った労働者やビラをこの映画のポスターのデザインとして描いた。コンデはそれをひどく気に入って、オリジナルのポスターがほしいと東宝に要請した。東宝はメーデーのあとにそれをコンデに贈呈した。[18]
このプロパガンダ色の強い作品に対する批評家の評判や興行的成果は芳しいものではなかった。日本共産党書記長の徳田球一でさえこの作品は知的すぎてつまらないと述べたという意見に評論家の岸松雄は同意している。[19] 確かにこの作品は、組合員の闘争の過程を劇化していくというよりも、紋切り型の台詞を連ね、ビラの文句や勇ましい革命歌を歌う組合員の顔のクローズアップを多用している。そして邪悪な資本家対崇高な労働者というように、図式的に二分化しているのも単純すぎる。
『明日を創る人々』の共同監督の一人としてクレジットされている黒澤明は、のちに自分の名前の掲載を拒否し、つぎのように述べている。「これは、どうも、僕の作品とは言えないし、といって誰の作品ともいえないものだな。要するに闘争委員会が作った写真で、そういうかたちの作品はいかにつまらなくなるかという、いい見本みたいなものだね。一週間で作りあげたものなんだがね、いまでもメーデーの歌を聴くとこの撮影を思い出して眠くなってくる始末でね。まあ一週間で作ったにしちゃいい方かな」[20]。どのような事情で黒澤がこの作品に加わったかはわからないが、酷評であることには間違いない。前章でふれたように、組合の製作委員会に対する黒澤の反感が表れている発言である。

東宝の第二次ストライキ

一九四六年九月一日、東宝の労働組合は、インフレにともない基本給を六百円から千円に上げるように要求し、経営者側はその要求を認めた。十月に入って日映演は、各撮影所と演劇会社に日映演のみを交渉相手とすることや、終身雇用を含む労働条件の改善を要求して、ゼネラル・ストライキを指令した。会社側は日映演のみを交渉相手に認めることは、共産党の影響下にある日映演が、究極的に会社の経営権を乗っ取る第一歩になると懸念した。かくして、東宝、松竹、大映の経営者は共同で、日映演の活動は政治的すぎるため、交渉には応じられないという声明を発表した[21]。

十月十五日に映画界のゼネストが予定された。十月六日になって、東宝の組合では、ゼネストを主張する者と、ゼネストに入ればせっかく自分たちが作った映画が配給されないとして反対する者に二分された。後者は約五十名で、日映演を脱退し、新たな組合（第二組合）を組織した。

十月十五日、東宝の組合残留組（第一組合）は、松竹大船撮影所、日映演とともにストに入り、大映や松竹京都撮影所も加わり、十月二十日には世間に自分たちの主張を訴えるために、東京の後楽園スタジアムで芸術祭を催した。

経営者側は日映演の代表と会い、共産党の翼下にある産業別組合を脱退して、平和的に会社側と交渉に応じるように要請した。十月二十五日、日映演はこれに応じて団体交渉権を放棄し、各会社の組合が個別に経営者側と交渉するよう指令を出した。大映は十月三十日に、松竹は十一月六日にそれぞれ交渉がまとまったが、東宝は大沢善夫社長が会社側の圧力にかかわらず、労働者側に理解を示して、労働者側の要求をできるだけ取り入れようとしたため、なかなか収拾がつかなかった。プリンストン大学に学んだ大沢は、米国の労働法にも明るく、組合側からもその自由主義的な考え方を賞賛されていた[22]。しかしその間に、東宝系の映画館や劇場は封鎖されたため、共産党の影響下にある組合に反対する者は、一日も早く働きたいと思い、次第に第一組合を去り、第二組合に参加するようになった。

それに追い打ちをかけるように、十一月十三日に東宝のトップ・スター十人が大河内傳次郎に率いられ「十人の旗の会」という名の団体を作り、第一組合を脱退し、第三組合を組織した。仕事ができないのに苛立ち、第一組合の〈権威主義的態度〉に嫌気がさした大河内は、反組合声明を巻物に書いて撮影所の組合員のあいだにまわしていた[23]。長谷川一夫、藤田進、原節子、高峰秀子、山田五十鈴、入江たか子、山根寿子、花井蘭子、黒川弥太郎の九人のスターに映画監督の渡辺邦男と阿部豊が加わり、それに四百四十五人の従業員がつづいた[24]。製作者岩崎昶によれば、四百三十八人の従業員が第一組合を脱退し、のちに新東宝で監督としてデビューする市川崑が脱退組の声明を書いたとしている[25]。こうして第一組合を去った者は全組合員の約三分の二にも及んだが、第一組合はストをつづけた（第二、第三組合は一九四八年五月七日に日映演に参加した）。

十一月十八日、東宝の経営者側は日映演との交渉を再開し、米国の自動車工業で使われている契約をモデルにしたものと、総司令部から手に入れたサンプルの両方を組合側に示した。伊藤武郎に率いられた組合側も、総司令部の資料にもとづき、労働者の経営参加と、全従業員が単一の組合に参加し、会社側はその組合に参加していない者を雇用しないというクローズド・ショップ・システムを採用することを要求した。伊藤によれば、総司令部は団体交渉権に関する資料を米国から取り寄せて、経営者側と組合側に同じサンプルを提供したのである。そのため、双方が提示した契約内容はほとんど同じもので、将来のストライキを避けるための苦情処理機関を設置したことが特徴であった。

十一月三十日に双方は合意に達して十二月三日に契約調印となり、五十一日にわたったストライキは終結した。契約の有効期間は一年間で、大幅に組合側の経営参加を認め、一日の労働時間を八時間までに制限し、総司令部の促進しているショップ・スチュワード（職区）制を採用したものであった。ショップ・スチュワード制とは、労働者が自分の担当部署の責任者であるショップ・スチュワードと意見のくい違いを生じたときには、直接会社の社長と交渉する権利を有し、それでも同意できないときにはその地区の労働委員会、さらには中央労働委員会へと交渉の場を進めていく権利を有するもの、と伊藤は説明している。伊藤も大沢も、この契約を賞賛し、将来のストライキを避けるために団体交渉権に依存しようとした。[26] 経営者側はやはり一年の期限で、第二、第三組合とも似たような契約を結んだ。第一組合との契約がクローズド・ショップ・システムを採用していたため、東宝は三月八日新東宝映画製作所を発足させ、第二、第三組合に流れた四百七十八人の従業員を吸収して、新会社のもとで東宝の設備や建物を使用して営業をはじめさせた。[27]

新東宝に大スターをもっていかれて、東宝はそれまでの脇役や新人俳優に頼ることを余儀なくされた。一九四六年六月に東宝は新人発掘のための「ニューフェイス」募集をして、四千人の応募者のなかから十六人の男優候補と三十二人の女優候補を選抜した。そのなかに、三船敏郎という若者がいて、彼のふてくされた態度に面接官たちは好感を抱かなかったが、審査委員長の山本嘉次郎監督と同席した高峰秀子が三船を気に入り、高峰は黒澤監督を面接室に呼び入れた。この若い青年の迫力に才能を感じとった黒澤の強力な推薦で、一度は落選した三船も補欠で採用された。(28)三カ月の訓練のあと、ニューフェイスたちは翌年に公開予定の東宝映画に出演しはじめたが、そのなかには久我美子、若山セツ子、岸旗江、伊豆肇、堀雄二、堺左千夫が含まれていた。

そうした新人俳優や、東宝に残った監督、脚本家、製作者やその他のスタッフは、新東宝に負けてなるものかと対抗心を燃やした。また新たな契約によって、東宝の企画はすべて組合員の代表を含む製作委員会の承認を得なければならなくなったため、映画の内容、スタイル、配役、予算に関して、いままでになく作家側の意見が反映され、芸術上の自由が保障されるようになり、映画の質の向上につながったとする作家もいる。(29)予算や撮影日程も余裕をもって設定されるようになった。

そのため東宝は、一九四七年には十四本の映画しか製作しなかった。これは戦争中の統制下でさえ月二本、そして一九四六年度の十九本という製作数と比較すると大幅な減少である。製作本数こそ少なかったが、一九四七年度の東宝作品は、評論家のあいだで抜群の評価を得た。六本の作品が「キネマ旬報」の批評家が選ぶベスト・テン映画に選出された。山本薩夫と亀井文夫の共同監督の『戦争と平和』が二位、五所平之助監督、植草圭之助脚本で戦争中のブルジョア女性とセツルメントで働く医者の恋を描いた『今ひとたびの』が第三位、衣笠貞之助監督、久板栄二郎脚本の『女優』が第五位、黒澤明監督、植草圭之助脚本で戦後の若い恋人同士をネオレアリズモ的に描く『素晴らしき日曜日』が第六位となった。さらに谷口千吉監督、黒澤明脚本の、アクション映画にヒューマニズムのタッチを加えた『銀嶺の果て』が第七位、豊田四郎・成瀬巳喜男・山本嘉次郎・衣笠貞之助共同監督、黒澤明・小国英雄・山崎謙太・八住利雄共同脚本のオムニバス作品『四つの恋の物語』が第八位となった。

批評家のあいだでは好評だったにもかかわらず、また多くの従業員に歓迎されたと思われる新しい映画製作の制度は、しかし東宝の経営者側にとってはとんでもない代物であった。会社側は戦時中と同じ年間二十四本の製作を望んだが、組合側は妥協しなかった。当時の映画の平均製作費が五百万円というときに、『今ひとたびの』は八百九十万円、『戦争と平和』は九百万円、『銀嶺の果て』は千十万円、『女優』は千五百三十万円という破格の製作費が投入された。そのため興行収入だけでは製作費を回収できなくなり、東宝はこの年、七千五百万円の赤字を抱えることになった[30]。宮島義勇によれば、東宝は一九四七年度の第一四半期に七千八百二十万円の赤字を計上し、そのうち三千五十万円は製作・配給に起因するものとされた[31]。東宝の主要株主からの圧力で大沢らの経営陣は一九四七年三月に退陣し、小林一三の実弟、田辺加多丸が新社長になった。しかし八カ月のあいだに組合側との徹夜の交渉が八十三日という強行スケジュールに田辺は病に倒れて退陣し、一九四七年十二月に渡辺銕蔵《てつぞう》が社長に就任した[32]。

東宝の第三次ストライキ

元東京帝国大学法学部教授の渡辺新社長は、国際労働会議の日本代表も務め、名だたる反共主義者であった。連合軍は、日本占領に際して協力者となり得る宣教師や自由主義者、親米親英の日本人の一人として、渡辺をリストアップしていた。連合軍の戦略担当部は渡辺を、労働法の専門家で、西洋式の家に住み、バイオリンを弾く趣味があり、西洋文化の教養の持ち主でもあり、日本の労働者階級と貴族階級を統一するのに尽力できるかもしれない人物であるとしている[33]。

渡辺を自由主義者と呼ぶのには、根拠がないわけではない。一九四一年に渡辺は、文部省を批判する小冊子を独自に発行したことで、警察の取り調べを受けている。また一九四四年二月には、日本政府の発表する戦果には不審なところがあり、日本の同盟国ドイツは降伏するであろうと述べたことが密告されて逮捕され、一年間懲役刑を受けている[34]。

ところが、映画会社の社長に就任するに際し、渡辺は映画についての自分の無知を恥じるところがなかった。社長就任の記者会見で、最近見た映画のなかで好きなものは何かと聞かれて新社長は、『ジゴマ』以来映画は見ていないと答えたが、その『ジゴマ』とは三十六年も前に日本で封切られたものであった(35)。

その一方で渡辺は、東宝での自分に与えられた使命をよく自覚していて、自分の闘う相手は〈二つのアカ——赤字と共産党〉であると宣言した。あるインタビューで渡辺は、反共は一貫して自分の主義であったことを自慢し、東宝が一握りの共産主義者たちに煽られることを許せば、その結果、騒動が会社に害を与えることになると言い切った。そして、個人的に共産主義を信奉するのはかまわないが、職場でそれを宣伝するのは困るとした。質問者が、撮影所での反組合運動も同様に考えるのかと突っこむと、渡辺は、東宝は〈破壊的な共産主義者たちの活動〉をやめさせるためにそうする権利があるのだと答えた(36)。

その闘争心にもかかわらず、渡辺はときには敵に対する知識不足をさらけ出した。渡辺が初めて東宝撮影所を訪れたとき、赤旗を振りながら「インターナショナル」を歌って歓迎する組合員を前に、彼は側近に尋ねた。「自分は赤旗は嫌いだが、あの歌はいいねえ。東宝の社歌かい？(37)」

渡辺の側近として、新たに労務担当重役に馬淵威雄を迎え、経営者側は赤狩りの攻勢に出た。新体制は、東宝が年間二十四本の映画を製作し、各作品の予算は六百五十万円を上限とすること、さらに組合との契約更新に際し、組合の経営・人事参加、交渉権、ストライキ権を制限すると発表したが、組合側はそれを拒否した。そのとき黒澤明の『酔いどれ天使』、今井正の『青い山脈』、谷口千吉の『ジャコ万と鉄』はすでに撮影に入っており、亀井文夫の『女の一生』は企画段階にあった。

渡辺はショップ・スチュワード制を廃止し、部課長制を復活させた。渡辺はまた、組合の提出した、組合委員長伊藤武郎の製作による、左翼系監督楠田清と山本薩夫による三つの企画を拒否した。新社長は、もし組合が協力しないのなら、東宝は映画の製作から撤退して配給と上映に専念してもかまわないと、強気の発言をした。

組合が経営者側の提案に応じないまま、東宝は一九四八年四月八日に撮影所の二百七十人を含む〈共産主義者および日映演で活発に活動する者〉千二百人の解雇を発表した。組合側は、年間十八本の映画を製作することで利潤を取りもどせると提案し、会社側の再考を求めたが、会社側は応じなかった。こうして、労使の交渉は決裂し、四月十五日、組合員は解雇に抗議して撮影所を占拠した。外部からも左翼系の支援団体の代表が撮影所内に入りこんで合流した。彼らは革命歌を歌い、スピーカーで会社側を攻撃する演説を流し、バリケードを築き、表門と裏門を封鎖した。[38]

経営者側は、戦後になって戦地からもどった職員を受け入れて膨張した従業員数にくらべて、映画の製作本数の少なさを他の撮影所と比較して指摘し、非能率と製作費の上昇による赤字を埋めるには、この際、大整理が必要であると説いた。一方組合側は、従業員数の膨張はたび重なる会社合併という資本家の都合からおきた結果であるとし、経営者側は能率ばかり説いて、東宝映画が大衆の啓蒙に貢献する文化的義務があることをなおざりにしていると批判した(39)。会社側は五月一日をもって、撮影所の一カ月間の操業休止を宣言し、撮影中の五本の映画の製作費を凍結し、撮影所設備を会社にもどすように組合に要求したが、組合側はそれを拒否した。撮影所は一種の解放区の観を呈し、毎日二、三百人の支援者が外からやって来て「インターナショナル」を唱和、映画の上映、ダンス・パーティ、討論会も催されて、若い組合員には楽しい集いであった(40)。

一カ月後会社側は、撮影所の半永久的操業停止を発表し、従業員の給料は凍結された。組合員とその家族は生活のために内職をはじめ、専門を生かして大工仕事、ペンキ塗り、ラジオ修理、着付け、人形売り等の仕事をこなした。監督や俳優は巡回演劇団を組織して全国をまわった。黒澤明監督はチェーホフの『許嫁』を演出したほか、完成したばかりの映画『酔いどれ天使』を翻案し、映画の主役をつとめた志村喬と三船敏郎を舞台にも起用して巡回興行をした(41)。成瀬巳喜男と谷口千吉の両監督もまた巡回演劇に加わり、池部良、浜田百合子、志村喬、龍崎一郎等の俳優は、他の撮影所の映画の出演料を組合にカンパした。東宝を去って新東宝に加わった長谷川一夫は、新東宝も去り、時代劇『小判鮫』に出演が決まると、東宝の組合運動で活発に活動していた衣笠貞之助監督を指名し、東宝の技術スタッフが参加するように主張し[42]、組合側への義理を通した。

七月五日、二十二人の従業員が、共産党主導の組合に反対して、東宝民主化クラブを組織した[43]。総司令部の記録では、この新組織の人数は約十人となっている[44]。この新組織は本社や名古屋支社の組合に不満の分子を吸収して、十五日に新たに東宝従業員組合をつくった。この新しい組合は撮影所の再開を要求し、会社側は即座にこの新組織を支持した。それを見てこの新組織に加わる者も増え、従来の組合員が赤いリボンを付けていたのに対抗し、東宝従業員組合のほうは青いリボンを付けた。東宝の社史[45]も、組合側[46]も、東宝従業員組合の人数をおよそ百人と述べているが、東宝の脚本家だった植草圭之助は、新東宝に去った一団に率いられた約六十人としている[47]。組合の指導者たちは、この新組織は組合分裂をねらう会社側によって支持されていると見た[48]。

赤リボン側と青リボン側は、撮影所で派手にもみあった。東京都労働調停委員会が調停に乗り出そうとしたが、双方がそれを拒否した。八月十日、赤リボン側は、青リボン側が撮影所内に入るのを阻止しようとして、バリケードを築き、門の周辺を放水用のホースや撮影用の大きな扇風機で固めた。

日映演は五月八日の時点で東京地方裁判所に、会社が撮影所を閉鎖したことに対抗して、撮影所の仮執行処分を申請していた。同月十一日に会社側も、撮影所明け渡しの仮処分申請を東京地裁に提出した。八月十一日に東京地裁は、判事を派遣して撮影所を視察させ、裁判所に経営者側、組合、東宝従業員組合の代表を出頭させた。

八月十三日、十四人の監督（衣笠貞之助、五所平之助、成瀬巳喜男、豊田四郎、亀井文夫、黒澤明、楠田清、関川秀雄、今井正、谷口千吉、山本嘉次郎、山本薩夫、滝沢英輔、小田基義）、四人の脚本家（八住利雄、山崎謙太、山形雄策、植草圭之助）、六人の製作者（伊藤武郎、岩崎昶、本木荘二郎、田中友幸、米山弾、井手俊郎）からなる「芸術家グループ」が声明を発表し、経営者側に再考を促し、渡辺社長と馬淵重役が辞めるまでは東宝で働かないという決意を示した。そして、このグループの代表が他の撮影所や東京地裁に赴いて、事情を説明することになった。

その日の夜、東京地裁は、会社側に有利な撮影所明け渡しの仮処分命令を下した。翌朝、会社側の弁護士と裁判所の代表が、命令を執行するために撮影所に出向いたが、撮影所を占拠中の日映演の組合員に阻まれてなかに入れなかった。八月十六日、東京都労働調停委員会が調停案を提示したが、関係者すべてがそれを拒否した。八月十八日早朝、青リボン側に属するひとりの俳優がストライキに抗議して、現像所の煙突にのぼって三十四時間をそこで過ごした。「煙突男」という仇名をつけられたこの俳優は、青リボン側から権力の座についたあかつきには製作者にしてやると言われてこの珍事に及んだが、約束は守られなかったとされている。[49] 総司令部の記録では、この男は食べ物を携帯しての長期戦の構えで、「この撮影所がふたたび気持ちよく働ける場所にならないかぎり、ここが自分の墓場となる」と宣言したという。[50]

【註――第十六章】　ストライキの勃発

(1)　佐藤忠男「東宝映画50年の歩み」(「フィルムセンター」七四号の「東宝映画50年の歩み」一九八二年、二頁)。『東宝五十年史』(東宝出版、一九八二年)、一五五－一六九頁。『演劇大事典』第二巻(平凡社、一九八三年)の小林一三の項、五〇三頁。Joseph L.Anderson and Donald Richie, *The Japanese Cinema*, pp.81-83.

(2)　『東宝五十年史』一六四頁、一七九頁。

(3)　登川直樹「我が国のプロデューサー制度」(「映画評論」一九五〇年九月号、九－一〇頁)。

(4)　佐藤忠男「トーキー時代」(『講座日本映画　トーキー時代』六－八頁)。

(5)　当事件に関しては、藤本真澄「一プロデューサーの自叙伝」一六〇－一六三頁。マキノ雅弘『映画渡世　天の巻』三九八－四〇四頁等がある。

(6)　登川直樹「我が国のプロデューサー制度」一二頁。

(7)　田中純一郎『日本映画発達史Ⅲ』九八－一〇〇頁。

(8)　OSS Research and Analysis Report, no.1307, "Japanese Films : A Phase of Psychological Warfare" : Anderson and Richie, *Japanese Film*, pp.154-155. なお、米国議会図書館に保存されている連合国の戦利品としての当該映画は、最後の東南アジア版である。

(9)　蓮實重彦による伊藤武郎の前掲インタビュー、八三頁。

(10)　田中純一郎『日本映画発達史Ⅲ』二二〇－二二一頁。

(11)　田中、同上、二三三－二三四頁。『東宝五十年史』一九四頁。

(12)　田中、同上、二二三頁。『映画演劇事典』四二、五六－五七頁。
(13)　田中、同上、二二二－二二三頁。『映画演劇事典』五六頁。
(14)　田中、同上、二三二－二三三頁。『東宝五十年史』一九〇－一九一頁。
(15)　足立和「プロデューサー群雄伝・8」（「キネマ旬報」一九八八年八月下旬号、一二一頁）。
(16)　*SCAP Non-Military Activities*, Summation no.8, (May 1946), p.243.
(17)　藤本真澄「一プロデューサーの自叙伝」一八五頁。
(18)　『来なかったのは軍艦だけ　東宝争議研究資料』第一号（石川柾子編、一九七六年）にある、一九七六年六月二日の石川柾子による土方重美インタビュー（一一頁）。
(19)　岸松雄『人物日本映画史』二九〇頁。
(20)　『世界の映画作家　黒澤明』にある荻昌弘のインタビューによる「黒澤明全作品を語る」（一一五－一一六頁）。
(21)　田中純一郎『日本映画発達史Ⅲ』二三四－二三五頁。『東宝五十年史』一九四頁。
(22)　伊藤武郎への筆者によるインタビュー（一九八四年五月三十日、東京）。蓮實による伊藤インタビュー（八二－八三頁）。霜多正次編『ドキュメント　昭和五十年史』第五巻（平凡社、一九七四年）にある岩崎昶「東宝争議」（一四五頁）。「宮島義勇回想録・26」（「キネマ旬報」一九八五年四月上旬号、一一一頁）。
(23)　岩崎昶「東宝争議」（一五四－一五六頁）に引用された伊藤雅一「霧と砦　東宝大争議の記録」にある大河内の動向。
(24)　田中純一郎『日本映画発達史Ⅲ』二三六頁。
(25)　岩崎昶「東宝争議」一五八頁。

(26)　蓮實による伊藤インタビュー（八二－八三頁）。
(27)　田中純一郎『日本映画発達史Ⅲ』二三五－二三六頁。『東宝五十年史』一九四－一九六頁。
(28)　黒澤明『蝦蟇の油』三三七－三四一頁。『日本映画俳優全集　男優編』三船の項、五七一頁。
(29)　たとえば、植草圭之助への筆者によるインタビュー（一九八四年八月七日、東京）。
(30)　田中純一郎『日本映画発達史Ⅲ』二四四頁。『東宝五十年史』一九六－一九七頁。
(31)「宮島義勇回想録・59」（「キネマ旬報」一九八六年九月下旬号、一〇七頁）。
(32)『東宝五十年史』一九六頁。
(33)　ワシントン国立公文書館本館、モダン・ミリタリー・ブランチのOSS file, Intelligence Report of Office of Chief of Naval Operation, no.1408-45 (August 24, 1945).
(34)　大島渚『体験的戦後映像論』七五－七六頁に引用された鶴見俊輔他『日本の百年』第二巻（筑摩書房、一九六一年）。
(35)　岩崎昶「東宝争議」一六二頁。蓮實による伊藤インタビュー（八五頁）。
(36)「キネマ旬報」（一九四八年三月下旬号）の渡辺インタビュー（無記名、二〇頁）。
(37)　岩崎昶『占領されたスクリーン』一六二頁。「スクリーン・ダイジェスト」（一九四八年四月十三日）の「時の人」欄、四頁。大島渚の『体験的戦後映像論』（七五頁）でも渡辺銕蔵『反戦反共四十年』（自由アジア社、発行年不明）のこの逸話を引用している。こうしてさまざまなところに引用されているところを見ると、これはよほど有名な逸話にちがいない。
(38)　田中純一郎『日本映画発達史Ⅲ』二四五－二四七頁。国立記録センター、ボックス番号331－8580にあるCCDのプレス・映画・放送部門の記録のための一九四八年四月十八日付メモランダムにも、東宝の労使対立の報告がある。この報告書によれば、東宝は解雇にあたり、一時金として一人平均四万円と一カ月分の給料を提示したが、宮島義勇は長年勤務したので二十万円近く提供されたとしている。
(39) 田中純一郎『日本映画発達史Ⅲ』二四七頁。
(40)『来なかったのは軍艦だけ』第四号（一九七九年）にある匿名女性からの手紙、三三―三四頁、三七―三八頁。
(41) 岩崎昶「東宝争議」一六五頁。
(42)「宮島義勇回想録・57」(「キネマ旬報」一九八六年八月下旬号、一一三―一一四頁)。
(43) 田中純一郎『日本映画発達史Ⅲ』二四九頁。
(44) 国立記録センター、ボックス番号331―8579の一九四八年度映画検閲に関するCCDのファイルのある一九四八年七月二十六日付インデックス・シート。
(45)『東宝五十年史』一九九―二〇〇頁。
(46) 伊藤武郎「戦後日本映画の興隆と東宝争議」(家永三郎編『昭和の戦後史』第一巻、一三七頁)。
(47) 植草圭之助『わが青春の黒沢明』二三八頁。
(48)『来なかったのは軍艦だけ』第三号（一九七八年）の石川柾子による土屋精二インタビュー（四五頁)。
(49) 吉屋操「占領政策と東宝争議」三八頁。
(50) 前掲の一九四八年度映画検閲に関するCCDのファイルにある一九四八年八月十九日付のプレス・映画・放送部門第一地区のメモランダム。

第十七章　ストライキの終焉と余波

ストライキの排除

八月十九日朝七時ごろ、現像所の建物内で火事がおこったが、すぐに消し止められた。会社側か青リボン側の誰かが放火したものと信じた[1]。総司令部は、この火事は組合員によっておこされたものであり、しかもストライキ中の組合員たちは、消防署員のあとから警察官が入ってくることを恐れたので、消防署員が撮影所に駆けつけたときも、バリケード内に入ることができなかったと報告している[2]。東京地裁はついに、占拠中の組合員の排除命令を出した。

その朝の九時二十分、管轄の警察署長が東宝撮影所の表門に来て、裁判所の執行命令を読みあげた。九時三十分には、会社側の代理人の弁護士と裁判所の執行官が到着したが、その前に米第八軍の三機の偵察機と思われる飛行機が上空を旋回し、七台の戦車が第一騎兵師団一個中隊にともなわれて撮影所前に出動していた[3]。米国側の資料によれば、撮影所付近に住む連合軍の軍人とその家族を保護するために、日本の警察が米軍の出動を要請したのを受けて、同日八時に第一騎兵師団三〇二連隊の装甲車六台、戦車五台、ジープ二台、そして一個中隊の兵士を投入し、キャンプ・ドレークから離陸した一飛行中隊が一時間にわたって空中警戒体制に入ったとしている[4]。しかし岩崎昶によれば、その朝までに付近に住む米国人は避難するように指示を受けて、すでに避難済みであったという[5]。トラックに約二千人の日本の警察官が乗って米軍につづき、撮影所を取り囲んだ[6]。

撮影所前の緊張した雰囲気は、表門の上にしつらえられた台に、組合の「防衛団長」の俳優花沢徳衛が現れたことで、突然破られた。カウボーイ・ハットを被り、二、三人の美術助手を従えた花沢は、台の上から合図を送った。すぐさますさまじい騒音とともに、青いペンキが霧となって台の向こう側から降りはじめた。一瞬ののち花沢は中止の合図を送り、驚いている警官隊を前に大笑いをして「申し訳ない、いまのはテストでした」と拡声器で宣言した。これは組合側が考え出した、自らの技能を活かした防衛作戦のデモンストレーションであった。

その前夜組合側は、間近に迫りつつある警察の突入に備えて防衛策を話し合っていた。一人が、映画撮影の嵐の場面で使う大きな扇風機で赤唐辛子の粉を送って、一時的に警官の目をつぶそうと提案すると、別の者がそれではただでさえいきり立っている警官を刺激して、凶暴化させるだけだと反対した。すると、唐辛子の代わりに赤ペンキを霧にして吹かせたらどうかと言う者が出た。そこで黒澤明監督が、赤は敵を刺激する色だから青にしようと発言して、その案が採用された。(7)黒澤監督は、組合側と会社側の対立はいまから見れば児戯に等しい滑稽なものに思えるかもしれないが、「唐辛子」作戦を含むいろいろな戦略も、当時は、撮影所に対する愛着から何とか撮影所を守ろうとして必死で考えた、組合員の大真面目な苦肉の策であった、と述べている。(8)亀井文夫監督は、このペンキ作戦に関しては、組合がジャーナリストたちに相談して決めた、心理戦を目的にしたものだったと言う。ペンキを浴びせかけることで、その場にいた警官は〈抑圧者〉としての烙印が押される。したがって、当日出動した警官隊は、ペンキ作戦に備えて、着替えの制服を用意していたという。(9)

総司令部側も、組合の防衛策を真剣に受けとめていた。八月十九日付の「東宝争議」と題する報告書は、「共産主義者たちは第一撮影所の表門と裏門にバリケードを築き、裏門には大扇風機が設置されて、撮影所に入ろうとする者には、ガラスの破片や砂の雨を降らせようと備えていた。表門にはホースが設置されていた」としている。(10)

裁判所の執行官は、組合の代表が撮影所に立てこもる仲間と相談してどのように対処するか決定するために十五分の猶予を与えた。表門はふたたび閉ざされ、つぎに何がおこるかと居合わせた者は緊張して見守った。そのとき突然、表門が開き、亀井監督が組合員の菊池雪江にともなわれ、いま書かれたばかりの〈暴力では文化は破壊されない〉という大きな立て看板をもって、沈黙したままの警官隊や見物人の前をゆっくりと歩いた。照明技師の久米成男が〈民主警官に〉宛てたビラを配り、表門を囲む警官たちはそれを黙って受け取った。(11)

十時四十分、警官は、立てこもる四百人の組合員に、抵抗せずに出てくるようにと拡声器で促した。(12)組合側が結論に達するまでにかかった時間については、さまざまな説がある。「朝日新聞」(13)、田中純一郎、(14)「キネマ旬報」(15)、野田真吉(16)は、組合員が職を失うことなく組合運動をつづけるという条件のもとで、十分間のうちに結論に達したとしている。渡辺銕蔵は、米軍の戦車やブルドーザーが脅しをかけるに及んで、十二時五分前に組合員は退去を決めたが、撮影所内では二人の女優と朝鮮同盟が徹底抗戦を主張したとしている。(17)組合員で録音技師だった渡会伸は、組合が結論に達するまで三十分から四十分かかり、朝鮮同盟はあくまでも抗戦を主張したと言う。(18)総司令部の記録では、十一時三十分に組合員は二時間以内の退去を決め、交渉はその後もつづいたとしている。(19)

いずれにせよ、百三十四日間撮影所に立てこもった組合員たちは、赤旗を振り、「インターナショナル」を歌いながら、一団となって裏門から退去した。女優の中北千枝子、久我美子、岸旗江、若山セツ子、谷間小百合が涙ながらに行進しているのが見られた。裁判所の執行官が撮影所に入り、青リボンの職員がバリケードを取りはずした。こうして、「来なかったのは軍艦だけ」という言葉が歴史に残った八月十九日の事件は収拾した。

解決策

その後も日映演の組合員たちは撮影所の事務所を使用しつづけ、会社側の発表した二百七十人の撮影所組合員の解雇を取り消すように求めた。経営者側は、共産党の影響下にある組合との交渉を拒否しつづけた。日映演の指導者伊藤武郎と宮島義勇は、非公式に会社側代表の渡辺銕蔵、馬淵威雄らと十月十八日に会合した。日映演側は、何人かの組合員が自主的に退職することで、残りの組合員の解雇を会社側が撤回することを提案し、それが受け入れられなければ翌日から東宝の劇場において全国的なストライキに入ると宣言した。最初日映演側は、伊藤、宮島、山本薩夫、楠田清、山形雄策ら十八人の自主退職者のリストを用意していたが、会社側がもう少し人数を増やすようにと要求したため、東宝の従業員ではなかったものの組合運動を活発におこなっていた亀井文夫と岩崎昶の二名がそのリストに追加された。

翌朝会社側は、組合側の案に同意した。組合は経営権を会社側に完全にもどす代わりに、会社側は、組合が労働者を組織し代表する権利を認めることになった。経営者側は、従業員の政治活動を撮影所内で制限する権利を獲得し、日映演の組合員に対する差別をしないことを約束した。そして日映演は、予定されていたストライキの中止指令を出し、経営者側は組合が撮影していた『女の一生』を完成するために千五百万円を拠出した[20]。

長期にわたるストライキで組合側も会社側も疲労困憊していたので、解決策が急がれた。組合側は、多くの組合員の解雇を中止させたことで、また会社側は組合から過激な共産党員を追放できたことで、両者はこの解決策を成功と受けとめた。しかし、一時は一緒に働いていた東宝撮影所の映画人が、分裂し激しく内紛をくり返したことの精神的痛手は大きかった。東宝の渡辺も馬淵も外から連れて来られた経営者で、根本的に映画を愛好する人間ではなかったために、彼らの無理解から労使問題がこじれた、少なくとも映画製作に愛情をもつ経営者を戴く松竹や大映では、このような問題はおこらなかったであろうとする映画人もいる[21]。『わが青春に悔なし』の脚本執筆の際、組合の製作委員会の横暴なやり方に憤懣を表明していた黒澤明も、このころには組合側の行きすぎも是正されてきたのに、組合側と経営者側の亀裂は深まるばかりで、二度にわたるストライキでの過失を活かせず、せっかく育てた人材を無為に分裂させたと、映画に対する理解も愛情も示さない新経営陣に対する不満を明らかにしている。そして、平気で事実無根のことを新聞に書かせ、黒澤に抗議されると、訂正記事が小さなものしか出ないことを承知で謝罪し、その種の〈卑劣な〉策略をくり返した、〈汚い手段にかけては天才的な〉労務担当重役と、闘牛士を前にした牛のように〈赤い物を見ると判断力を失う〉社長に対する怒りと絶望を示し、「芸術家グループ」の声明のように、この二人とは仕事をしたくないと表明している。[22]

馬淵はまた、撮影所を占拠中の女性組合員が性的にふしだらな行為に及んだらしいと国会で発言して、のちに謝罪をさせられている。[23] 同様に渡辺社長も、徹底した「赤狩り」作戦で映画人や評論家を呆れさせたばかりか、勢いあまって占領軍の気分も害している。ストライキ中の一九四八年六月に渡辺は、東宝の六本の作品、『民衆の敵』『明日を創る人々』『命ある限り』『戦争と平和』『素晴らしき日曜日』、それに小田基義監督の『十一人の女学生』（一九四六年）を、「共産主義者のプロパガンダ」と決めつけ、これらの作品は輸出には適さないと述べた。この発言を総司令部側は、言及されたすべての作品を検閲で通した占領軍の軍事・民事の両検閲部門に対する婉曲な批判であると受け取った。[24]

組合指導者の権威主義的、闘争的な態度もまた組合員の反発を買った。そのため組合を去った者が自分のほかにもいると、東宝のスターであった高峰秀子は言う。[25] やはりスターであった山田五十鈴は、自分を映画界に紹介した渡辺邦男監督に恩義を感じて、渡辺と行動をともにして組合を去って新東宝に移ったが、スターの自分は給料のアップという一般従業員の要求やストライキの意義は理解していなかったと告白している。その反面、組合運動の結果の悪しき例として山田は、『女優』（一九四七年、衣笠貞之助監督）の撮影中、組合員のあいだで討論がつづき、一日二、三時間しか実際の撮影ができないまま、夕方五時になると、あと一場面の撮影が残っているだけでも、撮影をやめてしまったことをあげている。新東宝に移った山田は、次第に組合の意義を理解するようになり、山口淑子とともに新東宝をやめてフリーになり、左翼演劇映画運動に身を投じ、一九五〇年五月に日映演に復帰している。

山田は、スターゆえに一般組合員に溶けこめないところもあって、スターはますます組合内で孤立する結果になったとも述べているが[26]、組合員から見れば、収入や生活レベルが庶民と著しく異なるスターたちは、自分たち一般従業員の事情には無関心であったとも言う。たとえばある女性組合員は、スターたちがお供を従えて集会に登場し、時代劇の大スター大河内傳次郎が、「おれに一言の挨拶もなく、ストライキをやるとはなにごとだッ！」と組合員たちを怒鳴りつけたのを見て驚いたが、それはあたかも時代劇の一場面を見ているようでもあったと述べている[27]。

占領軍によって与えられたばかりの労働者の権利をめぐって、戦後初期の組合運動には未経験と消化不足からくる問題も生じていた。松竹撮影所の労働組合委員長に推された溝口健二監督は、就任のあいさつで「私は、今後、諸君に命令致します。そのつもりでいていただきたい」と発言して、居合わせたものを愕然とさせた[28]。依田義賢は、東宝のストライキまでは、組合側も経営者側も対立しているように見せかけていたふしがあったと言う[29]。マキノ雅弘監督は、組合側と経営者側の両方を代表した体験を語っている。またマキノは、組合の指導者は教条的に喋っている言葉の内容を十分に理解していたかは怪しいとしている[30]。

組合指導者の〈主義主張の欠如〉と思える部分も、組合員を当惑させた。東宝の宣伝部にいた福島利武は、組合の先鋭として知られた撮影監督の宮島義勇の自宅を訪ねたとき、宮島が戦時中に『燃ゆる大空』の撮影で受賞した盾が壁に飾られているのを見て、複雑な思いにかられたことを記している[31]。組合委員長の伊藤武郎も『あの旗を撃て』や《アメリカようそろ》という戦争映画の製作にかかわり、山形雄策も同様の戦争映画の脚本を書いている。女性組合員は、立派な演説をする組合の指導者が、家に帰ったら女房が居眠りしていたので、枕を蹴飛ばしておこしたと話しているのを聞いて驚いたが、これは男性の組合指導者に共通したものであろう、と達観した意見を述べている[32]。

東宝の経営者側が組合から過激な共産主義分子を追い出すのに成功したと思ったのもつかの間、予想外の障害が現れた。東宝の経営者自らが組合対策として、組合を抜けた者のために作った新東宝が、株式の公開とともに、東宝の支配下から離れて独自の道を歩むようになり、結果として東宝を脅かすようになったのである。

新東宝の最初の作品は、一九四七年二月に封切られた新人監督市川崑の『東宝千一夜』である。新東宝に移った大スターが大挙して登場するこの作品は、撮影所を舞台にしていて、東宝の組合による『明日を創る人々』に対抗した、反組合側の回答のような作品でもある。東宝は新東宝の製作費を無利子で事前に調達する代わりに、作品の専属配給権と興行収入の二五パーセントを得ることになっていた[33]。

一方東宝は、組合側と経営者側が和解したのち、一九四八年十一月から新制度のもとで撮影が開始された。会社は、事務系の職員と技術者の助手のみを従業員として抱え、それ以外の俳優、監督、脚本家、主要技術者はすべて一作ごとに契約によって雇用することにした[34]。東宝で活発に仕事をしていた製作者も同様にフリーの立場になった。年間二十四本の作品製作をめざしていた東宝は、一九四八年には黒澤明監督の『酔いどれ天使』を含むわずか四本の作品しか製作しなかった。翌年も三本のみで、そのなかには、職場や封建的な家族制度のもとでの女性の問題を描く『女の一生』（亀井文夫監督、宮島義勇撮影、伊藤武郎・藤本真澄製作）、北海道の漁師を描く『ジャコ万と鉄』（谷口千吉監督、谷口と黒澤明共同脚本、森田信義製作）、封建主義を奉じる古い世代と民主主義を奉じる若い世代との対立を明るい喜劇として描いた『青い山脈』前・後編（今井正監督、中井朝一撮影、藤本真澄製作）が含まれていた。原節子、池部良のほか、新人の杉葉子、若山セツ子等が出演した『青い山脈』は記録破りの大ヒットになり、批評家の評判もよかった。しかし、この大ヒットが東宝と新東宝の対立に拍車をかけることになった。

一九四九年七月、新東宝は東宝に、映画製作を中止するように求めた。東宝では渡辺社長が退陣して会長となり、新社長には、東宝に投資をしていた実業家米本卯吉が就任した。新東宝は、東宝が製作をやめないかぎり、自社の作品を渡さないと宣言し、十一月に東宝は新東宝が製作していた十六本の作品の所有権を求めて提訴した。法廷での激しい論争のあと、一九五〇年三月に両社は和解した。新東宝は一九四八年八月から一九四九年十二月のあいだに封切った四十三本の作品の一年間の配給権と、問題の十六本のうちの半分を東宝に渡す代わりに、新東宝は東宝から完全に独立した会社になることになった(35)。

東宝の問題の一つは、複数の会社が合併してできた会社という点にあった。まず、映画部門の「東宝映画グループ」と、小林一三のお膝元の演劇部門の「宝塚グループ」との対立があった。東宝の社長のなかでは、大沢善夫は前者の出身、渡辺銕蔵は後者を後ろ盾にしていた。占領軍の指令で映画界から追放になっていた東宝映画グループの重役たちが、追放解除のあとに元の地位にもどろうとしたときには、すでに宝塚グループの者たちがその地位を占めていた。そこで元重役たちは、新東宝で映画製作を

『女の一生』(1949年、東宝、亀井文夫監督)。岸旗江（左）と沼崎勲（中）に演技をつける亀井文夫監督。女性の職場や封建的な家族制度の問題を描いた。

『青い山脈』(1949© TOHO CO., LTD　今井正監督)。左から、伊豆肇、若山セツ子、杉葉子、池部良、原節子、竜崎一郎。記録破りの大ヒット作となったが、これが東宝と新東宝の対立に拍車をかけることになった。

することを図り、渡辺社長は配給権と興行権を東宝の支配下においたまま、新東宝に製作を全面的に請け負わせようと計画した。しかし宝塚グループ出身で、当時東宝の実権を握っていた者たちは、そもそもストライキは東宝映画グループの者たちによってひきおこされたのに、その結果、新東宝に製作費を渡して映画を作らせるという案には不満であった。そこで宝塚グループは、あえて自陣の渡辺社長を追い出し、後継者に米本社長を選んだのである[36]。また撮影所の東宝映画グループの者たちのほうが、事務系を占める宝塚グループより給与がよかったうえ、偉そうな態度を取ったことも反感を買う一因になっていた[37]。

その東宝映画グループ内部でも、ＰＣＬ系の製作部門の人たちと、配給部門の人たちとの対立があった。後者は主に戦争で海外映画が輸入禁止になるまで、外国映画の輸入にかかわっていた。ストライキの指導的立場は撮影所の人間で固められていて、配給部門の人たちは、撮影所で現場の仕事にかかわる〈職人〉や〈労働者〉の立場を理解できない〈ビジネスマン〉であるとされ、彼らはいち早く反組合的行動を取ることになる[38]。また大都市以外の地区では、配給部門の人びとは劇場主と長いあいだの関係があり、そのことも彼らが容易に組合の組織に加わることを妨げることになった[39]。

占領軍の懸念

東宝の第三次ストライキを終結させるために、日本の警察が撮影所を占拠中の組合員を強制退去させるにあたって、占領軍が軍隊を送って支援したという事実は、総司令部の検閲のために日本のメディアでは報道されなかった。この事件を翌日報道した一九四八年八月二十日の「朝日新聞」は、組合員退去という東京地裁の決定を執行するために、戦後最大の二千人という数の警官が動員されたこと、警察署長はこの処置は政治的抑圧を目的としたものではなく、組合員の〈暴力的な〉行動を予防し、平和的に退去を執行させるためのものであるという声明を発表したことを報じている。この記事の写真には、日本の警察官と思われる制服にヘルメットを被った一団の姿が写っている。同様にこの事件を速報した一九四八年八月中旬号の「キネマ旬報」でも、〈二千人の警官〉が動員されたことにふれているだけで、占領軍の関与については一言も言及していない。

総司令部の検閲官は、占領軍の軍人やその装備が、東宝争議を報じる日本のニュース映画に登場しないように指示を出した。そして、製作されたニュース映画の試写には、CCDの検閲官だけでなく、総司令部参謀第二部の将校で第一騎兵師団のH・H・グラニス少佐と同隊広報官のR・C・バックル少佐も同席した。この結果、これらのニュース映画は削除されることなく検閲を通過した。[40]

それに反して、英語のわかる日本人も読んでいたと思われる英字新聞は、この事件で占領軍が動員されたことを報じている。事件当日（八月十九日）の米軍の英字新聞「スターズ・アンド・ストライプス」では、「第一騎兵師団は、裁判所の命令にもとづいてストライキ参加者排除を執行する日本の警察を支援するように指令を受けた」と報じている。また、ユナイテッド・プレスを通じて、事件当日の「ニューヨーク・タイムズ」は、つぎのように報じている。

八月十九日木曜日東京発――共産党に率いられた占拠中のストライキ要員たちは、ダグラス・マッカーサー将軍がストライキ禁止令を発して以来最初の深刻な労働争議となった東宝映画撮影所から退去することを、米軍の戦車と部隊が動員されたのを前にして本日決定した。ストライキの指導者たちが降伏したあと、撮影所を占拠中のストライキ要員を排除させるという裁判所の命令を執行しようとする日本の警察が、バリケードで囲まれた撮影所に午前中かかって入ろうとしたが、鉄条網が張りめぐらされた撮影所の建物に立てこもった者は、裁判所の命令に従おうとせず、命令執行に動員された百人の警察官はまったく無力であることが判明し、米軍の戦車三台と騎兵銃を持った歩兵五十人が動員された。その結果、約千人の日本の労働者たちは、その多くが赤旗をもって、すみやかに撮影所から退去をはじめた。

ロイターはこの米軍の出動をより詳細に報じている。

米軍の威嚇行動は、この日早朝スタジオの周辺に到着した六台のジープと、騎兵銃を持ったMPによってはじまった。つづいて一個分隊の歩兵と六台の装甲車が到着し、スタジオ外側をあちこち哨戒した。そして三台の戦車がただちに表門に位置を占めた。日本の警察隊の主力が到着したのは、米軍が配置についてから、ずいぶん時間が経過してからであった。警官隊は米国製のトラックに乗り、ピストルと警棒を持ち、かけやと鳶口《とびぐち》を用意していた。彼らはかつて日本陸軍の使った鉄かぶとを被っていた。攻撃の先鋒は、表門にピタリとつけられた改造された日本の戦車であった……。内部の争議団に対して最後通牒が発せられると同時に、この改造戦車はエンジンのうなりを立てて、いまにもバリケードを破壊せしめんものと身構えていた。警察隊の攻撃準備完了とともに、第一騎兵師団のH・F・T・ホフマン准将は彼の従える米軍の指揮に立った。頭上の偵察機には、同師団の最高司令官W・C・チェイス少将が搭乗し、全行動を統轄した。(41)

占領軍が東宝のストライキ鎮圧に動員されたことを日本人の眼から遠ざけようとし

た総司令部検閲官の努力にもかかわらず、米軍が動員されたことは現場に居合わせた者からの口コミで広がった。ある組合員は同僚とともに、米軍の姿を写した写真を陳列して、人びとの意識を高めるため全国をまわったと述べている。[42]

日本一の規模を誇り、〈占領のために多く貢献した〉と占領軍に評価されていた東宝[43]でストライキがおこったことは、当然ながら占領軍側の関心を集めて、ストライキの一挙一動が監視されていた。とくに八月十九日の状況は、ほぼ一時間ごとに現場の軍部の諜報部員から、総司令部の上層部のほか、極東委員会、労働課の属していた経済科学局、民政局、ＣＩＥ、参謀第二部といった関連部署に送られている。[44]

米軍は圧倒的優位を誇る軍事力を行使するまでもなく、その存在そのものが、ストライキ要員に心理的威圧感を与えることを認識していた。午前十一時十分、現場発の報告によれば、〈占領軍は軍事力を誇示したものの、状況を見守るのみで、作戦に参加しなかった〉とし、ストライキ要員と排除執行側のあいだで暴力沙汰がおこる気配がないと判断すると、第八軍司令官は第一騎兵師団司令官に、〈この事件は日本人の問題で、この状況に占領軍が干渉するべきものではない〉と退却命令を出している。[45]

八月十九日の際には、日本の警察も占領軍も一名の組合員も逮捕しなかったが、後日、池袋駅前で、ストライキ鎮圧を非難する演説をしていた組合の教育宣伝部長田畑正一が、日本人警官の通報によって〈占領軍の批判をしている〉という理由でＭＰに逮捕され、米軍軍事法廷で有罪とされて懲役刑を言いわたされた(46)。
組合員によれば、占領軍はストライキ鎮圧の前から、心理的圧力を組合員にかけていたということである。活発な活動をしていた土屋精之は横浜の第七軍師団と東京の第五師団に呼ばれて、早く会社と妥協して協定を結ぶようにと言われたと証言している(47)。石川柾子は決起大会で東南アジアの独立戦争に関して「進駐軍の人から聞いた」こととして発言したのに端を発して、占領軍の二世将校に後日査問されたと述べている(48)。

ストライキ解除をねらう日本の警察との衝突を予期して、組合側も敵の情報を収集するのに余念がなかった。独自の諜報網で組合側は、八月十九日早朝には撮影所に向かう日本の警察と占領軍の規模についての情報を入手していた(49)。組合側はまた、会社の重役、青リボン側、反組合側の人間の動きも監視していた(50)。

マッカーサー元帥が反労働運動の態度をとるようになったことは、一九四六年五月二十日に早くも、メーデーの行進について、〈秩序を乱す少数の者による大衆暴力と、物理的手段による脅迫という傾向が高まりつつある〉ことに関する懸念を表明したことで明らかになった(51)。この反労働運動政策は、マッカーサーが一九四七年二月一日に予定されていたゼネラル・ストライキに対して中止命令を出したことで、頂点に達する。その翌年にはマッカーサーは吉田首相に、中央政府と地方公共団体の公務員の団体交渉権を放棄することを勧告し、それは一九四八年七月三十一日に政令二〇一号として公布・施行された[52]。

一九四七年三月、トルーマン大統領は、共産主義勢力の進出に対抗してトルコとギリシャに軍事援助を与えるという反共主義宣言（トルーマン・ドクトリン）をおこない、六月には国務長官マーシャルが、米国を中心とした西側諸国の経済再建に対する援助計画（マーシャル・プラン）を発表した。対するソ連は九月に、欧州九カ国の共産党による共産党・労働者党情報局（コミンフォルム）を結成して、東側の結束を固めた。一九四八年初頭に米国政府は、日本を共産主義の侵略に備える防波堤とすることを含む極東政策を発表した。これによって実質的に日本の非軍事化の流れを止め、経済復興を図ることになった。十月に策定された米国の国家安全保障会議文書には、日本に対する新しい政策として、民主化の制限、公職追放解除、経済安定化が含まれていた[53]。そして日本経済の安定化を図る「ドッジ・プラン」が十二月に発表された。

共産党の指導のもとにあった労働者とその支援者による大規模なストライキは、読売新聞社でもおこっていた。労働組合が経営権を取得する「生産管理」という戦術は、一九四五年にこの読売新聞の争議で使われた。この戦術は一九四六年秋までは全国の労働運動において展開されたが、その後は次第に減少し、一九五〇年以降は徐々に消えていった。読売新聞の争議は、総司令部情報課の新聞・出版班長のダニエル・インボデン少佐と渉外局長のフレイン・ベーカー准将の後ろ盾を得た経営者側によって、次第に鎮圧された[54]。

東宝の労働組合員たちは、自分たちが反共政策の標的になることを予測していた。しかし、占領軍の軍事力が実際に動員されるとは、誰も予想しなかった。東宝第三次ストライキののち、占領軍の軍事力が動員されることは二度となかった。しかし、長期にわたって撮影所を占拠していた組合員の動きは、映画やスターに興味をもつ日本国民の関心を呼んでいたため、そのことに占領軍側も注意をそそがざるをえなかったのである。それが占領軍の前代未聞の動員につながったといえよう。

ハリウッドでは一九四五年と一九四六年に、すでにストライキを体験していた。その最初のものは、映画撮影所組合会議による八カ月にわたる争議で、一九四五年十月に警察が武力行使に出てピケを張る組合員に催涙ガスや放水を浴びせかけて鎮圧した。二度目のストライキは一九四六年秋におこり、短期間ではあったが、より暴力的なものとなった。これらの争議をきっかけに、撮影所の経営者たちは反共主義にめざめていく[55]。

一九四七年までにハリウッドは、別の方向からおこった業火にさらされていた。下院の非米活動委員会が、映画の都を赤狩りの攻撃目標に定めたのである。ハリウッドからワシントンに赴いたスターや映画監督が、査問会で証言したり、証言を拒否するニュースが日本の映画雑誌でも報道された[56]。日本の映画界の組合運動家たちは、自分たちの体験とハリウッドの動きが並行するものであることを知ったが、伊藤武郎は当時そのことに関して、それほどの注意を寄せなかった、と後年告白している[57]。そのときまでに、太平洋の向こう側でもこちら側でも、強力な反共主義の煽りを受けて、映画界の労働組合運動家たちは敗北を余儀なくされるが、彼らがその打撃から立ち直るのには、その後長い時間がかかった。

【註──第十七章】　ストライキの終焉と余波

(1)　出火当時、その建物で働いていた照明技師久米成男による。『来なかったのは軍艦だけ』第二号（一九七七年）にある石川柾子の久米インタビュー（四〇頁）。

(2)　マッカーサー記念館のウィロビー・コレクションにある一九四八年八月十九日付の CGIX Corps から CINCEF (Commander in Chief, Far East), Attn G-2 へのメモ。前掲の国立記録センターのＣＣＤの一九四八年度映画検閲に関するファイルにあるメモ。

(3)　田中純一郎『日本映画発達史Ⅲ』二五二頁。

(4)　前掲ウィロビー・コレクションにある八月十九日九時三十分のＣＩＣ現場報告。

(5)　岩崎昶「東宝争議」一六七頁。

(6)　この日本側警察官の数を、『東宝五十年史』（二〇〇頁）、岩崎の「東宝争議」（一六六頁）、蓮實による伊藤インタビュー（二三七頁）では約二千名としているが、田中の『日本映画発達史Ⅲ』では二千五百名としている。総司令部側の資料では、前出ウィロビー・コレクションでは、「千五百名」（総司令部参謀第二部の諜報検閲発送番号２１８８に引用された極東軍のための「世界情勢概要・軍事、政治、経済、社会的状況、プレス概観、その他」にある一九四八年八月十九日付の「東宝争議」と題されたＣＩＣの現場報告）、「千三百名」（総司令部参謀第二部の一九四八年八月十九日九時三十分の現場諜報報告）、「千名」（前出の註(2)の報告書）、「数百名」（前掲「世界情勢概要」発送番号２１８７の諜報検閲）として、日本側の数より少なくなっている。

(7)　植草圭之助『わが青春の黒沢明』二五一─二五二頁。『来なかったのは軍艦だけ』第三号（一九七八年）にある田中徹の亀井文夫インタビュー（一四頁）。
(8) 黒澤明『蝦蟇の油』三四八－三五二頁。
(9) 田中徹の亀井インタビュー（一四頁）。野田真吉「東宝争議の私的回想覚え書き」九八－九九頁。
(10) 前掲ウィロビー・コレクションにある一九四八年八月十九日付ＣＩＣ現場報告。
(11) 石川柾子による久米インタビュー（四三頁）。
(12) 前掲ウィロビー・コレクションにある一九四八年八月十九日十二時二十分のＣＩＣ現場報告。前掲発送番号２１８７報告書は、立てこもった組合員の数を千二百名としている。
(13) 一九四八年八月二十日。
(14) 田中純一郎『日本映画発達史Ⅲ』二五三頁。
(15) 一九四八年八月中旬号、二〇頁の「東宝撮影所ルポルタージュ　撮影所争奪から仮処分まで」。
(16) 野田真吉『日本ドキュメンタリー映画全史』一〇〇－一〇一頁。野田は、約二十分で支援者の朝鮮同盟約四十人に降伏するように説得し、十一時ごろ、組合はその決定を外部に伝え、その後十分で退去条件の交渉を組合は済ませたとしている。
(17) 大島渚『体験的戦後映像論』七五頁に引用された渡辺銕蔵『反戦反共四十年』。
(18) 『来なかったのは軍艦だけ』第三号にある石川柾子の渡会伸インタビュー（五七頁）。
(19) 前掲ウィロビー・コレクションにある一九四八年八月十九日十二時二十分のＣＩＣ現場報告。
(20) 蓮實による伊藤インタビュー（八五－八六頁）。田中純一郎『日本映画発達史Ⅲ』二五五－二五六頁。『来なかったのは軍艦だけ』第五号（一九八〇年）にある石川柾子による山形雄策インタビュー（六二頁）で山形は、このとき辞職した二十名全員が共産党員であったとしている。尚、本書執筆後に井上雅雄氏より東宝争議に関するご著書『文化と闘争　東宝争議1946－1948』（新曜社、二〇〇七年）をお送り頂き、自主退職者リストを作成したのは組合ではなく、会社であったというご指摘を頂いた。

(21)　岩崎昶「東宝争議」一六八－一六九頁。
(22)　黒澤明『蝦蟇の油』三四七－三五三頁。
(23)　吉屋操「占領政策と東宝争議」三七頁。「キネマ旬報」一九四七年七月上旬号、三一頁の「首切り人情論」。
(24)　国立記録センター、ボックス番号331－8580、CCDの映画輸出に関するファイルにある一九四八年六月二十三日付のCCDプレス・映画・放送部門第一地区の映画課のメモランダム。
(25)　高峰秀子『わたしの渡世日記』第二巻（朝日新聞社、文庫版、一九八〇年）、三三－三九頁。
(26)　山田五十鈴『映画とともに』一一〇－一一五頁、一二五－一五〇頁。
(27)　『来なかったのは軍艦だけ』第一号にある石川柾子の城田孝子インタビュー（四頁）。
(28)　依田義賢『溝口健二の人と芸術』一三一頁。
(29)　新藤兼人『ある映画監督の生涯』にある新藤による依田のインタビュー（三六頁）。八尋不二も同様の意見を「キネマ旬報」一九六四年三月上旬号、四三頁の「時代劇の記十三年」で語っている。
(30)　マキノ雅弘『映画渡世　地の巻』一九〇頁。
(31)　『来なかったのは軍艦だけ』第五号にある福島利武の「『文化は暴力で破壊されない』か？」七三頁。

(32)『来なかったのは軍艦だけ』第四号にある石川柾子の匿名女性組合員のインタビュー(三七頁)。なお、この種の女性活動家から男性の革命運動同志への不満は、古くは明治時代の自由民権運動をモデルにした『我が恋は燃えぬ』(溝口健二監督)の田中絹代演じるヒロインが、菅井一郎演じる同志に抱く幻滅感からはじまって、一九六〇年代の学生運動で男性活動家に都合のよいところばかり取られた女性活動家が、「便所からの解放」と叫んだことまで、記憶に新しいものが多い。
(33)『東宝五十年史』二〇〇－二〇一頁。
(34)田中純一郎『日本映画発達史Ⅲ』二五八頁。
(35)『東宝五十年史』二〇〇－二〇一頁。田中純一郎『日本映画発達史Ⅲ』二九〇－二九三頁、二九五－二九六頁。
(36)田中純一郎『日本映画発達史Ⅲ』二九四－二九五頁。「映画評論」一九四九年九月号、一一頁の時實新平の「時事映画界評」ではさらに、馬淵重役が田辺元社長に支えられて渡辺社長失脚の片棒をかついだとしている。
(37)『来なかったのは軍艦だけ』第三号の田辺耕二による岩間宏文のインタビュー(四二－四三頁)。
(38)同上、第一号の石川柾子による高橋新一のインタビュー(一八－一九頁)。同上、第二号の石川による新沼杏三のインタビュー(二二－二三頁)。
(39)同上、第三号の石川による網倉史朗のインタビュー(二三－二四頁)。
(40)国立記録センター、ボックス番号331－8579にあるCCDの一九四八年度の映画検閲に関するファイルにある、一九四八年八月二十九日付「東宝ストライキ組合員の撤去についてのニュース映画」に関するCCDプレス・映画・放送部門のメモランダム。
(41)田中純一郎『日本映画発達史Ⅲ』二五二－二五三頁。

(42) 渡会インタビュー（五七頁）。
(43) 前掲ウィロビー・コレクションにある「世界情勢概要・1」の諜報報告。
(44) 同上コレクションにある一九四八年八月十九日付のＣＩＣ現場報告。
(45) 同上コレクションにある前掲発送番号２１８７の報告書。
(46) 『来なかったのは軍艦だけ』第一号にある島崎嘉樹「田畑セイコちゃんのこと」（六三頁）。同上第四号の土屋精之の証言（四六頁）。
(47) 同上土屋の証言（四六頁）。
(48) 同上第一号にある松丸謙一と石川柾子の証言（三二頁）。
(49) 同上第三号にある石川柾子の小松浩インタビュー（三五－三六頁）。前掲野田インタビュー（一〇〇頁）。前掲土屋の証言（四二頁）。
(50) 前掲、松丸と石川の証言（三五－三六頁）。
(51) Miriam Farley, "SCAP Policy Toward Labor Unions", Jon Livingston, Joe Moore, and Felicia Oldfather, eds., *Postwar Japan : 1945 to Present* (Pantheon, 1973), p.153.
(52) Farley, "SCAP and Government Employees, 1948", Livingston et al., *Postwar Japan*, pp.168-170.
(53) 竹前栄治『ＧＨＱ』一九八頁。
(54) Tadashi Hanami, *Labor Relations in Japan Today* (Kodansha International, 1981), p.171. 国立国会図書館のＣＩＥの一九四六年八月五日付の会議録によれば、読売の会社側代表がＣＩＥのニュージェントとサマーズ両中佐を訪れ、組合員についての不満を述べたとしている。読売争議に関しては、前掲 *Postwar Japan* にある、Mark Gayn, "Yomiuri Strike," pp.153-161；読売の労働組合の指導者であった鈴木東民の評伝、鎌田慧『反骨　鈴木東民の生涯』（講談社、一九八九年）、増山太助『読売争議１９４５／１９４６』（亜紀書房、一九七六年）等がある。

(55)　Robert Sklar, *Movie-Mode America* (Vintage Books, 1975), pp.258-260.（ロバート・スクラー、鈴木主税訳『アメリカ映画の文化史──映画がつくったアメリカ』上・下、講談社学術文庫、一九九五年）。ハリウッドの労働運動と映画製作の関係については、David Bordwell, Janet Staiger, and Kristin Thompson, *The Classic Hollywood Cinema : Film Style & Mode of Production to 1960* (Columbia University Press, 1985) にある Staiger の章 "The Labor-Force, Financing and the Mode of Production" に詳しい。

(56)　たとえば、「キネマ旬報」一九四七年十二月下旬号から一九四八年二月下旬号に連載された妹尾敦のハリウッドと下院非米活動委員会に関する記事。

(57)　蓮實による伊藤インタビュー（八四頁）。

第七部

冷戦下の米国の政策

米国の対外政策が東西冷戦にともなって次第に硬直したものになるにつれて、日本映画や、日本で公開される外国映画で描かれる労働争議は、共産党の影響によるものとして警戒された。ほかにも〈共産主義の影響によるもの〉と判断されたものは多く、総司令部の検閲官は次第に神経質に対応するようになった。極東では日本海の向こう側で、一九四九年十月に共産党が中国を支配下に収め、翌一九五〇年六月には朝鮮戦争が勃発する。それとともに当然ながら、日本の共産化を恐れる米国の懸念が深まっていった。

朝鮮戦争勃発前後から、マッカーサーは日本共産党を非合法化し、新聞・放送業界とともに映画界でもレッド・パージが開始された。一九五〇年九月二十五日のマッカーサーの指令により、松竹六十六名、大映三十名、東宝十三名、日映二十五名、理研三名の合計百三十七名が映画界から追放された。そのなかには、共産党員ではない者も含まれ、その一部は長期の法廷闘争の結果、職に復帰した者もいれば、敗訴した者もいた。[1]

その結果、ブラック・リストに載って大手の撮影所では働けなくなった映画人や、題材・映像の表現の自由を求める者は、独立プロダクションを作って、映画製作をつづけた。独立プロの分野ではすでに、争議の結果東宝を辞めた映画人が活動をはじめていた。その結果、独立プロの製作映画数は、一九四七年度の十七本から、一九四八年には三十八本、一九四九年には六十七本、一九五〇年には九十四本と、数年にわたって増加をつづけた。[2]

第七部では、レッド・パージに対応して進行した、総司令部の映画の検閲における反共政策の具体例を見ながら、その傾向をたどる。

第十八章　反労働組合および反共・反ソ政策

反労働組合政策

一九四八年七月、東宝の第三次ストライキの最中に、ＣＩＥは日本の映画評論家たちと会合をもち、「日本映画の民主化における批評家の役割」についての質疑応答をおこなった。そのなかでＣＩＥ映画・演劇課のハリー・スロットは、朝日新聞の映画評論家井沢淳の質問に対し、映画のなかでの労働争議の描き方に関しては、総司令部内の経済科学局労働課に決定権があるとした[3]。しかし実際には、ＣＩＥとＣＣＤも十分な注意を払っていて、労使の対立に関しては慎重に描くように、具体的には、労働者組織やデモを美化したり、資本家を悪に描かないようにと製作者側に指示した。そういった指示に反する場面は、完全に削除されることもあった[4]。

この政策はニュース映画にも適用された。一九四六年八月、日映の『日本の悲劇』が二度目のＣＣＤの検閲で上映禁止措置になった同じ月に、日映の『この一年』は、〈日本の敗戦からの十二カ月を追った記録映画とされている〉が、労働争議に関して〈事実を曲げ〉、〈左翼的傾向がある〉とCCDは判断し、十五カ所の削除を命じた。[5] また、一九四八年七月の漫画によるニュース映画と思われる『漫画の世の中』では、東宝争議に触れた数カ所が〈不必要である〉というCIEの判断で削除された。[6] 同様に、一九四九年十月の日映のニュースでは、ある病院から共産党員の職員十二人が解雇されたという場面が、検閲官の指示によって削除され、[7] 一九五〇年二月の日映のニュースと理研の文化ニュースで扱った組合員の小学校教師数人の解雇事件の報道が、〈左翼的傾向があり、バランスを欠く〉とされて訂正を要請された。[8]

総司令部の検閲官はどの場面を〈共産主義的〉であるとしたか、その判断の材料にはまず「赤旗」があった。共産党の機関紙名でもある赤旗は、共産主義の象徴とされたのである。一九四八年の吉村公三郎監督の『わが生涯のかゞやける日』では、赤旗の場面が、〈共産主義者たちの行進〉の場面とともに、CIEによって削除を命じられた。[9] また、国鉄労働者組合についての一九四九年の作品『号笛鳴りやまず』（浅野辰雄監督、新世界映画社）では、赤旗を振る正面からのクローズアップが、CCDによって削除された。[10]

「労働者よ、団結せよ！」というポスターも、映画の展開に不要なばかりでなく、〈共産主義思想に染まったもの〉として、一九四八年の『夜のプラットフォーム』（田口哲監督）からCIEによって削除を命じられた。[11]もっと極端な例では、五所平之助監督の一九四七年の『今ひとたびの』の脚本にあった、東京の神田のニコライ堂で恋人同士が待ち合わせるという設定が、西洋建築である神宮外苑の絵画館の前に変更されている。[12]ロマンチックで洗練された趣味の、若者に人気の待ち合わせ場所であるロシア正教のニコライ堂が〈共産主義の影響〉と見なされたわけだが、これは、五所監督が東宝争議で組合側に立って活発な動きをしていたということで、総司令部に敵視されていたための処置だったのかもしれない。

総司令部の検閲官はそのほかにも、種々の表現に〈共産主義的〉〈破壊的〉というレッテルを貼った。たとえば一九五〇年八月の日映のニュースでは、「集会や文化祭りが禁止された」という報道の場面で皇居前に立つ警官のショットがあったことから、その場面がCIEによって削除された。[13]これは、天皇制を擁護する権力者が、民衆の集会や文化的催しを抑圧しているという文脈でとらえられた結果なのかもしれない。また一九五〇年九月、官庁で新しい人事制度が導入されるのに際し、抗議運動がおこり怪我人が出たという日映と理研のニュースの場面が、CIEから削除を命じられた。[14]同じ月の読売国際ニュースが、小学校の無償給食制を報道した際も、この制度が共産党系の日教組によって要求されたものであるという理由で、CIEは削除を命じた。[15]

外国映画では、歴史上の革命や民衆蜂起の事件が、検閲で要注意となった。一九四〇年の米国の活劇映画『快傑ゾロ』（ルーベン・マムーリアン監督）を一九四八年に日本で上映するときに、一人の登場人物がメキシコの農民に向かって、圧制者に対して立ち上がるようにと呼びかける場面の字幕を〈明確に定義するように〉と検閲官が指示した。[16] これは革命的な民衆蜂起が美化されないようにという配慮であったと思われる。

反共政策

総司令部は、劇映画の上映前に米国のニュース映画を上映する政策を取っていた。ところがこの政策に関連して、一九四八年十月に米国のニュース映画のなかの反共的場面をめぐって、本国政府内のニュース映画を選択していた部署と総司令部とのあいだに問題がおこった。この件には、米陸軍の民事部、総司令部のCIEとCCD、そして民間団体のセントラル映画社がかかわっていた。

ニューヨークの米陸軍民事部は、占領地区での再教育の目的のために適した映画を選択して発送する任務を負っていた。そしてセントラル映画社は、米国の映画輸出協会を通じて、日本で上映される米国映画を扱う目的で、一九四六年十一月に設立された。一九四五年十一月三日までCIEの輸入映画を扱う部署の主任であり、その後本国に帰還していたマイケル・バーガーが総司令部に招かれて、セントラル映画社を運営することになった。バーガーは、戦前日本でMGM支社の営業部長やコロンビアの支社長をつとめていた。戦後彼は、国務省の国際情報文化事情部の職員として日本に赴任し、一九四六年六月にその部署が廃止されるまで日本に滞在した。

米国政府の職員でもあったバーガーは、米国政府の利益を代表する立場にあったが、それに比して民間人であったバーガーの後任のチャールズ・メイヤーは国務省の職員ではなく、パラマウント、ワーナー・ブラザース、ユニヴァーサル、コロンビア、二十世紀フォックス、MGM、RKO、ユナイテッド・アーチスト、リパブリックの九社から成る米国の映画輸出協会の代表として勤務していた。[17] メイヤーも戦前にアジアで、米国の商業映画の支社に勤務していて、二十世紀フォックスのジャワ支社長から東京支社長に転勤になるというときに、太平洋戦争が勃発した。[18]

一九四八年十月のCCDの書簡によれば、毎週日本の千七百八の劇場で、七十七本の米国のニュース映画が上映されていた。その書簡では、最近数週間、米国のニュース映画のなかで、ローマ教皇の反共キャンペーン、共産圏からの難民が語る恐怖の物語、ベルリン封鎖をかいくぐった密輸と空輸、スパイ容疑でFBIに逮捕される共産主義者というような、反共的話題が目立ってきたことにCCDは気づいたと述べている。こうしたニュース映画は、米国から送られたものから日本のセントラル映画社が再編集していたが、メイヤーは製作担当職員に反共的な題材はすべて入れるようにと指示していた。CIEが検閲で、完成した米国のニュース映画から共産国のスポーツ大会の場面を削除するようにとセントラル映画社に要請したとき、CIEは最初の編集の段階でそのような意見を表明するべきで、貴重な映画のストックを無駄にするべきではないと、CCDは反論した。[19]

一九四九年四月、メイヤーは、米国の観客には問題なく理解されるニュース映画のなかの共産党員の活動に関するコメントや場面のなかには、日本の観客には効果的ではないと思われるものがあるという意見を述べた。この意見が、ニュース映画を提供していた陸軍民事部を刺激した。メイヤーが問題にしたのは、たとえば、ニューヨークに社会主義者の代表団が到着したところを見せて、「世界平和を説くアカたちは、ニューヨーク警察の保護を受ける。彼らは歓迎されざる客であるかもしれない。それでも、民主主義の地に共産主義のプロパガンダをふりまく彼らは、米国の保護を受けるのである」とナレーションが被さる場面である。メイヤーはこれを〈日本人はわれわれのやり方をけっして理解しないであろう〉としたのに対して、陸軍民事部は、〈われわれの民主主義の活用の仕方〉を占領地区の人びとに理解させることが、自分たちの再教育プログラムの重要な目的であると反論した。そして、このニュース映画の場面は、共産主義に対する米国の態度、共産主義に対する米国の対処の仕方、そして米国式の民主主義と自由とを日本人に示すという、総司令部情報課のダニエル・インボデン新聞・出版班長の政策と合致したものであるとした[20]。

この種の論議が、その後しばしばおこるようになった。同年六月、メイヤーは、パリとトリエステ（イタリアと旧ユーゴスラビアの国境地帯）でおこった共産主義者の騒動が米国のニュース映画に登場する場面をどのように扱ったらよいかの助言をCIEに求めた。CIE局長のニュージェント中佐は、つぎのように答えた。「世界中の共産主義者たちが、自分たちの暗黒の目的達成のためには、警察との対立で無実の人びとを巻きこむことも辞さないという事実を、コメントでしっかり伝えないかぎり、そうした騒動の場面は削除されるべきである。諸外国で問題をおこしている共産主義者たちを見て、日本の共産主義者が刺激されるという危険を侵すことに、何の有用性も見いだせないからである[21]」

その後、一九五二年にニューヨークの陸軍民事部は、反共主義宣伝のためのニュース映画シリーズ『大きな嘘』を製作した。その各エピソードは、共産圏の国々の恐怖政治のイメージを伝えようとするものであったが、占領地区統括部のCIE局長は、このシリーズは〈適切な題材を欠くので〉、あまり効果がないと結論づけた。製作者側は、〈強制労働収容所、旧日本軍の捕虜の扱い、集団農業等の「鉄のカーテン」の背後にある劣悪な条件〉のイメージを使用したいと希望していた。ソビエト連邦の指導者たちが同盟国の指導者たちと居並ぶ場面は、クレムリンがその〈同盟諸国〉の上に君臨しているというイメージを伝えるのに効果的であり、軍事的催しや行進の場面は〈いわゆる平和運動は実際の劣悪な状況を隠すためのものにすぎない〉という事実を観客に知らしめるために使用された。[22]

東西冷戦の進行にともない米国の戦後の外交政策が変化するにつれて、第二次世界大戦中に米国が同盟国として共産主義諸国や左翼系の人びととともに戦ったという事実は映画のなかから取り除かれはじめた。たとえば、亀井文夫監督の一九四九年の『女の一生』では、中国共産党軍が連合国側とともに戦ったという言及を、CIEの検閲官は削除した。[23] また、一九五〇年にあるイタリア映画（多分一九四五年に製作され、一九五〇年に日本で公開されたロベルト・ロッセリーニの『無防備都市』）を日本で公開する際、これを〈戦後のイタリア映画の優秀な作品〉と賞賛しながらも、パルチザンの囚人が共産党員で〈スペインでアカたちとともに戦った〉という部分を、CIEの検閲官は削除するように命じた。[24]

イタリア映画社によって戦後日本で最初に公開されたイタリア映画は、ロッセリーニの『戦火のかなた』（一九四六年）であった。一九四九年九月に封切られたこの作品は、批評家や一般観客の熱烈な支持を得た。それに引きつづき、ルイジ・ザンパの『平和に生きる』（一九四七年）が同年十月に、ピエトロ・ジェルミの『無法者の掟』（一九四八年）が一九五〇年一月に、ヴィットリオ・デ・シーカの『靴みがき』（一九四六年）が一九五〇年三月に、ジュゼッペ・デ・サンティスの『荒野の抱擁』（一九四七年）が同年五月に、デ・シーカの『自転車泥棒』（一九四八年）が同年九月と、続々と公開された。それらの作品は、総司令部の検閲で問題にならなかった。

しかし一九五〇年、ロッセリーニの『ドイツ零年』（一九四八年）と、デ・サンティスの『にがい米』（一九四九年）の二本のイタリア映画について、日本で公開するにふさわしいかどうかという疑問がCIEから出された。その二本の公開が遅れていることに対するイタリア外交団の懸念が、二月に総司令部の外交局を通じてCIEに伝えられると、CIEはこの二本の映画が〈特異な問題〉を抱えていることを指摘した。CIE側はこの二作品が、芸術的に優れたものであることを認めながらも、〈日本の共産主義者たちに利用される恐れがある〉とした。そして、つぎのような意見を表明した。「もしイタリアの製作者や監督の〈片足はモスクワに立っている〉という非難は真実ではないとしても、イタリアの製作者や監督たちによる人生の描き方には、民主主義社会のなかに見られる不正や不完全な部分をあげつらう共産党の主張が正しいのだという証拠として共産主義者たちに利用される傾向がある。共産主義者たちは、『怒りの葡萄』や『スミス都へ行く』を、そのように利用してきたのである[25]」

この二本のイタリア映画は結局、一九五二年まで日本で公開されなかった。CIEがここで言及した二本の米国映画のうち、『スミス都へ行く』はフランク・キャプラ監督の一九三九年の作品で、日本では真珠湾攻撃の直前の一九四一年十月に公開された。この作品は、ナイーブで理想主義に燃えた米国の片田舎の青年スミスが、利己主義的な政治家たちの差し金で議員になって首都ワシントンに赴き、腐敗した政治家たちと単身戦って最後には勝利を収めるという、米国式民主主義を謳歌するものである。ところが『スミス都へ行く』は、占領開始後ほどない一九四六年八月に、すでにCCD内部で問題にされていた。この作品で描かれている米国の民主主義が〈腐敗した政治形態、つまり裏金の活用が常習となり、事実を曲げた報道を流す新聞を独占支配する者、そして州知事から次期大統領と目される上院議員にいたるまで政府の各層に操られている〉ところから、日本の観客は米国の民主主義制度に関して〈誤解し、好ましくない〉印象を得るのではないかという懸念をCCDは示したのである[26]。

もう一本のジョン・フォード監督の『怒りの葡萄』は、ジョン・スタインベックの原作にもとづき一九四〇年に製作され、大不況時の農民の苦しい生活を描いたものであるが、一九六三年まで日本で公開されなかった。これは、社会主義的な思想的内容が総司令部の懸念の対象になった結果なのか、たんなる著作権の問題で公開が遅れたのか、定かではない。

『怒りの葡萄』で描かれる貧困と、その対極にいる贅沢三昧の米国の富裕階級の退廃的生活も、総司令部の検閲官の懸念の対象になった。『暗黒街の巨頭』(E・ニュージエント監督、一九四八年）のなかの、〈若い米国人たちが、ドンチャン騒ぎをしながら、禁酒法時代にもかかわらず自分たちで作ったアルコール飲料を飲み、密造酒売買にかかわったりする〉場面を、一九五〇年にCIEは削除した。[27]また同じ年、喜劇『風変りな恋』（R・ヘイドン監督、一九四八年）の審査にあたって、CIEはこの映画には、日本人を再教育する目的を達する見込みがなく、さらにこの作品によって、日本の観客が米国の富裕階級を曲解する可能性があるとした。またこのなかで、「闘うリベラル」とでも言うべき登場人物を「共産主義者」と呼ぶ場面も、問題になった。CIEはこの作品の日本での公開を勧めなかったが、[28]一九五〇年六月二十日に公開されている。

　CCDが〈問題あり〉と懸念した米国映画には、日本の観客に〈民主主義についての不正確な意味を与え〉、〈米国の生活のなかの問題とすべき習慣や要素を描き〉、戦争の勇士を美化したものが含まれていた。一九四五年八月から一九四六年十二月のあいだに輸入された米国映画三十六本のなかで、八本がこの種の問題のある作品であると判断され、一本は戦争を美化しているとの理由で上映が差し止められた。この八本は、『嘆きの白薔薇』（G・ラトフ監督、一九四一年）『カサブランカ』（M・カーティス監督、一九四二年）『情熱の航路』（I・ラパー監督、一九四二年）『スポイラース』（レイ・エンライト監督、一九四二年）『ラインの監視』（H・シャムリン監督、一九四三年）『ルパン登場』（F・ビーブ監督、一九四四年）『拳銃の町』（E・L・マリン監督、一九四四年）『旋風大尉』（ロイド・ベーコン監督、一九四五年）で、いずれも公開はされた。残る一本の『反撃』（Ｚ・コルダ監督、一九四五年）が上映差し止めになった理由は明らかにされていないが、その主題がロシアのゲリラ戦についてのものであったことが理由と思われる。ＣＣＤもＣＩＥも、日本で公開される米国映画について、日本人に対する〈再教育〉の価値を娯楽性よりも優先させていたのである。(29)

この判断を下したＣＣＤの検閲官（リチャード・クンズマン）は、日本映画が再教育のテーマを扱うことを要請されている一方で、興行的人気の高い米国映画が輸入されて、娯楽映画の市場を支配する結果になることを懸念している。そして日本の映画人も、このような娯楽映画を作る機会を与えられるべきであると論じ、セントラル映画社が臆面もなく、米国の興行的利益を代表していることを憂慮している。そして真に〈民主的〉な政策は、日本の観客に〈適切〉と思われる作品と、〈問題あり〉と思われる作品の両方を並行して見せることであるという、理想論的で真面目な意見を彼は述べている。(30)

しかし東西冷戦が進行するとともに、検閲官によって〈反米的〉と判断され得る映画のなかの要素が、ますます細部にわたるようになっていった。一九五〇年にフランス映画『情婦マノン』（アンリ・Ｇ・クルーゾー監督、一九四八年）を公開するにあたり、映画の登場人物である米軍の将校は米国全体を代表するので、否定的な性格として描かれてはならないと、ＣＩＥの検閲官によって判断された。そのためこの将校が女主人公に誘惑されて、自分の任務を怠って余剰物資の横流しを黙認する場面が、フランス語のサウンド・トラックと日本語字幕から削除された[31]。

それよりももっと極端な例では、一九五〇年にＣＩＥの検閲官が「東京ニュース」の審査中、ナレーションで「アメリカ・シロヒトリ」という名の害虫が農作物に被害を与えていると報じるのを耳にして、これを問題にしたものがある。東ドイツのプロパガンダが、米国産の害虫がジャガイモに被害を与えているという文章を使用していたことをとりあげて、この検閲官は総司令部の天然資源局林業課に、この場合「アメリカ・シロヒトリ」の「アメリカ」は科学的に正確な用語かどうかを確認した。数日後の林業課の返事では、この毛虫は北米大陸のいずれかを原産地としているが、かならずしもそれが米国であるとは限らないというものであった。そのため、ＣＩＥの検閲官は「アメリカ・シロヒトリ」と言う代わりに「北米産の害虫」と言うようにと、そのニュース映画の製作者に指示したのである[32]。

朝鮮戦争がはじまると、ＣＩＥの検閲官は、米国のニュース映画から激しく爆撃された地区の場面を削除するように命じた[33]。また日映のニュース映画のナレーション脚本の、〈すべてを失った避難民は、侵略戦争の犠牲者であり、逃げ場を求めて来る日も来る日も道に溢れています〉という箇所で、ＣＩＥの検閲官は〈侵略〉の前に〈北朝鮮の〉を付け加えさせて、[34]この戦争の善悪の主体を日本の観客に教示しようとした。

日本国内のニュースでは、思想・公安関係の事件に関して、検閲が強化された。たとえば朝鮮戦争勃発の翌日、一九五〇年六月二十六日に日本の警察が、日本共産党の機関紙「赤旗」の三十日間発行停止という総司令部の指令を伝え、執行のために「赤旗」編集局を〈急襲した〉というくだりを、CIEの検閲官は日映ニュースの脚本から削除した。[35]総司令部が言論の自由を抑圧しているというイメージを、日本人の眼から隠そうとする意図があったのであろう。

また、朝鮮戦争の勃発に対応して、占領軍の後ろ盾のもとに日本政府がつくった「警察予備隊」（のちの自衛隊）のイメージを保つべく検閲官は努力した。CIEの検閲官は、共産主義者たちがこれをプロパガンダとして使う機会を与えないように留意し、予備隊は武装しておらず、給料もよく、朝鮮戦争に派遣されることはないことを強調するようにと指示した。[36]

反ソ政策

〈反米的〉な要素がわずかでも警戒されていたなか、日本での反ソ的な映画の製作や公開は当然のことながら歓迎された。カナダで逮捕されたソ連のスパイをモデルにしたウィリアム・ウエルマン監督の『鉄のカーテン』は、一九四八年五月に米国で公開されたが、セントラル映画社はこの作品の日本公開を一九四九年八月に発表した。対日理事会のソ連代表が総司令部に抗議したが、結局映画は公開された[37]。興味深いことに、反労働組合の新東宝が一九四九年に公開した『銀座カンカン娘』（島耕二監督）で、通りの喧嘩の場面の背景に映画『鉄のカーテン』の大きなポスターを使用しているのは、あたかも新東宝のメッセージのようである。しかし、一人の日本人が同年十月四日に、『鉄のカーテン』のような反動的映画は国際平和の妨げになるという抗議の手紙をマッカーサー元帥に送ったときには、CIEもCCDもこの意見に注意を払った[38]。映画評論家の上野一郎は、この作品は芸術的には失敗作であると「映画評論」で酷評した[39]。しかし、こうした反ソ映画の不評にもかかわらず、CIEは一九五一年九月に、《私はFBIのための共産主義者であった》という煽情的な題の米国映画を、日本人の再教育のために価値のある作品の一つとして選択している[40]が、公開された形跡はない。

米国の反ソ映画が公開されると、日本の映画人も反ソ映画を製作しはじめた。新東宝は一九四九年、ソ連で捕虜になっている元日本兵とその家族の苦難を描く『帰国（ダモイ）』を、佐藤武監督、渡辺邦男・監修、山口淑子と池部良主演で製作した。この作品の製作がはじまると、対日理事会のソ連代表とソ連帰還兵生活福祉同盟が、総司令部にこの作品の製作中止を指令するように要請した。CIE局長のニュージェントは、〈この作品は反ソ的デマゴーグというよりも、むしろソ連からの帰還兵の現状を伝えているにすぎないと思われる〉という意見を表明して、抗議した団体に返事を送らないように指示をした。この作品が完成されると、ニュージェントは、『帰国』は時事的な関心をそそる作品というのみならず、優れた娯楽性を備えているので、英語の字幕を付けて、極東に赴任している米兵に見せるようにと推薦した。しかしニュージェント局長の推薦は、総司令部の特別供給局に拒否されて、実現しなかった。(41)『帰国』は同じ年の十一月に公開された。

米国の反ソ政策はまた、日本で公開されるソ連映画の数を制限しようとする総司令部の努力にも現れた。戦前に輸入されていた米国映画『ユーコンの叫び』（B・R・イースン監督、一九三八年）が一九四五年十二月六日に封切られ、これが戦後日本で上映された最初の米国映画になった。戦後最初に輸入されて封切られたのは、やはり米国映画で、セントラル映画社が輸入したマーヴィン・ルロイ監督の『キューリー夫人』（一九四三年）と、フランク・ボーゼージ監督、ディアナ・ダービン主演の『春の序曲』（一九四三年）で、この二本は一九四六年二月二十八日に公開された。この二本の映画の入場料は、日本映画の入場料（三円）の三倍強（十円）であったが、それでも外国映画に飢えていた日本の映画ファンは劇場につめかけた。ディアナ・ダービンの人気も急騰した。(42)三月には『ラインの監視』やチャーリー・チャップリンの『黄金狂時代』（一九二五年に製作され、日本では一九二六年に公開されたが、今回の再公開では音楽が付けられていた）が、四月には『エイブ・リンカン』（J・クロムウエル監督、一九四〇年）が公開された。

米国以外の外国映画も、日本での公開がはじまった。戦前に輸入されていた英国映画『ウエヤ殺人事件』（R・スティーヴンスン監督、一九三八年）が、一九四五年十二月二十六日に公開された。しかし、一九四六年度に公開された米国以外の外国映画は、戦前に輸入されて、当時の内務省の検閲で上映禁止になっていた二本のフランス映画、『ヨシワラ』（M・オフュルス監督、一九三六年）と『うたかたの恋』（A・リトヴァク監督、一九三六年）のみであった。(43)そして、戦後に製作された欧州作品の日本公開は、米国作品にくらべてだいぶ遅れ、日本で封切られた最初の英国作品は一九四七年十二月二日公開の『第七のヴェール』（S・ボックス監督、一九四五年）、フランス作品は一九四八年一月二十七日公開の『美女と野獣』（ジャン・コクトー監督、一九四六年）であった。(44)

日本で公開されたソ連の最初の戦後作品は、一九四五年八月にモスクワで開催された全ソ連スポーツ大会の記録映画『スポーツパレード』で、一九四六年十一月五日に日本で封切られた。ちなみに、この作品は日本で公開された最初のカラー映画である。

しかし、つぎにソ連映画が公開されるまで一年近くもかかり、一九四七年九月三十日になって『モスコウの音楽娘』（アー・イワパフスキー監督、一九四一年）が、十一月四日になってソ連の色彩劇映画の第一作『石の花』（アレクサンドル・プトゥシコ監督、一九四六年）が公開された。一九四八年には九本のソ連映画が公開されたが、一九四九年と一九五〇年には各三本しか公開されなかった。(45)

総司令部によって一九四八年五月九日に承認された外国映画の輸入割当制度では、どの国のものでも戦前一年間に輸入された最大本数を上回ってはならないことになっていた。(46)しかしそれと同時に総司令部は、場合によってさらなる制限を課したり、制限に例外を設けたりする権利を保留した。(47)これによって、米国映画の公開数を増やし、ソ連映画の公開数を減らすことが可能になった。ソ連は、一九三四年には十六本のソ連映画が日本に輸入されていたことをあげて、戦後のソ連映画の年間六本という輸入割当は増加されるべきであると主張した。(48)戦前の日本の記録が消失していたため、CIEはソ連の主張の正当性が判断できなかった。それゆえCIEは、ソ連映画の年間輸入割当は増加されるべきであるという結論に達したものの、〈この数はなるべく低く、できれば七本という数にとどめられるべきである〉とした。(49)実際、一九四九年にはソ連の年間割当数は七本に増加された。(50)

しかし検閲官は、ソ連映画の公開許可をしばしば遅滞させたり、細かいことに文句をつけた。たとえば、一九五〇年二月十七日のCIEの報告書では二本の、一九五〇年十月十七日のCIEの書簡では一本の、ソ連映画の公開の遅れについて記録している(51)。一九五〇年二月に、極東映画社の代表が戦前のソ連映画『人生案内』（ニコライ・エック監督、一九三一年）の公開許可を求めに総司令部を訪れると、検閲官はこの映画の約半分は〈法と秩序に対する尊敬を欠くので〉問題があり、しかもプリントの状態が劣悪なので、一般公開には適さないという判断を下した。日本側は、ソ連の劣悪な生活状況を示すことで、強力な反ソ映画となり得ると検閲官に述べた。総司令部の検閲官はそれに対して、〈いかなる国も中傷すること〉は総司令部の目的ではなく、日本の映画倫理規程によれば、世界中のあらゆる国が同様に敬意をもって扱われなければならないと答えた(52)。

対日理事会のソ連代表は、一九五一年四月の総司令部宛ての書簡で、CIEがソ連映画の検閲審査を故意に遅らせ、一年以上たっても何ら返事をよこさないと不満を述べ、それに対して他の外国映画は一、二週間で上映許可を得ているとし、一九四九年には四本、一九五〇年には九本のソ連映画がCIEに〈不適切〉と判断されて上映ができなくなったと指摘している(53)。

総司令部の検閲官は、ソ連映画のほとんどがプロパガンダであり、恐怖に満ちた米国社会とくらべてソ連の生活がいかに素晴らしいかを描き出そうとする、誤りに満ちたものであると信じていた。そして、ソ連映画は〈日本共産党とその追従者たち〉に

〈特別に強化された広報活動〉を提供しているとした。またソ連の色彩映画に関しても検閲官は懸念を示し、ソ連色彩映画第二号の『シベリヤ物語』（イワン・プイリエフ監督、一九四七年）については、〈共産主義の精神はいかなる困難にも打ち勝ち、シベリアで働くことは高貴で興奮に満ちたものであると観客に信じこませようとするもの〉、『三つの邂逅』（セルゲイ・ユトケーヴィチ、フセヴォロド・プドフキン、アレクサンドル・プトゥシコ共同監督、一九四九年）については〈生産目標を上げ、農村の集団化に抵抗する者と闘うことを理想化したもの〉、『夜明け』（G・ロッシャリー監督、一九五〇年）については〈事実を曲げ、他の文化のよいところをけなすことで、ソ連の国家主義を強化しようとするもの〉として、注意を払っている。[54]

ＣＩＥと総司令部の参謀第二部は、ソ連がかかわった反米活動が日本でおこなわれていたという証拠を発見することがあった。たとえばＣＩＥは、一九四九年三月に、ソ連帰還兵生活福祉同盟が全国をまわって集会を開いているが、そこでＣＩＥの検閲を受けていない『モスコウの音楽娘』が上映されるという情報を総司令部の参謀第二部に報告した。[55] 一九五一年七月と一九五二年二月には、ＭＰが日本人を殴っているというような、米軍による日本人に対する暴力の場面を、日本のニュース映画のカメラマンがソ連人に売り、ソ連人はほかから得たニュース映画とつないで反米記録映画を製作し、ソビエト大使館でひそかに上映しているとの報告が、日本共産党内にいる総司令部側のスパイから参謀第二部を経由してＣＩＥに入った[56]。こうした報告を見ると、総司令部がソ連や日本共産党の動きを警戒して諜報活動にかかわっていたことと、ソ連側でも映画が効果的な媒体として積極的に利用されていたことがうかがえる。

こうして占領軍の検閲は、当時の国際情勢に影響を受けながら、占領軍内での種々に異なる思想的方向性や政治的意見の衝突、日本の映画人との接衝を経て、日本映画に対する文化的政策としての歴史を刻むことになったのである。

【註――第十八章】反労働組合および反共・反ソ政策

(1) 映画界のレッド・パージに関しては、新藤兼人『追放者たち　映画のレッド・パージ』(岩波書店、一九八三年)。田中純一郎『日本映画発達史Ⅲ』三六〇―三六二頁を参照のこと。
(2) 田中、同上、三四五頁。
(3) 国立国会図書館ＣＩＥ書類、一九四八年七月九日付のハリー・スロットのメモ。
(4) 同上、ＣＩＥの、一九四八年一月三日『噂の男』(佐々木康監督)の労働争議についての場面、一九四八年二月二十日付《賢女気質》のマルキシズムについての論議、一九四八年五月二十六日付《炎とともに》の労使の対立についての討論に対するコメント。
(5) 国立記録センター、ボックス番号３３１―８５８０、ＣＣＤのファイル、ＣＣＤのプレス・映画・放送部門第一地区の一九四六年八月十五日付メモランダム。
(6) 国立国会図書館ＣＩＥ書類、ＣＩＥの一九四八年七月二日付の当該映画についてのコメント。
(7) 国立記録センター、ボックス番号３３１―８５８０、一九四九年度違反映画に関するＣＣＤのファイル、ＣＣＤのプレス・映画・放送部門映画課の一九四九年十月一日付の日映の「日本ニュース」一九五号に関するメモ。
(8) 国立国会図書館ＣＩＥ書類、ＣＩＥの一九五〇年二月十八日付の日映の「日本ニュース」一五六号と理研の文化ニュース一五六号に関するコメント。
(9) 同上、ＣＩＥの一九四八年二月七日付の当該映画に関するコメント。
(10) 国立記録センター、ボックス番号３３１―８５８０、一九四九年度違反映画に関するＣＣＤ

のファイル、CCDのプレス・映画・放送部門映画課の一九四九年七月八日付の当該映画に関するメモランダム。
(11) 国立国会図書館CIE書類、CIEの一九四八年七月十九日付の当該映画に関するコメント。
(12) 佐藤忠男『お化け煙突の世界　映画監督五所平之助の人と仕事』二〇四頁。
(13) 国立国会図書館CIE書類、CIEの一九五〇年八月十九日付の日映の日本ニュース二四一号に関するコメント。
(14) 同上、CIEの一九五〇年九月八日付の日映の「日本ニュース」二四四号と理研の「文化ニュース」一八五号に関するコメント。
(15) 同上、CIEの一九五〇年九月八日付の「読売国際ニュース」七七号に関するコメント。
(16) 同上、CIEの一九四八年二月十三日付の当該映画に関するコメント。
(17) 同上、CIEの一九四七年六月二十三日付メモランダム。田中純一郎『日本映画発達史Ⅲ』二七三―二七四頁。
(18) 「娯楽街」一九四六年九月十七日、一頁。
(19) 国立記録センター、ボックス番号331―8578、CCDの米国映画に関するファイル、CCDのプレス・映画・放送部門第一地区の一九四八年十月十二日付メモランダム。
(20) 国立国会図書館CIE書類、セントラル映画社からCIEのニュージェント中佐への一九四九年四月五日付メモランダムと、ニュージェント中佐からニューヨークの陸軍民事部長ジョン・H・アレン中佐への一九四九年六月十六日付メモランダム。
(21) 同上、東京のセントラル映画社のチャールズ・メイヤーからCIEのニュージェント中佐への一九四九年六月二十八日付メモランダムと、CIEのニュージェント中佐からセントラル映画社への一九四九年七月七日付メモランダム。
(22) 同上、占領地区統括部のＣＩＥ局長から総司令部のＣＩＥ局長への一九五二年三月三日付メモランダム。
(23) 同上、ＣＩＥの一九四八年六月二日付の当該映画に関するコメント。
(24) 同上、ＣＩＥの一九五〇年五月二十三日付のあるイタリア映画に関するコメント。
(25) 同上、総司令部外交局からＣＩＥへの一九五一年二月二十四日付メモランダム、ＣＩＥから外交局への一九五一年三月二十一日付メモランダム。
(26) 国立記録センター、ボックス番号３３１―８５７８、ＣＣＤの米国映画に関するファイル、ＣＣＤのプレス・映画・放送部門第一地区のＲ・Ｈ・Ｋによる一九四六年八月十五日付メモランダム。
(27) 国立国会図書館ＣＩＥ書類、ＣＩＥの一九五〇年四月二十六日付の当該映画に関するコメント。
(28) 同上、ＣＩＥから情報課長への一九五〇年五月八日付メモランダム。
(29) 国立記録センター、ボックス番号３３１―８５７８、ＣＣＤの米国映画に関するファイル、ＣＣＤの一九四七年三月三日付メモランダム。
(30) 同上。
(31) 国立国会図書館ＣＩＥ書類、ＣＩＥの一九五〇年五月二十日付の当該映画に関するコメント。
(32) 同上、ＣＩＥの一九五〇年八月二十八―三十日付の「東京ニュース」八号に関するコメント。
(33) 同上、ＣＩＥの一九五〇年十月六日付の「ユナイテッド・ニュース」に関するコメント。
(34) 国立記録センター、ボックス番号３３１―５２８８、ＣＩＥのファイル、一九五〇年八月十五日付の「日本ニュース」二四〇号の脚本に対する検閲。
(35) 同上、同ファイルにある「日本ニュース」二三五号の脚本に対する検閲。
(36) 国立国会図書館ＣＩＥ書類、総司令部民政局民事情報課の一九五〇年九月三十日付メモランダム、およびＣＩＥの一九五〇年十月十三日付メモランダム。
(37) 同上、対日理事会のソ連代表から総司令部への一九四九年八月十五日付メモランダム。
(38) 同上、ＣＩＥ情報課の準備したマツサダ・オカダからマッカーサー元帥への手紙の概要。
(39) 「映画評論」一九四九年九月号、一六―一七頁。
(40) 国立国会図書館ＣＩＥ書類、ＣＩＥからセントラル映画社への一九五一年九月二十五日付メモランダム。
(41) 国立記録センター、ボックス番号331―8579、『帰国』に関するファイル、対日理事会のソ連代表から総司令部への一九四九年九月七日付メモランダム。ソビエト連邦帰還兵生活福祉同盟から総司令部への一九四九年九月二十一日付の抗議文。ＣＩＥのニュージェント中佐からドン・ブラウンへの一九四九年九月七日付チェック・シート。ニュージェントから特別供給局への一九四九年十一月十四日付チェック・シート。特別供給局からニュージェントへの一九四九年十一月二十五日付チェック・シート。同ファイルの、ＣＣＤから関係職員宛ての日付のない『帰国』に関するメモランダムによれば、ＣＩＥは検閲で、この作品の最後に妻が自殺する場面を削除するように指示したというが、「キネマ旬報」一九四九年十一月下旬号、八―九頁の『帰国』の作品紹介によれば、その場面は完成作品に残った模様である。
(42) 『映画演劇事典』九二二頁。
(43) 同上、九二二頁。

(44) 田中純一郎『日本映画発達史Ⅲ』二八二－二八五頁。
(45) 松竹調査室編『戦後封切洋画作品会社別リスト（自1946年至1950年12月）』（発行年不明）によれば、日本で公開された外国映画の国別リストは、次のようになる。

（年度）	米国	フランス	英国	イタリア	ソ連	アルゼンチン	合計
'46	35	0	0	0	0	0	35
'47	56	0	2	0	2	0	60
'48	61	17	15	0	9	0	102
'49	91	33	23	2	3	0	152
'50	131	21	19	5	3	2	181
合計	374	71	59	7	17	2	530

このリストの数に反して、対日理事会のソ連代表からの総司令部への手紙では、一九四九年には総司令部により四本のソ連映画が検閲を通過し、一九五〇年には米国映画百三十五本、フランス映画二十二本、英国映画十九本、イタリア映画五本に対して、三本のソ連映画が通過したという（国立国会図書館CIE書類、対日理事会ソビエト連邦代表から総司令部への一九五一年四月二十七日付手紙）。

田中の『日本映画発達史Ⅲ』（三七二－三七三頁）では、この手紙に近い数字をあげていて、一九五〇年の外国映画公開本数のうち、米国百三十五本、フランス二十二本、英国十八本、イタリア五本、ソ連三本で、米国映画公開数は、一九四六年三十八本、一九四七年五十五本、一九四八年六十二本、一九四九年八十六本としている。
(46) 国立国会図書館CIE書類、総司令部の一九四八年五月九日付の回章12号付録3、第2項。
(47) 同上、CIEの一九四八年十月十三日付のソ連映画輸入に関するメモランダム。
(48) 同上のメモランダム、および同上にある対日理事会のソ連代表から総司令部への一九四八年十一月十七日付手紙。
(49) 同上、CIEの一九四九年二月三日付の「ソビエトの不平」に関するメモランダム。
(50) 同上、CIEの一九五〇年二月十七日付のソ連映画の輸入を扱っていた北星映画の代表との会議録。
(51) 同上、CIEの一九五〇年二月十七日付会議録、および同年十月十七日付メモランダム。
(52) 同上、CIEの一九五〇年五月十六日付の当該映画に関するコメント。
(53) 同上、対日理事会のソ連代表から総司令部への一九五一年四月二十七日付手紙。
(54) 同上、CIEから総司令部DCSへの一九五一年八月三日付チェック・シート。
(55) 同上、CIEから参謀第二部への一九四九年三月四日付メモランダム。
(56) 同上、総司令部参謀第二部の一九五一年七月十二日付報告と、参謀第二部からCIEへの一九五二年二月十五日付チェック・シート。

おわりに

連合軍による日本占領は、一九五二年四月二十九日の対日講和条約発効をもって終結した。しかしこの条約は、第二次世界大戦では連合軍側でありながら、この時点で米国の冷戦の敵となっていたソ連と中国を含まなかった。また条約締結と同時に、日米安全保障条約が結ばれて、日本は米国の軍事力の傘の下に入り、米軍は現在まで日本に駐留をつづけている。その一方、日本の経済力が増進するにつれて、日本独自の軍事力強化への要請が「軍事肩代わり」に疲れた米国側から出され、現在日本は軍事関係の支出金額からいえば、まぎれもなく世界有数の軍事国になった。

占領軍の映画政策が日本映画界に及ぼした影響として、まず映倫の設立があげられるであろう。本書の第二部で見たように、政府の統制から自由な自主機関としてこの組織の設立を助成した総司令部の映画関係者に、日本の映画人は感謝の意を示している。その後の映倫の活動は、その多くが「性」に関する表現を対象としている。

占領の終結とともに、それまで連合軍や米国に批判的であるという理由で禁じられていた原爆や米軍基地周辺の問題なども、日本映画でとりあげることが可能になり、題材の自由が広がった。確かに日本映画界は、戦時中の抑圧的な日本政府の統制から占領軍の手によって解放されたとはいえ、今度は占領軍の手による検閲という別のかたちの抑圧下に入ったのも事実である。

そして、英国の演劇映画界にいわゆる「怒れる若者たち」が登場し、フランスでも「ヌーベル・ヴァーグ（新しい波）」が映画界で活躍をはじめるとともに、日本の映画界でも「怒れる若者たち」が一九五〇年代後半に「新しい波」をおこしはじめた。一九六〇年の日米安全保障条約改定をめぐる、国をあげての論争と運動に呼応して、日本の映画界でも論争と運動がくり広げられた。こうした活発な動きは、占領軍が残していった〈個人主義〉の主張や〈自由〉の尊重という民主主義思想が結実したものと言えるであろう。

一九六〇年代、東京オリンピック前後のころの映画（たとえば一九六四年の川頭義郎監督の『青い目の嫁はん』）を見ると、米国はまだ圧倒的に物質的な豊かさと便利さを誇る国として描かれている。そして今村昌平監督の『豚と軍艦』（一九六一年）や吉田喜重監督の『日本脱出』（一九六四年）に見られるように、当時の日本映画のなかで描かれた、精神的自由を求め、物質的な豊かさや国力の強さにあこがれて日本の若者が脱出しようとした先は、たいてい米国であった。

それが最近、国全体が物質的に豊かになりハイテク技術を享受している日本人の生活様式は、日本映画を見る米国人にとって、その居住空間の狭さに驚きながらも、感嘆の的になっている。いまや米国は物質的な意味では、日本人の憧れの対象ではない。精神的自由という面でも、若者の志向はインドやタイなどの第三世界に向かっているようである。そればかりか、日本の若者がその起源を問うことさえなく、米国に源を発している音楽、食べ物、ファッション等をごく自然に日常生活の一部として取り入れ享受している姿を日本映画のなかに見ると、日本が米国の資本主義経済にもとづく消費文化の影響を何の抵抗もなく採用したという感慨を呼びおこす。

米国式の思想や生活様式等を日本に植えつけ、日本の民主化を図るという占領軍の政策は見事に成功したようである。しかも日本人は、米国に源を発する映画や音楽等の文化や、ファスト・フードのような食生活を楽しんでいるばかりではない。日本人の大半が中流意識をもっているということは、国家や一部の特権階級の支配から政治経済を解放し、個人所有にもとづく資本主義日本の中間層を充実させ、社会の〈平等化〉をめざした占領軍の〈日本社会の革命〉が成功したことの表れであろう。しかも、占領軍の教育改革によって、日本人はよい意味でも悪い意味でも画一的な教育を受け、知的な面でも社会の中間層の充実を実現させたことは、これまた占領軍のめざした平等化の賜物である。

米国を中心とする連合軍が日本占領中に実施した、日本映画に関する検閲政策を博士論文のテーマとして研究をはじめたのは、筆者がニューヨーク大学大学院在学中の一九八〇年代初頭のことであった。ワシントンの公文書館や、その分館であるメリーランド州スートランドの国立記録センターに、ニューヨークから二、三日ずつ通いはじめたが、まとまった時間がとれず、米国側の資料の調査は数年にわたった。日本での映画関係者へのインタビューや日本側の資料の調査は、一九八四年夏を中心に約五カ月と、一九八六年冬に六週間東京に滞在したときにおこなったものである。

一九八四年秋にバージニア州ノーフォークのマッカーサー記念館で開催された「占領の日本文化・芸術に関する影響」の学会は、筆者の研究にとって実に時宜を得たもので、マッカーサー記念館の資料の調査もできるという幸運にもめぐりあえた。博士論文が完成したのは一九八七年の夏であったが、その後メリーランド大学のプランゲ・コレクションに数回にわたり追加調査に赴き、その膨大な資料の一部ではあるが検証することができた。こうして、随分前におこなった調査結果が今回日本で出版されるのは、筆者にとっても感慨深い。

この研究で最も興味深かったのは、一つの事例に対して、関係者の発言や資料がいく通りもの異なる証言を残していることである。もちろん四十五年以上も前におこった出来事に関して、各人の記憶が薄れていることもあるだろう。また、占領中に作られた日本映画のなかで世界的に最も有名な作品の一つと思われる、黒澤明監督の『羅生門』（一九五〇年）の登場人物のように、こうした解釈をしたいと望む各関係者の発言が「事実」として残された結果なのかもしれない。

しかし筆者には、もし一つの事件に関して、一枚岩的に衆目一致の発言が出ていたら、かえって歴史を研究するおもしろさに欠けるように思えた。歴史は数学のようにきちんとした答えや数値が出てくるものではないと思う。矛盾があり、謎めいたところがあってはじめて歴史は、人間の生の記録として、彩り鮮やかに織りなされるものになるということを、この研究をしながら実感した。筆者の生まれる前におこった歴史的事実をたどるというこの研究で、筆者はもちろん歴史をできるだけ正確に再現したいと思った。しかし、人間がかかわった歴史であるがゆえ、いろいろな解釈、記憶違いが出てくるのも当然だと思った。

そして、この占領期の日本映画の歴史を再現する「物語」のなかには、喜劇も悲劇もあり、ときにはまさしくその両者が混ざりあった「悲喜劇」としか言いようのない状況も少なくなかったが、多くの「喜劇」にめぐり合えたことは楽しい体験となった。また、どう考えてもあまりにも偶然すぎる資料や人との出会いが重なるにつれ、次第に筆者は「自分の声を聞いてほしい」と願う霊の数々に導かれているのかもしれないと思うようになったほどである。

本書は、一九九二年の英語版の出版のあと、一九九四年にペーパー・バック版も出て、日本語に翻訳するお話をいくつかいただきながら、当初筆者は日本語版を出す気持ちはまったくなかった。一つには、まえがきでも書いたように、日本語版を出す意義を筆者のなかで納得できなかったことがある。もう一つには、現在の筆者の仕事が、日本映画を米国で紹介するという意義あるものである反面、時間的拘束が長く心理的な負担も重いため、自由な時間がほとんど取れない環境にいるということがあった。そのため博士論文が完成後、英語版の単行本が出版されるまで五年もかかってしまったわけで、これからさらに翻訳などという重労働をしなければならないと想像して恐れをなしてしまったということもある。

しかし、地味な研究書が出しにくいという最近の日本の出版事情に鑑みて、翻訳のお話はありがたいものだったし、とくに戦後五十周年というだけでなく、映画創世百周年という特別な年である一九九五年にかけて日本語版出版の話が出てきたのは、日本語でも筆者の本が読まれることに意義があることにちがいないと、次第に思えるようになってきた。

翻訳に関しては、筆者自身がやるか別の方に頼むか、とくに時間に余裕のない筆者の事情から迷うところがあったが、英語版と日本語版では焦点を変えたいという筆者自身の希望から、自らおこなうことにした。したがって、占領期の映画検閲政策をめぐる政治・経済・思想・文化的環境に対する考察を含めたかなり包括的な研究であった英語版にくらべると、この日本語版では、英語の文献をどう読むかということに焦点があてられている。

日本語のワープロに触ったこともなかった筆者は、翻訳作業にはワープロが不可欠と認識しながら、不安でいっぱいであった。しかしいざ使ってみると、英語のワープロを使ってきた筆者には、日本語のワープロは恐れる必要などまったくないことがすぐにわかった。むしろ思わぬ障害は、一九九四年の遅れてやってきた春、花粉が例年の数倍のスケールでいっせいに空中に飛び交うのに襲われたニューヨーカーたちの一人に筆者もなり、その後一年半にわたって花粉症による鼻炎にいままで体験をしたこともない激しさで悩まされるようになったことである。

気がついてみると、この研究をはじめたときには米国では、当時レーガン大統領がしきりと、占領時代の東西冷戦の真っ盛りのころと変わらない言い回しで世界情勢を論じていたころで、「歴史はくり返す」という思いに、占領中の資料を読みながら筆者はよくとらえられた。ところが、博士論文が本になる過程で、ソビエト連邦もベルリンの壁も崩壊し、東西冷戦がもはや存在しなくなってしまった。その一方、米国と日本の関係は、大統領は替わっても、経済をめぐって一貫してぎくしゃくしている。その意味でも、本書が英語で世に出た意義はあったと思う。本書が出たおかげで、北米各地の大学や研究機関へ講演旅行に赴けたことも、筆者にとって何よりの体験になった。

また、評論家の清水晶氏からは『戦争と映画　戦時中と占領下の日本映画史』(社会思想社、一九九四年)を送っていただいた。これはまさに、本書が対象とした時代を生きた映画人の貴重な記録である。さらに、満映の作品がモスクワのアーカイブ経由で日本でビデオ版として発売されるというニュースも最近聞いた。こうして、この時代に関する資料や著作が、日本でも諸外国でもこれからもどんどん出てくると思われる。その意味でも、本書はこの時代に関する一つの問題提起にすぎず、将来にかけて適宜修正したり新たな情報を追加する必要が出てくるはずである。

本書が完成するまでには日本および米国で多くの方々のお世話になり、資料を見せていただいたり、インタビューに応じていただいたり、さまざまなかたちでご尽力いただいた。

まず研究過程で、そもそも米国での映画研究という筆者の願望を実現させてくれた日米教育委員会(フルブライト奨学金)、研究資金を御援助下さったトヨタ財団、調査旅行費の御支援を下さったサンケイ新聞＝マッカーサー・メモリアル・プログラム、アジア学会北東アジア協議会奨学金プログラム、ニューヨーク大学映画研究科科長奨学金プログラム、および英語版出版の御援助を下さった国際交流基金に深く感謝したい。また、この本の英語版は、前述したように筆者の学位論文をほとんどそのまま土台にしたもので、ニューヨーク大学映画研究科で数年にわたり論文指導をいただいた指導教官のロバート・スクラーをはじめ、ジェイ・レイダ、ブライアン・ウィンストンの各教授、論文審査に加わられたチャールズ・マッサー、アントニア・ラント、コロンビア大学のキャロル・グラックの各教授に感謝を捧げたい。とくにスクラー教授には懇親丁寧なご指導をいただき、レイダ教授は筆者の論文審査のときにはすでに病床にあったが、一九八八年二月に亡くなられるまでつねに、研究者として人間としていかに生きるかの規範を良心的に示してくださった。米国でこのような師弟関係をもてた筆者は、幸運であった。

調査の過程では、以下の研究所、調査機関、団体の当時の職員や研究員の方々のお世話になった。米国国立公文書館本館モダン・ミリタリー・ブランチおよびスートランド分館の国立記録センター、バージニア州ノーフォーク市マッカーサー記念館、メリーランド大学マッケルディン・ライブラリー・プランゲ・コレクション（とくにフランク・シュルマンおよび村上寿世《ひさよ》氏）、ニューヨーク市近代美術館映画部（とくにチャールズ・シルヴァー氏）、ニューヨーク大学映画研究科研究センター（とくにアン・ハリス氏）、ニューヨーク市ジャパン・ソサエティの筆者の元および現在の同僚（とくにピーター・グリリー、デビッド・オーエン氏）、東京国立国会図書館現代政治史資料室（とくに星健一、枝松栄氏）、国立近代美術館フィルムセンター（とくに丸尾定、大場正敏、岡島尚志氏)、東京大学社会情報研究所(前・新聞研究所、とくに高木経典教授と内藤和男氏)、川喜多記念映画文化財団(とくに川喜多かしこ、清水晶、林加奈子、佐藤京子氏)、占領史研究会。

また、ニューヨーク大学の級友やその他の友人知人も、学問的刺激を与え、資料やアイデアを提供してくださったばかりか、さまざまな御援助をいただいた。とくにつぎの方々に感謝するとともにそのお名前を銘記したい。飯村昭子、五百旗頭真、ノーマン・ウオン、大中美智子、大平和登、大島加津子、小笠原隆夫、向後英紀、ユリ&ビル・コチヤマ、小林康宏、佐藤由紀、シェリル・シルヴァーマン、セバスチアン・スワン、袖井林二郎、外岡秀俊、立花珠樹、ジョン・ダワー、デビッド・デッサー、とちぎあきら、中村夏野、西村菁、エリザベス・ニコルズ、スーザン・ノーブル、トマス・バークマン、黛和郎、マルレーン・メイヨー、マイケル・ヨシツ、ドナルド・リチー、ネッド・ローダー、スティーブ・サックス、グレン・スタルピン、ジュディ・エイムス、ジュリー・エイブラムスの諸氏。

また、インタビューや手紙での質問に応じてくださったつぎの方々にも深く感謝したい。青山敏美、厚田雄春、ジョゼフ・アンダーソン、石川柾子、伊藤武郎、植草圭之助、大島渚、大岡昇平、小川紳介、小川徹、何初彦、川本喜八郎、亀井文夫、久保田きぬ子、黒澤明、黒田豊治、ビクター・コッチマン、小松秀雄、佐藤忠男、篠田正浩、清水晶、ロバート・スポールディング、新藤兼人、ゴードン・ダニエルズ、谷口千吉、登川直樹、鳥羽幸信、徳光壽雄、中村克郎、中村智子、能登節雄、ロジャー・バックレー、ハーバート・パッシン、フランク・ババ、アーサー・ベアストック、堀川弘通、三島与四次、宮川一夫、山内静雄、山口一信、山本喜久男、吉田喜重、依田義賢、渡辺大。

英語版出版の際には、スミソニアン研究所出版の編集者チャールズ・マッサー、マーク・ヒルシュ、ルース・スピーゲル、ジャック・キルシュバウム、ピーター・ストラップ諸氏が担当で、筆者にとっても学ぶところの多い、実に質の高いお仕事をしていただいた。日本語版出版では、早稲田大学の岩本憲児先生のご尽力により草思社をご紹介いただき、編集者の木谷東男氏には一貫してひとかたならぬお世話になった。占領期映画史研究家としての専門的立場より有益かつ丁寧な御助言の数々をいただいた谷川建司氏、筑波大学附属駒場中・高等学校教諭の宮崎章氏、また、編集を手伝ってくださった相内亨氏、装丁の竹内春恵氏にも深く感謝し、この場を借りて厚くお礼を申しあげたい。

一九九七年十月　ニューヨークにて

平野《ひらの》共余子《きょうこ》

文庫版あとがき

二〇一二年ケルンの日本文化会館で最近の日本映画についての講演をした時に、ドイツ人の観客から質問が出た。「自分がドイツで見ることができる日本の映像作品は限られていると思うが、一年前の東日本大地震に伴う原発事故についての日本から来る映像作品は、誰の責任でなぜこの事件が起こったのかという分析がないように思うがなぜなのか?」それは、第二次世界大戦についての多くの日本映画と共通する点であり、誰の責任でどのように戦争が起こったのかという論理的思考よりも、多くの国民がいかに苦労して頑張ったかということを情緒的に描く傾向があることと類似しているという私の意見をお答えした。その後、通訳をして下さったドイツで生まれ育った日本人女性と、子供の頃駐在員家族としてドイツで数年を過ごした主催の担当者の日本人男性が四方山話の中で、ドイツはファシズムに走った第二次世界大戦の反省から、幼稚園の時から反対意見を表明することがいかに大切か教育していると話していた。それを聞いて私は、同じファシズムの体験をした日本では全く逆に、戦後も「いかに周囲と協力するか」を主眼とする教育ではないかと考えていた。これは全面的に否定すべき哲学ではないが、協調性が強調されるあまり、個性や意見の違いという多様性の重要さが軽視されて来たのではないだろうか。人間は十人いれば十人違った意見があるのが当然で、意見の違いや多様性を認め尊重することは民主主義の基本のはずだが、戦後の日本社会がどれだけこの点を認識し実践して来たのか、二〇二一年の現在強く感じている。そして法治国家として法を遵守することを国民がどれだけ政府に求めているであろうか。「この憲法が国民に保障する自由及び権利は、国民の不断の努力によって、これを保持しなければならない」と日本国憲法にある「不断の努力」を、国民が実際に行なって来たかという問題である。

第二次世界大戦の敗北の結果始まったアメリカ（連合軍）占領軍による日本の民主化政策が、その後いかに実践されて来たか戦後日本社会で引き続き問われて来た。一九九八年『天皇と接吻　アメリカ占領下の日本映画検閲』が世に出てから、翌年劇作家・演出家の坂手洋二氏が劇団燐光群によりこの問題を劇『天皇と接吻』として世の中に問うたのは、この上ない収穫であった。この年には日の丸が国旗に、「君が代」が国歌と制定され、公演直前には原発事故が起こり、戦後日本社会における民主主義の実態についての問題提起がその劇でなされている。そうした憂慮すべき問題がますます深刻化していることを、私は感じている。

映画は時代を切り取り、社会に提言するものであるはずだが、日本映画はその役割を果たして来たのだろうか。日本社会で少しずつ進歩してきたと思えることもある反面、男女格差の大きさを国別に比較した世界経済フォーラムによる「ジェンダーギャップ指数二〇二一」で、日本は一五六カ国中一二〇位である。先進国として考えられない結果であり、日本社会が世界の変化に追いついていない状況を示している。日本で女性作家や映画関係者の数は増えて来ているが、ポジテイブな女性像や社会の少数者、ジェンダーの関係をスクリーン上に表象し、問題提起をしている例はまだまだ足りない。

『天皇と接吻』の原書が世の中に出て、多くの方々からご批判、感想、質問を頂いた。例えば今回文庫版の註に追加させて頂いた東宝争議についての井上雅雄氏のような専門家による貴重なご指摘、また実際に国会図書館の資料を当たったところ当該書類が見つからなかったという、『わが生涯のかゞやける日』について調査中であった羽鳥隆英氏からのご指摘もあった。私の一九八〇年代の調査は手仕事だったので、ボックス番号や日付の写し間違えや書き間違えもあったと思う。また私自身も体験したことだが、先行研究にある資料を私が見た時には当該の場所にないこともあり、何らかの理由でそのようなことも起きる可能性もある。

インターネットのなかった一九八〇年代から九〇年代にかけての調査では、図書館に座って一つ一つ紙の資料やヘッドプロジェクターでの投射資料を読み、手書きでノートに書き写す作業をしていた。当時は日本映画のビデオが出始めた頃で、ビデオで内容を確認出来た作品もあるが、ビデオがない作品は映画上映の大きなスクリーンで見て必死にメモを取る作業であったから、思い違いや勘違いもあったはずだ。例えば『はたちの青春』の最後の接吻場面は私の記述と違うというご指摘を頂いたが、私が見たと認識した接吻の瞬間という記録という意味でそのまま残した。インターネットで紙の資料のみならず、映像も見ることができるようになった現在、映画研究の幅がとてつもなく広がった。

また時代を経て新しい資料や事実が出てくることも常にある。例えば原書を脱稿してから、伊勢真一監督が『ルーペ　カメラマン瀬川順一の眼』（一九九六年）で亀井文夫監督についての新しい論議を引き起こした。亀井の『戦ふ兵隊』における撮影担当の三木茂と亀井の対立を見た撮影助手瀬川順一が、三木を弁護し亀井のやらせの部分を批判したのである。また戦争末期の亀井の未公開映画『制空』（一九四五年）が発見され、一九九五年に国立フィルムセンター（現在国立映画アーカイブ）に寄贈され二年後に一般公開された。亀井の戦時中の日本政府との関係を再検討させる資料である。亀井文夫のソ連時代を検証するフィオードロワ・アナスタシア氏の労作『リアリズムの幻想　日ソ映画交流史［1925－1955］』も二〇一八年に刊行された。映画史研究は常に流動的で、アップデートが必要とされる。

そして映画の解釈も時代とともに変わる運命にある。『天皇と接吻』を読んで下さった方々が映画の解釈、映画人の仕事や生き方について感想を述べて下さったが、こうした多種の意見や感想が出てくることこそ本書の功績であったかとも思う。

社会も刻々と変化を遂げている。本書の単行本が一九九八年に刊行された時には「おわりに」で日本人の大半が中流意識を持っていると書いていたが、二〇二一年の日本社会では貧富の格差が広まり貧困の問題が深刻になっている。また二十年前には想像も出来なかった規模でのインターネットの普及で、個人が情報を手に入れ世界中に発信する形態のより民主主義的な行動が可能になった。映像のパワーがそこでも発揮されるがその反面、偽情報の発信や同調圧力の問題も出てきて、情報は「検閲」という形を取らなくても人心に多角的な影響を与える機能を果たしている。

二十年余の社会や文化のさまざまな変化とともに、私の博士論文の指導教官であったロバート・スクラー先生をはじめ多くの方々が鬼籍に入られた。私の調査や執筆のためにご尽力、ご指導頂いた方々、インタビューに応じて下さった方々、映画上映の仕事上お会いしてお話ししているうちに、占領時代の映画に関することもご存知なことがわかりお話し頂いた方々の証言が貴重な資料になったことを、感謝とともに思い出している。

最後に、文庫版刊行に際し解説を執筆して下さったフィルムアーキビストのとちぎあきら氏、また学究者の模範にすべき緻密で丁寧な校閲作業をして下さったドラマ演出家・映画監督の高橋陽一郎さん、二十三年ぶりに文庫化を実現して下さった草思社の木谷東男さん、貞島一秀さんに深い感謝の念を表したい。

平野共余子

二〇二一年五月　ニューヨークにて

解説　隠されてきた映画史の真実を、次代に手渡す

とちぎあきら

黒澤明監督の『わが青春に悔なし』『羅生門』、小津安二郎監督の『晩春』、溝口健二監督の『歌麿をめぐる五人の女』『夜の女たち』、木下恵介監督の『大曽根家の朝』、五所平之助監督の『今ひとたびの』、清水宏監督の『蜂の巣の子供たち』……いずれも日本映画史を彩る傑作だが、これらがすべて、敗戦からサンフランシスコ講和条約が発効する前日1952年4月27日まで6年8か月余り続いた占領下に生まれた作品であることを、私たちはしばしば忘れがちだ。ましてや、どの作品も、多かれ少なかれ、占領政策に伴って実施された占領軍による検閲の影響を受けていたという事実に、考えが及ぶことはめったにない。それもそのはず、占領下における検閲は、当事者以外にはほとんど知らされてこなかったのである。本書『天皇と接吻』は、アメリカの国立公文書館や日本の国立国会図書館などに残された大量の公文書や検閲記録を渉猟し、日米両国の当事者たちへのインタビューを通して、その隠蔽されてきた映画検閲の実態を詳らかにした平野共余子さんによる労作である。

1998年に出版された本書は、平野さんが87年にニューヨーク大学に提出した博

士論文（英文）が基になっており、その後92年に、アメリカ・ワシントンのスミソニアン研究所出版から出た*Mr. Smith goes to Tokyo: the Japanese cinema under the American occupation, 1945–1952*（これももちろん英文）を、筆者自らが日本語版のために翻訳したものである。当初は「いままで書かれることのなかった日本映画史の一時代を埋めることを目的としたほか、日本語の原典に当たることをなおざりにしてきた英語による日本映画の研究に一石を投じる」のが目的で、「日本語版を出す意義を筆者のなかで強く感じることができなかった」とのことだが、いざ翻訳を始めると、焦点を変えることが必要になったという。この点は本書を読み進めるうえで、常に気に留めておいた方がよい。つまり、主に日本語を母語とする読者に向けて書かれた本書であるが、そこには原文である英語によって理解する読者を意識した視点が残されているということだ。その結果として、私たちは占領する側と占領される側という、絶対的な力関係に置かれた双方の立場を、常に往き来しながら、映画検閲という事象を見ていくことになる。複眼の視点を持つことによって、占領期という歴史上の特異な時期にしか起こり得なかったかもしれない、政治権力と日本映画界との息詰まるインタラクションがもたらす一種のダイナミズムが、本書で紹介するいくつもの具体例を通して、強く印象づけられるのである。「長くつづいた戦争体制に伴う抑圧的体制から解放されたのもつかの間、すぐに別の種類の抑圧体制のもとに入ったことを悟った」当事者たちからすれば、勝手な物言いと聞こえるだろうが、いまの私たちには嫉妬さえ覚えるような時代の熱気が、そこから伝わってくる。

本書はまず、戦前・戦中の日本における映画検閲の歴史から筆を起こし、敗戦直後から占領行政を担った連合国軍最高司令官総司令部（GHQ／SCAP）が日本政府に対し、映画政策に関わる指令を続けざまに発令するなかで、映画への検閲体制をどのように設計・運用していったのか、事実を積み重ねながら追いかけていく。その体制とは、二重検閲である。総司令部は、先乗り部隊が日本に上陸してすぐに情報頒布部を設置、これが45年9月22日に民間情報教育局（CIE）に改組されるが、民主的思想の教化による日本人の再教育を担ったCIEは、同日日本映画界に対する初の指令を出す。日本から軍国主義を撤廃し、基本的自由を推進するとともに、世界の平和や安全への脅威にならないことを保証する条件を打ち立てることを基本目標とし、その達成に寄与する映画の製作を促すべく、10項目の方針を掲げたのである。その後、CIEは占領期を通して、映画政策の顔として、多くの日本の映画人にとって占領軍権力と直接つながる唯一の窓口となるが、初の指令発出後の10月初旬から「民間検閲」を開始している。一方、総司令部における検閲・諜報活動の中核を担っていたのは参謀第二部。民間に対しては民間諜報局（CIS）が所掌し、その下に置かれた民間検閲支隊（CCD）のプレス・映画・放送課が「軍事検閲」に当たった。CCDは秘密機関だった。46年1月28日に総司令部から日本政府へ発出された「映画検閲に関する覚書」には、ＣＩＥによる企画書と脚本の事前検閲から、完成後の検閲、続くＣＣＤによる検閲を経て、認証番号（検閲検査番号）が付与される、という二重検閲の流れが示されているが、ここには提出先としてＣＩＥは記されているものの、ＣＣＤの存在は完全に隠されている。

検閲の対象となった映画は、長篇・短篇、劇・文化・記録・ニュース・アニメーション、無声・発声、35㎜・16㎜の別を問わない、公開を目的としたすべての作品である。認証番号が付与されないと、公開できない。再上映される旧作映画も、検閲の対象となった。一方で、総司令部は45年11月16日に「反民主主義映画の除去に関する覚書」において、「国家主義的、軍国主義的、または封建主義的思想の宣伝に利用された」戦前の日本映画のうち、２３６作品について、販売、交換、上映を行わないように直ちに処置を講ずるよう、すでに指令を出していた。占領下の日本の映画産業は、敗戦後4年で映画館数を戦前の数字にまで戻すほど、興行面では急速な復興が見られたが、製作面においては、生フィルムの生産や映画資材の調達が不安定だったことに加え、高額な映画館入場税やフィルム物品税、幹部の公職追放、過度経済力集中排除法や独占禁止法の適用、そして激しい労働争議が頻発したことにより、回復した需要に応えるだけの生産体制を再建するのは難事だった。そのうえ、多くの旧作が禁止映画となり、そうでなくとも、検閲で禁止されれば公開できないため、自社のライブラリーを自由に活用できなかったのである。

果たして、禁止された戦前の日本映画はどうなったのか。ここで話を少し脱線させていただく。私が3年前まで勤務していた東京国立近代美術館フィルムセンター（現・国立映画アーカイブ）には、フィルムライブラリーと称していた1967年に米議会図書館との間で締結した協約書に基づく戦前日本映画の返還事業によって、故国に戻ってきた約1400作品のフィルムが収蔵されている。70年にライブラリーは「フィルムセンター」の名の下、美術館の一つの課に昇格したが、アメリカからの日本映画の返還は、国家事業としての映画保存が本格的に始動するきっかけとなった。しかし、これらの映画が辿ってきた経緯は単純ではなかった。前記の禁止作品のフィルムは、内務省、文部省の管理を経て、占領終結後に各社に返還されたが、その時点ですでに失われていたものもある一方、議会図書館から日本に戻ってきたフィルムのリストに入っていた作品もある。他方、フィルムセンターが収集した約1400本のうち、80%以上は文化・記録映画やニュース映画が占めているが、これは前記の「映画検閲に関する覚書」が発出されたのち、1か月以内に認証番号がない作品のリストや上映用フィルムをCCDに提出することが求められており、その結果として、さまざまなジャンルのフィルムが軍関係者を通じて、アメリカ本土まで渡ったためではないかと推測されている。しかも、後年明らかになったのは、議会図書館に集められた日本映画には、占領下の日本で上映禁止となった作品だけでなく、太平洋戦争下の日系人社会から敵国財産として没収されたものも、多く混ざっていたという事実である。溝口健二監督の『残菊物語』、マキノ正博監督の『鴛鴦歌合戦』、そして膨大な数のドキュメンタリーやニュース…日本映画史の鳥瞰図に欠くことのできない多くの映画の生存は、前世紀の数十年に及ぶ日米関係に大きく左右されてきたわけである。

本書に戻ろう。アメリカ式民主主義の教化という教育的な目的と国家主義、封建主義の排除、そして、占領政策への批判の封じ込めといった大原則はあるものの、二重検閲という複雑な仕組みには、それぞれに担当する部署の思惑や担当官の政治志向などが異なるなかで、齟齬や対立も多かった。そのため、個々の検閲は、多分に担当官の恣意的な解釈や判断に左右された。本書はこうした実態を、多くの事例を通して詳らかにしていく。なかでも、特筆すべき例は、禁止された題材との関係で検閲の経緯を克明に追いかけた二作品の顚末——7回もの書き直しを命じられた挙句、現在のような上等兵と慰問団の女歌手との恋という脚本になった谷口千吉監督の『暁の脱走』、アジアへの侵略戦争の要因が日本資本主義にあることを喝破し、昭和天皇の戦争責任を明らかにしたことにより、一度は公開が許可されたものの、のちに再検閲によって上映禁止の処分が下された亀井文夫、吉見泰編集による記録映画『日本の悲劇』。そして、個人の自由や女性解放という文脈から、奨励された題材として取り上げられた接吻映画の隆盛である。本書が「天皇と接吻」と題された所以が、豊富な資料に裏付けられた事例研究によって明らかにされる。

しかし、私には、占領軍による映画検閲と日本映画との関係を批判的に捉えた平野さんの視点がもっとも明快に語られているのは、二章を割いて取り上げられた黒澤明監督による『わが青春に悔なし』の分析にあると思う。京都大学法学部教授が思想を理由に辞職へと追い込まれた滝川事件と、スパイ活動への関与を疑われた評論家・尾崎秀実が死刑に処されたゾルゲ事件——戦前におけるこの二つの思想弾圧事件を題材に、困難な時代を生き抜く女性像を提示した作品として、『わが青春に悔なし』は戦後民主主義を代表する一本との評価を得ている。46年10月29日の封切当初から大きな反響を呼び、黒澤作品ということもあって、海外でも戦後日本映画の代表格として語られることが多い。筆者はまず、本作の背景に横たわるさまざまな要素から、本作が「CIEから奨励されたものか、あるいはCIEの意向に沿おうとした撮影所側から出されたものと推測できなくもない」との見方を示す。そして、冒頭の解説字幕に当初含まれていた、滝川事件当時の文部大臣・鳩山一郎に触れた文言が削除された件に及び、製作当時の政治状況に対する会社側の配慮があったのではないか、と見る。一方、画面分析から、黒澤監督が得意とする対位法的な表現により、手、花、雨、そしてヒロインの服装が物語を動かす重要なイコンとして機能していることに触れ、フレーミングの異なるショットを大胆な編集で見せていく技巧の妙を評価する。このあたりは、映画学者としての平野さんの面目躍如といった筆の運びである。

章が変わると、平野さんの筆先は作品の思想性へと向かう。原節子演じるヒロイン・幸枝の性格づけと変化に対する評論家たちの賛否両論を紹介したのち、大島渚監督による戦後日本映画総体の主体性欠如に対する激烈な批判を媒介に、幸枝についても、滝川や尾崎をモデルにした八木原教授や野毛についても、その思想を充分に掘り下げないまま、あとに残るのは綿々と描かれる「自己犠牲」の印象ばかりであることを、筆者は鋭く指摘している。その点においては、民主主義を標榜した戦後の日本映画も、国家主義を扇動してきた戦前の日本映画も、根は同じなのである。共感や同調を権力への迎合の隠れ蓑に、自己保身してきた日本映画の姿があらわになる。「思想的にはむしろ真空状態であった『わが青春に悔なし』をはじめとする民主主義啓蒙映画、そして戦時中の戦意高揚映画の数々は、時の権力との安易な協力を意識的に避けた日本の映画作家の戦略であったのかもしれない。」この指摘は重い。

それでも私は、「思想的真空状態」とはいえ、いかなるシチュエーションにおいても、自己を欺瞞することによってしかそこに関与できないことへの憤りが、ほぼ全篇を通して噴出しているように見える幸枝の表情に、目を奪われる。野毛との恋愛がどのような展開を見せようとも、それでは決して解決できないかのように、常に行き場のない違和感にもがいている幸枝の表情に、当時の観客も思い入るところがあったのではないか——仮にそれが女性解放へのバネにならなかったとしても。占領下の日本映画の可能性を、あえてそこに見たいと思う。そして、作品内容と作家の置かれた状況を安易に混同させてはいけないが、当時は映画を作る者までが、ヒロインと同じような自己欺瞞を背負わなくては生き延びれない時代だったのだとすれば、今の日本映画が置かれている状況は、もはやそんな時代ではないことを心から信じたい。

ところで、敗戦後の日本における映画製作の動向に目をやると、公開された劇映画の数は、敗戦から46年末までは91本（うち3本は、戦中に製作された作品が戦後になって初めて陽の目を見た）、47年95本、48年121本、49年147本と、着実に回復の方向を示している（数字は『映画芸能年鑑』『映画年鑑』に拠る）。一方、占領軍が奨励したアイディアピクチャーや接吻映画といった呼称は、すぐに使われなくなり、47年の公開作品リストでアイディアピクチャーと紹介されているのは、黒澤明監督の『素晴らしき日曜日』のみ、接吻映画の呼称も田中重雄監督の『第二の抱擁』にしか見られなくなっている。こうした変化の背後にあったのは、46年3月の第一次争議に始まり、軍まで動員して鎮圧を図った第三次争議が完全に終結した48年10月まで続いた東宝争議への対応に見られる、反労働運動、反共産主義、反ソ連へと明確に舵を切った占領政策自体の転換である。本書は、個々の検閲事例を超えて、東宝争議の勃発とその顚末を克明に綴り、「逆コース」と言われた政策転換が映画政策にも大きな影響を及ぼしたことに触れることで、全体を締めくくっている。これも、本章の基になった英語版タイトルが示すように、「アメリカ占領下における日本映画」の動向全体を射程に置く平野さんの意図からすれば、当然の結びであると言えるだろう。

本書では触れられていないが、日本映画演劇労働組合東宝撮影所分会が第三次ストライキに入る直前の48年3月、CIEより文部省へ、16㎜フィルム用のサウンド映写機1300台が無償で貸与された。米シカゴ・ナショナル・カンパニー製の映写機で、名称は「ナトコ」。文部省が全国に設置した地区視覚教育本部に配備され、これを受けた各都道府県の社会教育所管課がフィルム・ライブラリーを設置。そこを拠点に利用されるコンテンツとして、CIEは同年5月頃から大量の短篇教育映画を送り込み、全国の公共施設や映画館、巡回業者の手で、盛んに上映されることになった。これが通称「ナトコ映画」と言われた、CIE映画（占領終結後は米国務省の管轄により「USIS映画」と呼ばれた）である。占領期に日本国内で上映されたCIE映画は400作品以上、47年から52年までの6年間の統計によれば、何と15億3300万人という驚くべき観客動員数を記録した一大プロジェクトである。作品は、アメリカという国の姿を、さまざまな角度から伝えるものが多くを占めたが、国際関係を扱った映画は、やはり反共産主義を喧伝するものが中心だった。また、日本国内の映画会社に製作を委託したものもあり、占領政策によってもたらされた日本社会全体の民主化の動きを顕彰するものになっている。映画による日本人の再教育を目標に掲げたCIEの政策は、検閲と上映という両輪によって、課題達成をめざしたわけである。

CIE映画に関する研究は、この20年で大きな進展を見せてきたが、その背景には、日本人研究者たちが米国立公文書館などで作品を見ることができただけなく、国内に残存していた作品の発見や公開が飛躍的に進んだことがある。映画史における国や地域、時代、ジャンルの作品動向を網羅的に把握するためには、どれだけの作品が残されているのか、どれだけの作品にアクセスすることが可能なのかがカギになるわけだが、本書が対象とする占領期の日本映画については、残念ながら、その数字がいくつかの要因で、かなり低いものになっている。劇映画に限ってみると、戦前から続く大手三社（松竹、東宝、大映）と新興の東横映画に加え、一攫千金を夢みた投資家たちにより多くの独立プロダクションが生まれたが、景気が悪化すると、すぐに映画製作から手を引いてしまった。浮き沈みの激しい経済状況のなかで、多くの映画が散逸を免れなかった。先年、肉体派文学を世に広めた田村泰次郎原作の初の映画化、マキノ正博監督の『肉体の門』（1948年）が予期せぬところから発見されたが、こうした奇跡を待つしか見ることの叶わない作品が少なからずある。

また、当時は映画館、撮影所、現像所、倉庫などで火災が多発しており、その結果、東横映画や松竹京都撮影所による作品の多くが失われている。火災の原因は、映画フィルム誕生以来、劇場での標準的なフォーマットとなった35㎜フィルムの材料に、爆発性のニトロセルロースが使われてきたことに因るところが大きい（可燃性フィルムと呼ばれている）。占領下の日本映画とは、フィルム材料から見れば、まさにこの時代の産物である。1950年代前半から不燃性の35㎜フィルムが登場し、映画各社は保管していた旧作の原版フィルム（ネガ）を不燃性フィルム（マスターポジ）に複製しはじめる。複製をしたところで、元のフィルムは廃棄（自然発火による爆発の危険性がある可燃性フィルムを保管し続けることは、業界では長い間あり得ないことだった）。つまり、『晩春』も『羅生門』も、もはや原版は存在しないのだ。ところが、新作が量産されている時代には、リバイバル上映も少なく、名画座からの引きもない多くの旧作は、いつまでもマスターポジという中間素材のままで、映写機に掛けるプリントまで作成されなかった。その後、ビデオやデジタルメディアが生まれ、現在のように、DVDやブルーレイ、専門チャンネルやサブスクリプションと、見せるための出口が格段に増えているにもかかわらず、ビジネスモデルとして成り立たなければ、今でも旧作のフィルムは倉庫に眠ったままなのである。原版が可燃性フィルムだった時代、すなわち、戦前から戦後、占領期を経て、1950年代半ばに至るまでの日本映画は、すでに多くの作品が失われてしまっているが、それでもフィルムが残されている限り、アクセスを可能にする道を関係者には作ってほしい。必ずや、次代の映画観客や研究者がそこに新たな価値を見出し、埋もれたままの日本映画史を掘り起こしてくれるに違いないと信じている。

最後に、私事を少しだけ。これまで本書の著者を「平野さん」と馴れ馴れしく呼んできたが、平野さんは、私が社会人になって初めての直属の女性上司である。きょうこさん（私にはこう呼ばせてもらうのが一番自然なんです）は、1986年から2004年まで、ニューヨークの非営利団体ジャパン・ソサエティで、日本映画の上映活動に携わっていた。この間の仕事については、並外れた記憶力を持つ彼女自身による情報量満載のメモワールが出版されている（『マンハッタンのKUROSAWA　英語の字幕版はありますか？』）。ニューヨーク大学の後輩にあたる私は、4年間きょうこさんのアシスタントを務めさせてもらった。好きなことを職業とすることにためらいを感じていた私は、彼女のもとで仕事をするなかで、職業として映画に関わることの意味を教わった。きょうこさんは、新作、旧作を問わず、日本映画の魅力を多くのアメリカ人に伝え、日本から来る映画人を多くの関係者とつなぎ、まさにニューヨークにおける日本映画のハブの役割を果たしていた。もちろん、それはいつまでも無垢な純真を失わないきょうこさんのキャラクターに因るところも大きいのだが。彼女が労を厭わず人から人へと手渡した種子が、その後、芽を出し、大きな花を咲かせたところを、私は何度も見ている。研究者としてのきょうこさんが世に送った『天皇と接吻』もまた、次代の人たちがそこから大きな花を咲かせるために手渡された贈り物のように思える。ましてや、本書の刊行時にまだ生まれていなかった読者や研究者の卵たちにとっては、この文庫によって、占領下の厳しい検閲との格闘のなかから生まれた日本映画について初めて知る機会になるかもしれないのだ。今回の文庫化を、心より喜びたい。

（フィルムアーキビスト）

ら

わ

欧文

や

ま

は

な

た

さ

か

【人名・事項索引】

あ

さ

た

【映画題名索引】

あ

か

〈写真提供〉

65 頁　『虎の尾を踏む男達』　東宝株式会社
65 頁　『続姿三四郎』　東宝株式会社
108 頁　『晩春』　松竹株式会社
108 頁　『戦争と平和』　東宝株式会社
133 頁　『蜂の巣の子供たち』　プラネット映画資料図書館
133 頁　『原爆の子』　株式会社近代映画協会
153 頁　『長屋紳士録』　松竹株式会社
195 頁　『暁の脱走』　東宝株式会社
233 頁　マッカーサーと天皇の会見　共同通信社
292 頁　『日本の悲劇』　東宝ステラ日映アーカイブ
332 頁　『夜の女たち』　松竹株式会社
343 頁　『女優』　東宝株式会社
373 頁　『わが青春に悔なし』　東宝株式会社
466 頁　『青い山脈』　東宝株式会社

＊本書は、一九九八年に当社より刊行した著作に加筆修正をほどこし、文庫化したものです。

草思社文庫

天皇と接吻
アメリカ占領下の日本映画検閲

2021年6月8日　第1刷発行

著　者　平野 共余子
発 行 者　藤田 博
発 行 所　株式会社 草思社
〒160-0022　東京都新宿区新宿1-10-1
電話　03(4580)7680(編集)
　　　03(4580)7676(営業)
　　　http://www.soshisha.com/

本文組版　有限会社 一企画
印 刷 所　中央精版印刷 株式会社
製 本 所　中央精版印刷 株式会社
本体表紙デザイン　間村俊一

ISBN978-4-7942-2521-4　Printed in Japan